Sculptures indiennes du musée Guimet

Couverture : notice n° 42 (détail)
Page 9 : notice n° 41 (détail)

49, rue Étienne-Marcel
75001 Paris

Sculptures indiennes du musée Guimet

Amina Okada

TRÉSORS DU MUSÉE GUIMET

Réunion des Musées Nationaux

Avertissement

Les dimensions sont données en centimètres.
Les références bibliographiques et les mentions d'expositions ont été abrégées et renvoient à la bibliographie générale en fin d'ouvrage, classée par ordre alphabétique.

Note

Dimensions are given in centimetres.
The abridged bibliographical and exhibition references refer to the full alphabetical bibliography at the back of the book.

Préface

L'immense sous-continent indien, berceau de grandes religions – hindouisme et bouddhisme – qui se sont répandues dans toute la péninsule indochinoise et, dans le cas du bouddhisme, dans les régions himâlayennes, l'Asie centrale, la Chine, la Corée et le Japon, a été une des principales sources d'inspiration des iconographies religieuses de nombreux pays d'Asie. On comprendra donc le rôle important que joue la section des arts de l'Inde dans un grand musée consacré aux arts asiatiques. Le musée Guimet, par la richesse de ses collections, offre en effet aux visiteurs la possibilité de bien suivre le cheminement vers l'Extrême-Orient de ces grands courants d'influences qui ont emprunté les itinéraires de la « route de la soie » ou ceux des voies maritimes. Ce musée ne saurait naturellement prétendre offrir une vision exhaustive d'un art bien connu pour son abondante production. Seule une visite des sites célèbres et des grands musées de l'Inde peut vraiment donner une juste idée de la richesse et de la diversité d'un art de la sculpture dont relèvent non seulement une abondante statuaire mais aussi d'impressionnants ensembles de monuments rupestres.

Il aurait certes été possible d'offrir un panorama plus vaste de la richesse iconographique de l'immense panthéon indien en recourant à la très vaste collection de sculptures de bois de char du Sud de l'Inde ou à l'important ensemble de bronzes tardifs, parmi lesquels figurent ceux rapportés par Émile Guimet à l'issue de son tour du monde en 1876. Mais il nous a paru souhaitable, pour les présentations permanentes du musée tout comme pour le choix des sculptures figurant dans cet ouvrage rédigé par Amina Okada, conservateur de la section des arts de l'Inde, de nous limiter à des pièces jugées majeures pour des raisons historiques et esthétiques. Cette sélection qui comprend quelques grands chefs-d'œuvre, dignes du fameux « musée

---

Preface

The immense Indian subcontinent, the birthplace of two great religions, Hinduism and Buddhism, which spread across the Indo-Chinese peninsula and, in the case of Buddhism, to the Himalayan regions, Central Asia, China, Korea and Japan, has proved one of the main sources of inspiration for religious images in numerous Asian countries. The importance of the Indian section in any major museum dedicated to Asian art is therefore obvious. The Musée Guimet's extremely rich collections enable visitors to trace the eastward movement of these influential trends that followed the Silk Road or the maritime trade routes. Naturally, this museum does not claim to offer an exhaustive view of an artistic tradition renowned for its prolificacy. Only a visit to the famous sites and leading museums in India can really give one an accurate idea of the wealth and diversity of its sculpture, which encompasses both statuary and impressive rupestrian monuments.

It would certainly have been possible to offer a broader panorama of the iconography of the vast Indian pantheon by resorting to the huge collection of wooden sculptures from South India or to the substantial group of late bronzes, including those brought back by Émile Guimet after his world tour in 1876. But it seemed more judicious, both for the museum's permanent display and for the choice of sculptures featured in this book by Amina Okada, curator of the Indian Art section, to limit ourselves to exhibits that are regarded as key works from either a historical or an aesthetic point of view. This selection, which includes some splendid masterpieces worthy of the celebrated "imaginary museum of universal sculpture", bears witness to the craftmanship of Indian stonecutters and bronzesmiths throughout the centuries.

imaginaire de la sculpture universelle », apporte un beau témoignage de la qualité du travail de la pierre et du bronze des artistes indiens au cours des siècles.

On pourra noter dans cette publication, tout comme en visitant les salles consacrées à l'Inde, que cette collection, dont la formation est relativement ancienne, a connu aussi quelques enrichissements importants au cours de ces dernières années, dans le cadre d'une politique d'acquisitions qu'avait amorcée Jeannine Auboyer au cours des années 60 et 70. Rappelons à cette occasion tous les efforts que Jeannine Auboyer a fait, en tant que conservateur puis directeur du musée, pour encourager une meilleure connaissance des arts de l'Inde auprès d'un large public et de plusieurs générations d'étudiants de l'École du Louvre.

Le livre d'Amina Okada vient s'inscrire dans la série des volumes déjà parus dans la collection des « Trésors du musée Guimet », éditée par la Réunion des musées nationaux que nous remercions une nouvelle fois pour son soutien. Ces publications bénéficient également de l'aide généreuse de l'Association pour le Rayonnement des Arts Asiatiques (A.R.A.A.). Je tiens à remercier aussi tous ceux qui ont assuré la réalisation technique de cet ouvrage, notamment Juliette Barbet pour la saisie du manuscrit. Nous sommes heureux que cette parution coïncide avec l'ouverture au public des nouvelles présentations des collections indiennes dans le musée Guimet rénové.

Jean-François Jarrige
directeur du musée national des Arts asiatiques-Guimet

Readers of this publication and visitors to the museum's Indian rooms will notice that this collection, which was assembled at quite an early date, has been greatly enriched over the last few decades, thanks to the active acquisition policy set in motion by Jeannine Auboyer during the 1960s and 1970s. May I use this occasion to recall all the efforts made by Jeannine Auboyer, first as a curator and then as museum director, to promote understanding of Indian art among the public and several generations of École du Louvre students.

Amina Okada's book belongs to the "Trésors du musée Guimet" series, published by the Réunion des musées nationaux, whom we once again thank for their assistance. These publications are also generously supported by the A.R.A.A. (Association pour le Rayonnement des Arts Asiatiques). In addition, I would like to thank all those who helped prepare the book, especially Juliette Barbet who typed the manuscript. We are very happy that its publication coincides with the opening of the new Indian rooms in the Musée Guimet after its lengthy renovation.

Jean-François Jarrige
Director of the Musée National des Arts Asiatiques-Guimet

Avant-propos

1 Sont volontairement exclues de cet ouvrage les sculptures de moindre qualité ou d'état par trop fragmentaire conservées dans les réserves du musée, ainsi que les terres cuites votives et les collections archéologiques, appelées à faire l'objet de monographies ou de catalogues ultérieurs.

Exposées en permanence dans les salles de l'Inde, les sculptures de pierre, de bronze ou de terre cuite faisant l'objet du présent ouvrage comptent à juste titre parmi les œuvres les plus notables des collections indiennes du musée Guimet[1]. Si elles ne sauraient offrir un panorama véritablement complet de l'art indien saisi dans sa foisonnante et complexe diversité stylistique et iconographique, ces œuvres – qui s échelonnent des IIe-Ier siècles avant notre ère jusqu'au XVIIe siècle – n'en éclairent pas moins, de façon séduisante et significative, les principaux aspects de la statuaire indienne d'inspiration bouddhique, jaïne et brahmanique. Sculptures kuṣāṇa issues des prolifiques ateliers de Mathurā – dominées par le majestueux *Nāgarāja* (n° 9), l'un des fleurons de la section –, plaques de revêtement de *stūpa* de l'école d'Amarāvatī et des sites alentour, sculptures sobres et épurées reflétant la perfection esthétique des canons gupta, images médiévales de dieux et de déesses émanant du Madhya Pradesh et du Rājasthān, divinités de pierre et de bronze d'époque cōḷa : autant de jalons permettant d'apprécier à sa juste mesure une collection certes numériquement modeste, mais riche néanmoins d'œuvres remarquables – et de plusieurs chefs-d'œuvre.

Le fait est, toutefois, que l'art de l'Inde du Sud se trouve particulièrement bien représenté au sein des collections – qu'il s'agisse des reliefs bouddhiques provenant des sites antiques de l'Andhradeśa ou des effigies divines de pierre et de bronze de style cōḷa ou d'époque plus tardive. Cette richesse est essentiellement due à la générosité et au discernement artistique sans égal de Gabriel Jouveau-Dubreuil, dont les dons effectués à titre individuel ou conjoint (avec Ch'ing-Tsai Loo), entre 1925 et 1939, contribuèrent à donner son vrai visage à la Section indienne du musée Guimet, tout en lui conférant sa cohérence et son originalité. Professeur de

Foreword

1 Sculptures of lesser quality and very fragmentary works kept in the museum storerooms have been deliberately excluded from this book, as have votive terracottas and archaeological collections, which will be the subject of subsequent monographs or catalogues.

On permanent display in the Indian rooms, the stone, bronze and terracotta sculptures to which this book is devoted can rightfully claim to be among the most remarkable works in the Musée Guimet's Indian collections.[1] While they may not offer a complete panorama of Indian art, showing all the rich complexity of its stylistic and iconographic diversity, these works – ranging from the 1st and 2nd centuries BC to the 17th century – provide fascinating and meaningful insight into the main aspects of Buddhist, Jain and Brahmanic statuary from India. Kushan sculptures from the prolific Mathuran workshops – dominated by the majestic *Nagaraja* (No. 9), one of the jewels of the collection, – slabs from stupa casings carved in Amaravati and the neighbouring area, restrained, pure-lined sculptures reflecting the aesthetic perfection of Gupta canons, medieval images of gods and goddesses from Madhya Pradesh and Rajasthan and Chola stone and bronze divinities are all milestones in the history of Indian art that enable one to assess the value of a collection which, though modest in number, is rich in outstanding works – and in masterpieces.

South Indian art, however, has always been very well represented in the museum's collections – be it a question of Buddhist reliefs from the ancient sites of Andhradesha or portraits of the divinities in stone or bronze dating from the Chola dynasty or a later period. This great wealth is fundamentally due to the unparalleled generosity and artistic discernment of Gabriel Jouveau-Dubreuil, whose individual or collective (with Ch'ing-Tsai Loo) gifts, made between 1925 and 1939, largely contributed to giving the Musée Guimet's Indian section not only its own personality, but also its coherence and originality. Professor of physics at the Collège colonial (subsequently Collège français) in Pondicherry, where he resided some thirty physique au Collège colonial (plus tard, Collège français) de Pondichéry, où il devait demeurer quelque trente années, mais surtout historien, archéologue – il fouilla avec succès les sites bouddhiques de Goli, Ghantaśālā et Nāgārjunakoṇḍa –, découvreur des cavernes de Mennapuram, des peintures rupestres de Sittannavāsal ou encore du site d'Arikamedu – lequel attestait de relations commerciales entre l'Inde méridionale et l'Empire romain aux premiers siècles de notre ère –, Gabriel Jouveau-Dubreuil fut également l'intermédiaire du grand galeriste chinois C. T. Loo – qui, au commerce des antiquités chinoises, entendait alors ajouter celui de sculptures indiennes dûment expertisées par un connaisseur averti. Pour brève qu'elle fût – à peine cinq ou six années –, l'association de Gabriel Jouveau-Dubreuil et de C. T. Loo se révéla néanmoins des plus brillantes et des plus fécondes, notamment pour le musée Guimet qui reçut, sous forme de dons individuels ou conjoints émanant de l'archéologue-collectionneur et du galeriste, un ensemble d'œuvres majeures, voire exceptionnelles. Sur ce noyau quasi historique se greffèrent au fil des ans d'autres dons également notables et diverses acquisitions, dont la somme permet aujourd'hui aux visiteurs du musée Guimet d'apprécier l'art de l'Inde ancienne et médiévale à travers quelques-unes de ses expressions les plus accomplies et les plus représentatives.

years, but also historian, archaeologist – he successfully excavated Buddhist sites at Goli, Ghantashala and Nagarjunakonda – and discoverer of the caves at Mennapuram, the cave paintings at Sittannavasal and the site of Arikamedu – which proved that trade relations existed between South India and the Roman Empire in the early centuries AD, – Gabriel Jouveau-Dubreuil was also the intermediary for the great Chinese gallery owner, C.T. Loo, who decided to expand his business in Chinese antiques to include Indian sculptures duly appraised by an erudite connoisseur. Brief as it may have been – barely five or six years, – the Gabriel Jouveau-Dubreuil and C.T. Loo partnership was both brilliantly successful and highly fruitful, especially for the Musée Guimet, which received a group of major, or rather extraordinary, works from the archaeologist-collector and gallery owner, either as individual or joint gifts.
Other remarkable donations and various purchases have since enriched this almost historic core collection; the resultant display enables today's visitors to the Musée Guimet to appreciate the art of ancient and medieval India through some of its most accomplished and representative expressions.

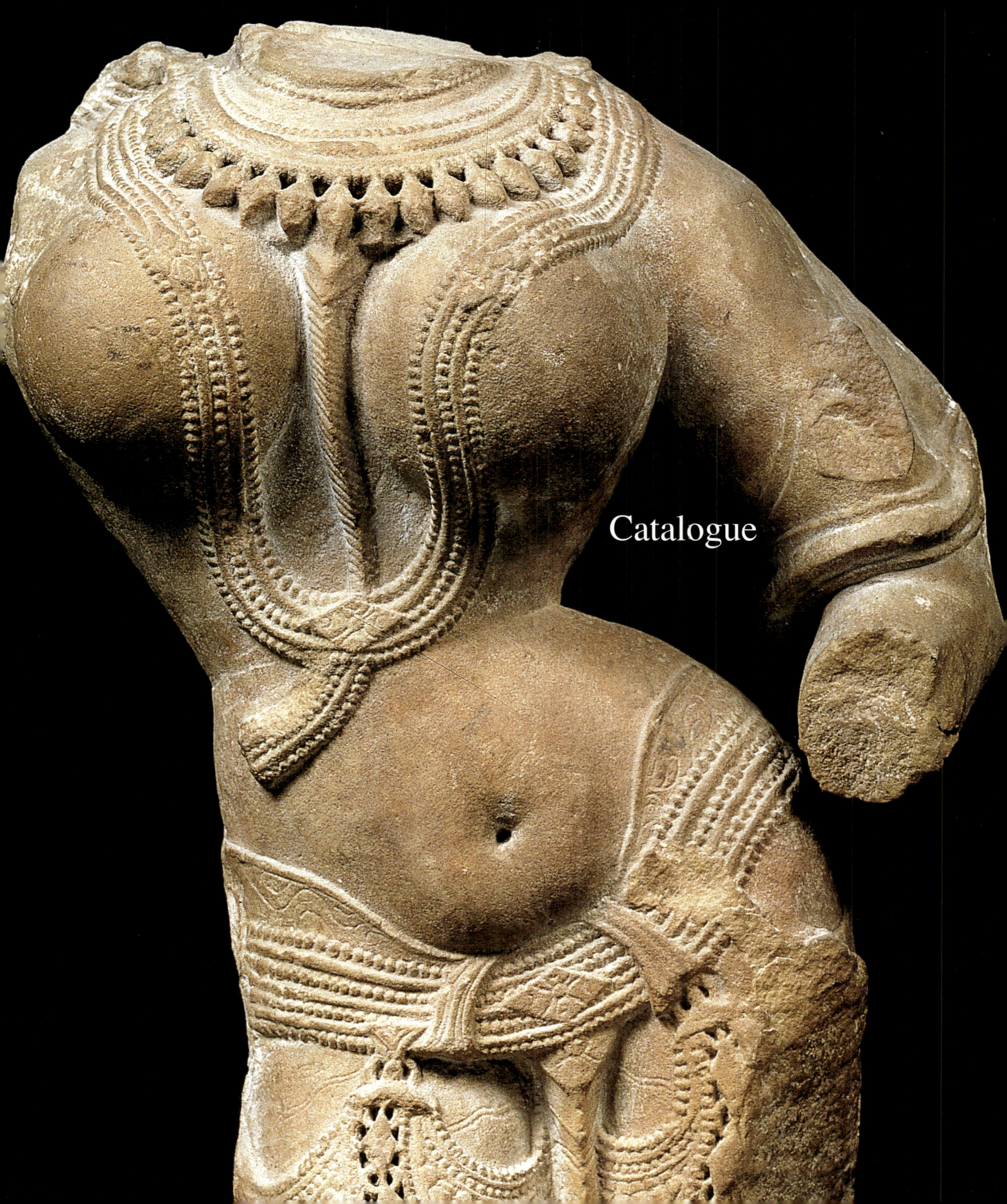

Catalogue

1. Base d'un montant de balustrade orné d'un *yakṣa*-atlante

Fragment d'un montant (*stambha*) de *vedikā* – balustrade entourant un *stūpa* ou un édifice religieux, afin d'en circonscrire et d'en protéger l'enceinte – orné d'un *yakṣa*-atlante[1]. Ce dernier, accroupi entre deux colonnes cannelées à base et chapiteau bulbeux et tailloir à décor de lotus, soutient de ses deux mains levées une balustrade figurée. Au-dessus de celle-ci subsiste un fragment de scène, où se reconnaissent un lotus épanoui, un lotus en bouton et la moitié antérieure d'une patte d'éléphant ; la scène complète représentait à l'évidence l'adoration de l'arbre de l'Éveil *(Bodhi)* par les éléphants, portant dans leurs trompes des fleurs en guise d'offrandes – motif souvent attesté dans l'art ancien de l'Inde, notamment sur les montants de la balustrade du *stūpa* de Bhārhut[2] (IIe siècle avant J.-C.).

L'art bouddhique a souvent attribué un rôle d'atlantes aux *yakṣa* – génies de la nature doués de pouvoirs mystérieux et d'une force prodigieuse, hôtes des arbres et des bois généralement bienveillants et secourables aux hommes. Ainsi sont-ils volontiers figurés supportant *vedikā*, structures diverses, guirlandes de perlages ou vases d'abondance *(pūrṇa ghaṭa)* débordant de feuillage, soulevant dans les airs le palais céleste de leur souverain Kubera, dieu des richesses et gardien du Nord, ou encore soutenant les sabots de Kaṇṭhaka, le cheval de Siddhārtha, le futur Buddha, afin de favoriser sa fuite silencieuse loin de la ville de Kapilavastu, lors du Grand Départ[3]. À Bhārhut, où ils figurent en grand nombre sur les montants de la balustrade entourant le *stūpa* (aujourd'hui ruiné) – à juste titre, puisqu'ils sont aussi les gardiens des portes et des villes –, certains *yakṣa* sont même identifiés par leurs noms inscrits à côté de leurs effigies[4]. Le *yakṣa*-atlante du musée Guimet, au traitement naïf et quelque peu sommaire, s'apparente du reste, par son style, à ses semblables ornant la *vedikā* du *stūpa* de Bhārhut[5].

1 Voir notice n° 4.
2 Voir Cunningham, 1879, pl. XV.
3 Voir notice n° 16.
4 Coomaraswamy, 1928-1931, p. 5.
5 Coomaraswamy, 1928-1931, pl. 13 (1).

---

1. Base of a Vertical Post from a Railing adorned with a *Yaksha*-Telamon

A fragment of a vertical post (*stambha*) of a *vedika* – the railing surrounding a stupa or religious monument, so as to encircle and protect the enclosure, – adorned with a *yaksha*-telamon.[1] With his two arms raised, the latter supports a railing, squatting between two fluted columns with bulbous bases and capitals and an abacus adorned with a lotus motif. A fragment of a scene has survived above the railing, in which one can identify a lotus blossom, a lotus bud and the lower half of an elephant's leg; the whole scene obviously depicted elephants worshipping the Bodhi tree (representing the Enlightenment of the Buddha), carrying offerings of flowers in their trunks – a motif frequently found in the art of Ancient India, especially on the vertical posts on the railing of the Bharhut stupa (2nd century BC).[2]

Buddhist art often attributed the role of telamones to *yakshas* – nature-spirits endowed with mysterious powers and prodigious strength, who dwelt in trees and woods and were generally benevolent and helpful to mankind. They are therefore deliberately portrayed supporting *vedikas*, various structures, garlands of pearls and vases of plenty (*purna ghata*) overflowing with foliage, lifting into the air the palace of their sovereign Kubera, god of wealth and guardian of the North, or holding the hoofs of Kanthaka, Siddhartha's horse, in order to help the future Buddha silently flee the town of Kapilavastu, during the Great Departure.[3] There are numerous examples of *yakshas* on the vertical posts surrounding the (now ruined) stupa at Bharhut – which is only natural since they were also the guardians of towns and doorways. Some of them are even identified by the names inscribed beside their portraits.[4] The treatment of the Musée Guimet's *yaksha*-telamon is naive and somewhat rudimentary, yet it is stylistically similar to the sculptures adorning the railing of the stupa at Bharhut.[5]

1 See No. 4.
2 See Cunningham, 1879, Pl. XV.
3 See No. 16.
4 Coomaraswamy, 1928-1931, p. 5.
5 Coomaraswamy, 1928-1931, Pl. 13 (1).

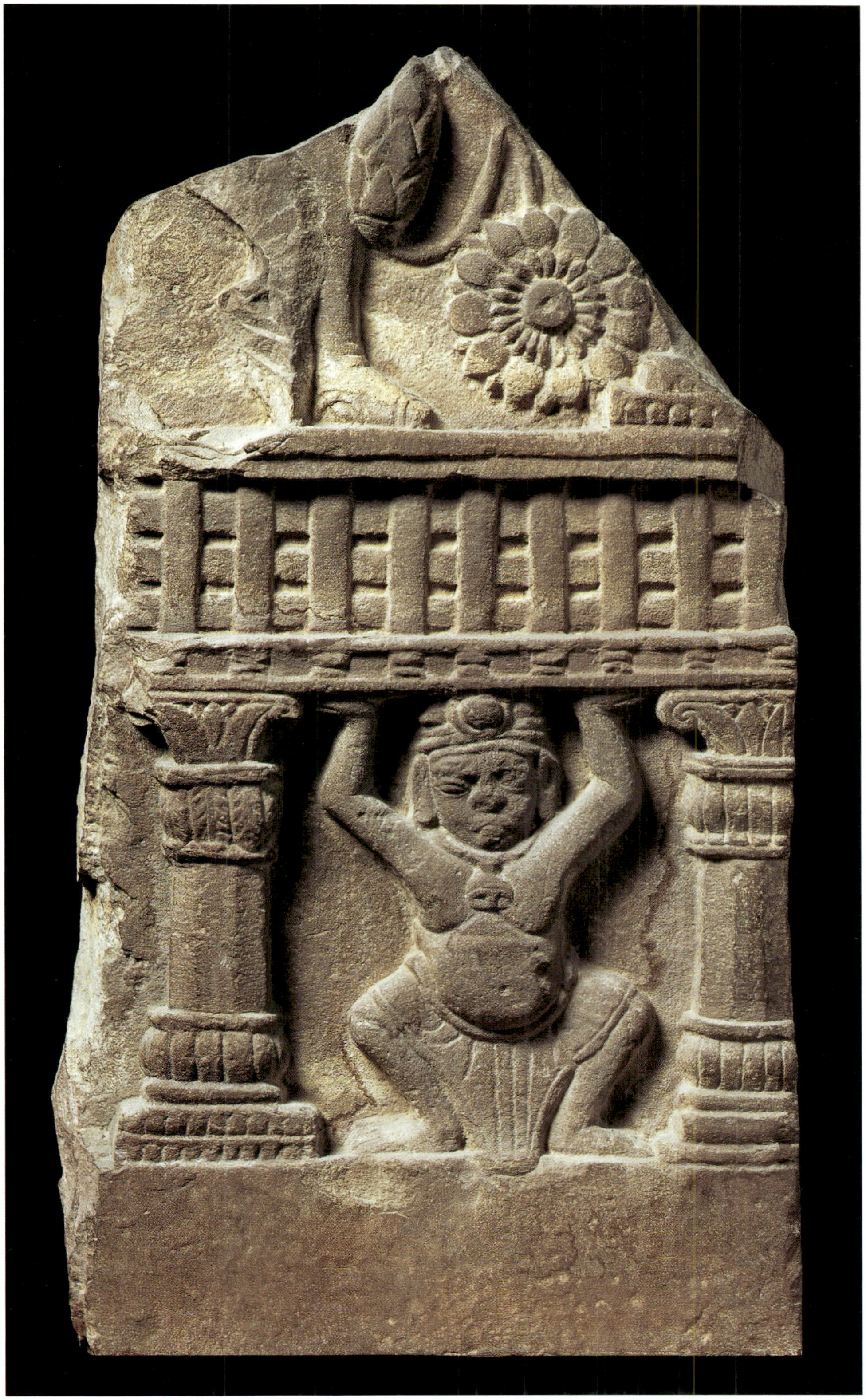

Époque śuṅga
IIe siècle ou début du Ier siècle avant J.-C.
Inde centrale. Madhya Pradesh (?)

Fragment de décoration architecturale ; grès rouge
H. 61 ; L. 35
Achat (1970)
MA 3300

Shunga period
2nd century or early 1st century BC
Central India. Madhya Pradesh (?)

Fragment of a decorative element; red sandstone
H. 61; W. 35
Purchase (1970)
MA 3300

2. Fragment de bas-relief orné d'un buste féminin

Fragment de bas-relief orné d'un buste féminin – peut-être celui d'une *devatā* ou d'une *yakṣī*, nymphe sylvestre chère aux sculpteurs de l'Inde ancienne. Parée d'un collier à trois rangs de perles et de lourdes boucles d'oreilles, elle porte le bandeau large et plat, parfois croisé sur le devant de la tête et masquant les cheveux, attesté dans la mode féminine, notamment aux IIe et Ier siècles avant notre ère[1].

Son visage large, aux traits plats et aux yeux étirés en amande paraissant grands ouverts, est caractéristique de l'art śuṅga des IIe et Ier siècles avant J.-C., tel qu'il s'épanouit notamment sur le site bouddhique de Bhārhut.

1 Loth, 1979, p. 27 et pl. V-VI.

---

2. Fragment of a Bas-Relief adorned with a Female Bust

Fragment of a bas-relief adorned with a female bust – possibly of a *devata* or a *yakshi*, a woodland nymph dear to the sculptors of Ancient India. She wears a necklace comprising three strings of pearls, heavy earrings and the wide, flat head-band fashionable in the 2nd and 1st centuries BC[1] which was occasionally worn crossed over the front of the head and concealed the hair.

Her broad face, with flat features and seemingly wide-open almond eyes, is characteristic of Shunga art in the 2nd and 1st centuries BC, notably as it matured on the Buddhist site of Bharhut.

1 Loth, 1979, p. 27 and Pls. V-VI.

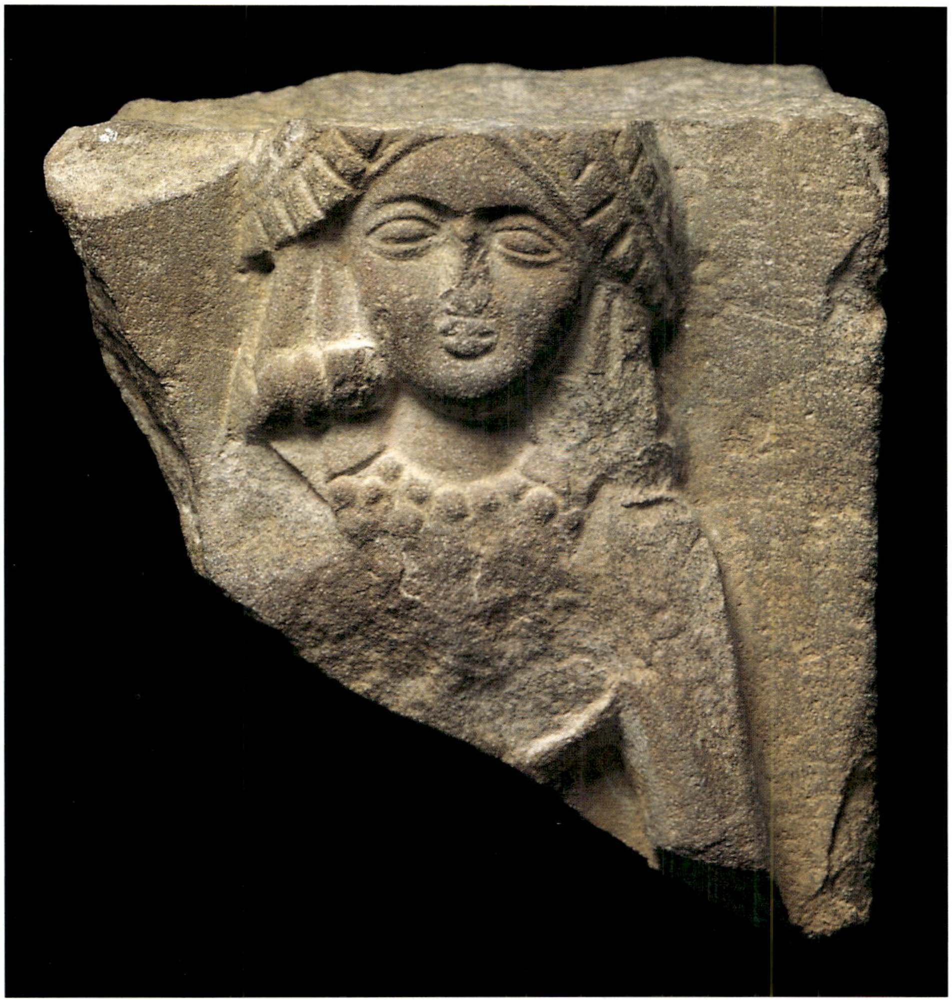

Époque śuṅga
IIe siècle ou début du Ier siècle avant J.-C.
Inde centrale. Madhya Pradesh (?)

Fragment de décoration architecturale ; grès rose
H. 12 ; L. 11
Achat (1971)
MA 3328

Shunga period
2nd century or early 1st century BC
Central India. Madhya Pradesh (?)

Fragment of a decorative element; pink sandstone
H. 12; W. 11
Purchase (1971)
MA 3328

3. Fragment de main courante de balustrade (*vedikā*)

Ce fragment de main courante ou de couronnement *(uṣnīṣa)* de balustrade *(vedikā)* est l'un des nombreux fragments aujourd'hui connus provenant d'une *vedikā* élevée vers le Ier siècle de notre ère autour d'un édifice bouddhique, ou peut-être jaïn, afin d'en délimiter et d'en protéger l'enceinte sacrée. Une douzaine d'autres fragments – certains longs de près d'un mètre – sont conservés dans divers musées et collections privées[1]. Leur décor, sculpté en léger relief sur un seul côté, se compose d'une succession de félins et d'animaux composites figurés de profil et, en partie haute, d'une rangée de clochettes alternant avec des boutons de fleurs (?), motif également attesté sur des couronnements de balustrade provenant de Mathurā, de Kauśāmbī, de Bodh Gayā ou encore de Bhārhut. Entre chaque animal se déploie un motif floral stylisé, mêlant médaillon lotiforme et motif de chèvrefeuille[2]. Le fragment du musée Guimet, de petites dimensions, ne conserve que l'image d'un félin passant sous la rangée de clochettes, flanqué à droite d'une crosse de feuillage stylisé.

L'intérêt de ce couronnement de *vedikā,* morcelé entre diverses collections, réside principalement dans la présence d'une inscription en écriture brāhmī, répétée en plusieurs endroits au sommet de la main courante (mais absente du fragment conservé au musée Guimet). Le texte, qui fait état du don d'un trône *(pīṭha)* par « Kāśiputra Yaśaka, fidèle compagnon du roi Sūryamitra, fils de Gopāli », permettrait, selon H. Härtel, de dater la balustrade du Ier siècle de notre ère[3].

La partie inférieure présente une mortaise destinée à recevoir le tenon montant de la *vedikā.*

1 Czuma, 1985, p. 56 ; Pal, 1986, vol. I, p. 175.
2 Pal, 1986, vol. I, p. 175, n° 53a et b.
3 Härtel, 1977, pp. 192-193 et 198 ; Czuma, 1985, p. 56.

---

3. Fragment of a Coping-Stone on a Railing (*Vedika*)

This fragment of a hand-rail or coping-stone (*ushnisha*) from a railing (*vedika*) is one of the numerous fragments known to have come from a *vedika* built in about the 1st century AD around a Buddhist, or possibly Jain, monument to encircle and protect the sacred enclosure. A dozen other fragments – some of them nearly a metre long – are preserved in various museums and private collections.[1] Their decoration, carved in low relief on one side only, comprises a series of feline and animal motifs portrayed in profile and, on the upper half, a row of alternating bells and flower buds (?), a design also found on the coping-stones of railings from Mathura, Kausambi, Bodh Gaya and even Bharhut. Between each animal is a stylized floral motif, a combination of a lotiform medallion and a honeysuckle motif.[2] The Musée Guimet's small fragment depicts a passant feline under a row of bells, flanked on the right by a crozier of stylized foliage.

What is interesting about this coping-stone, now dispersed between different collections, is the presence of an inscription written in Brahmi, which recurs in several places on the top of the hand-rail (but which does not appear on the Musée Guimet's fragment). The text of the inscription, which mentions a gift of a throne (*pitha*) made by "Kashiputra Yashaka, faithful companion to King Suryamitra, son of Gopali" enables us, in H. Härtel's opinion, to date the railing to the 1st century AD.[3]

Underneath this fragment is the mortise which received the vertical tenon of the *vedika.*

1 Czuma, 1985, p. 56; Pal, 1986, Vol. I, p. 175.
2 Pal, 1986, Vol. I, p. 175, No. 53a and b.
3 Härtel, 1977, pp. 192-193 and 198; Czuma, 1985, p. 56.

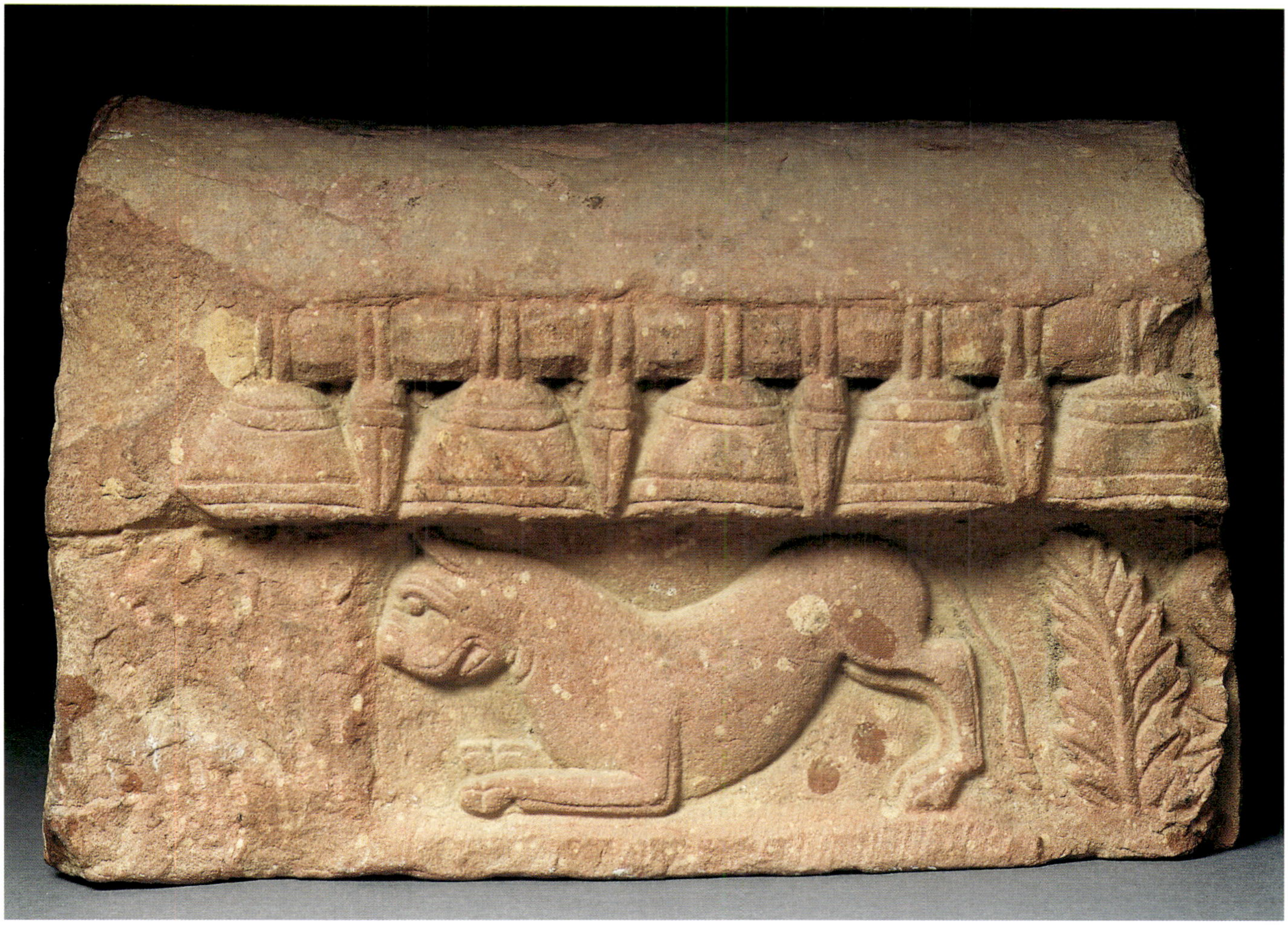

Époque kuṣāṇa
Ier siècle
Inde du Nord. Uttar Pradesh. Région de Mathurā

Fragment de décoration architecturale ; grès rouge
H. 18 ; L. 12
Don de M. et Mme Moreau-Gobard (1974)
MA 3551

Kushan period
1st century
North India. Uttar Pradesh. Mathura region

Fragment of a decorative element; red sandstone
H. 18; W. 12
Gift of M. and Mme Moreau-Gobard (1974)
MA 3551

4. *Yakṣa*

Yakṣa assis « à l'européenne » sur un siège incurvé, dont les bras étaient levés dans la position de l'atlante[1]. Les *yakṣa*, génies agrestes, hôtes des arbres et des bois, étaient l'objet, dans l'Inde ancienne, d'un culte populaire. Généralement bienveillants à l'égard des hommes et détenteurs de richesses, à l'instar de leur souverain Kubera – dieu des richesses et gardien du Nord –, ils passaient pour apporter à leurs fidèles la prospérité matérielle ; leur aspect physique – ventre proéminent (*kumbhāṇḍa*) et forte corpulence – se voulant du reste le reflet de la richesse et de l'abondance promises aux fidèles.

Le *yakṣa* du musée Guimet, aux formes massives et imposantes héritées des styles anciens d'époque śuṅga[2] (IIe-Ier siècle avant notre ère), a les hanches ceintes d'un vêtement diaphane, dont les plis sont à peine indiqués sur les cuisses, retenu par une ceinture formant un pan sur le devant et dans le dos. Un long collier noué dans le dos et fait de cinq rangs de perles, que maintiennent deux plaques-barrettes à fleurons et que complète un motif (en partie disparu) constitué de deux *makara* divergents, orne sa poitrine. Ce collier, sous une forme plus élaborée encore, orne parfois le buste des bodhisattva d'époque kuṣāṇa[3] (Ier-IIIe siècle de notre ère). Le modelé naturaliste et sensible de la sculpture du musée Guimet, aux formes vigoureuses et charnelles, est également propre à l'époque kuṣāṇa ; cette œuvre, qui a pu parfois être datée de l'époque śuṅga[4], semble se rattacher davantage aux productions kuṣāṇa de la fin du Ier siècle ou du IIe siècle, animées par un élan puissant et une robuste sensualité[5].

Peut-être faut-il reconnaître, dans cette image aux dimensions imposantes d'un *yakṣa*-atlante richement paré, Kubera, dieu des richesses et souverain des *yakṣa*[6] ?

1 Voir notice n° 1.
2 Voir notamment le *yakṣa* de Parkham (Vogel, 1930, pl. XLII).
3 Vogel, 1930, pl. XXXIII (a) et XXXIV (a) ; Czuma, 1985, p. 78, n° 19.
4 Monod, 1966, p. 54.
5 Czuma, 1985, p. 105, n° 39.
6 Pour une œuvre iconographiquement semblable et identifiée comme étant Kubera, voir Czuma, 1985, p. 127, n° 54.

Bibliographie
Monod, 1966, p. 54.

---

4. *Yaksha*

Sitting in "European manner" on a curved seat, this *yaksha* once raised his arms like a telamon.[1] *Yakshas* – nature-spirits who dwelt in trees and woods – were worshipped in Ancient India. Generally benevolent towards mankind and the protectors of the Earth's riches, like their sovereign, Kubera, god of wealth and guardian of the North, they were believed to bestow material prosperity on their followers. Their physical appearance – prominent belly (*kumbhanda*) and overall corpulence – reflected the wealth and abundance promised to the faithful.

The solid, imposing forms of the Musée Guimet's *yaksha* are the stylistic legacy of the Shunga period (2nd-1st century BC)[2]. His hips are girded by a transparent garment, the folds of which are barely indicated on his thighs. It is held up by a belt which forms a panel at the front and back. A long necklace, knotted on his back and adorning his chest, is made up of five strings of pearls, held together by two plaques decorated with flowers, and another (partially lost) motif representing two divergent *makaras*. This type of necklace, in an even more elaborate form, occasionally adorned the busts of Bodhisattvas dating from the Kushan period[3] (1st-3rd century AD). The sensitive, naturalistic modelling of the Musée Guimet's sculpture, with its vigorous, fleshy forms, is also characteristic of the Kushan period. This work, which was previously dated to the Shunga period,[4] seems more likely to belong to the Kushan production of the late 1st century or the 2nd century, which displayed a powerful vital force and a robust sensuality.[5]

Could this large-scale image of a richly clad *yaksha*-telamon possibly be identified as Kubera, the god of wealth and the king of the *yakshas*?[6]

1 See No. 1.
2 See in particular Parkham's *Yaksha* (Vogel, 1930, Pl. XLII).
3 Vogel, 1930, Pls. XXXIII (a) and XXXIV (a); Czuma, 1985, p. 78, No. 19.
4 Monod, 1966, p. 54.
5 Czuma, 1985, p. 105, No. 39.
6 For a work with similar iconography identified as Kubera, see Czuma, 1985, p. 127, No. 54.

Bibliography
Monod, 1966, p. 54.

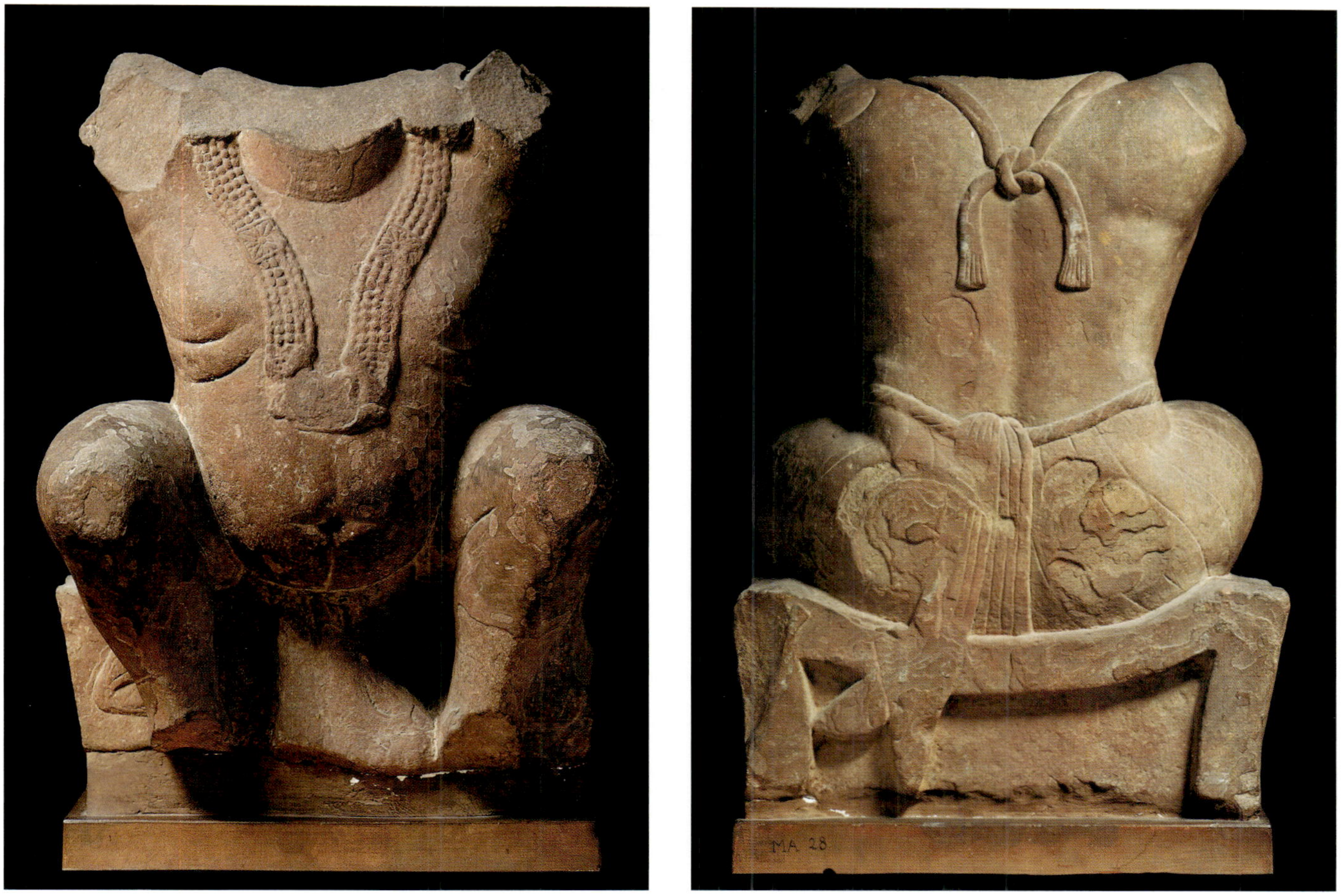

Époque kuṣāṇa
Fin du Ier siècle ou IIe siècle
Inde du Nord. Uttar Pradesh. Région de Mathurā

Ronde-bosse ; grès rouge
H. 73 ; L. 51
Don de Mlle Densmore (1943)
MA 28

Kushan period
Late 1st century or 2nd century
North India. Uttar Pradesh. Mathura region

In-the-round sculpture; red sandstone
H. 73; W. 51
Gift of Mlle Densmore (1943)
MA 28

5. Tête de bodhisattva

Taillée dans le grès rouge des carrières de Sikrī, cette tête de dimension imposante devait initialement appartenir à une sculpture de taille héroïque représentant un bodhisattva. Le port du turban qui, dans les sculptures monumentales de l'époque kuṣāṇa, permet notamment de distinguer les Buddha des bodhisattva, était un des éléments constitutifs du costume de la noblesse kuṣāṇa et, dans le cas des images de bodhisattva, le rappel de la vie séculière qui fut celle du Bienheureux avant l'Éveil.

Partiellement brisé ici, le turban était à l'origine sommé d'une ample cocarde arrondie *(maulimaṇi)* ; sa forme est attestée sur de nombreux exemples de l'époque kuṣāṇa, rondes-bosses ou reliefs. Les boucles d'oreilles « en spirale » sont de même fréquemment attestées dans l'art kuṣāṇa et, du reste, arborées le plus souvent par des bodhisattva[1].

Des têtes de bodhisattva de dimensions aussi imposantes, pour être certes attestées à l'époque kuṣāṇa, sont néanmoins peu nombreuses et renvoient à des prototypes antérieurs. Citons, parmi les plus célèbres, la *Tête de bodhisattva* du musée de Cleveland[2] (H. 51 cm) et, plus proche sur le plan stylistique de la tête du musée Guimet, la *Tête masculine coiffée d'un turban* du musée de Mathurā[3] (H. 43 cm).

La sculpture du musée Guimet, par son style à l'esthétique adoucie et souriante, à la fois abouti et subtilement archaïsant, pourrait dater de la seconde moitié du Ier siècle ou du début du IIe siècle.

1 Par exemple, le bodhisattva Maitreya d'Ahicchattrā, conservé au musée national de New Delhi ; voir Huntington, 1985, p. 155, fig. 8.34.
2 Czuma, 1985, pp. 80-81, n° 20.
3 *Trésors d'art de l'Inde*, 1960, cat. 108, pl. 19.

Expositions
Fort Worth, 1996, n° 1 ; Tōkyō, 1996, n° 1.

---

5. Head of a Bodhisattva

Carved in the red sandstone from the quarries at Sikri, this impressive-sized head must have initially belonged to a very large-scale sculpture representing a Bodhisattva. The turban, which in monumental sculptures dating from the Kushan period enable us to distinguish the Buddhas from the Bodhisattvas, was an integral part of Kushan nobility's dress – and, where Bodhisattvas are concerned, a reminder of the secular life the Blessed One led before he was enlightened.

Partially broken here, the turban was originally topped by a lavish circular cockade (*maulimani*); testimony to its shape exists in several examples from the Kushan period, on reliefs and in-the-round sculpture. Likewise, the "spiral" earrings can frequently be seen in Kushan art; moreover, they are most often worn by Bodhisattvas.[1]

Though examples dating from the Kushan period certainly exist, Bodhisattva heads of such an impressive size are nevertheless rare and draw their inspiration from previous prototypes. Among the most famous, we should mention the *Head of a Bodhisattva* belonging to the Cleveland Museum[2] (H. 51 cm) and a work stylistically closer to the Musée Guimet's sculpture, the *Male Head with Turban* in the Mathura Museum[3] (H. 43 cm).

With its smiling face and aesthetically softer style, accomplished and subtly archaistic at the same time, the Musée Guimet's sculpture could date from the second half of the 1st century or from the early 2nd century.

1 For example, the Bodhisattva Maitreya from Ahicchattra, now in the National Museum, New Delhi; see Huntington, 1985, p. 155, Fig. 8.34.
2 Czuma, 1985, pp. 80-81, No. 20.
3 *Trésors d'art de l'Inde*, 1960, cat. 108, Pl. 19.

Exhibitions
Fort Worth, 1996, No. 1; Tokyo, 1996, No. 1.

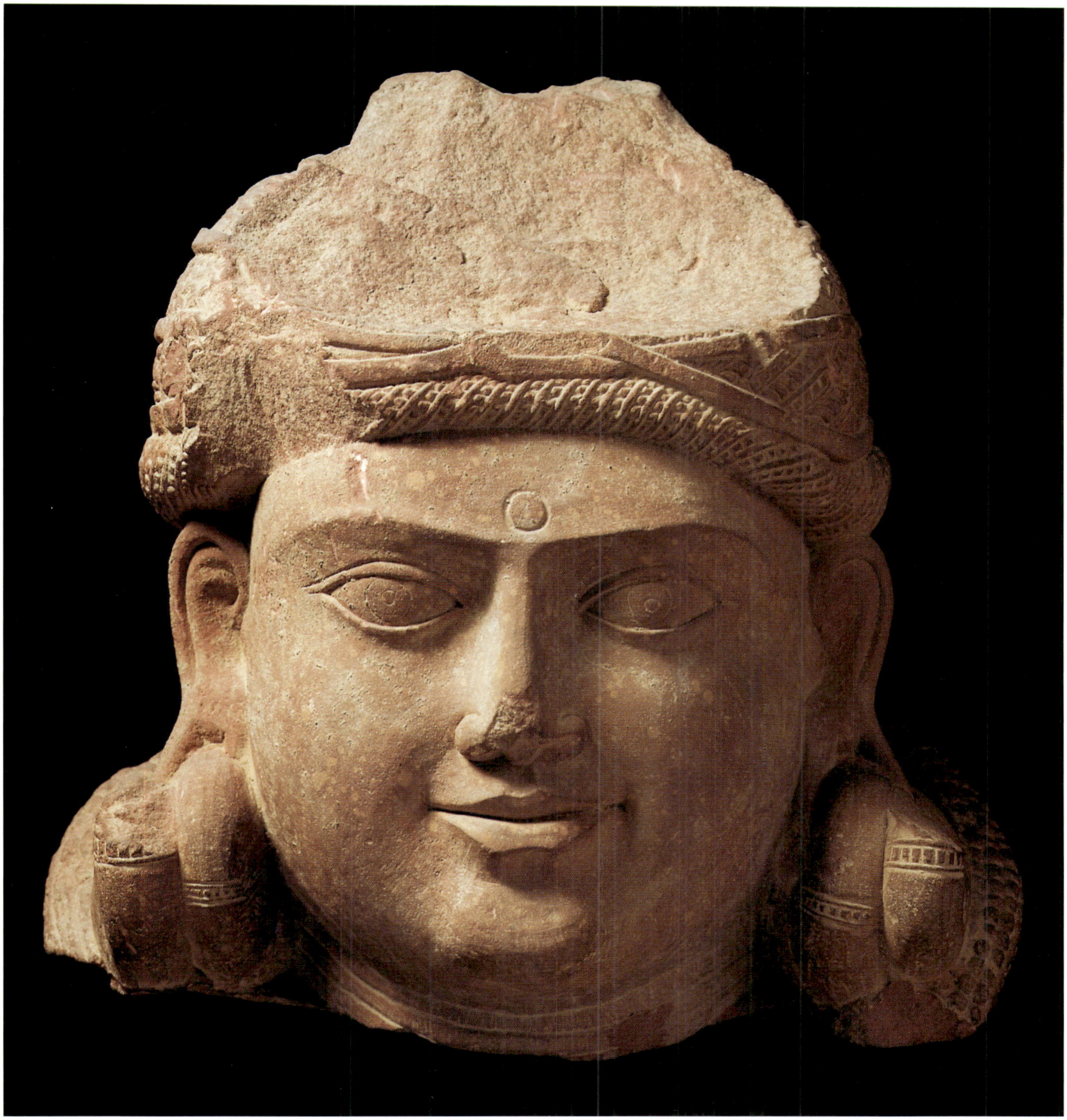

Époque kuṣāṇa
Seconde moitié du Ier siècle ou début du IIe siècle
Inde du Nord. Uttar Pradesh. Région de Mathurā

Ronde-bosse ; grès rouge
H. 45
Achat (1991)
MA 5935

Kushan period
Second half of the 1st century or early 2nd century
North India. Uttar Pradesh. Mathura region

In-the-round sculpture; red sandstone
H. 45
Purchase (1991)
MA 5935

6. Le bodhisattva Maitreya

Bodhisattva messianique prédestiné à devenir le Buddha futur, sauveur des générations à venir, Maitreya réside dans le ciel des *Tuṣita* (les « Satisfaits ») et ne se manifestera dans le Jambudvīpa que lorsque la durée de la vie humaine aura atteint 80 000 ans ! Il renaîtra alors pour son ultime naissance dans la ville sainte de Ketumatī (Bénarès), sous le règne du *Cakravartin* Śaṅkha, au sein d'une famille de brahmanes[1] et, devenu Buddha de complet Éveil sous l'arbre aux « Fleurs de Dragons » (le frangipanier, *nāgapuṣpa*), il réunira ses fidèles afin de prêcher la Loi[2].

Le culte de Maitreya, qui se répandit vers le début de l'ère chrétienne et fut adopté par toutes les sectes bouddhiques, fut attesté dès l'époque kuṣāṇa (Ier-IIIe siècle) à Mathurā, où furent découvertes plusieurs images à l'effigie du bodhisattva – images moins nombreuses et moins élaborées, toutefois, que dans les sites gandhāriens contemporains. Identifiable à son attribut distinctif, le vase à eau lustrale (*kamaṇḍalu*)[3] – toujours tenu de la main gauche –, Maitreya apparaît sur des reliefs le représentant aux côtés des Sept Buddha du passé (*mānuṣi buddha*) et, plus souvent encore, sur le socle de statues figurant le Buddha historique, Śākyamuni. De rares sculptures en ronde bosse de dimensions notables figurent également le Sauveur à venir, dont la plus célèbre est l'image découverte en 1940 à Ahicchattrā et aujourd'hui conservée au musée national de New Delhi – l'une des rares sculptures kuṣāṇa à porter une inscription dédicatoire mentionnant clairement le nom du bodhisattva[4]. Outre l'importance de son inscription, l'image d'Ahicchattrā présente également l'intérêt iconographique de montrer Maitreya – lequel peut être représenté soit en tant que bodhisattva régnant dans le ciel des *Tuṣita*, soit en tant que Buddha manifesté – sous l'aspect composite d'une divinité associant aux signes canoniques de la bodhéité (*ūrṇā*, *uṣnīṣa*) le vêtement et les parures princières propres aux bodhisattva, afin de mieux mettre en lumière la bodhéité immanente en Maitreya.

1 Le Buddha historique, Śākyamuni, naquit, quant à lui, dans une famille royale issue de la caste des *kṣatriya*.
2 S. Lévi, 1932, p. 356.
3 On notera, toutefois, que dans l'art kuṣāṇa de Mathurā, le *kamaṇḍalu* – loin d'être l'attribut exclusif de Maitreya – peut être porté par diverses divinités : Śiva, Indra ou les *nāgarāja*.
4 Voir D. Mitra, 1955, pp. 63-64, pl. I.

6. The Bodhisattva Maitreya

The Messianic Bodhisattva predestined to become the Buddha of the Future, the saviour of generations to come, Maitreya dwells in the *Tushita* (the "Satisfied Ones") heaven and will only appear in Jambudvipa when the human lifespan has reached eighty thousand years! He will then be reborn for the last time into a family of Brahmans[1] in the holy city of Ketumati (Benares), during the reign of the *Chakravartin* Shankha. He will become the Buddha of Total Enlightenment under the "Dragon Flower" tree (the frangipani, *nagapushpa*) and preach the Law to the devotees assembled around him.[2]

Testimony to the cult of Maitreya, which spread in the early Christian era and was adopted by all the Buddhist sects, is found from the Kushan period (1st-3rd century) onwards at Mathura, where several images of the Bodhisattva have been discovered – even though they are smaller in number and less elaborate than the ones found on contemporary Gandharan sites. Recognizable from his distinctive attribute, the lustral water-flask (*kamandalu*),[3] – always held in his left hand – Maitreya appears on reliefs depicting him beside the Seven Buddhas of the Past (*manushi buddhas*) and, more frequently, on the base of statues representing the historical Buddha, Shakyamuni. Rare, large-scale, in-the-round sculptures also portray the Saviour of the Future, the most famous of which is the one discovered at Ahicchattra in 1940, now in the National Museum, New Delhi. It is a rare example of Kushan sculpture bearing an inscription that specifies the name of the Bodhisattva.[4] In addition to the importance of its inscription, the Ahicchattra statue is very interesting from an iconographic point of view: it shows Maitreya – who may be represented as a Bodhisattva ruling over the *Tushita* heaven, or as the ultimate manifestation of Buddha – in the composite form of a divinity combining the canonical signs of Buddhahood

1 Shakyamuni, the historical Buddha, was born into a royal family descended from the *kshatriya* caste.
2 S. Lévi, 1932, p. 356.
3 Note, however, that in Kushan art from Mathura, the *kamandalu*, far from being an attribute exclusive to Maitreya, could be carried by various divinities: Shiva, Indra or the *nagarajas*.
4 See D. Mitra, 1955, pp. 63-64, Pl. I.

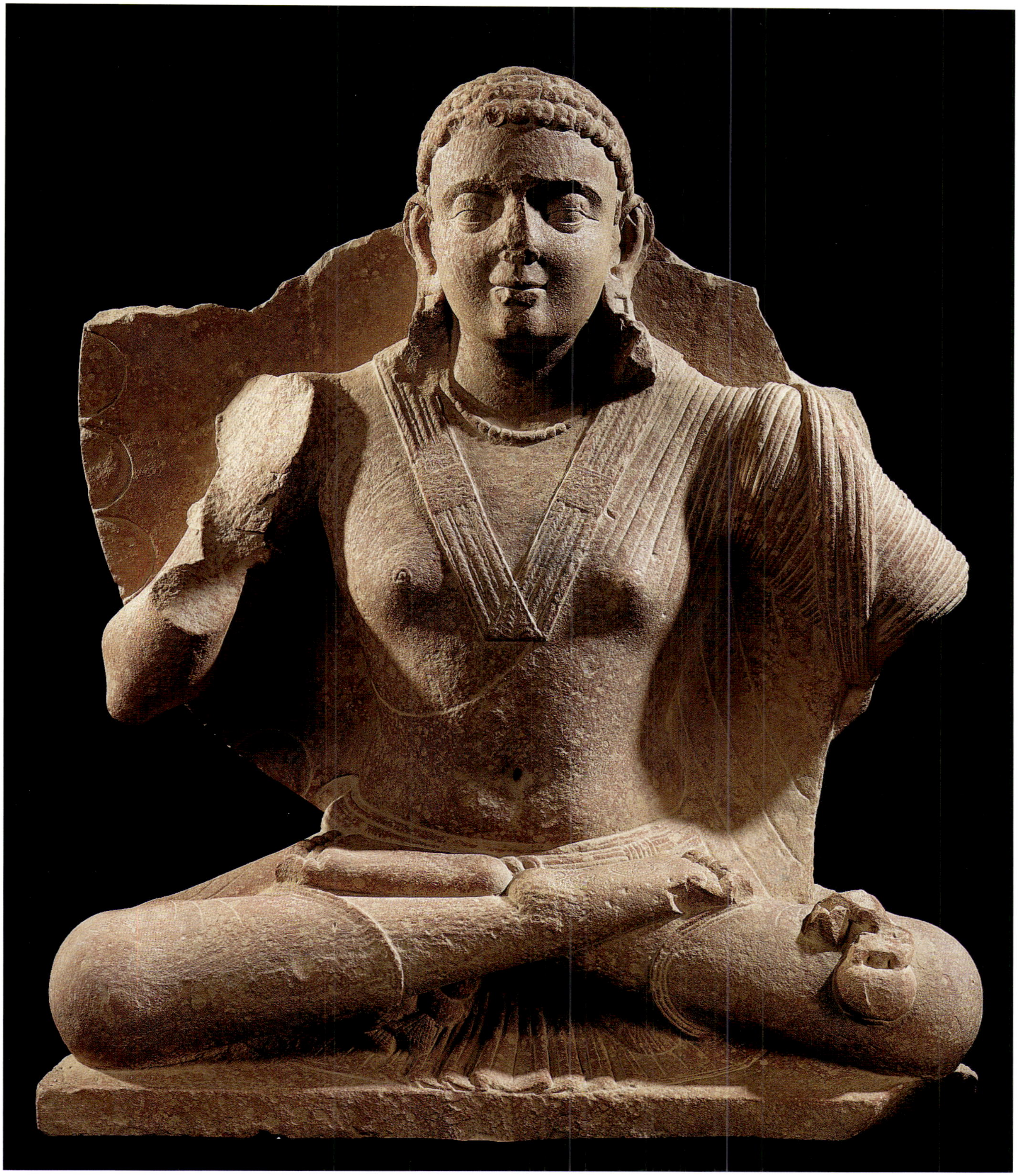

Époque kuṣāṇa
Fin du Iᵉʳ siècle ou première moitié du IIᵉ siècle
Inde du Nord. Uttar Pradesh. Région de Mathurā

Ronde-bosse ; grès rouge
H. 105 ; L. 95
Achat (2000)
MA 6774

Kushan period
Late 1st century or first half of the 2nd century
North India. Uttar Pradesh. Mathura region

In-the-round sculpture; red sandstone
H. 105; W. 95
Purchase (2000)
MA 6774

C'est, du reste, de la même iconographie composite que procède le Maitreya du musée Guimet, œuvre remarquable tant par ses dimensions imposantes que par la douceur et la subtilité de son modelé. Assis en *padmāsana*, le bodhisattva esquissait de sa main droite, à présent brisée, le geste d'absence de crainte (*abhaya mudrā*) : on notera, caractéristique de la statuaire kuṣāṇa de Mathurā, la projection sculptée rattachant le dos de la main au large nimbe circulaire bordé de petits arcs de cercle entourant la tête et le buste de la divinité. Dans sa main gauche, également brisée, Maitreya tenait le col du *kamaṇḍalu*, encore visible sur sa jambe gauche. Drapé du vêtement monastique (*saṅghāṭī*) dénudant l'épaule droite et formant des plis sur le bras gauche, mais arborant deux colliers de perles – dont un lourd collier sans doute fait de cordons de passementerie et de perlages maintenus par des plaques de métal orné (*phalakahara*) –, des bracelets (*aṅgada*) et des boucles d'oreilles[5], Maitreya allie les parures traditionnellement associées aux images de bodhisattva aux signes canoniques (*lakṣaṇa*) que requiert sa qualité de Buddha en puissance : chevelure aux boucles rituellement enroulées vers la droite, *ūrṇā* à la jointure des sourcils, plantes des pieds marquées de symboles bénéfiques (*Dharmacakra* et *triratna*).

Taillée dans le grès rouge légèrement moucheté des carrières de Sikrī, cette sculpture au modelé adouci, irradiant la majesté souriante propre à l'esthétique kuṣāṇa, peut être datée de la fin du Ier siècle ou de la première moitié du IIe siècle.

5 Ces boucles d'oreilles, à présent brisées, affectaient selon toute vraisemblance une forme circulaire et renflée dite « en spirale », attestée sur maintes images de bodhisattva d'époque kuṣāṇa et notamment sur le Maitreya d'Ahicchattrā ; voir également notice n° 5.

(*urna, ushnisha*) with the princely apparel and jewellery peculiar to Bodhisattvas, so as to highlight Maitreya's immanent Buddhahood.

The Musée Guimet's Maitreya, a work remarkable for both its impressive size and the softness and subtlety of its modelling, bears witness to this same composite iconography. Seated in *padmasana*, the Bodhisattva performs the fear-allaying gesture (*abhaya mudra*) with his (now broken) right hand. Notice how the back of the hand is attached to the broad scalloped halo encircling the divinity's head and bust – this is a characteristic feature of Kushan statuary from Mathura. In his (also broken) left hand, Maitreya once held the neck of his *kamandalu*, which is still visible on his left leg. Clad in the monastic robe (*sanghati*) which bares his right shoulder and is draped in folds over his left arm, but wearing two pearl necklaces – including a heavy necklace no doubt made up of braid and pearls held together by decorated metal plaques (*phalakahara*), – bracelets (*angadas*) and earrings,[5] Maitreya displays both the accessories traditionally associated with Bodhisattvas and the canonical signs of pre-eminence (*lakshanas*) denoting his Buddhahood: hair arranged in stylized curls rolled to the right, *urna* between his eyebrows and the soles of his feet marked with benefic symbols (*Dharmachakra* and *triratna*).

Carved in the slightly mottled red sandstone from the Sikri quarries, this sculpture with soft modelling and the radiant majesty peculiar to Kushan aesthetics can be dated to the late 1st century or the first half of the 2nd century.

5 These earrings (now broken) were most likely circular or "spiral-shaped", as can be seen on many images of Kushan Bodhisattvas, notably on the Ahicchattra Maitreya; see also No. 5.

7. Buddha

1 Huntington, 1985, p. 152, fig. 8.31.
2 Sur les dates, toujours controversées, du règne de Kaniṣka Ier, voir Czuma, 1985, pp. 3 et 39-43.
3 Voir, par exemple, notices nos 16 et 17.

Sculpté en très haut relief sur un montant *(stambha)* de balustrade de *stūpa*, le Buddha est figuré debout, vêtu du vêtement monastique *(saṅghāṭi)* découvrant l'épaule droite. Sa main droite, levée à hauteur de l'épaule et tournée de côté *(vyāvṛtta)*, esquisse le geste archaïque qui deviendra le geste de sauvegarde *(abhaya mudrā)*, main ouverte, paume en avant *(parivṛtta)* ; sa main gauche, en *kaṭyavalambita mudrā*, retient le pan du vêtement monastique, tombant en plis ramassés sur le côté gauche. La tête se détache sur un nimbe aux bords ornés de petits arcs de cercle, que surmonte un parasol *(chattra)*, insigne de dignité. L'une des marques de prééminence *(lakṣaṇa)*, *l'ūrṇā*, est visible à la jonction des sourcils, cependant que la protubérance crânienne *(uṣnīṣa)* n'est encore évoquée ici que sous la forme particulière du *kaparda*, le chignon torsadé – en partie cassé.

Les Buddha dits de type *kapardin* – dont le plus bel exemple est assurément le célèbre Buddha de Katrā conservé au musée de Mathurā[1] – se distinguent notamment par le traitement original de leur chevelure, sobrement figurée en une masse lisse ramassée en un petit chignon enroulé affectant la forme d'un coquillage *(kaparda)*. Ces représentations du Buddha dans l'art kuṣāṇa de Mathurā, apparues sous le règne de Kaniṣka Ier (78-101)[2] et attestées également durant la première moitié du règne de son successeur, Huviṣka (106-140), constituent les premières images sous forme humaine du Bienheureux, que l'art de l'Inde ancienne ne figurait jusqu'alors qu'à travers des symboles explicites[3].

La sculpture, au relief prononcé, est caractéristique de l'esthétique kuṣāṇa des Ier et IIe siècles, dominée par des formes robustes et massives, des visages aux traits lourds et souriants, aux yeux légèrement proéminents que souligne la double ligne incurvée des sourcils. On notera aussi

---

7. Buddha

1 Huntington, 1985, p. 152, Fig. 8.31.
2 For the always controversial dates of Kanishka's reign, see Czuma, 1985, pp. 3 and 39-43.
3 See, for example, Nos. 16 and 17.

Carved in very high relief on a vertical post (*stambha*) of a stupa railing, the Buddha is depicted standing, clad in a monastic robe (*sanghati*) which bares the right shoulder. His right hand, raised to shoulder level and turned sideways (*vyavrtta*), performs the archaic gesture which would become the protective gesture (*abhaya mudra*), with the hand open and the palm turned forwards (*parivrtta*). His left hand, in the *katyavalambita mudra* posture, supports the end of his monastic robe, which falls in thick folds down his left side. His head is encircled by a halo edged in a semi-circular motif and surmounted by an umbrella (*chattra*), the symbol of dignity. One of the signs of pre-eminence (*lakshanas*), the *urna* can be seen at the junction of the eyebrows, even though the cranial protruberance (*ushnisha*) is still only evoked here by the distinctive form of the *kaparda*, the top-knot (partially broken).

The Buddhas known as the *kapardin* type – the finest example of which is almost certainly the famous Buddha found in the Katra mound and now in the Mathura Museum[1] – are distinguished by the original treatment of their hair, soberly depicted as a smooth mass drawn into a small whorled top-knot ressembling a shell (*kaparda*). These representations of the Buddha in Kushan art at Mathura, which appeared during the reign of Kanishka I (78-101)[2] and were also evident during the first half of the reign of his successor, Huvishka (106-140), constitute the first images of the Buddha in human form. The art of Ancient India had previously only portrayed the Enlightened One through explicit symbols.[3]

This high-relief sculpture is characteristic of Kushan aesthetics during the 1st and 2nd centuries which were dominated by massive, robust forms, heavy-featured, smiling faces and slightly bulging eyes, enhanced by the double curved line of the eyebrows. The generous curve drawn by the fabric l'ample courbe dessinée par l'étoffe du vêtement monastique tombant sur le genou droit, également propre à l'art kuṣāṇa de Mathurā[4] et le large nimbe festonné, indissociable du vocabulaire plastique des Buddha de type *kapardin*.

La face postérieure du montant de balustrade porte un décor de médaillons lotiformes ; sur les côtés sont visibles les mortaises dans lesquelles s'inséraient les traverses *(sūci)* de la balustrade, assemblées à la manière des structures de bois.

On peut voir un fragment d'inscription en écriture brāhmī à l'angle supérieur droit, au-dessus du parasol.

4 Voir notice n° 9.

EXPOSITIONS
Kansas City, 1974, n° 9 ; Fort Worth, 1996, n° 3 ; Tōkyō, 1996, n° 3.

of the monastic robe falling over the right knee, another feature peculiar to Kushan art at Mathura,[4] should likewise be noted, as should the broad scalloped halo, an integral part of the *kapardin*-type Buddha's sculptural vocabulary.

The back of this vertical post from the railing is adorned with lotiform medallions; on the sides, the mortises into which the horizontal posts (*sucis*) were inserted are visible; they were assembled in the same way as wooden railings.

A fragment of an inscription in Brahmi can be seen in the top right-hand corner above the umbrella.

4 See No. 9.

EXHIBITIONS
Kansas City, 1974, No. 9; Fort Worth, 1996, No. 3; Tokyo, 1996, No. 3.

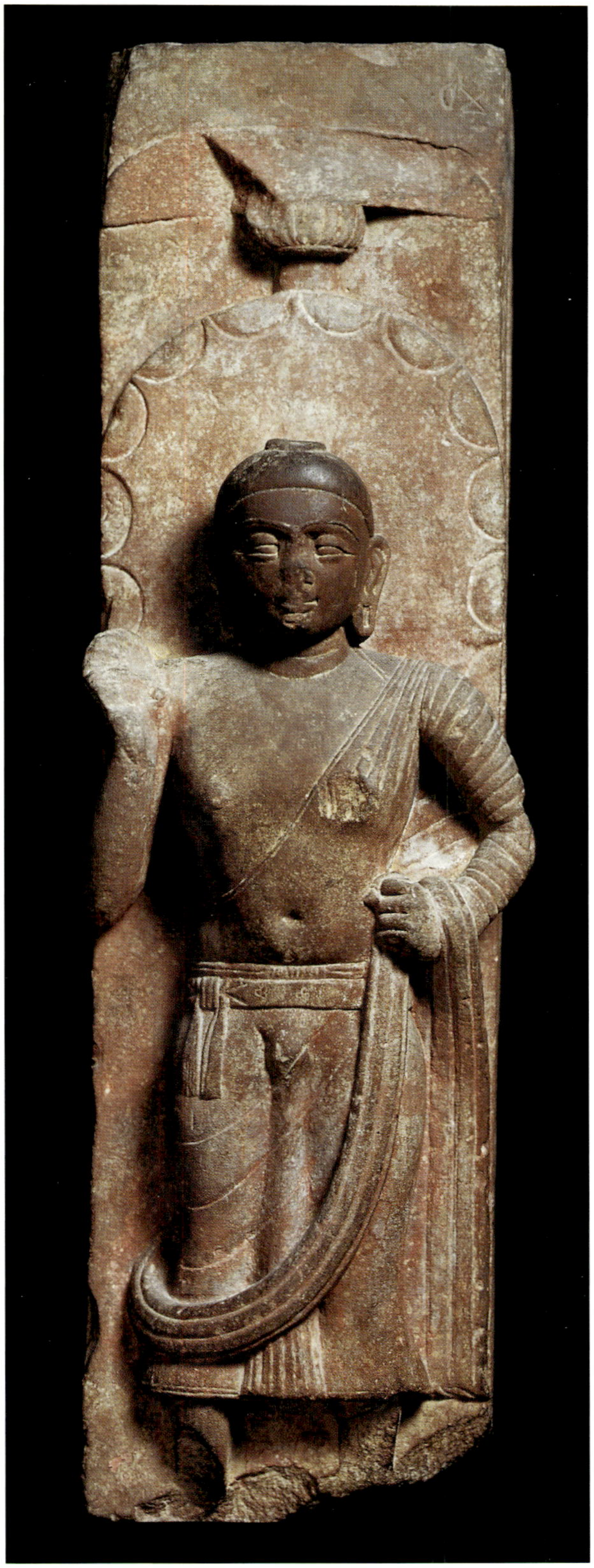

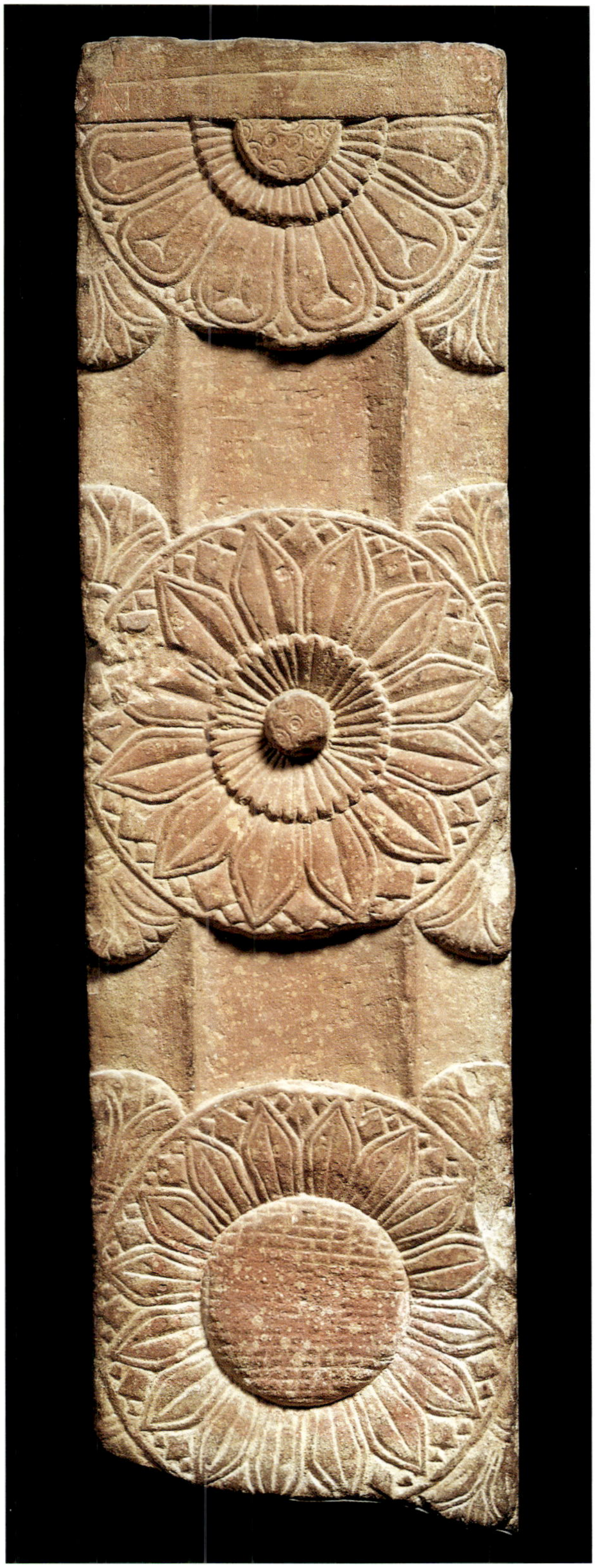

Époque kuṣāṇa
Fin du Ier siècle-début du IIe siècle
Inde du Nord. Uttar Pradesh. Région de Mathurā

Fragment de décoration architecturale ; grès rouge
H. 70 ; L. 20
Don de C. T. Loo (1931)
MG 17849

Kushan period
Late 1st century-early 2nd century
North India. Uttar Pradesh. Mathura region

Fragment of a decorative element; red sandstone
H. 70; W. 20
Gift of C.T. Loo (1931)
MG 17849

8. Tête de tīrthaṅkara

La ville de Mathurā, que Ptolémée qualifiait de « Cité des dieux », fut à l'époque kuṣāṇa (Ier-IIIe siècle) un foyer religieux où fleurirent de conserve bouddhisme, jaïnisme, brahmanisme et anciens cultes païens. Le jaïnisme y fut, semble-t-il, particulièrement florissant sous le règne de Vāsudeva (vers 142/45-176) et jusqu'au milieu du IIIe siècle, si l'on en juge par le nombre important d'images jaïnes datant de cette époque – nombre nettement supérieur à celui des images bouddhiques contemporaines[1]. Parmi les œuvres jaïnes exhumées à Mathurā et dans les alentours, notamment lors des fouilles des deux *stūpa* jaïns de Kaṅkālī Ṭīlā, figurent des tablettes votives *(āyāgapaṭṭa)* ornées de signes bénéfiques et de diagrammes cosmiques, des reliefs divers et quelques rares bronzes, et surtout des images en pierre de *jina* ou tīrthaṅkara, les « constructeurs de gué » ou prophètes de la religion jaïne.

Iconographiquement proche d'une tête de Buddha, cette tête de tīrthaṅkara s'en distingue toutefois par l'absence *d'ūrṇā* et *d'uṣṇīṣa*, ces deux marques de prééminence *(lakṣaṇa)* pouvant être néanmoins également attestées sur les images jaïnes. Les yeux, aux contours ourlés et aux lourdes paupières, sont caractéristiques de l'art kuṣāṇa de Mathurā, tout comme le traitement de la chevelure, indiquée par des rangées horizontales de lignes semi-circulaires (partiellement effacées sur le devant de la tête). Selon J. E. Van Lohuizen-de Leeuw, l'emploi de lignes semi-circulaires pour suggérer les boucles de la chevelure, attesté dès la première moitié du IIe siècle avec le Buddha d'Anyor, daté 129 de notre ère[2], se serait maintenu jusqu'à la fin du IIe siècle, avant de céder progressivement la place aux boucles en spirale rituellement enroulées vers la droite. La tête de tīrthaṅkara du musée Guimet, qui pourrait en conséquence dater de la seconde moitié du IIe siècle, se distingue par un modelé sensible et une expression de sérénité souriante et méditative. Taillée en quasi ronde bosse dans le grès rouge sombre des carrières de Sikrī, elle était vraisemblablement adossée à quelque bloc de pierre, ce dont témoigne l'état de la partie postérieure de l'œuvre.

1 Czuma, 1985, p. 17.
2 Van Lohuizen-de Leeuw, 1949, pp. 226-231 ; Czuma, 1985, p. 54.

Bibliographie
Monod, 1966, p. 55 ; Deneck, 1970, p. 257, fig. 91.

---

8. Head of a Tirthankara

In the Kushan period (1st-3rd centuries), the town of Mathura – described by Ptolemy as the "City of the Gods" – was a religious centre where Buddhism, Jainism, Brahmanism and ancient pagan cults all flourished alongside each other. Jainism seems to have especially thrived during the reign of Vasudeva (c.142/45-176) and up to the mid-3rd century, judging from the large number of Jain images dating from this period – a much higher number than that of contemporary Buddhist images.[1] Among the Jain works excavated in Mathura and the surrounding area, in particular at Kankali Tila, the site of the two Jain stupas, are votive plaques (*ayagapattas*) decorated with benefic signs and cosmic symbols, a variety of reliefs, a few rare bronzes and, above all, stone images of Jinas or Tirthankaras, "the ones who lead to the other shore", in other words, the prophets of the Jain religion.

Though it is iconographically close to a head of the Buddha, this head of a Tirthankara is distinguishable from the latter since it lacks both an *urna* and an *ushnisha*, the two marks of pre-eminence (*lakshanas*) which can nevertheless be found on other Jain images. The heavy-lidded, outlined eyes are characteristic of Kushan art at Mathura, as is the treatment of the hair, indicated by the horizontal rows of semi-circular lines (partially worn away on the front of the head). According to J. E. Van Lohuizen-de Leeuw, the use of semi-circular lines to suggest curly hair, evidenced in the first half of the 2nd century by the Anyor Buddha (dated 129 AD),[2] continued up to the end of the 2nd century, before gradually making way for the spiral-shaped curls traditionally whorled to the right. The Musée Guimet's head of a Tirthankara, which may consequently date from the second half of the 2nd century, is distinctive in its sensitive modelling and smiling, serenely contemplative expression. Carved virtually in the round out of the dark red sandstone from the Sikri quarries, it almost certainly stood against a stone block, as the condition of the back of the work indicates.

1 Czuma, 1985, p. 17.
2 Van Lohuizen-de Leeuw, 1949, pp. 226-231; Czuma, 1985, p. 54.

Bibliography
Monod, 1966, p. 55; Deneck, 1970, p. 257, Fig. 91.

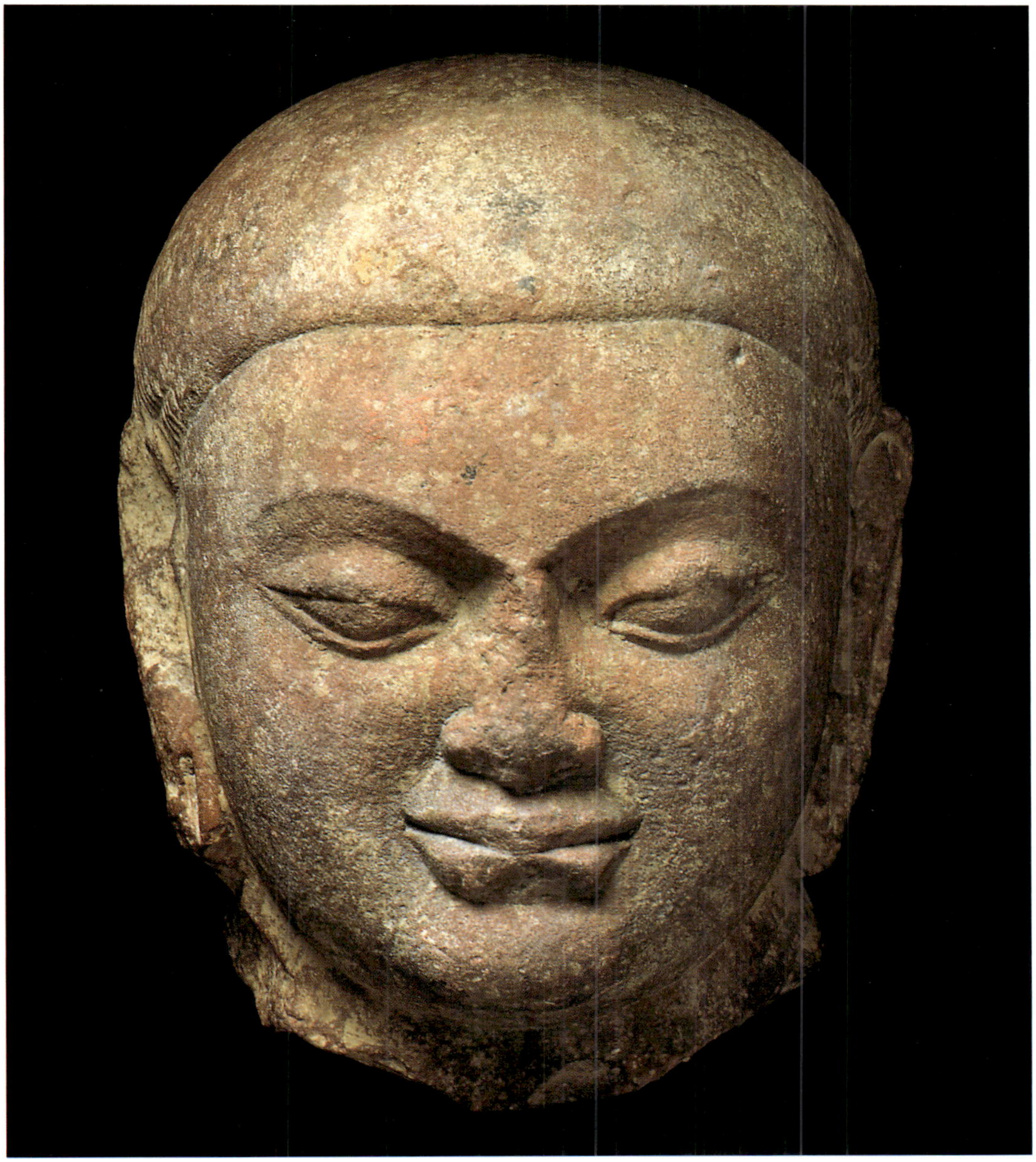

Époque kuṣāṇa
Seconde moitié du IIe siècle
Inde du Nord. Uttar Pradesh. Région de Mathurā

Ronde-bosse ; grès rouge
H. 27 ; L. 20
Achat (1936)
MG 18648

Kushan period
Second half of the 2nd century
North India. Uttar Pradesh. Mathura region

In-the-round sculpture; red sandstone
H. 27; W. 20
Purchase (1936)
MG 18648

9. *Nāgarāja*

Divinités ophidiennes associées aux eaux, les *nāga* sont des génies protecteurs, gardiens des trésors cachés dans les entrailles de la terre. Ils passent pour habiter le Pātāla, l'une des sept régions souterraines, et y résider dans de merveilleux palais constellés de pierres précieuses. Secourables et bienveillants, ils furent intégrés au panthéon bouddhique et honorés tant par les jaïns que par les hindous. Dotés du pouvoir de faire tomber la pluie fécondante, qui garantit les récoltes et assure la prospérité, ils furent particulièrement vénérés par les populations agricoles. À Mathurā, à l'époque kuṣāṇa (Iᵉʳ-IIIᵉ siècle), les *nāga* faisaient l'objet d'un culte vivace dont témoignent, outre un nombre considérable d'images les représentant, les vestiges exhumés à Sonkh du Temple absidal n° 2 voué à l'adoration des dieux-serpents[1].

Généralement figurés sous une forme semi-anthropomorphe plutôt que thériomorphe, les *nāga* ne conservent de leur nature ophidienne que le chaperon de têtes de cobras formant comme un nimbe autour de leur tête humaine et les replis annelés de leur corps, visibles au dos des images[2]. Ils sont souvent représentés le bras droit levé – dans le geste royal également associé, dans l'Inde ancienne, aux images du monarque universel *(Cakravartin)*[3] –, appelant sur terre l'ondée fécondante ; parfois, ils esquissent de la main droite le geste de sauvegarde *(abhaya hasta).* De la main gauche, ils tiennent habituellement le vase à eau *(kuṇḍikā)* ou une coupe, voire un calice où recueillir l'eau de pluie[4]. Leurs images étaient souvent élevées à l'air libre, près des citernes et des réservoirs qu'ils avaient la faculté de remplir en vertu des pouvoirs qui leur étaient attribués.

Le *Nāgarāja* du musée Guimet, qui tenait vraisemblablement dans sa main gauche ramenée sur sa poitrine une coupe ou un calice, évoque, par son attitude héroïque et son élan puissant, le célèbre *Nāgarāja* de Chhargaon, daté 118 de notre ère et conservé au musée de Mathurā[5].

1 Härtel, 1993, pp. 425-427.
2 Pour un exemple moins fragmentaire que le *Nāgarāja* de Mathurā, voir le *Nāgarāja* de l'école d'Amarāvatī (notice n° 15).
3 Voir notice n° 13.
4 Certains auteurs croient reconnaître dans les images de *nāgarāja* kuṣāṇa l'effigie de Balarāma, le frère aîné de Kṛṣṇa, amateur de boissons enivrantes, traditionnellement représenté une coupe de vin à la main et, de surcroît, considéré comme une incarnation d'Ananta, le serpent de l'Éternité (voir Pal, 1986, vol. I, p. 182) ; il semble toutefois que l'iconographie de Balarāma se soit constituée à une époque plus tardive, à partir de l'image des rois-serpents (voir Vogel, 1930, p. 49 ; et Czuma, 1985, p. 88).
5. Vogel, 1930, pp. 48-49, pl. XLI (a, b).

9. *Nagaraja*

Serpent deities associated with water, *nagas* were protective spirits, guardians of the treasures hidden in the womb of the Earth. They were thought to live in Patala, one of the seven underground domains, dwelling in fabulous jewel-studded palaces. Helpful and benevolent, they were part of the Buddhist pantheon and worshipped by both Jains and Hindus. Endowed with the power to make rain fall, thus with the gift of fertility, guaranteeing the crops and ensuring prosperity, they were venerated in particular by agricultural communities. A thriving cult to the *nagas* existed at Mathura, in the Kushan period (1st-3rd centuries), evidenced by a large number of representations of them and the vestiges excavated at Sonkh from the apsidal Temple No. 2, dedicated to the worship of serpent deities.[1]

Generally depicted as semi-anthropomorphic rather than theriomorphic figures, the only snakelike feature the *nagas* retain is the cobra hood which forms a halo around their human head and the ringed coils of their bodies, visible on the back of the statues.[2] They are often represented with their right arm raised – in the royal gesture also associated in Ancient Indian art with the universal ruler (*Chakravartin*)[3] – summoning onto Earth the life-giving rainfall; occasionally they perform the protective gesture (*abhaya hasta*). In their left hand, they usually hold a water-flask (*kundika*) or a cup, or even a chalice in which to catch the rainwater.[4] Their statues were often placed outside, near the cisterns and reservoirs they were able to fill because of the powers bestowed upon them.

The heroic pose and powerful movement of the Musée Guimet's *Nagaraja*, which most probably held a cup or chalice against his chest in his left hand, recalls the famous Chhargaon *Nagaraja* dating from AD 118 and now in the Mathura Museum.[5] Around his hips is a

1 Härtel, 1993, pp. 425-427.
2 For a less fragmentary example than the Mathura *Nagaraja*, see the Amaravati school *Nagaraja* (No. 15).
3 See No. 13.
4 Some authors identify the Kushan *Nagaraja* with Balarama, Krishna's elder brother, a connoisseur of intoxicating beverages, traditionally represented with a cup of wine in his hand and, in addition, regarded as an incarnation of Ananta, the serpent of Eternity (see Pal, 1986, Vol. I, p. 182). However, Balarama imagery seems to belong to a later period, and was based on the serpent king iconography (see Vogel, 1930, p. 49; and Czuma, 1985, p. 88).
5 Vogel, 1930, pp. 48-49, Pl. XLI (a, b).

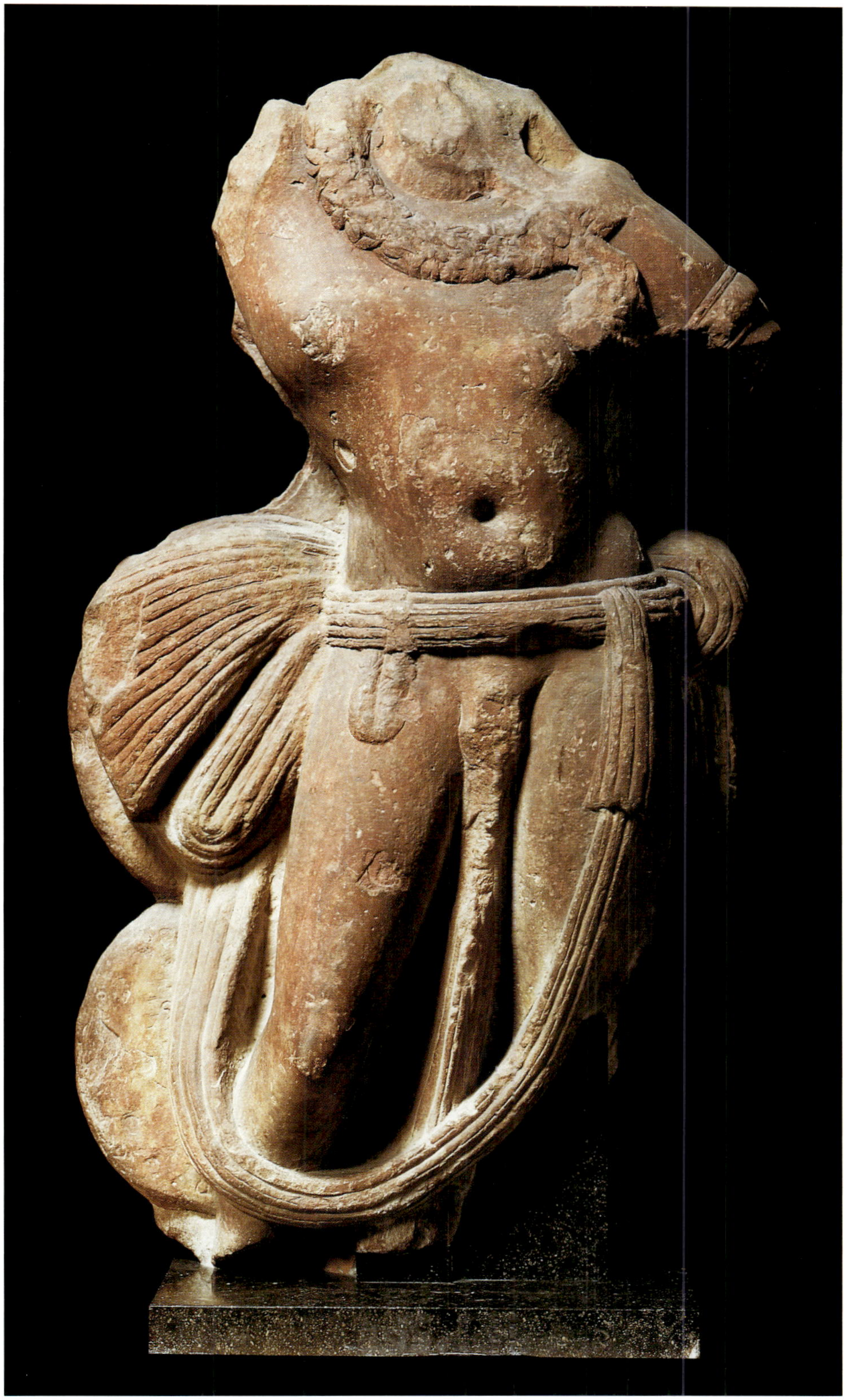

Époque kuṣāṇa
IIe siècle
Inde du Nord. Uttar Pradesh. Région de Mathurā

Ronde-bosse ; grès rouge
H. 116 ; L. 66
Achat (1932)
MG 18214

Kushan period
2nd century
North India. Uttar Pradesh. Mathura region

In-the-round sculpture; red sandstone
H. 116; W. 66
Purchase (1932)
MG 18214

Les hanches ceintes d'une *dhotī* diaphane maintenue par une ample ceinture d'étoffe tombant en une courbe majestueuse sur les genoux et formant une large boucle sur le côté droit, il porte, à l'instar du roi-serpent de Chhargaon, une guirlande de fleurs autour du cou. Le traitement du vêtement et, surtout, de la ceinture aux plis évoqués par de profondes incisions, ainsi que le modelé vigoureux et naturaliste du corps, aux formes robustes et néanmoins harmonieuses, sont caractéristiques de l'art kuṣāṇa de Mathurā. Œuvre majestueuse, parmi les plus achevées de la statuaire kuṣāṇa, le *Nāgarāja* est aussi l'un des chefs-d'œuvre des collections indiennes du musée Guimet.

Expositions
Paris, Petit Palais, 1960, n° 114 ; Kansas City, 1974, n° 8 ; Fort Worth, 1996, n° 2, Tōkyō, 1996, n° 2.

Bibliographie
Stern, 1935, pp. 33-35 ; Monod, 1966, pp. 52-54, fig. 4 ; Deneck, 1970, p. 253, pl. 1 ; Béguin, 1992, pp. 22-23.

---

transparent *dhoti*, held up by a generous belt of cloth draped over his knees in a majestic curve and forming a large bow on his right-hand side. Like the Chhargaon serpent king, he wears a garland of flowers around his neck. The treatment of the garment, especially the belt with deep incisions indicating the folds, is characteristic of Kushan art at Mathura, as is the lively, naturalistic modelling of the body, with its robust yet harmonious forms. This splendid *Nagaraja* is not only one of Kushan statuary's most accomplished works, but also one of the masterpieces of the Musée Guimet's Indian collections.

Exhibitions
Paris, Petit Palais, 1960, No. 114; Kansas City, 1974, No. 8; Fort Worth, 1996, No. 2; Tokyo, 1996, No. 2.

Bibliography
Stern, 1935, pp. 33-35; Monod, 1966, pp. 52-54, Fig. 4; Deneck, 1970, p. 253, Pl. 1; Béguin, 1992, pp. 22-23.

10. Bodhisattva

1 Voir notice n° 6 ; Huntington, 1985, p. 155, fig. 8.34.
2 Czuma, 1985, n° 19.
3 Czuma, 1985, n° 15.
4 Czuma, 1985, p. 75.

Les bodhisattva – êtres d'Éveil qui renoncent volontairement au *nirvāṇa* afin d'aider au salut des mortels – furent souvent représentés dans l'art de l'école de Mathurā, qui fleurit du Ier au IIIe siècle de notre ère sous l'égide des dynastes kuṣāṇa originaires d'Asie centrale. La ville de Mathurā, dont les souverains kuṣāṇa firent l'une de leurs capitales, était, aux dires de Ptolémée, la « Cité des dieux » ; le bouddhisme, surtout, mais aussi le jaïnisme, le brahmanisme et jusqu'à d'antiques cultes aborigènes y étaient florissants, ce dont témoignent les vestiges archéologiques considérables mis au jour lors de fouilles entreprises dans les années 1850 et poursuivies aujourd'hui encore. Les images de certains grands bodhisattva *(mahāsattva)*, identifiables à leurs attributs spécifiques, sont attestées dans l'art de Mathurā : ainsi de Maitreya[1], d'Avalokiteśvara[2] ou encore des bodhisattva Vajrapāṇi et Avalokiteśvara-Padmapāṇi, qui apparaissent en sculptures isolées ou sur fond de stèle aux côtés du Buddha, où ils semblent alors se substituer aux dieux brahmaniques Indra et Brahmā, figurés en tant qu'assistants du Bienheureux[3]. Plus souvent, les images des bodhisattva – notamment dans la phase ancienne de l'art de Mathurā – demeurent imprécises. Indifférenciés, les êtres d'Éveil sont de fait dépeints comme des déités assistant le Buddha, des adorateurs ou des porteurs de chasse-mouches *(cāmara)*, plutôt que comme des divinités à part entière[4]. Vêtus à la manière des nobles ou des princes indiens, parés de riches bijoux (boucles d'oreilles, colliers, pectoraux, bracelets), coiffés d'imposants turbans, ils sont représentés dans une attitude empreinte d'un hiératisme adouci, parfois marquée d'un léger hanchement *(ābhaṅga)*.

Le bodhisattva du musée Guimet se rattache à cette catégorie de déités non différenciées. Le torse est nu, paré de deux colliers ; les hanches sont ceintes d'une double ceinture plate

---

10. Bodhisattva

1 See No. 6; Huntington, 1985, p. 155, Fig. 8.34.
2 Czuma, 1985, No. 19.
3 Czuma, 1985, No. 15.
4 Czuma, 1985, p. 75.

Bodhisattvas – beings capable of enlightenment who voluntarily delayed achieving *nirvana* in order to help mankind attain salvation – were often depicted in the art of the Mathura School, which flourished from the 1st to the 3rd centuries AD under the aegis of the Kushans. The town of Mathura, which became one of the Kushan sovereigns' capitals, was described by Ptolemy as the "City of the Gods". Buddhism, Jainism, Brahmanism and even the ancient aboriginal cults all thrived in Mathura, as the archaeological evidence uncovered during the excavations of the 1850s (and still continuing today) has so clearly shown. The images of certain great Bodhisattvas *(Mahasattvas)*, recognizable from their specific attributes, appear in Mathura statuary: Maitreya,[1] Avalokiteshvara[2] or even the Bodhisattvas Vajrapani and Avalokiteshvara-Padmapani, who appear in individual sculptures or on a stela beside the Buddha, where they seem to replace the Brahmanic deities, Indra and Brahma, depicted as the Enlightened One's attendants.[3] Yet most of the images of Bodhisattvas – especially in the early stages of Mathura art – remain unidentified. These unspecified beings on the threshold of *nirvana* are thus depicted as the Buddha's assistant deities, followers or bearers of fly-whisks (*chamaras*), rather than as divinities in their own right.[4] Clad as Indian nobles or princes, bedecked in sumptuous jewellery (earrings, necklaces, collars, bracelets) and wearing elaborate turbans, they are represented in a subtly hieratic attitude, sometimes in a slight contrapuntal pose (*abhanga*).

The Musée Guimet's Bodhisattva is one of these unspecified deities. The naked torso is adorned with two necklaces; the hips are girded with a flat double belt holding up the drapery (*paridhana*); the heavy, masculine scarf wrapped around his left shoulder is pulled up over the right knee forming a generous curve characteristic of Mathuran art. Resting on his hip, his left maintenant le drapé *(paridhāna)* ; la lourde écharpe masculine enveloppant l'épaule gauche est ramenée sur le genou droit en une ample courbe caractéristique de l'art de Mathurā. La main gauche posée sur la hanche retient le pan de l'écharpe en un geste convenu ; la main droite, brisée, tenait autrefois le chasse-mouches en crin de yak, dont les longues mèches laineuses sont partiellement visibles sur le dos de l'image. La sculpture, taillée dans le grès rouge parfois moucheté de blanc des carrières de Sikrī – comme toutes les œuvres issues des ateliers de Mathurā et des sites alentour –, révèle, en dépit de ses proportions modestes et de sa sobre facture, le goût des formes denses et robustes hérité des styles antérieurs.

Expositions
Paris, Grand Palais, 1995, n° 4 ;
Tōkyō, 1998, n° 11.

Bibliographie
Monod, 1966, p. 65.

---

hand supports the end of the scarf in a conventional gesture. His bro<en right hand once held the fly-whisk made out of yak hair, a few long woolly strands of which are partially visible on the back of the statue. Despite its modest size and sobre treatment, this sculpture, carved in the red sandstone occasionally streaked with white from the Sikri quarries – like all the works produced in the workshops at Mathura and in the surrounding area – reveals the taste for dense, robust forms inherited from former styles.

Exhibitions
Paris, Grand Palais, 1995, No. 4;
Tokyo, 1998, No. 11.

Bibliography
Monod, 1966, p. 65.

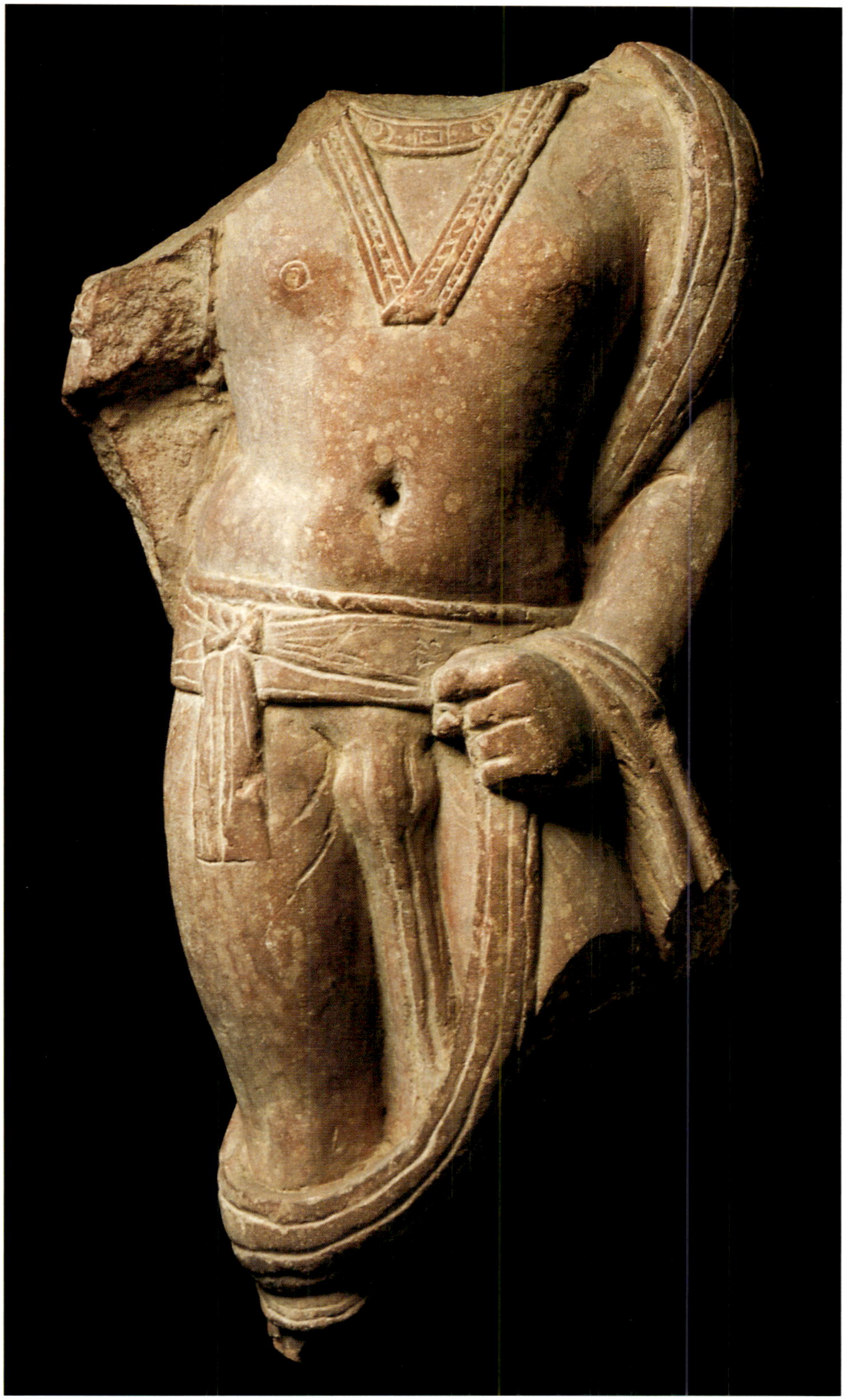

Époque kuṣāṇa
IIe siècle
Inde du Nord. Uttar Pradesh. Région de Mathurā

Ronde-bosse ; grès rouge
H. 42 ; L. 24
Mission A. Foucher (1895-1897)
AO 2997 A

Kushan period
2nd century
North India. Uttar Pradesh. Mathura region

In-the-round sculpture; red sandstone
H. 42; W. 24
A. Foucher expedition (1895-97)
AO 2997 A

11. Porteuse d'offrandes

Les balustrades *(vedikā)*, constituées de montants et de traverses assemblés à tenons et mortaises, délimitaient et protégeaient l'enceinte sacrée d'un sanctuaire ou d'un *stūpa*. Ornés sur leur face extérieure d'images divines et de motifs bénéfiques, les montants *(stambha)* de ces balustrades offrent, à l'époque kuṣāṇa, un gracieux florilège de divinités féminines aux formes pleines et sensuelles, liées aux thèmes immémoriaux d'abondance et de fécondité. Au nombre de ces divinités figurent les *yakṣī*, les *vṛkṣa devatā* ou les *śālabhañjikā*, nymphes et dryades associées aux arbres – leur seule présence ou le contact de leur main effleurant une branche suffit à les faire fleurir. À ces divinités mineures, dont la vision est bénéfique pour le dévot – la représentation de la beauté féminine étant en elle-même source de bienfaits –, s'ajoutent les donatrices ou porteuses d'offrandes, dont l'image est également bénéfique, puisqu'elle exalte le geste de don *(dāna)*, qui permet au dévot de s'acquérir des mérites.

C'est l'image d'une de ces porteuses d'offrandes qui orne le montant de balustrade du musée Guimet. De sa main gauche levée à hauteur de l'épaule, la donatrice porte un couffin de vannerie dont le couvercle entrouvert laisse échapper – en signe d'abondance – les guirlandes qu'il contient. Sa main droite, à présent brisée, tenait peut-être l'aiguière emplie d'eau sacrée destinée à ratifier le don – si l'on en juge par la représentation de deux porteuses d'offrandes de l'école de Mathurā, iconographiquement et stylistiquement comparables à l'image du musée Guimet, tenant dans la main gauche un couffin de vannerie et dans la main droite une aiguière[1].

Les traits de la donatrice – yeux légèrement bombés, lèvres aux commissures prononcées –, de même que sa coiffure élaborée et le détail de ses parures – notamment les boucles d'oreilles

1 Conservées au musée de Mathurā et au Bharat Kala Bhavan de Bénarès (voir Auboyer, 1979, p. 300, fig. 3-4).

---

11. Offering Bearer

The railings (*vedikas*), made up of mortised vertical and horizontal posts, defined and protected the sacred enclosure of a sanctuary or stupa. Adorned on the outer side with divine images and benefic motifs, in the Kushan period, the vertical posts (*stambhas*) of these railings were graced with a host of female deities, whose rounded, sensual forms were linked to the timeless themes of abundance and fecundity. Among these divinities were the *yakshis*, *vriksa devatas* and *shalabhanjikas* – the woodland nymphs and dryads who could make a branch blossom simply by their presence or the touch of a hand. In addition to these minor deities, the sight of whom was beneficial to the devotee – the representation of female beauty being in itself propitious – are the donors or offering bearers, whose image is also beneficial, since it glorifies the gesture of giving (*dana*), which enabled the devotee to acquire merit.

The image of one of these offering bearers adorns the Musée Guimet's post. Her left hand is raised to shoulder level and bears a wicker basket under whose half-open lid one can glimpse the garlands it contains – a sign of abundance. Her right hand (now broken) perhaps held the ewer filled with holy water destined to ratify the gift – judging from the depiction of two offering bearers from the Mathura School, iconographically and stylistically similar to the Musée Guimet's sculpture, holding a wicker basket in their left hands and a ewer in their right.[1]

The donor's facial features – slightly bulging eyes, well-defined corners of the lips – and her elaborate hairstyle and detailed jewellery – in particular the spinning-top-shaped earrings – are characteristic of Kushan art in 2nd-century Mathura, famous for the sensuality and curvacious forms of its female divinities.

1 On view in the Mathura Museum and at the Bharat Kala Bhavan, Benares (see Auboyer, 1979, p. 300, Figs. 3-4).

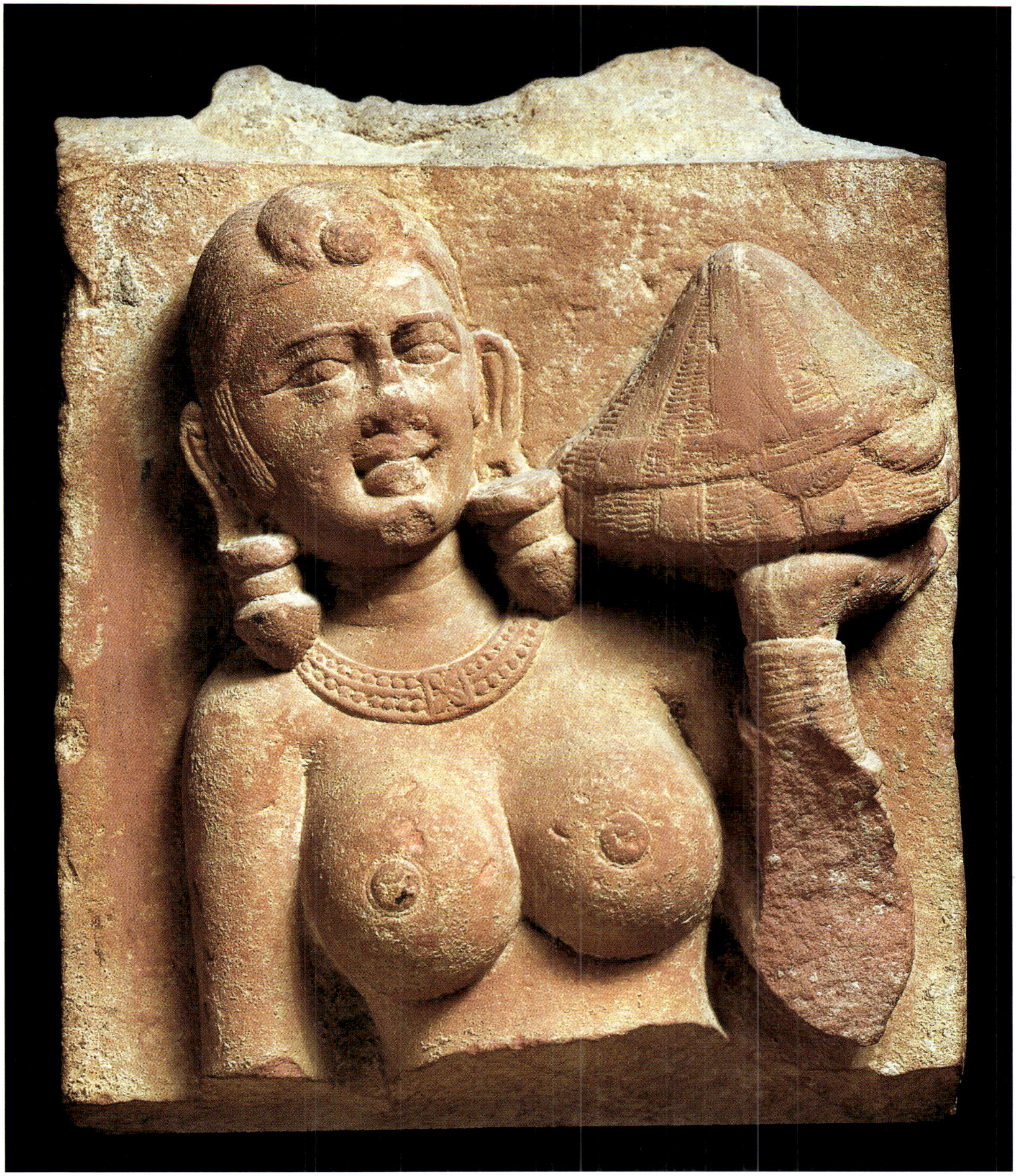

Époque kuṣāṇa
Milieu du IIᵉ siècle
Inde du Nord. Uttar Pradesh. Région de Mathurā

Fragment de décoration architecturale ; grès rouge
H. 43 ; L. 31
Achat (1979)
MA 4798

Kushan period
Mid-2nd century
North India. Uttar Pradesh. Mathura region

Fragment of a decorative element; red sandstone
H. 43; W. 31
Purchase (1979)
MA 4798

en forme de « toupie » – sont caractéristiques de l'art kuṣāṇa de Mathurā au IIe siècle, célèbre pour la plénitude robuste et sensuelle de ses divinités féminines.

La face postérieure du montant de balustrade porte un décor fragmentaire de motifs architecturaux, disposés en registres superposés ; les mortaises sont visibles sur les côtés du montant.

EXPOSITIONS
Paris, Grand Palais, 1980, n° 9 ;
Fort Worth, 1996, n° 4 ; Tōkyō, 1996, n° 4.

BIBLIOGRAPHIE
Auboyer, 1979, pp. 298-304 ;
Béguin, 1992, pp. 20-21.

The inner face of the post is adorned with a fragmentary architectural design, arranged in superposed registers; the mortises are visible on the sides of the post.

EXHIBITIONS
Paris, Grand Palais, 1980, No. 9;
Fort Worth, 1996, No. 4; Tokyo, 1996, No. 4.

BIBLIOGRAPHY
Auboyer, 1979, pp. 298-304;
Béguin, 1992, pp. 20-21.

12. Chapiteau aux lions

1 Huntington, 1985, pp. 150-151, fig. 8.29 et 8.30.
2 Vogel, 1930, pl. II.
3 Pour un exemple de chapiteau aux lions comparable à celui du musée Guimet et au décor plus complet, voir Vogel, 1930, pl. XXII, c. Le musée Guimet conserve un second chapiteau aux lions (MG 17475, don de Ch. Vignier, 1928), constitué de deux lions adossés et dépourvu de l'abaque portant un motif de chèvrefeuille.

Bibliographie
Monod, 1966, pp. 63-65, fig. 13.

Fragment de colonne semi-circulaire surmontée d'un chapiteau orné de deux lions couchés adossés, entre les têtes desquels s'inscrit le masque stylisé d'un troisième lion. L'abaque s'orne d'un motif de chèvrefeuille, l'un des huit emblèmes de bon augure *(aṣṭamaṅgala)*, fréquemment figurés dans l'art de l'Inde ancienne, notamment à l'époque kuṣāṇa (Ier-IIIe siècle), sur les tablettes votives jaïnes *(āyāgapaṭṭa)* ou encore dans le décor des parasols de pierre *(chattra)*, tel celui du musée de Sārnāth, qui abritait autrefois le célèbre « bodhisattva » du *bhikṣu* Bala[1].

Le lion *(siṃha)*, animal associé à la foi bouddhique et symbole du clan des Śākya, apparaît souvent dans l'art kuṣāṇa de Mathurā. Des lions en ronde bosse, d'imposantes dimensions, gardaient l'entrée des monuments bouddhiques ; stylisés et sculptés en haut ou moyen relief, ils supportent sur les stèles votives les sièges où trônent Buddha et tīrthaṅkara et ornent de même les trônes royaux *(siṃhāsana)* des souverains kuṣāṇa[2]. Leur présence, tout comme leur représentation dans la statuaire indienne dès l'époque maurya (IVe-IIe siècle avant notre ère), témoignent de l'influence de l'Iran achéménide sur les styles anciens de l'Inde septentrionale[3].

---

12. Lion Capital

1 Huntington, 1985, pp. 150-151, Figs. 8.29 and 8.30.
2 Vogel, 1930, Pl. II.
3 For an example similar to the Musée Guimet's lion capital with more detailed decoration, see Vogel, 1930, Pl. XXII, c. The Musée Guimet has another lion capital (MG 17475, gift of Ch. Vignier, 1928), comprising two addorsed lions but without the abacus bearing a honeysuckle motif.

Bibliography
Monod, 1966, pp. 63-65, Fig. 13.

This fragment of a semi-circular column is topped by a capital adorned with two reclining addorsed lions, between whose heads is a stylized mask of a third lion. The abacus is decorated with a honeysuckle motif, one of the eight emblems of goodwill (*astamangala*) frequently depicted in Ancient Indian art, especially in the Kushan period (1st-3rd centuries), on the Jain votive tablets or in the decoration of the stone umbrellas (*chattras*), such as the one belonging to the Sarnath Museum that once protected the famous "Bodhisattva" of *bhiksu* Bala.[1]

The lion (*simha*), an animal associated with the Buddhist faith and the symbol of the Shakya clan, often appeared in Kushan art at Mathura. Impressive-sized lions sculpted in the round guarded the entrance to Buddhist monuments; stylized and carved either in high relief or in the half-round on votive stelae, they supported the seats on which the Buddha or Tirthankara were enthroned, and likewise decorated the royal thrones (*simhasanas*) of the Kushan sovereigns.[2] Both their presence and their representation in Indian statuary from the Mauryan period (4th-2nd centuries BC) onwards testifies to the influence of Achaemenid Iran on the early styles of North India.[3]

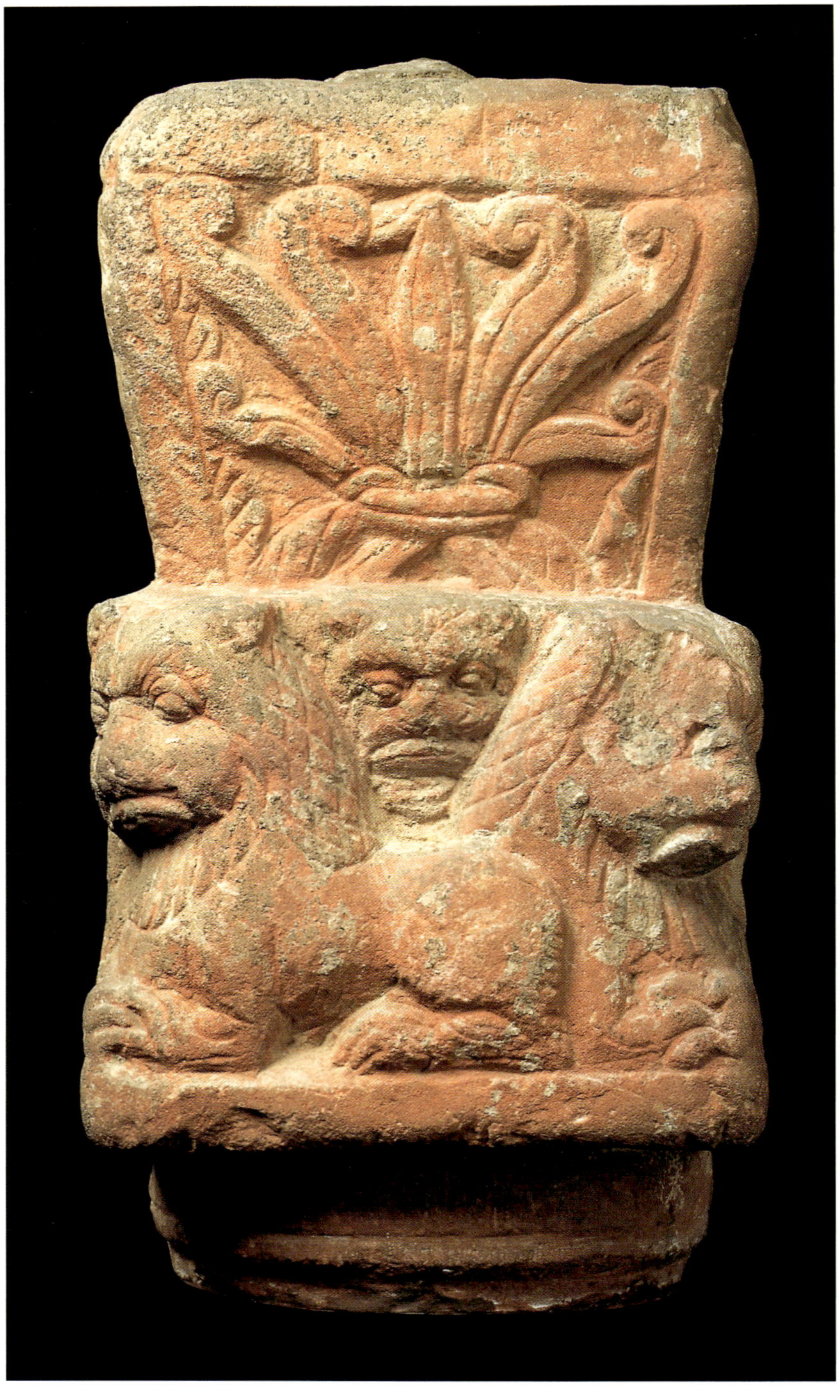

Époque kuṣāṇa
IIe siècle
Inde du Nord. Uttar Pradesh. Région de Mathurā

Fragment de décoration architecturale ; grès rouge
H. 41 ; L. 21
Achat (1933)
MG 18326

Kushan period
2nd century
North India. Uttar Pradesh. Mathura region

Fragment of a decorative element; red sandstone
H. 41; W. 21
Purchase (1933)
MG 18326

13. Le souverain universel (*Cakravartin*)

1 Auboyer, 1968, p. 177.

Souverain universel et monarque idéal, le *Cakravartin* est celui « qui fait tourner la roue *(cakra)* » – la roue, tel le soleil qui parcourt l'univers, symbolisant la suprématie du souverain sur la terre entière[1]. Les textes bouddhiques ont livré quelques descriptions des *Cakravartin* : dotés des Sept Joyaux, immanquablement victorieux à la tête de leurs troupes, ils conquièrent le monde jusqu'à ses horizons ultimes et leur règne équitable, marqué par la justice et la paix, est conforme au *Dharma.*

Le relief du musée Guimet représente l'un de ces souverains universels qui, par l'excellence de leur gouvernement et de leur conduite personnelle, assurent la prospérité de leurs sujets – thème fréquemment associé au bouddhisme. De taille héroïque, le *Cakravartin* est figuré debout sur un coussin, entouré de ses Sept Trésors ou Joyaux (*ratna*), dont certains ont à présent disparu. La main gauche ramenée sur la poitrine, le bras droit levé vers le ciel, il appelle sur la terre une pluie de richesses et de gemmes. À sa droite, trois des Sept Joyaux : la Roue (*Cakra*), attribut essentiel de la souveraineté, dressée sur un pilier qu'entoure à sa base une balustrade (*vedikā*) ; le Ministre (ou le Général), les mains jointes en geste de salutation et d'hommage (*añjali*) ; le Cheval, richement harnaché. À sa gauche ne subsistent des quatre Joyaux restants que la haute colonne, dont la partie supérieure, brisée, supportait sans doute le *Cintāmaṇi*, pierre précieuse exauçant les désirs de celui qui la possède ; le Général (ou le Ministre) ; et, à ses pieds, l'Éléphant, dont ne subsiste que l'extrémité d'une oreille. Quant au septième Joyau, l'Épouse parfaite, elle figurait vraisemblablement sur le fragment de relief qui a disparu – la figure féminine se détachant sur l'imposant pilier à la droite du *Cakravartin*, juchée sur un monstre marin (*makara*) et agrippant de la main gauche le tronc d'un arbre *aśoka*, étant quant à elle une divinité à l'arbre

---

13. The Universal Ruler (*Chakravartin*)

1 Auboyer, 1968, p. 177.

The universal ruler and ideal monarch, the *Chakravartin* is he who "turns the Wheel (*Chakra*)" – the wheel, like the sun which travels across the celestial sphere, symbolizing the sovereign's supremacy over the Earth.[1] Buddhist texts describe the *Chakravartin* as possessing the Seven Jewels, as always leading his troops to victory and as conquering the world to its most distant horizons; his equitable reign, marked by justice and peace, complied with *Dharma*.

The Musée Guimet's relief depicts one of these universal rulers who, through the excellence of their government and personal behaviour, ensured their subjects' prosperity – a theme frequently associated with Buddhism. The heroic-sized *Chakravartin* is represented standing on a cushion, surrounded by his Seven Treasures or Jewels (*ratnas*), some of which have been lost. His left hand is pressed against his chest, while his right arm is extended into the sky, summoning the rain of wealth and gems to fall on the Earth. Three of the Seven Jewels can be seen on his right: the Wheel (*Chakra*), sovereignty's essential attribute, surmounting a pillar whose base is encircled by a railing (*vedika*); the Minister (or the General), whose hands are joined in a gesture of greeting and adoration (*anjali*); and the richly harnessed Horse. On his left, out of the four remaining Jewels, all that has survived is the tall column whose broken upper part very probably supported the *cintamani*, the precious stone that granted the desires of whoever possessed it, and the General (or the Minister). Beneath the latter's feet just the tip of the Elephant's ear can be seen. The Seventh Jewel, the perfect wife, was almost certainly depicted on the part of the relief that has been lost – the female figure on the pillar to the right of the *Chakravartin,* standing astride a sea monster (*makara*) and holding onto the trunk of an ashoka tree with her left hand, being a tree divinity (*vriksha devata*), or a river deity

---

(*vṛkṣa devatā*), voire une déesse fluviale (*nadī devatā*), dont l'iconographie, issue de celle des *vṛkṣa devatā* et des *śālabhañjikā* et attestée dans l'art d'Amarāvatī[2], se constitua progressivement au cours des premiers siècles de notre ère.

Le *Cakravartin* du musée Guimet évoque le célèbre relief du musée de Madras, provenant du *stūpa* de Jaggayyapeṭa et représentant le *Cakravartin* Mandhātā[3]. Héros du *Mandhātā Jātaka*, ce monarque avait le pouvoir de susciter une pluie de gemmes en touchant simplement de sa main droite son poing gauche fermé ; le relief du musée de Madras montre précisément, en sa partie supérieure, la pluie de richesses obtenue par Mandhātā tombant des cieux. Sensiblement contemporain du relief de Jaggayyapeṭa, ou peut-être légèrement postérieur (Ier siècle avant ou après J.-C.), le *Cakravartin* du musée Guimet appartient à la phase ancienne de l'art d'Amarāvatī, dominée par des formes plates, des personnages aux proportions maladroites et aux attitudes contraintes, et une naïveté plastique évocatrice des styles anciens de Bhārhut et de Sāñcī. Il fut découvert dans un champ à Vemavaram, sur la rive droite de la Krishnā.

2 Viennot, 1964, pp. 9-11, pl. Ia.
3 Huntington, 1985, p. 86, fig. 5.36.

Exposition
Paris, Petit Palais, 1960, n° 162.

Bibliographie
Barrett, 1956, pp. 287-292 ; Monod, 1966, pp. 59-60, fig. 8 ; Deneck, 1970, p. 253, fig. 2 ; Béguin, 1992, p. 23.

(*nadi devata*), whose iconography stemmed from those of *vriksha devatas* and *shalabhanjikas* evident in Amaravati art[2] and gradually developed in the early centuries AD.

The Musée Guimet's *Chakravartin* recalls the celebrated relief from the Jaggayyapeta stupa now in the Madras Museum which represents the *Chakravartin* Mandhata.[3] The hero of the *Mandhata Jataka*, this monarch could summon a rain of jewels simply by touching his clenched left fist with his right hand; the upper part of the Madras relief shows the rain of wealth commanded by Mandhata falling from the sky. Apparently contemporary with the Jaggayyapeta relief, or possibly slightly later (1st century BC or AD), the Musée Guimet's *Chakravartin* belongs to the early stage of Amaravati art, dominated by flat forms, clumsily proportioned figures in somewhat stiff poses and a sculptural naivety which is reminiscent of the early Bharhut and Sanchi styles. It was discovered in a field at Vemavaram, on the right-hand bank of the River Krishna.

2 Viennot, 1964, pp. 9-11, Pl. Ia.
3 Huntington, 1985, p. 86, Fig. 5.36.

Exhibition
Paris, Petit Palais, 1960, No. 162.

Bibliography
Barrett, 1956, pp. 287-292; Monod, 1966, pp. 59-60, Fig. 8; Deneck, 1970, p. 253, Fig. 2; Béguin, 1992, p. 23.

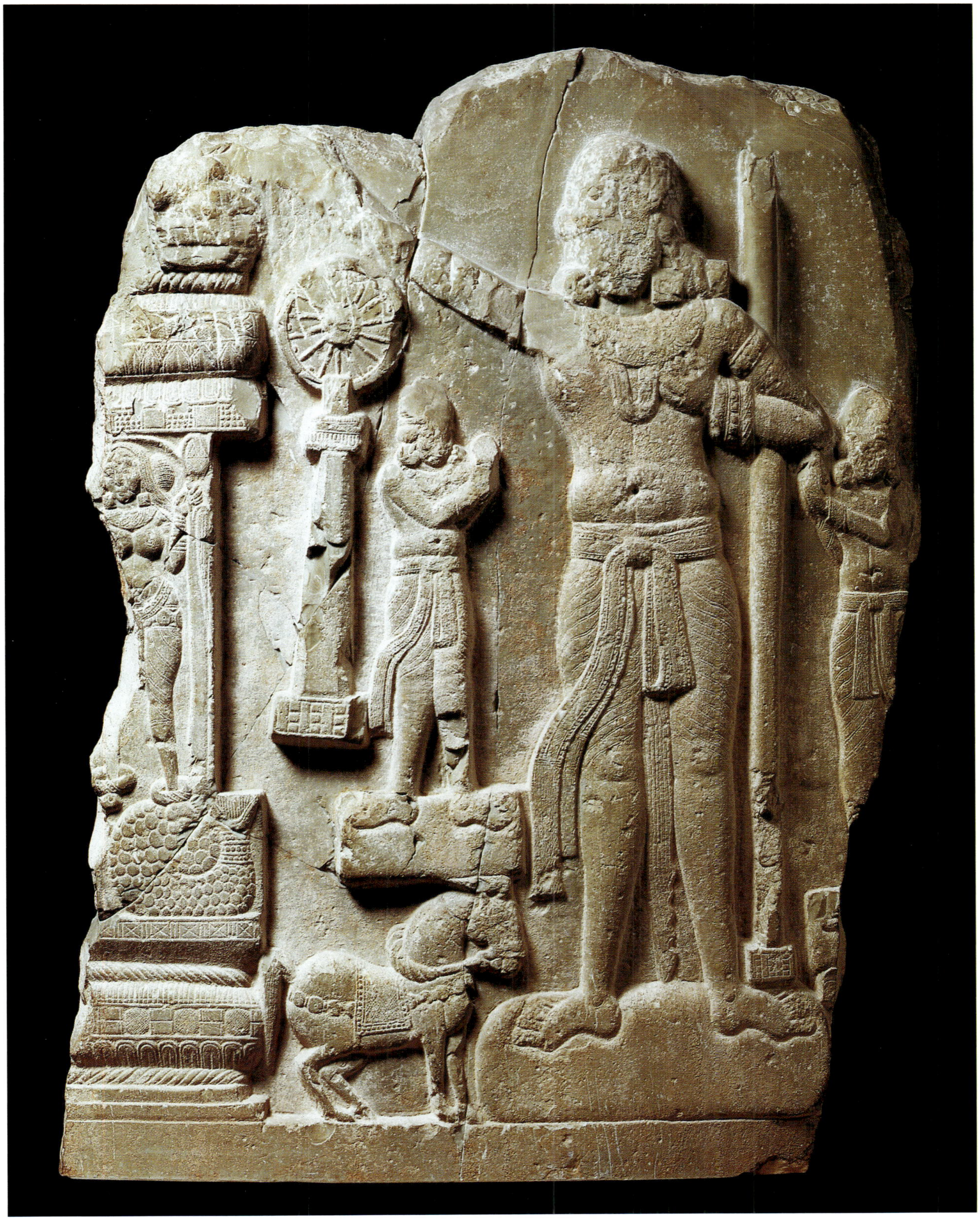

École d'Amarāvatī. Ier siècle av. J.-C.-Ier siècle ap. J.-C.
Inde du Sud. Andhra Pradesh. Région d'Amarāvatī
(trouvé à Vemavaram)

Plaque de revêtement de *stūpa* ; calcaire marmoréen
H. 112 ; L. 78
Don de G. Jouveau-Dubreuil (1939)
MG 19063

Amaravati School. 1st century BC-1st century AD
South India. Andhra Pradesh. Amaravati region
(found at Vemavaram)

Slab from the casing of a stupa; marble limestone
H. 112; W. 78
Gift of G. Jouveau-Dubreuil (1939)
MG 19063

14. Sanctuaire à étages

Un édifice religieux à l'architecture élaborée et à l'identification incertaine occupe la partie centrale du relief. Affectant la forme d'une tour étagée, de plan circulaire et à charpente apparente, il présente trois étages décroissants que coiffe un dôme octogonal. À l'étage inférieur, cinq fenêtres, munies de balcons et de volets entrouverts ou fermés, alternent avec des fenêtres pourvues de « stores ». Le second étage, à galerie, est constitué de quatre fenêtres – que semblent obturer des écrans ajourés – encadrées de pilastres à chapiteau campaniforme. L'étage supérieur présente, entre deux fenêtres à écrans ajourés et deux fenêtres à stores, un balcon abritant un *stūpa*-reliquaire. La présence de ce dernier explique sans doute le halo de flammes irradiant du dôme de l'édifice et manifestant ainsi le caractère sacré de la relique enchâssée au sein du reliquaire. Un arc en forme de fer à cheval (appelé *gavākṣa*, « œil-de-bœuf »), orné de poutres apparentes – motif abondamment utilisé par les architectes indiens dans la décoration des temples et des sanctuaires rupestres –, surmonte les fenêtres à balcons de l'édifice, évoquant les charpentes de bois des constructions anciennes.

De part et d'autre du sanctuaire à étages se tiennent deux donateurs ou orants, les mains jointes en geste d'hommage (*añjali*) – de l'orant de droite ne subsiste à présent que le turban à large bouffette –, et six génies volants, *gandharva* ou *vidyādhara*, chargés d'offrandes diverses – guirlandes de fleurs et coupes peut-être emplies de boules de beurre ou de pétales de fleurs, qu'ils semblent lancer par poignées sur le sanctuaire, en signe de piété. Enfin, une inscription fragmentaire en écriture brāhmī, composée de cinq lettres ou *akṣara* – *na bha tu na (?) sa*[1] – est visible sur la partie supérieure du relief.

1 Barrett, 1956, p. 289.

---

14. Three-Storeyed Sanctuary

Depicted in the central part of the relief is the elaborate architecture of an unidentified religious building. It is a circular, three-tiered tower whose framework is visible and which is capped by an octagonal dome. On the lower floor, five windows, equipped with balconies and half-open or closed shutters, alternate with windows covered by lowered "blinds". The middle floor has a gallery and four windows – which seem to be covered with openworked screens and flanked by pillars with bell capitals. On the upper floor, between the two windows with openworked screens and the two windows with blinds, is a balcony housing a stupa-reliquary. The latter's presence no doubt explains the halo of flames radiating out from the dome and thus indicating the sacred nature of the relic enclosed in the reliquary. A horseshoe arch (known as a *gavaksha* or "bull's-eye") adorned with visible beams – a motif often used by Indian architects to decorate temples and cave sanctuaries – surmounts the windows with balconies, recalling the wooden framework of earlier constructions.

On either side of the three-storeyed sanctuary are the two donors or orants, their hands joined in a gesture of adoration (*anjali*), – all that remains of the orant on the right is the turban with its puffy cockade – and the six flying genies, Gandharvas (heavenly musicians) or Vidyadharas, bearing various offerings – garlands of flowers and cups possibly filled with knobs of butter or flower petals, which they seem to be throwing onto the sanctuary in handfuls, as a sign of piety. Lastly, the fragmentary inscription in Brahmi, composed of five letters or *aksaras* – *na bha tu na (?) sa*[1] – can be seen on the top half of the relief.

1 Barrett, 1956, p. 289.

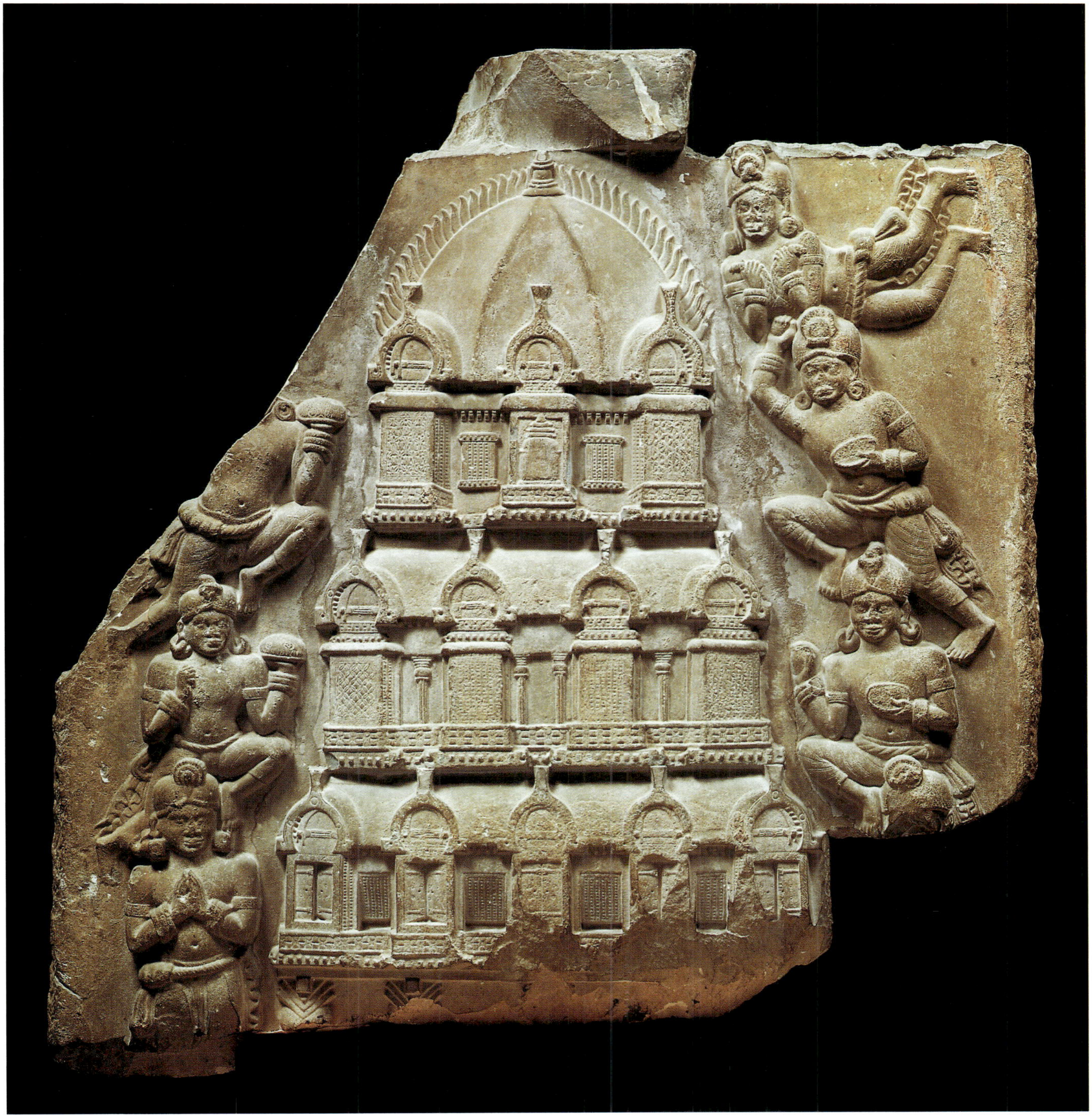

École d'Amarāvatī
Fin du Ier siècle-début du IIe siècle
Inde du Sud. Andhra Pradesh. Ghantaśālā

Plaque de revêtement de *stūpa* ; calcaire marmoréen
H. 116 ; L. 115
Don de C. T. Loo (1931)
MG 17851

Amaravati School
Late 1st century-early 2nd century
South India. Andhra Pradesh. Ghantasala

Slab from the casing of a stupa; marble limestone
H. 116; W. 115
Gift of C.T. Loo (1931)
MG 17851

Cette plaque de revêtement provenant du *stūpa* de Ghantaśālā pourrait dater de la fin du Ier siècle ou du début du IIe siècle de notre ère – le traitement relativement naïf des personnages, aux proportions lourdes et aux attitudes maladroites dénotant un certain archaïsme hérité de l'art de Bhārhut et de Sāñcī. Le site de Ghantaśālā – l'ancienne Kontakossylum des historiens de l'Antiquité – fut fouillé en 1892, livrant d'intéressantes plaques de revêtement de *stūpa*[2].

2 Rea, 1894 ; voir également notice n° 17.

Expositions
Fort Worth, 1996, n° 5 ; Tōkyō, 1996, n° 5.

Bibliographie
Barrett, 1956, pp. 287-292 ; Monod, 1966, pp. 60-61, fig. 9 ; Deneck, 1970, p. 253, fig. 7.

This slab from the casing of the Ghantasala stupa may date from the late 1st century or the early 2nd century AD – the relatively naive treatment of the figures with heavy proportions and clumsy poses denotes a certain archaism inherited from the art of Bharhut and Sanchi. The site of Ghantasala – known by the historians of Antiquity as Kontakossylum – was excavated in 1892, when several interesting slabs from the casing of the stupa[2] were discovered.

2 Rea, 1894; see also No. 17.

Exhibitions
Fort Worth, 1996, No. 5; Tokyo, 1996, No. 5.

Bibliography
Barrett, 1956, pp. 287-292; Monod, 1966, pp. 60-61, Fig. 9; Deneck, 1970, p. 253, Fig. 7.

15. *Nāgarāja*

1 Sur les dieux-serpents, ou *nāga*, voir notice n° 9.
2 Voir notices n°s 9 et 13.
3 Vogel, 1930, pl. XLI (a, b).

BIBLIOGRAPHIE
Auboyer, 1947, pp. 20-22 ; Monod, 1966, p. 54 ; Deneck, 1970, p. 255, fig. 45-46.

Nāgarāja, *nāga* et *nāginī*[1] furent fréquemment représentés dans l'art de l'école d'Amarāvatī. Figurés le plus souvent sous une forme composite mi-humaine mi-ophidienne, plus rarement sous une forme purement thériomorphe, ils apparaissent sur les reliefs illustrant *Jātaka* et scènes de la vie du Buddha. Le Bienheureux ayant converti certains d'entre eux à la Loi – qui dès lors lui vouèrent une révérence extrême –, les *nāga* furent tour à tour représentés écoutant la prédication du Buddha, l'aidant à franchir le Gange en lui faisant un pont de leurs multiples chaperons, l'abritant de leurs replis pour le protéger de pluies diluviennes ou encore adorant ses reliques pieusement enchâssées dans le *stūpa* de Rāmagrāma.

Doués du pouvoir de faire tomber sur terre la pluie fécondante, les *nāga*, lorsqu'ils n'étaient pas directement associés à la légende bouddhique, faisaient également l'objet d'un culte populaire et leur image était souvent érigée près des citernes et des réservoirs, afin que ceux-ci ne soient jamais à sec. Figuré la main droite levée dans le geste traditionnel d'appel à la pluie[2], le *Nāgarāja* du musée Guimet tient dans sa main gauche un calice destiné à recueillir l'ondée fertilisante. Sa tête, où se distingue encore – en dépit de l'érosion de la pierre – un léger sourire, est coiffée d'un turban à bouffette circulaire et auréolée des sept chaperons de cobras dont le corps unique, aux replis annelés, est visible au dos du roi-serpent. Iconographiquement proche du *Nāgarāja* de Chhargaon[3], daté par inscription de 118 de notre ère, ainsi que du *Nāgarāja* de Mathurā (n° 9), cette œuvre, issue des ateliers de la vallée de la Krishnā, bien qu'abîmée par l'érosion, présente néanmoins l'intérêt d'être complète. Elle témoigne en outre de la vigueur du culte des *nāga* dans l'Inde méridionale à l'époque ancienne – culte qui perdure encore aujourd'hui, notamment en pays tamoul, où des serpents accouplés sont figurés sur des *nāgakkal*, ou pierres à *nāga*, élevées au pied des arbres ou au bord des rivières.

---

15. *Nagaraja*

1 On the serpent-deities, or *nagas*, see No. 9.
2 See Nos. 9 and 13.
3 Vogel, 1930, Pl. XLI (a, b).

BIBLIOGRAPHY
Auboyer, 1947, pp. 20-22; Monod, 1966, p. 54; Deneck, 1970, p. 255, Figs. 45-46.

Nagarajas, nagas and *naginis*[1] were often represented in the art of the Amaravati School. Usually portrayed in a half-human, half-snake form, or more rarely as a serpent, they appeared on reliefs illustrating *Jatakas* (birth stories of the Buddha's previous existence) and scenes from the life of the Buddha. When the Enlightened One converted some of them to the Law, they became his fervent devotees; the *nagas* were thus depicted in turn listening to the Buddha's sermons, helping him to cross the Ganges by forming a bridge with their multiple hoods, sheltering him from the torrential rain under their coils and worshipping his relics enshrined in the stupa at Ramagrama.

Endowed with the power of rainmaking, and thus of fertilizing the soil, the *nagas*, when not directly associated with Buddhist legends were worshipped in their own right. Statues in their image was often erected near cisterns or reservoirs so that these would never run dry. Depicted here with his right hand raised in the traditional gesture of summoning the rain,[2] the Musée Guimet's *Nagaraja* holds a chalice destined to catch the life-giving rainwater in his left hand. Despite the erosion of the stone, one can still discern the slight smile on his lips; he wears a turban with a round puff on his head, which is encircled by the hood of a seven-headed cobra, whose ringed body can be seen down the back of the serpent king. Iconographically close to the Chhargaon[3] *Nagaraja*, inscribed with the date AD 118, and the Mathuran *Nagaraja* (No. 9), this sculpture from the workshops of the Krishna valley has the advantage of being intact (although somewhat eroded). It also bears witness to the cult of the *nagas* which flourished in South India in ancient times – a cult that is still practised today, especially in Tamil Nadu, where mating serpents appear on *Nagakkal*, or stones depicting *nagas*, erected beneath trees or on river banks.

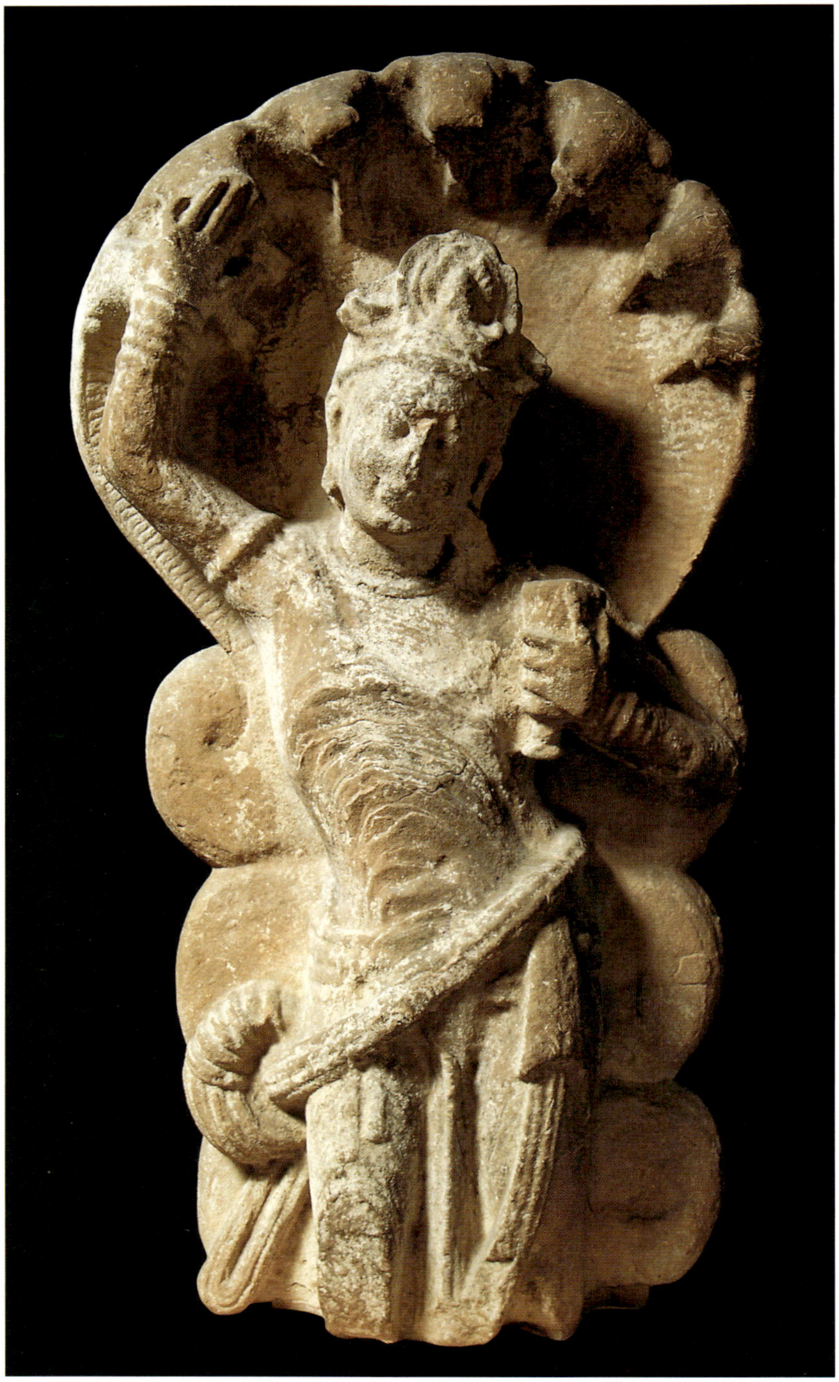

École d'Amarāvatī
IIᵉ siècle
Inde du Sud. Andhra Pradesh. Région d'Amarāvatī

Ronde-bosse ; calcaire marmoréen
H. 143 ; L. 82
Don de C. T. Loo (1946)
MA 119

Amaravati School
2nd century
South India. Andhra Pradesh. Amaravati region

In-the-round sculpture; marble limestone
H. 143; W. 82
Gift of C.T. Loo (1946)
MA 119

16. Le Grand Départ

1 Voir notices n°s 9 et 15.

Plaque de revêtement de *stūpa* illustrant le Grand Départ (*Mahābhiniṣkramaṇa*) du prince Siddhārtha fuyant, à la nuit tombée et en secret, le palais royal de Kapilavastu et la vie séculière, afin de rechercher la vérité et de parvenir à l'Éveil. La scène, qui participe de la première iconographie – où le futur Buddha est figuré non sous une forme anthropomorphe, mais par des symboles liés à la légende bouddhique –, est dominée par la présence centrale de Kaṇṭhaka, le cheval du prince Siddhārtha, dûment harnaché, mais sans cavalier. La présence virtuelle de Siddhārtha chevauchant sa monture a été suggérée – à droite – par un porteur de parasol (*chattra*), insigne de souveraineté et de dignité, et – en partie haute – par un porteur de chasse-mouches (dont la tête est brisée) et deux adorateurs, les mains jointes dans le geste de l'*añjali*. Devant le cheval marche l'écuyer du prince, Caṇḍaka, vêtu de la courte tunique plissée propre à sa profession et tenant un objet de forme circulaire (*cakra* ?) dans sa main gauche.

Parmi les nombreux personnages animant la scène figurent également deux rois-serpents (*nāgarāja*), reconnaissables à leur chaperon ophidien comme à leur attitude caractéristique : main gauche ramenée sur la poitrine, main droite levée vers le ciel, afin d'appeler sur terre la pluie fécondante[1]. Quatre génies ou *yakṣa*, gardiens des portes et des villes, complètent la scène ; ils soutiennent de leurs mains les sabots de Kaṇṭhaka, afin d'étouffer le bruit de sa course et de protéger la fuite du prince Siddhārtha. Celui-ci, bénéficiant ainsi de l'aide des divinités, franchira sans encombre le palais et la ville endormis, dont les lourdes portes s'ouvriront sur son passage, mues par le souffle des dieux.

La scène, dense et animée, repose sur une *vedikā* figurée, dont les montants et les traverses sont décorés de médaillons et de demi-médaillons lotiformes. À droite subsiste un fragment

---

16. The Great Departure

1 See Nos. 9 and 15.

This slab from the casing of a stupa illustrates the Great Departure (*Mahabhiniskramana*) of Prince Siddhartha, when, in the dark of night, he secretly fled the royal palace of Kapilavastu and his secular life in search of spiritual truth and Enlightenment. The scene belongs to early iconography, in which the future Buddha is not depicted in human form but by signs linked to Buddhist legends, and is dominated by the presence of Kanthaka, Prince Siddhartha's horse, duly harnassed but riderless. Siddhartha's presence astride his mount is evoked, on the right, by the bearer of the umbrella (*chattra*), the symbol of sovereignty and dignity, and, on the upper half, the fly-whisk-bearer (whose head is broken) and two worshippers, whose hands are joined in the *anjali* gesture. The prince's squire, Chandaka, clad in the customary short pleated tunic and holding a circular object (*chakra?*) in his left hand, can be seen walking in front of the horse.

Among the numerous figures animating the scene, there are also two serpent kings (*nagarajas*), recognizable from their snakelike hood and their conventional pose: left hand pressed against their chest, right hand raised towards the sky to summon the rain which will fertilize the land.[1] Four nature-spirits, or *yakshas*, the guardians of gateways and towns, complete the scene, lifting Kanthaka's hoofs in their hands, so as to muffle the noise of his shoes and to prevent Prince Siddhartha's flight from being discovered. Since the latter was thus helped by the divinities, his departure from the palace and the sleeping town was unhindered, the deities blowing on the heavy gates which opened before him.

This dense, lively scene surmounted a railing, whose vertical posts and horizontal slats were adorned with lotiform medallions and half-medallions. On the right, a fragment of the framework d'encadrement en partie érodé, orné d'un vase d'abondance (*pūrṇa ghaṭa*), symbole de vie et de fécondité, duquel jaillit un rinceau de fleurs de lotus.

Le style de ce relief, marqué par une composition touffue, mais habile, et une impression de mouvement contenu, illustre la phase d'épanouissement de l'art d'Amarāvatī, attestée au IIe siècle et jusqu'au début du IIIe siècle, où les personnages, aux attitudes vives et aisées, s'affinent et s'animent. On notera que les plaques de revêtement de *stūpa* illustrant le Grand Départ du prince Siddhārtha adoptent presque toujours une disposition et une orientation analogues au relief du musée Guimet, le cheval Kaṇṭhaka, avec ou sans cavalier, étant généralement figuré de profil et passant à gauche. Cette orientation – qui souffre toutefois quelques exceptions[2] – semble dictée par la coutume indienne de la *pradakṣiṇā*, ou circumambulation rituelle autour d'un édifice sacré ou d'un *stūpa*, effectuée par le fidèle dans le sens solaire et en tenant toujours le monument à main droite. Ainsi, les épisodes figurés et ordonnés suivant le principe de la narration continue cher aux sculpteurs de l'Inde se déroulent-ils dans le sens même de la marche du dévot, afin que ce dernier puisse en percevoir l'enchaînement logique ou chronologique.

2 Notamment lorsque la scène s'inscrit dans le champ réduit d'un des médaillons superposés ornant les montants des balustrades (*vedikā*) entourant le *stūpa* (voir Knox, 1992, p. 59, fig. 11).

EXPOSITIONS
Paris, Orangerie, 1953, n° 320 ; Paris, Cernuschi, 1954, n° 80 ; Fort Worth, 1996, n° 6 ; Tōkyō, 1996, n° 6.

BIBLIOGRAPHIE
Monod, 1966, p. 57, fig. 6 ;
Béguin, 1992, p. 152.

---

has survived (partially eroded), decorated with a vase of plenty (*purna ghata*), the symbol of life and fecundity, from which a spray of lotus flowers bursts forth.

The style of this relief, marked by its dense yet skilful composition and the impression of contained movement, is an example of the mature Amaravati School in the 2nd and early 3rd century, when the figures with lively, fluid attitudes became more elongated and animated. The reliefs on stupa casings depicting Prince Siddhartha's Great Departure are almost always organized and oriented in a way similar to the Musée Guimet's plaque, the horse Kanthaka, with or without a rider, being generally portrayed in profile and moving towards the left. There are nevertheless some exceptions[2] to this orientation, which seems to be dictated by the Indian custom of *pradakshina*, or the ritual circumambulation around a sacred building or stupa, made by the faithful while touching the monument with their right hand. Thus the episodes depicted and arranged according to the principle of continuous narration dear to Indian sculptors follow the same course as the devotee, so that the latter can perceive their logical or chronological development.

2 Especially when the scene appears on one of the superposed medallions adorning the vertical posts of the railings (*vedikas*) enclosing the stupa (see Knox, 1992, p. 59, Fig. 11).

EXHIBITIONS
Paris, Orangerie, 1953, No. 320; Paris, Cernuschi, 1954, No. 80; Fort Worth, 1996, No. 6; Tokyo, 1996, No. 6.

BIBLIOGRAPHY
Monod, 1966, p. 57, Fig. 6;
Béguin, 1992, p. 152.

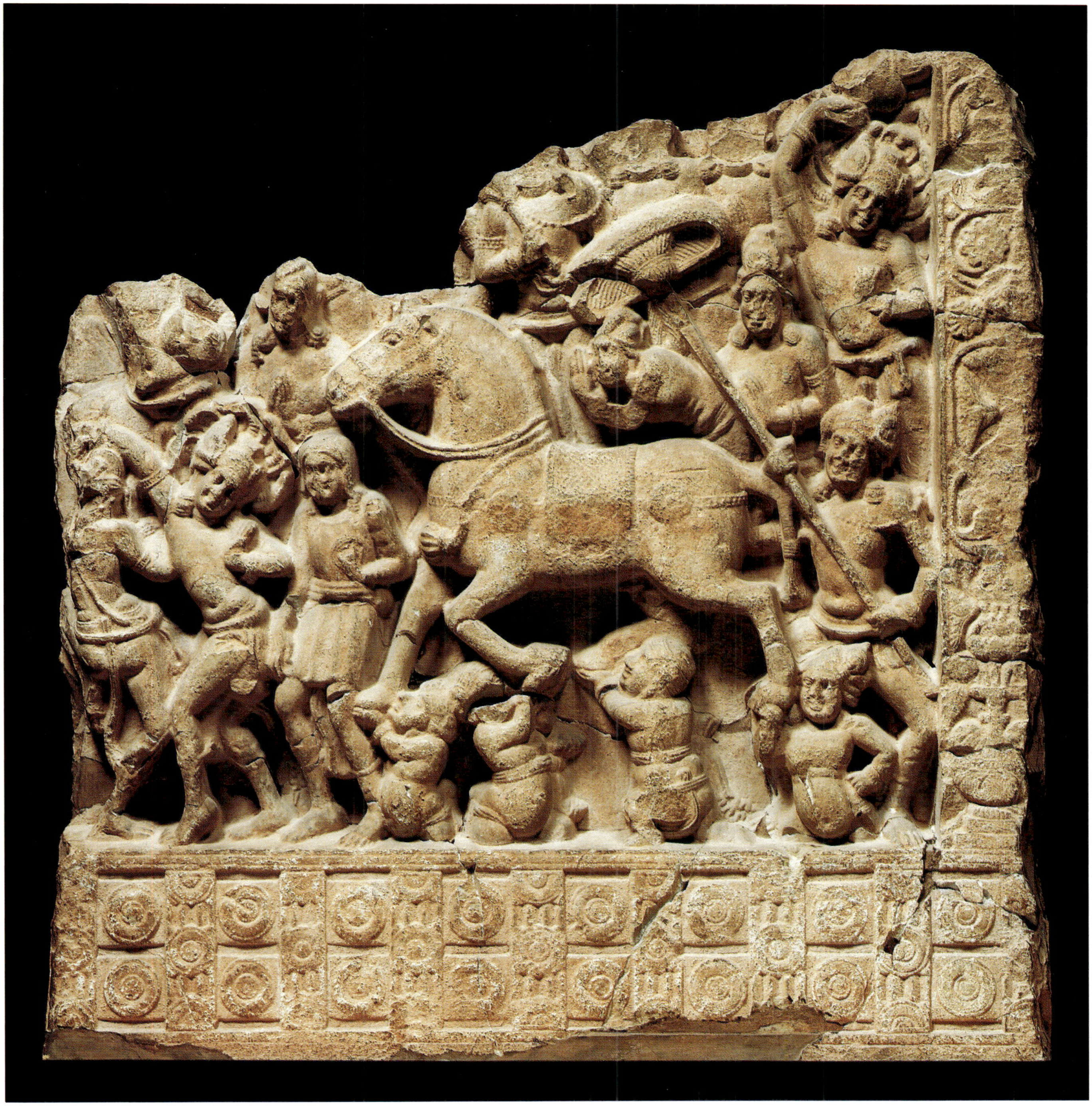

École d'Amarāvatī
IIe siècle
Inde du Sud. Andhra Pradesh. Région d'Amarāvatī

Plaque de revêtement de *stūpa* ; calcaire marmoréen
H. 90 ; L. 89
Don de la Société des Amis du musée Guimet (1933)
MG 18509

Amaravati School
2nd century
South India. Andhra Pradesh. Amaravati region

Slab from the casing of a stupa; marble limestone
H. 90; W. 89
Gift of the Société des Amis du musée Guimet (1933)
MG 18509

17. L'assaut de Māra

L'assaut de Māra se situe avant l'Éveil, alors que Śākyamuni, assis sous l'arbre *pippāl*, est plongé dans une profonde méditation. Craignant que l'Éveil du bodhisattva ne menace son empire sur les hommes et sur le monde, Māra, le dieu de la mort, s'emploie à troubler la méditation du sage. Il déchaîne d'abord contre Śākyamuni ses troupes de démons aux corps hideux et difformes, aux visages effroyables et repoussants, dont le *Lalitavistara* donne une description saisissante ; mais à peine les démons ont-ils lancé leurs armes sur le sage que ces dernières se transforment en guirlandes et en dais de fleurs. Māra dépêche alors ses trois filles afin que leur beauté lascive détourne le bodhisattva de sa quête. Impassible, Śākyamuni, effleurant le sol de l'extrémité de sa main droite, prendra la terre à témoin de sa force d'âme et de sa victoire sur le dieu de la mort et des attachements terrestres.

Cette plaque de revêtement de *stūpa*, provenant de Ghantaśālā, illustre la veine aniconique de l'art d'Amarāvatī, où le Buddha n'est pas figuré sous une forme humaine, mais simplement évoqué par des symboles explicites : l'arbre de la *Bodhi* (*Ficus religiosa*), le trône aux lions (*siṃhāsana*), symbole de souveraineté temporelle et spirituelle, et le tabouret portant l'empreinte des pieds du Bienheureux suffisent à suggérer sa présence. Encore convient-il de rappeler que dans l'art d'Amarāvatī coexistent des reliefs où le Buddha apparaît soit sous une forme humaine, soit sous une forme symbolique – cette iconographie mixte, résultant de divergences doctrinales et sectaires, se rencontre parfois sur une seule et même œuvre. Conformément au principe de la narration continue, attesté dans l'art d'Amarāvatī comme dans les styles antérieurs de Bhārhut et de Sāñcī, l'artiste a représenté en une même scène trois épisodes successifs de l'assaut de Māra : l'apparition de l'armée démoniaque (à gauche), les trois filles de Māra (à droite ; seules

---

17. The Attack of Mara

The attack of Mara happened before the Enlightenment, when Shakyamuni was seated deep in meditation under a *pippal* (fig) tree. Fearing that the Enlightenment of the Bodhisattva would threaten his hold over mankind and the world, Mara, the god of death, tried to divert him from his meditation. First of all, he let loose his troops of demons with hideous, misshapen bodies and terrifying, repulsive faces, as is strikingly described in the *Lalitavistara*. But scarcely had the demons thrown their weapons at Shakyamuni before they were turned into garlands and canopies of flowers. Mara then sent his three beautiful daughters to tempt the Bodhisattva with their seductive charms and divert him from his quest. Unmoved, Shakyamuni touched the ground with the tip of his right hand, calling on the Earth as witness to his spiritual strength and his victory over the god of death and worldly attachments.

This slab from the casing of a stupa in Ghantasala shows the aniconic aspect of Amaravati art, in which the Buddha is not portrayed in human form, but simply evoked by explicit symbols: the Bodhi tree (*Ficus religiosa*), the lion throne (*simhasana*), the symbol of temporal and spiritual sovereignty, and the stool bearing the Enlightened One's footprints were enough to suggest his presence. It should be remembered that in Amaravati art reliefs depicting the Buddha in human form existed alongside those where he was represented by symbols – this mixed iconography, which was sometimes evident in the same work, resulted from doctrinal and sectarian divergences. Complying with the idea of continuous narrative, typical of Amaravati art as well as the previous Bharhut and Sanchi styles, the artist here has portrayed three different episodes of the attack of Mara story in the same scene: the arrival of the army of demons (on the left), Mara's three daughters (on the right; only two of them still exist)

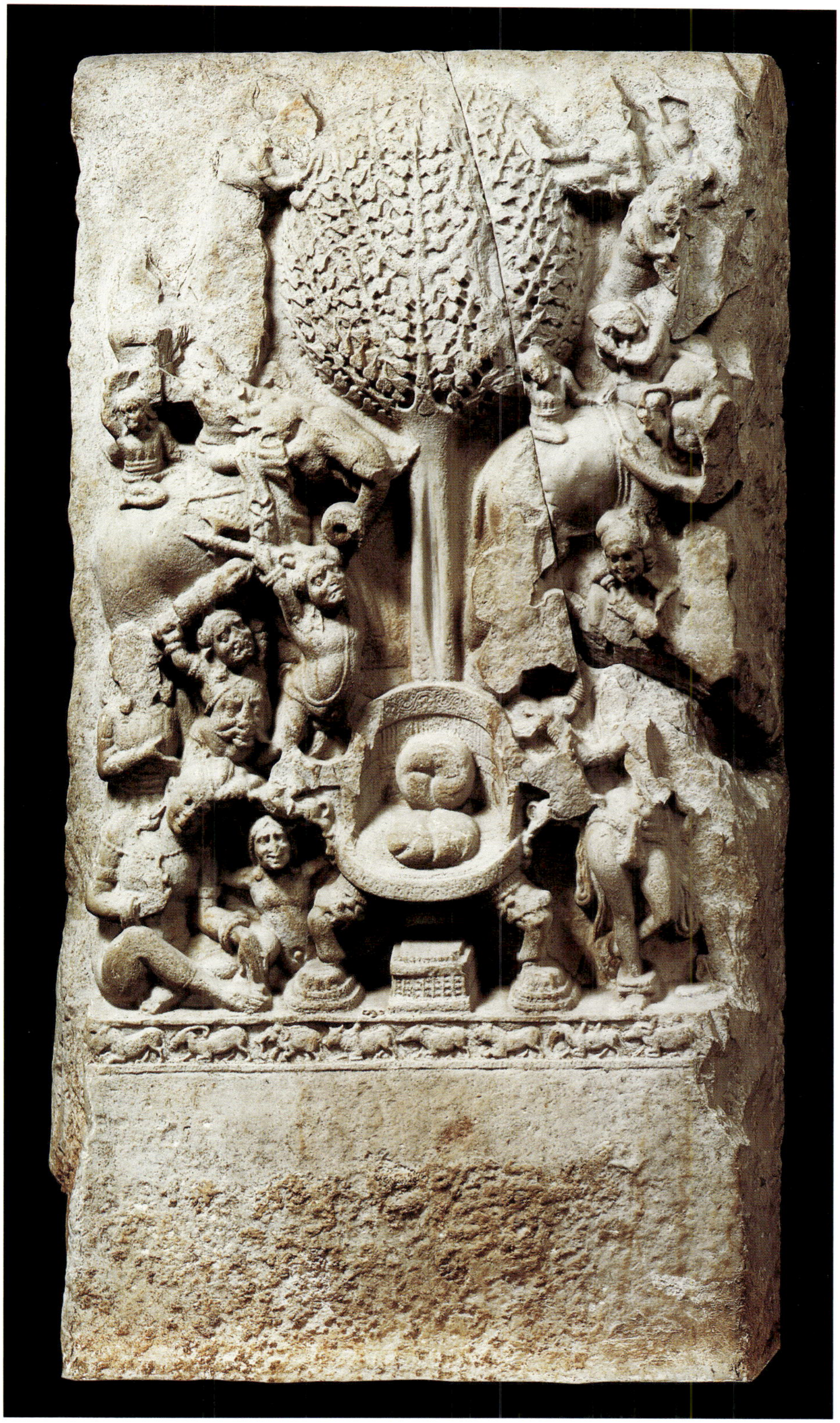

École d'Amarāvatī
IIe siècle
Inde du Sud. Andhra Pradesh. Ghantaśālā

Plaque de revêtement de *stūpa* ; calcaire marmoréen
H. 177 ; L. 94
Don de G. Jouveau-Dubreuil et C. T. Loo (1927)
MG 17066

Amaravati School
2nd century
South India. Andhra Pradesh. Ghantasala

Slab from the casing of a stupa; marble limestone
H. 177; W. 94
Gift of G. Jouveau-Dubreuil and C.T. Loo (1927)
MG 17066

deux d'entre elles sont encore visibles), et, enfin, la soumission de Māra (figuré dans l'angle inférieur gauche, ainsi qu'à deux autres reprises, monté sur un éléphant). Bien que fort dégradé, ce relief, par sa composition savante que domine une symétrie évidente, éclaire l'art d'Amarāvatī dans son expression la plus aboutie : à la composition dense et équilibrée répond le dynamisme des personnages, aux corps souples et aux attitudes aisées, dont l'art médiéval de l'Inde se fera ultérieurement l'écho.

Découverte à proximité du village de Rāmanagaram, cette plaque de revêtement de *stūpa* était, à la fin du siècle dernier, l'objet d'un culte populaire rendu en certaines occasions par les villageois[1].

1 Rea, 1894, p. 37.

Expositions
Paris, Grand Palais, 1995, n° 185 ;
Tōkyō, 1998, n° 1.

Bibliographie
Rea, 1894, p. 37, pl. XXVIII ;
Coomaraswamy, 1929, pp. 70-72, fig. 3 ;
Monod, 1966, pp. 57-59 ; Béguin, 1992, pp. 23-24.

and, lastly, Mara's submission (Mara can be seen in the bottom left-hand corner and mounted on an elephant in two other places). Despite its poor condition, the skilful composition governed by an evident taste for symmetry makes this relief a superb example of the mature Amaravati School: the dense, balanced composition is offset by the dynamism of the figures, whose lithe bodies and fluid gestures would be echoed in medieval Indian art.

Discovered near the village of Ramanagaram, this slab from a stupa was, at the end of the last century, worshipped on certain occasions by the villagers.[1]

1 Rea, 1894, p. 37.

Exhibitions
Paris, Grand Palais, 1995, No. 185;
Tokyo, 1998, No. 1.

Bibliography
Rea, 1894, p. 37, Pl. XXVIII;
Coomaraswamy, 1929, pp. 70-72, Fig. 3;
Monod, 1966, pp. 57-59; Béguin, 1992, pp. 23-24.

18. Tête de Buddha

1 Casal, 1949.
2 Hackin, 1931, p. 6.
3 Hackin, 1931, p. 6.

La région d'Amarāvatī, sise dans le Deccan oriental, entre l'embouchure de la Krishnā et de la Godāvarī, fut, dès le IIe siècle avant J.-C., un centre florissant du bouddhisme. Capitale orientale des souverains Sātavāhana, qui avaient pour capitale principale Pratiṣṭhāna, la ville d'Amarāvatī était jadis connue sous le nom de Dhānyakaṭaka ; un immense *stūpa* (*mahācaitya*) – redécouvert en 1797 par le colonel Mackenzie – s'y élevait et une école de sculpture y fleurit du Ier siècle avant J.-C. au IIIe siècle après J.-C., dont le rayonnement s'étendit à l'Inde méridionale, mais également jusqu'à Ceylan et aux contrées de l'Asie du Sud-Est.

Une influence occidentale, et plus particulièrement romano-alexandrine, a pu parfois être décelée dans les sculptures issues d'Amarāvatī et des sites environnants de Jaggayyapeṭa, Goli ou Nāgārjunakoṇḍa. Infiniment moins prononcée que dans les styles septentrionaux contemporains, elle s'explique par les contacts maritimes et les relations commerciales attestés entre la côte orientale de l'Inde et le bassin méditerranéen au cours des deux premiers siècles de notre ère. Les fouilles – telles celles d'Arikamedu-Vīrampatnam, qui livrèrent des fragments de poterie d'Arezzo (Latium), des monnaies et des intailles romaines de l'époque d'Auguste et de Claude – éclairent ainsi les témoignages des historiens de l'Antiquité, qui faisaient état de relations maritimes et commerciales entre l'Inde et l'empire romain et mentionnaient les cités de Podouké (Vīrampatnam, non loin de Pondichéry) ou de Kontakossylum (Ghantaśālā)[1].

Pour de nombreux auteurs, la tête de Buddha du musée Guimet reflète, en raison de son réalisme accusé et de son expressivité, une influence occidentale. Pour René Grousset, elle évoquait presque « une statue portrait de la Rome impériale[2] » ; de fait, une monnaie romaine fut mise au jour à l'endroit même où la tête fut découverte[3]. L'œuvre, où affleure peut-être quelque subtile

18. **Head of the Buddha**

1 Casal, 1949.
2 Hackin, 1931, p. 6
3 Hackin, 1931, p. 6.

The area around Amaravati, situated on the eastern side of the Deccan plateau, between the mouths of the Krishna and Godavari rivers, was a thriving Buddhist centre from the 2nd century BC onwards. The eastern capital of the Satavahanana sovereigns, whose principal capital was Pratisthana, the city of Amaravati was formerly known as Dhanyakataka. This was the site of the Great Stupa (*mahacaitya*) – rediscovered in 1797 by Colonel Mackenzie – and a school of sculpture which flourished from the 1st century BC to the 3rd century AD and whose influence spread not only to South India but also to Sri Lanka and Southeast Asia.

Western, notably Romano-Alexandrine influence has occasionally been discerned in the sculptures from Amaravati and the neighbouring sites of Jaggayyapeta, Goli or Nagarjunakonda. Much subtler than in the contemporary northern styles, it may be explained by the existence of sea routes and trading relations between the eastern coast of India and the Mediterranean basin in the first two centuries AD. Excavations – such as the ones at Arikamedu-Virampatnam, which uncovered fragments of Arezzo (Latium) pottery, Roman coins and intaglios from the time of Augustus and Claudius – thus added weight to testimony offered by the historians of Antiquity, who spoke of maritime and commercial relations between India and the Roman Empire, mentioning the cities of Poduke (Virampatnam, not far from Pondicherry) and Kontakossylum (Ghantasala).[1]

Because of its marked realism and expressivity, numerous authors discern a Western influence in the head of the Buddha now in the Musée Guimet. For René Grousset it almost recalls "a portrait statue from imperial Rome"[2]; in fact, a Roman coin was brought to light in the very place where the head was unearthed.[3] The work, possibly imbued with a subtle foreign influence, is nevertheless influence étrangère, n'en demeure pas moins foncièrement indienne : allongement du visage caractéristique des traits dravidiens, oreilles aux lobes distendus, *ūrṇā* saillante à la jonction des sourcils, faible saillie de la protubérance crânienne (*uṣnīṣa*), chevelure traitée en boucles régulières et stylisées, rituellement enroulées vers la droite. C'est, du reste, ce type iconographique du Buddha tel que le définit l'art d'Amarāvatī, qui s'imposera graduellement dans les royaumes indianisés du Sud-Est asiatique.

Expositions
Paris, 1960, n° 167 ; Kansas City, 1974, n° 10 ; Paris, Grand Palais, 1995, n° 2 ; Tōkyō, 1998, n° 19.

Bibliographie
Hackin, 1931, p. 6, pl. III ; Monod, 1966, p. 63 ; *The Image of the Buddha*, 1978, p. 78, n° 47 ; Béguin, 1992, p. 25.

essentially Indian: elongated face characteristic of the Dravidians, ears with distended lobes, pronounced *urna* between the Buddha's eyebrows, slight cranial protuberance (*ushnisha*) and hair treated in regular, stylized curls coiled towards the right. Moreover, this mage of the Buddha, defined by Amaravati art, was the one that would gradually spread to the Indianized kingdoms of Southeast Asia.

Exhibitions
Paris, 1960, No. 167; Kansas City, 1974, No. 10; Paris, Grand Palais, 1995, No. 2; Tokyo, 1998, No. 19.

Bibliography
Hackin, 1931, p. 6, Pl. III; Monod, 1966, p. 63; *The Image of the Buddha*, 1978, p. 78, No. 47; Béguin, 1992, p. 25.

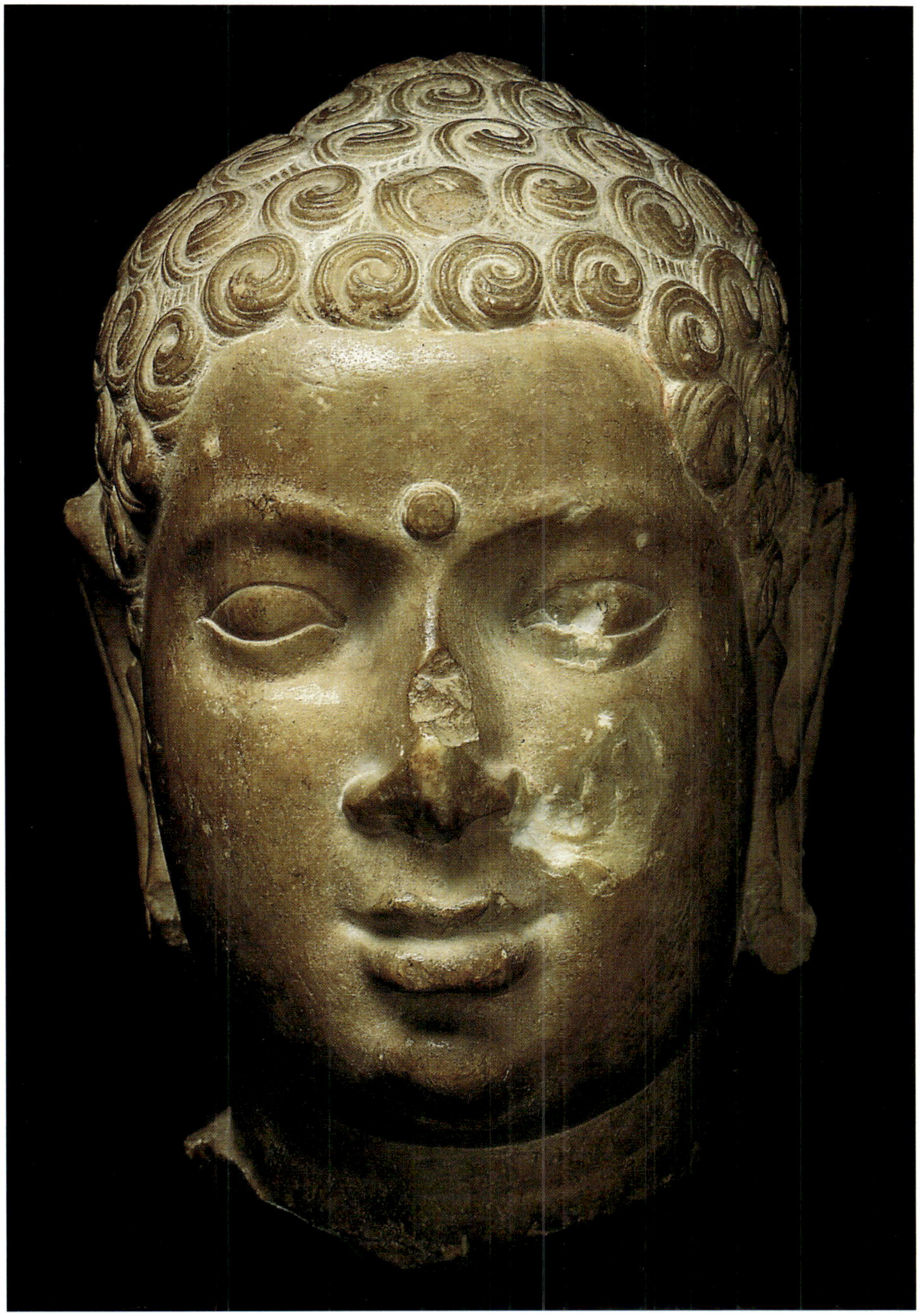

École d'Amarāvatī
IIe siècle
Inde du Sud. Andhra Pradesh. Vijiaderpuram

Ronde-bosse ; calcaire marmoréen
H. 21 ; L. 14,5
Don de G. Jouveau-Dubreuil (1925)
MG 17003

Amaravati School
2nd century
South India. Andhra Pradesh. Vijiaderpuram

In-the-round sculpture; marble limestone
H. 21; W. 14.5
Gift of G. Jouveau-Dubreuil (1925)
MG 17003

19. Buddha debout

Buddha en haut relief se détachant sur un *toraṇa* figuré en bas relief. Debout, en attitude frontale, il est vêtu d'un épais manteau monastique (*uttarāsaṅga*) dénudant l'épaule droite, au drapé marqué de larges plis réguliers et dont le pan est maintenu par le bras gauche ramené sur la poitrine. La main droite, à présent brisée, mais dont la trace demeure visible sur le montant gauche du *toraṇa*, esquissait à l'évidence le geste de sauvegarde (*abhaya mudrā*) – levée à hauteur de l'épaule, paume en avant. Le visage du Buddha, aux yeux légèrement proéminents bordés de lourdes paupières, présente des traits allongés qu'éclaire un faible sourire. Doté des marques de prééminence (*lakṣaṇa*) propres aux êtres d'exception – *ūrṇā* visible entre les sourcils et *uṣnīṣa*, protubérance crânienne recouverte de boucles plates rituellement enroulées sur la droite –, il se détache sur un nimbe uni dont la partie supérieure masque la traverse inférieure du *toraṇa*. Ce dernier, aux traverses fortement arquées caractéristiques de l'école d'Amarāvatī, s'orne en ses extrémités latérales d'un décor de *makara* et de lions cabrés.

L'image du Buddha, telle qu'elle se constitua dans l'art d'Amarāvatī et des sites alentour vers la fin du IIe siècle et le début du IIIe siècle de notre ère – et dont le Buddha debout du musée Guimet, avec son lourd vêtement monastique aux plis réguliers découvrant l'épaule droite, est un parfait exemple –, donnera peu à peu naissance à un type iconographique qui se propagera, au fil des siècles, à Ceylan et jusque dans les contrées de l'Asie du Sud-Est[1]. Certains auteurs ont cru parfois déceler, dans l'élaboration iconographique de cette image, de lointaines, et somme toute superficielles, influences occidentales[2], perceptibles notamment dans le traitement de l'épais vêtement monastique drapé à la façon d'une toge romaine. Reste

1 Voir *The Image of the Buddha*, 1978, pp. 139-165.
2 Voir notice n° 18.

19. Standing Buddha

A high relief sculpture of the Buddha against a *torana* (gateway) carved in low relief. Standing in a frontal pose, the Buddha is clad in a heavy monastic robe (*uttarasanga*), which leaves the right shoulder bare. The broad, even folds of the drapery are clearly visible and the end of the robe falls over his left arm which is pressed against his chest. Traces of the right hand (now broken) can be seen on the left upright of the *torana*, seemingly making the fear-allaying or protective gesture (*abhaya mudra*) – raised to shoulder level, palm turned frontwards. The Buddha's face, with slightly prominent, heavy-lidded eyes and elongated features, bears a hint of a smile. The distinctive signs (*lakshanas*) of exceptional beings are clearly visible – the *urna* between his eyebrows and the *ushnisha*, the cranial protuberance, covered by the conventional flat whorls of hair curled up to the right. Behind his head is an unadorned halo, the upper part of which conceals the lower horizontal of the *torana*. The latter's curved horizontals are characteristic of the Amaravati School, while the sides are decorated with a *makara* and prancing lions.

The image of the Buddha, as it was represented by the Amaravati School and in the surrounding sites towards the end of the 2nd century and the beginning of the 3rd century AD, and which is epitomized by the Musée Guimet's statue illustrated here, with the heavy monastic robe, even pleats and bare right shoulder, gradually evolved into an iconographical type that would spread, over the centuries, to Sri Lanka and Southeast Asia.[1] Certain art historians have discerned some faint, in short superficial, Western influence[2] in the iconographical development of this image, notably in the treatment of the heavy monastic robe draped like a Roman toga. Archaeological excavations have proved that thriving commercial relations existed between

1 See *The Image of the Buddha*, 1978, pp. 139-165.
2 See No. 18.

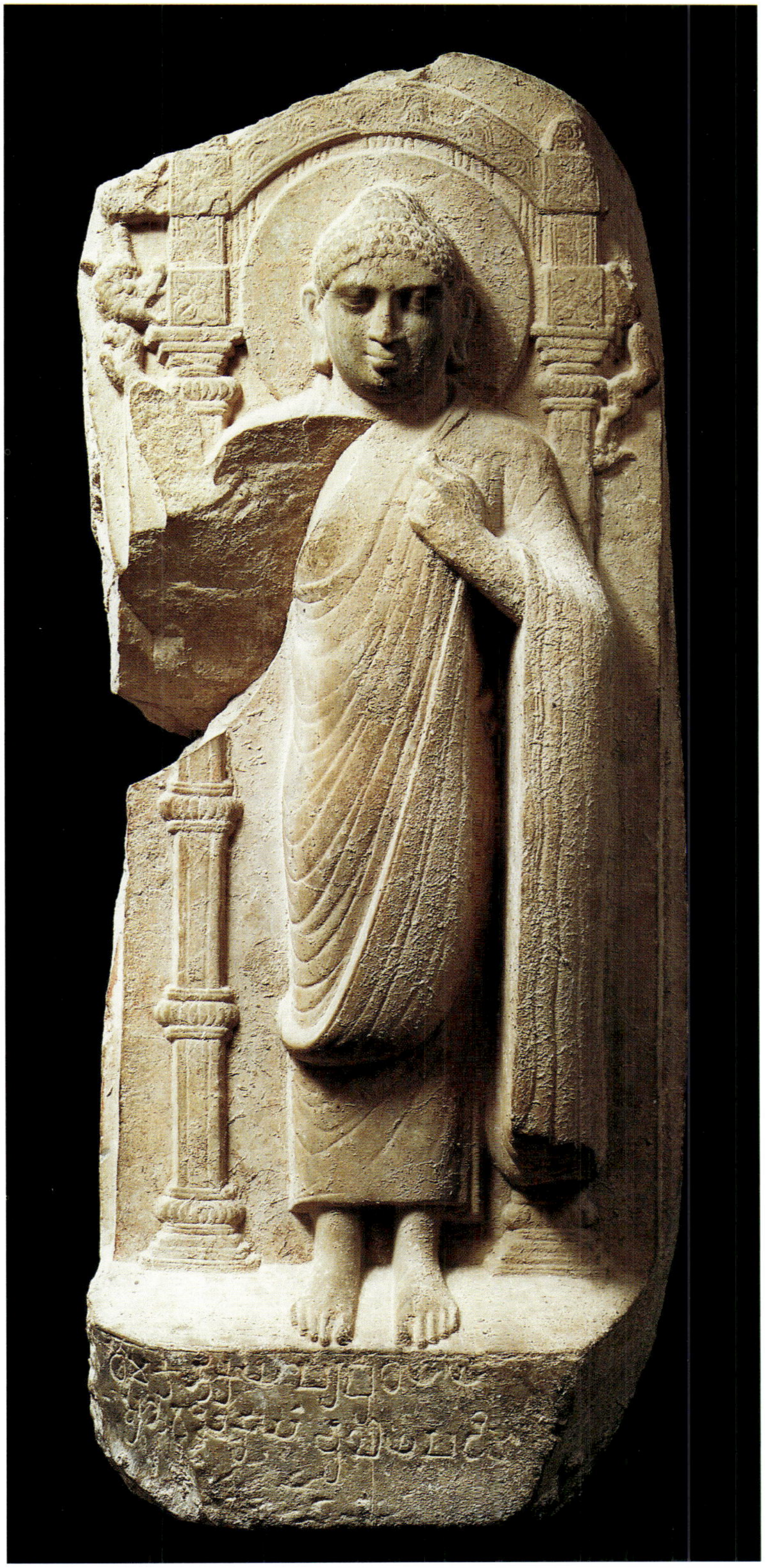

École d'Amarāvatī
Fin du IIe siècle-début du IIIe siècle
Inde du Sud. Andhra Pradesh. Ghantaśālā (?)

Haut-relief ; calcaire marmoréen
H. 76 ; L. 31
Don de C. T. Loo (1931)
MG 17850

Amaravati School
Late 2nd century-early 3rd century
South India. Andhra Pradesh. Ghantasala (?)

High relief; marble limestone
H. 76; W. 31
Gift of C.T. Loo (1931)
MG 17850

que les fouilles archéologiques ont fourni la preuve du commerce florissant existant entre l'Inde méridionale et le monde romain aux premiers siècles de notre ère[3], commerce notamment attesté à Ghantaśālā – l'ancienne Kontakossylum de Ptolémée –, site d'où proviendrait ce Buddha.

Un fragment d'une inscription dédicatoire de deux lignes, en écriture brāhmī, figure sur le socle plate-forme où repose le Buddha.

3 Casal, 1949.

EXPOSITIONS
Fort Worth, 1996, n° 8 ; Tōkyō, 1996, n° 7 ; Tōkyō, 1998, n° 20.

BIBLIOGRAPHIE
Monod, 1966, pp. 50-51, fig. 2 ; Deneck, 1970, p. 255, fig. 49.

South India and the Roman Empire in the early centuries AD.[3] Trade was particularly active with Ghantasala (Ptolemy's Kontakossylum), the site where this statue of the Buddha is thought to have originated.

A fragment of a two-lined inscription in Brahmi can be seen on the base on which the Buddha is standing.

3 Casal, 1949.

EXHIBITIONS
Fort Worth, 1996, No. 8; Tokyo, 1996, No. 7; Tokyo, 1998, No. 20.

BIBLIOGRAPHY
Monod, 1966, pp. 50-51, Fig. 2; Deneck, 1970, p. 255, Fig. 49.

20. *Stūpa* figuré avec Buddha assis

1 Le musée Guimet conserve deux autres plaques de revêtement – malheureusement fragmentaires – figurant également un *stūpa* en réduction (MG 18236 et MG 18237 ; don de C. T. Loo).

2 Voir Knox, 1992, p. 130, fig. 68 ; p. 133, fig. 69 ; et p. 134, fig. 70.

3 Voir notice n° 12.

Plaque de revêtement ornée d'un *stūpa* figuré, dont le riche décor sculpté, malheureusement très érodé, est en conséquence difficilement lisible[1]. La partie supérieure, constituée par le dôme du *stūpa*, porte un décor de médaillons et deux frises superposées illustrées de scènes animées, à présent trop dégradées pour que leurs thèmes puissent être identifiés ; si l'on en juge par le décor d'autres *stūpa* figurés, en meilleur état de conservation que l'exemplaire du musée Guimet, les sujets illustrés avaient trait aux vies antérieures (*Jātaka*) du Buddha ou aux principaux épisodes de la légende bouddhique[2]. Au centre, une avancée en saillie supportant cinq piliers parallèles (*āyaka-khamba*), couronnés d'un motif en forme de fer à cheval (*gavākṣa*), à l'exception toutefois du pilier central, surmonté d'un *stūpa* en réduction (*dāgoba*). Cette avancée en saillie avec cinq piliers dressés, adjonction structurale propre aux *stūpa* du pays Andhra vers le IIe siècle de notre ère, est érigée aux quatre points cardinaux. Sur les *stūpa* figurés, les piliers sont surmontés d'éléments décoratifs ; sur les *stūpa* monumentaux, en revanche, ils sont dépourvus de chapiteau et d'ornement symbolique.

La partie inférieure, base ou tambour du *stūpa*, est en grande partie masquée par la balustrade (*vedikā*) entourant le monument. Cette dernière, constituée de montants et de traverses ornés de médaillons lotiformes, est couronnée par une main courante portant un décor de personnages et d'animaux montés passant à gauche. Quatre lions[3] – animal associé à la foi bouddhique et symbole du clan des Śākya – gardent l'entrée de la *vedikā*. Dans l'ouverture, l'image du Buddha nimbé, assis dans l'attitude de la méditation, jambes croisées et mains réunies dans le giron (*dhyāna mudrā*) ; deux orants l'encadrent, deux autres sont agenouillés à ses pieds. Enfin, devant la balustrade sont figurés, de part et d'autre des orants à genoux, deux vases d'abondance

20. Decorated Stupa with Seated Buddha

1 The Musée Guimet has two other casing slabs – unfortunately fragmentary – also featuring a miniature stupa (MG 18236 and MG 18237; gifts of C.T. Loo).

2 See Knox, 1992, p. 130 Fig. 68; p. 133, Fig. 69; and p. 134, Fig. 70.

3 See No. 12.

Since this slab from a casing adorned with a stupa is unfortunately very eroded, its elaborate carved decoration is not easily legible.[1] The upper part, forming the dome of the stupa, is adorned with medallions and two superposed friezes illustrated with animated scenes, now too damaged for their themes to be identified; judging from the decoration of other images of stupas, in better condition than the Musée Guimet's example, the scenes depicted the past lives of the Buddha (*Jatakas*) or the main episodes from the Buddhist legend.[2] The projection in the centre supports five parallel pillars (*ayaka-khambas*), each crowned with a horseshoe motif (*gavaksha*) except for the central one, which is surmounted by a miniature stupa (*dagoba*). This five-pillared projection, a structural feature peculiar to the stupas in the Andhra kingdom around the 2nd century AD, was erected in the four cardinal points. On this representation of a stupa, the pillars are surmounted by decorative motifs; however, on the actual monuments, they had neither capital nor symbolic ornamentation.

The majority of the lower half, the base or the drum of the stupa, is concealed by the railing (*vedika*) encircling the monument. Its vertical and horizontal posts are adorned with lotiform medallions and it is topped by a coping-stone carved with figures and animals with riders moving to the left. Four lions[3] – animals associated with the Buddhist faith and the emblem of the Shakya clan – guard the railing entrance. In the opening, the haloed Buddha sits in the position of meditation, with his legs crossed and his hands clasped in his lap (*dhyana mudra*); he is flanked by two orants and another two kneel at his feet. In front of the railing, on either side of the kneeling orants, are two vases of plenty (*purna ghatas*) and, on the edges, two dwarfs bearing offerings followed by devotees about to perform the ritual of circumambulation (*pūrṇa ghaṭa*) et, aux extrémités, deux nains porteurs d'offrandes suivis de fidèles se préparant à accomplir la *pradakṣiṇā*, ou circumambulation rituelle autour d'un *stūpa* ou d'un édifice religieux, effectuée dans le sens solaire et en tenant le monument à main droite.

Les *stūpa* figurés sur les plaques de revêtement de l'école d'Amarāvatī sont le reflet, plus ou moins fidèle, des véritables *stūpa*. Le *stūpa*, monument par excellence du bouddhisme, dont la forme hémisphérique est sans doute issue du tumulus, est un monument funéraire abritant les reliques ou les cendres de saints personnages, voire, parfois, un simple monument commémoratif ; il est, en outre, le symbole du quatrième grand miracle, le *Mahāparinirvāṇa* – la Grande Totale Extinction du Buddha à Kuśinagara. Construit à l'époque ancienne, en briques ou en pierre, il est entouré d'une balustrade percée d'une ou de quatre portes en chicane, précédées de portiques monumentaux (*toraṇa*) élevés aux quatre points cardinaux. La partie supérieure du dôme (*aṇḍa*) est couronnée d'une petite balustrade (*harmikā*) enserrant une hampe de fer ou de bois soutenant un ou plusieurs parasols (*chattra*), insignes de dignité. Les plaques de revêtement sculptées de scènes édifiantes tirées des *Jātaka* et de la légende bouddhique ornaient principalement le dôme, le tambour et la *vedikā* du *stūpa*.

L'évolution iconographique du *stūpa* figuré dans l'art d'Amarāvatī – dont l'étude fut entreprise par Ph. Stern et M. Bénisti[4] – permet de situer le relief du musée Guimet, au riche décor dicté par un symbolisme précis gravitant autour de l'image centrale du Buddha Śākyamuni, au IIIe siècle.

4 Stern et Bénisti, 1952 et 1961.

Bibliographie
Monod, 1966, pp. 60-61, fig. 10.

(*pradakshina*) around the stupa or religious building, walking clockwise (in accordance with the passage of the sun: east, south and west) with the monument on their right.

The stupas depicted on slabs from casings in Amaravati are more or less faithful representations of real stupas. Buddhism's greatest monument, the stupa, whose hemispherical form no doubt evolved from burial mounds, is a funerary monument housing the relics or ashes of holy men, or, occasionally, a commemorative monument. It is also the symbol of the fourth great miracle – the *Mahaparinirvana*, the Great Total Extinction of the Buddha at Kushinagara. In ancient times, built in brick or stone, it was enclosed by a railing with four entrances, preceded by monumental gateways (*toranas*) facing North, South, East and West. The upper part of the dome (*anda*) was crowned by a small railing (*harmika*), encircling an iron or wooden shaft holding one or several umbrellas (*chattras*), symbols of dignity. Slabs carved with important scenes from the *Jatakas* and the Buddhist legend usually adorned the dome, the drum and the railings of the stupa.

The iconographical evolution of the stupa in Amaravati art – studied by P. Stern and M. Bénisti[4] – enables us to date the Musée Guimet's relief, with its elaborate decoration governed by specific symbolism gravitating around the central image of Shakyamuni, to the 3rd century.

4 Stern and Bénisti, 1952 and 1961.

Bibliography
Monod, 1966, pp. 60-61, Fig. 10.

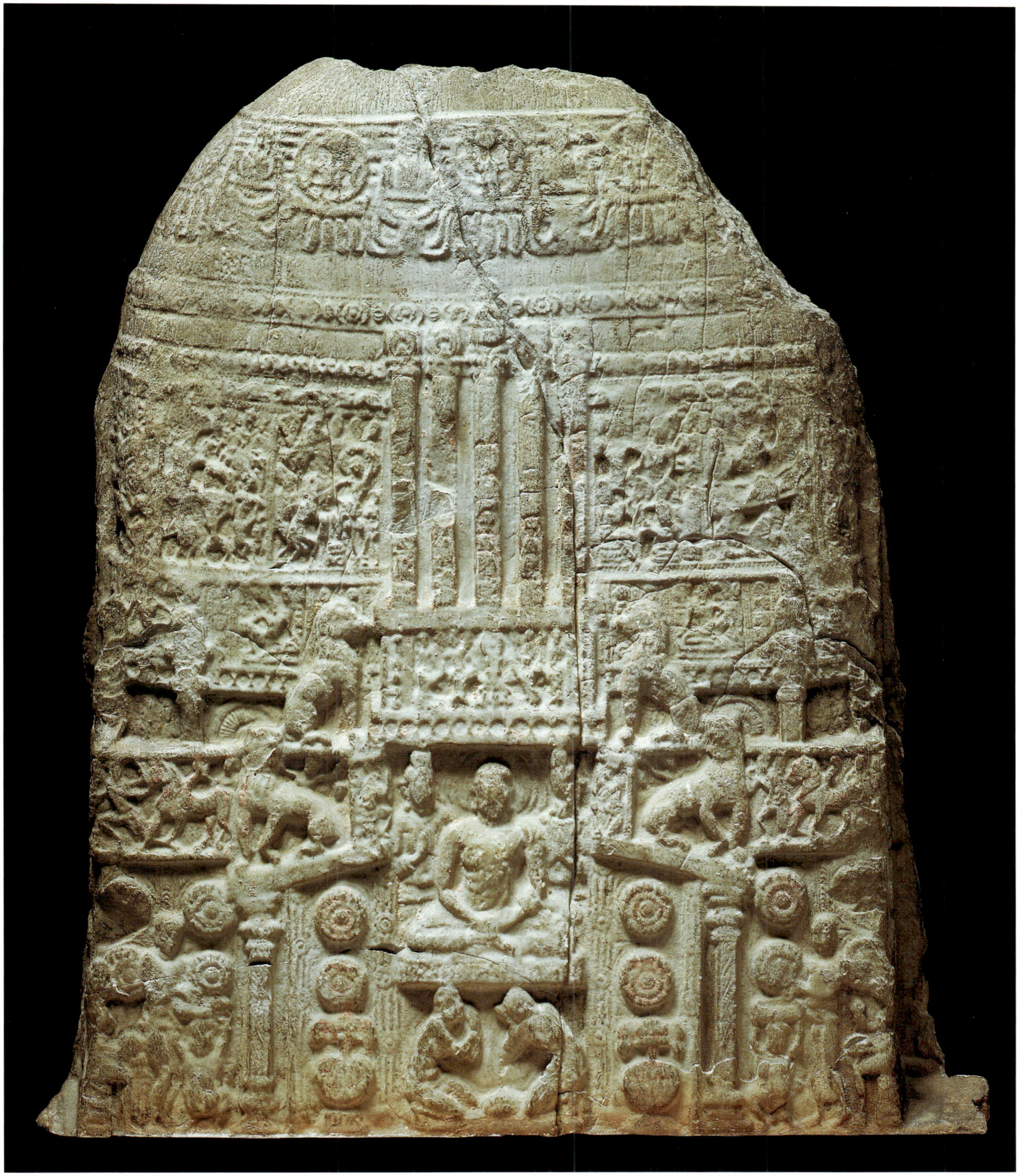

École d'Amarāvatī
IIIe siècle
Inde du Sud. Andhra Pradesh. Région d'Amarāvatī

Plaque de revêtement de *stūpa* ; calcaire marmoréen
H. 100 ; L. 93
Don de C. T. Loo (1937)
MG 18852

Amaravati School
3rd century
South India. Andhra Pradesh. Amaravati region

Slab from the casing of a stupa; marble limestone
H. 100; W. 93
Gift of C.T. Loo (1937)
MG 18852

21. Le Sommeil des femmes et l'*Avadāna* de l'Homme dans le puits

Cette plaque de revêtement de *stūpa*, composée de deux registres superposés que sépare une étroite bande à décor floral, illustre en sa partie supérieure le Sommeil des femmes et, en sa partie inférieure, l'*Avadāna* de l'Homme dans le puits. Épisode tiré de la vie du Buddha, le Sommeil des femmes précède le Grand Départ du bodhisattva : s'éveillant brusquement au cœur de la nuit, Siddhārtha – nimbé et assis sur un siège dans l'attitude d'aisance (*sukhāsana*) – contemple autour de lui les musiciennes et les suivantes, assoupies dans des poses relâchées et disgracieuses et dont les corps inertes sont pareils à des cadavres, et le palais où il avait jusqu'alors coulé des jours heureux lui paraît soudain semblable à un tertre funéraire. Dès lors, sa décision est prise : il quittera Kapilavastu, afin de chercher la voie de la délivrance et le remède aux souffrances des hommes.

Le registre inférieur illustre, en deux scènes juxtaposées conformément au procédé de la narration continue adopté par les artistes indiens, un conte bouddhique, l'*Avadāna* de l'Homme dans le puits. À droite, le roi Udayana de Kauśāmbī, furieux de se découvrir abandonné de ses compagnes parties écouter la prédication de l'*arhant* Piṇḍola, s'apprête à attaquer le saint personnage. À gauche, le monarque, revenu à de meilleurs sentiments, est assis, les mains jointes en signe d'hommage, aux pieds de l'*arhant* qui lui relate la parabole de l'Homme dans le puits. Enfin, à la droite de Piṇḍola, l'artiste a tenté de résumer dans la pierre la célèbre parabole : un homme s'agrippe aux racines d'un arbre dominant le puits dans lequel il s'est jeté afin d'échapper à un éléphant furieux. Mais, tandis que deux rats rongent les racines de l'arbre, deux serpents venimeux s'apprêtent à mordre l'infortuné, dont un monstre, tapi au fond du puits, attend, gueule béante, la chute imminente[1].

1 Vogel, 1937.

---

21. Women Asleep and the *Avadana* of the Man in the Well

This slab from the casing of a stupa, composed of two superposed registers separated by a narrow band adorned with a floral motif, illustrates Women Asleep in the upper half and the legend (*avadana*) of the Man in the Well in the lower half. The former relates one of the episodes in the Bodhisattva's life, just before the Great Departure: waking up with a start in the middle of the night, Siddhartha – haloed and sitting in relaxed ease (*sukhasana*) – looks around at the inert, corpselike bodies of the sleeping handmaidens and musicians lying in such abandoned and ungraceful attitudes; the palace where he had until then enjoyed so many happy days suddenly seems like a burial mound. His mind is immediately made up: he will leave Kapilavastu in search of spiritual truth and the answer to man's suffering.

In two juxtaposed scenes typical of the continuous narrative adopted by Indian artists, the lower register illustrates a Buddhist tale, the legend (*avadana*) of the Man in the Well. On the right, King Udayana of Kausambi, furious at having discovered that his companions have deserted him to go and listen to the preaching of the *arhant* Pindola, prepares to attack the saint. On the left, the monarch has calmed down and is seated, with hands joined in homage, at the holy man's feet, ready to listen to the parable of the Man in the Well. Lastly, on Pindola's right, the artist has attempted to carve the famous story in the stone: a man is hanging onto the roots of a tree above the well into which he has thrown himself to escape a mad elephant. But while two rats gnaw away at the roots of the tree, two poisonous snakes get ready to bite the unlucky man, while a monster lurking at the bottom of the well awaits his prey's imminent fall with open mouth.[1]

1 Vogel, 1937.

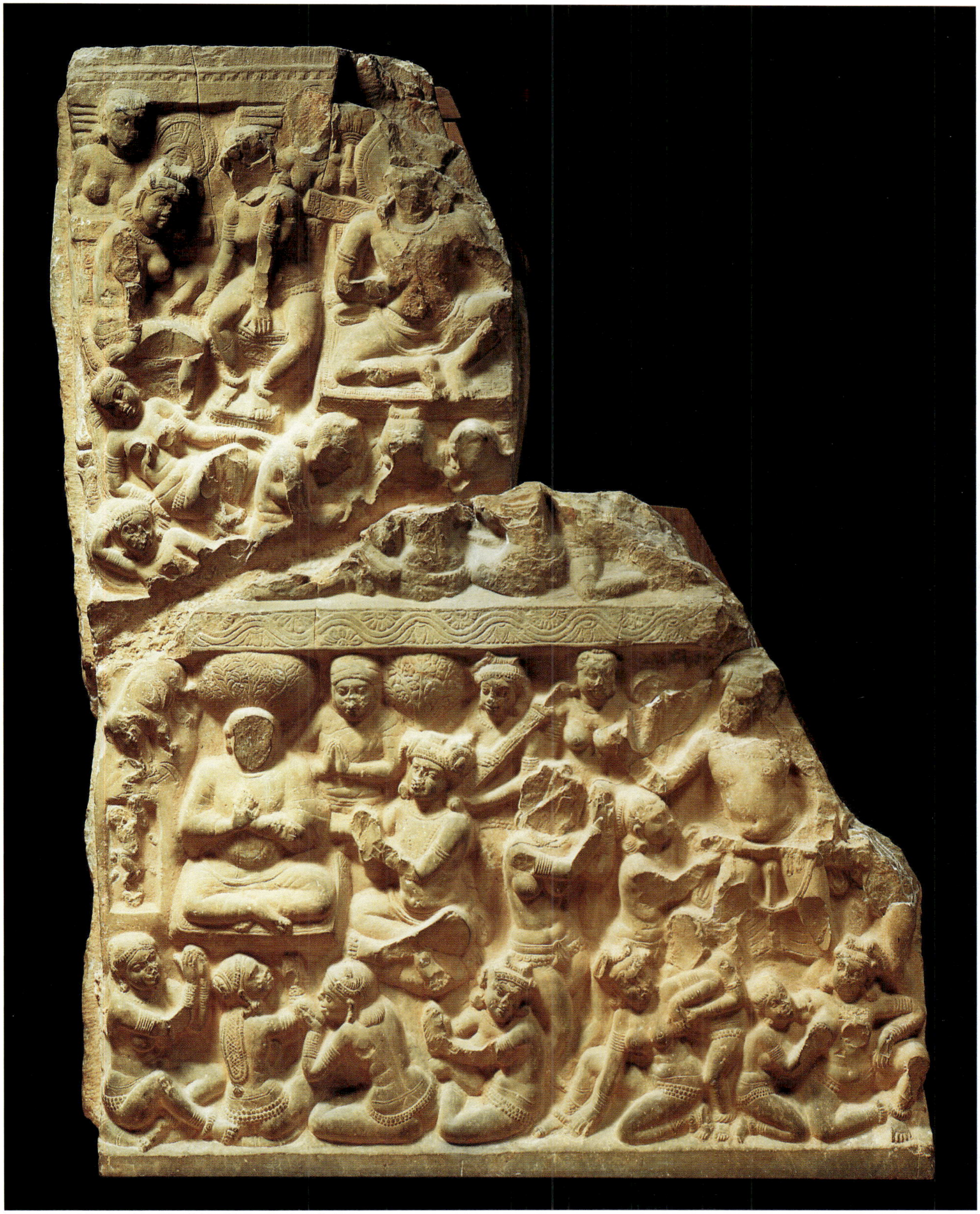

École d'Amarāvatī
IIIe siècle
Inde du Sud. Andhra Pradesh. Nāgārjunakoṇḍa

Plaque de revêtement de *stūpa* ; calcaire marmoréen
H. 130 ; L. 95
Don de G. Jouveau-Dubreuil et C. T. Loo (1927)
MG 17067

Amaravati School
3rd century
South India. Andhra Pradesh. Nagarjunakonda

Slab from the casing of a stupa; marble limestone
H. 130; W. 95
Gift of G. Jouveau-Dubreuil and C.T. Loo (1927)
MG 17067

Par sa composition dense et animée et ses personnages aux formes souples et harmonieuses, ce relief est caractéristique de la dernière période stylistique de l'art d'Amarāvatī. Il provient de Nāgārjunakoṇḍa, site bouddhique florissant dont l'apogée se situe durant le règne des monarques Ikṣvāku, souverains de confession brahmanique dont les épouses, toutefois, avaient embrassé la religion bouddhique. Le site de Nāgārjunakoṇḍa, fouillé dès 1926, livra des vestiges considérables, au nombre desquels de nombreux *stūpa* et les restes de plus d'une trentaine de monastères[2].

2 Longhurst, 1938.

Expositions
Paris, 1960, n° 169 ; Kansas City, 1974, n° 11 ; Paris, Grand Palais, 1995, n° 163.

Bibliographie
Hackin, 1931, pl. V-VIII ; Vogel, 1937, p. 111, pl. XXXIIIb ; Monod, 1966, p. 56.

With its dense, animated composition and the lithe, harmonious forms of the figures, this relief epitomizes the late period of the Amaravati School. It comes from Nagarjunakonda, a thriving Buddhist centre which reached its apogee under the Brahmanic Ikshvaku monarchs, whose wives had nevertheless embraced the Buddhist faith. The Nagarjunakonda site, first excavated in 1926, brought to light a considerable number of vestiges, among which were several stupas and the remains of over thirty monasteries.[2]

2 Longhurst, 1938.

Exhibitions
Paris, 1960, No. 169; Kansas City, 1974, No. 11; Paris, Grand Palais, 1995, No. 163.

Bibliography
Hackin, 1931, Pls. V-VIII; Vogel, 1937, p. 111, Pl. XXXIIIb; Monod, 1966, p. 56.

22. Conversion et ordination de Nanda et Scène de combat (la guerre des Reliques ?)

1 Voir notice n° 25.

Cette plaque de revêtement de *stūpa* est constituée de deux registres historiés superposés, séparés par une frise ornementale. Le registre supérieur est lui-même subdivisé en deux scènes distinctes illustrant, suivant le principe de la narration continue, l'histoire édifiante du prince Nanda, le demi-frère du Buddha, que le Bienheureux, en sa compatissante sagesse, avait résolu de convertir à la Loi en dépit de ses réticences. De retour à Kapilavastu après l'Éveil, le Buddha, usant d'un subterfuge, avait donc chargé Nanda de lui porter son bol à aumônes, le contraignant ainsi à le suivre jusqu'au monastère de Nyagrodhavana. Là, des moines s'étaient aussitôt emparés du prince, l'avaient remis au barbier afin qu'il lui rase les cheveux et Nanda, dûment tondu, avait été ordonné, contre son gré mais pour son plus grand profit.

Le relief montre, en sa partie gauche, Nanda encore vêtu et paré comme un prince, debout sous un *toraṇa.* Sa tête, qui n'est pas coiffée du turban princier, révèle sa chevelure fraîchement coupée. Un homme de petite taille, au visage grimaçant, se tient à ses côtés, un rasoir (?) à longue lame courbe dans sa main droite : sans doute est-ce le barbier qui vient de tondre le prince. Derrière Nanda et le barbier, se tient un moine, les mains jointes dans le geste de l'*añjali.*

La partie droite du relief montre le Buddha assis sur un trône placé sous l'arbre de la *Bodhi*, vêtu du costume monastique dénudant l'épaule droite et esquissant de la main droite le geste de don (*varada mudrā*). Un porteur de chasse-mouches[1] (*cāmara*) – à moins qu'il ne s'agisse ici du bodhisattva Vajrapāṇi, fidèle compagnon du Buddha – se tient derrière le trône et cinq moines sont assis aux pieds du Bienheureux, mains en *añjali* ; peut-être convient-il de reconnaître, dans le moine assis au premier rang, Nanda, converti contre son gré et recevant l'ordination ?

---

22. Conversion and Ordination of Nanda and a Battle Scene (the War of the Relics?)

1 See No. 25.

A slab from the casing of a stupa composed of two superposed historiated registers separated by an ornamental frieze. The upper register is divided into two distinct scenes illustrating, in continuous narrative, the edifying story of Prince Nanda, the Buddha's half-brother, whom the Enlightened One, in his compassionate wisdom, had decided to convert to the Law despite his reluctance. Returning to Kapilavastu after his Enlightenment, the Buddha tricked him into carrying his begging bowl, obliging him to follow him to the monastery of Nyagrodhavana. Once there, the monks immediately took him to the barber to have his head shaved; Nanda was then ordained as a monk, against his will, but for his own benefit.

On the left-hand side, the relief shows Nanda still clad in his princely clothes, standing in a gateway (*torana*). He is not wearing a royal turban and his newly shaven head is visible. A small man with a grimacing face stands beside him, holding a long curved razor (?) in his right hand: he is probably the barber who has just cut off the prince's hair. Depicted behind Nanda and the barber is a monk with hands joined in the *anjali* gesture.

The right-hand side of the relief shows the Buddha seated on a throne under the Bodhi tree, dressed in a monastic robe with bare right shoulder and making the gesture of bestowing gifts (*varada mudra*). A bearer of a fly-whisk[1] (*chamara*) – unless it is the Bodhisattva Vajrapani, the Buddha's faithful companion – stands behind the throne, while five monks are seated at the Blessed One's feet, their hands joined in *anjali*. The monk sitting in the front row might possibly be identified as Nanda, converted against his will and being ordained here.

Le registre inférieur, en grande partie lacunaire, montre une scène de combat, grouillante et animée, où s'affrontent des combattants à cheval ou à dos d'éléphant brandissant boucliers et massues. Peut-être faut-il y voir l'évocation de la guerre des Reliques qui opposa, devant la ville de Kuśinagara – capitale des Malla et lieu du *Mahāparinirvāṇa* –, les chefs des sept clans fidèles au Buddha au roi des Malla, lequel s'était approprié les saintes reliques du Bienheureux, « afin de les honorer » ?

Provenant du site bouddhique de Nāgārjunakoṇḍa, où s'épanouit, aux IIIe et IVe siècles, la phase ultime de l'école d'Amarāvatī, la plaque de revêtement de *stūpa* du musée Guimet se distingue par un relief très accusé, des personnages aux traits lourds et stéréotypés, mais une composition habile et équilibrée. L'ornementation des frises horizontales encadrant les registres historiés s'apparente, par les motifs floraux et végétaux qui la composent, au décor de nombreux reliefs également exhumés à Nāgārjunakoṇḍa[2].

2 Voir Bénisti, 1959, p. 220.

Expositions
Paris, Petit Palais, 1960, n° 170 ; Fort Worth, 1996, n° 7 ; Tōkyō, 1996, n° 8.

Bibliographie
Hackin, 1931, p. 5, pl. I ; Bénisti, 1959, fig. 28 ; Monod, 1966, p. 62 ; Deneck, 1970, p. 257, fig. 79-81 ; Béguin, 1992, p. 25.

The lower register, much of which is missing, depicts a lively battle scene, teeming with figures, in which horsemen and warriors on elephants are busily engaged in a battle, brandishing their clubs and shields. It might possibly represent the War of the Relics, fought outside the town of Kushinagara – the Mallas' capital and site of the *Mahaparinirvana* – between the leaders of the seven clans faithful to the Buddha and the king of the Mallas, who had seized the Buddha's relics "in order to honour them".

The Musée Guimet's relief comes from the Buddhist site of Nagarjunakonda, where the last phase of the Amaravati School flourished in the 3rd and 4th centuries. The deeply carved, heavy-featured, stereotyped figures are very distinctive, yet the composition is skilful and well-balanced. Parallels can be drawn between the floral and plant motifs on the friezes framing the historiated scenes here and the decoration on several other reliefs also excavated at Nagarjunakonda.[2]

2 See Bénisti, 1959, p. 220.

Exhibitions
Paris, Petit Palais, 1960, No. 170; Fort Worth, 1996, No. 7; Tokyo, 1996, No. 8.

Bibliography
Hackin, 1931, p. 5, Pl. I; Bénisti, 1959, Fig. 28; Monod, 1966, p. 62; Deneck, 1970, p. 257, Figs. 79-81; Béguin, 1992, p. 25.

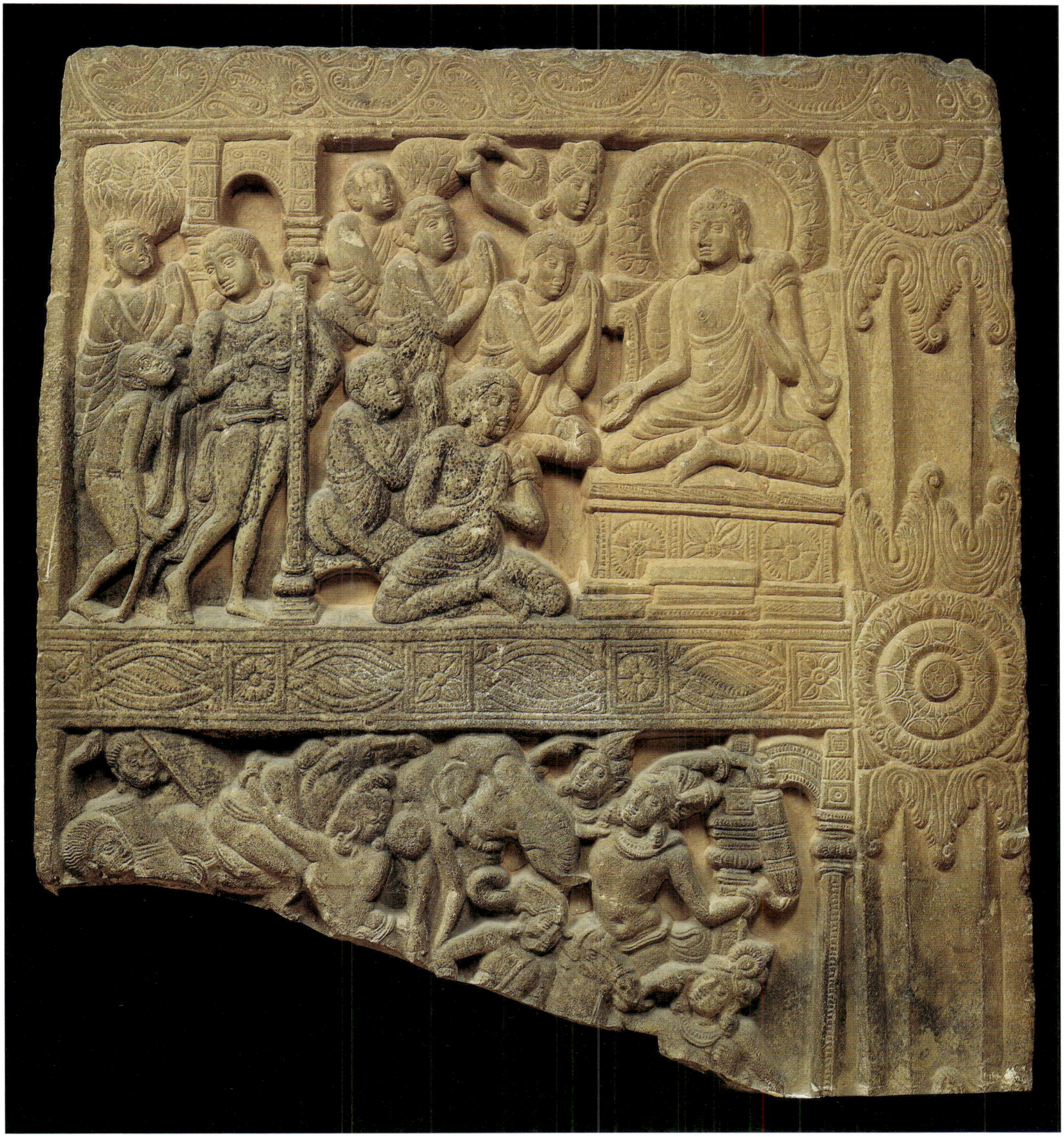

École d'Amarāvatī
IIIe siècle
Inde du Sud. Andhra Pradesh. Nāgārjunakoṇḍa

Plaque de revêtement de *stūpa* ; calcaire marmoréen
H. 72 ; L. 86
Don de G. Jouveau-Dubreuil et C. T. Loo (1927)
MG 17069

Amaravati School
3rd century
South India. Andhra Pradesh. Nagarjunakonda

Slab from the casing of a stupa; marble limestone
H. 72; W. 86
Gift of G. Jouveau-Dubreuil and C.T. Loo (1927)
MG 17069

23. Le roi-serpent Śaṅkhapāla invite Aḷāra dans son palais et Scène de combat

Cette plaque de revêtement de *stūpa* est composée de deux registres historiés superposés et, en partie haute, de quatre frises superposées, ornées de rinceaux de feuilles et de fleurs de lotus, de trois lions cabrés passant, de torsades frangées et de trois signes bénéfiques (*triśūla*). Le registre supérieur, constitué de deux scènes connexes que délimite un *toraṇa* aux traverses incurvées, illustre en sa moitié gauche un épisode du *Śaṅkhapāla Jātaka*, récit de l'une des existences antérieures du Buddha, lorsque celui-ci n'était autre que le bon roi-serpent (*nāgarāja*) Śaṅkhapāla. Blessé par seize villageois désireux de le capturer, Śaṅkhapāla fut sauvé par le chef d'une caravane, Aḷāra, qui obtint que le roi-serpent lui soit remis en échange d'un grand nombre de ses marchandises. Afin de lui témoigner sa reconnaissance, Śaṅkhapāla convia alors Aḷāra dans son palais, pour qu'il y jouisse à loisir de l'hospitalité légendaire des *nāga*[1].

La partie gauche du relief représente précisément l'arrivée d'Aḷāra dans le palais de Śaṅkhapāla. Le roi-serpent, identifiable à son chaperon de têtes de cobras, domine la scène de sa silhouette majestueuse et avenante. Venus accueillir leur hôte, son épouse et son fils, également reconnaissables à leurs chaperons ophidiens, se tiennent à ses côtés, cependant qu'Aḷāra est figuré debout sur le seuil du palais du *nāgarāja*. La moitié droite du registre supérieur, fragmentaire et d'identification incertaine, montre une femme – une gardienne de porte, ou *pratihārī* – adossée au montant d'un *toraṇa*, une massue ou un bâton à la main. Devant elle se tient un cornac vêtu de la tunique[2] propre à sa profession et muni d'un croc à éléphant (*aṅkuśa*) [?] à long manche, suivi de son éléphant, dont ne subsistent plus que la trompe et la défense gauche. À l'arrière-plan, deux soldats armés de boucliers oblongs montent la garde.

1 Sur le *Śaṅkhapāla Jātaka*, voir Foucher, 1921, p. 210.
2 Voir le vêtement de l'écuyer Caṇḍaka (notice n° 16).

---

23. The Serpent King Shankhapala invites Alara into his Palace and a Battle Scene

Slab from the casing of a stupa composed of two superposed historiated registers and, on the upper half, four superposed friezes decorated with foliated scrolls and lotus flowers, three prancing lions, fringed cables and three auspicious symbols (*trishulas*) The left-hand side of the upper register, made up of two related scenes framed by a *torana* with curved horizontals, illustrates an episode from the *Shankhapala Jataka*, the story of one of the Buddha's past lives, when he was none other than the serpent king (*nagaraja*), Shankhapala. Wounded by sixteen villagers who wanted to catch him, Shankhapala was saved by the leader of a caravan, Alara, who exchanged the *naga* for a substantial amount of merchandise. To show his gratitude, Shankhapala invited Alara to his palace so that he could enjoy the serpent king's legendary hospitality.[1]

The left-hand side of the relief depicts Alara's arrival in Shankhapala's palace. The serpent king is recognizable from his multi-headed cobra hood. The scene is dominated by his attractive, majestic silhouette. His wife and son, also identifiable from their cobra hoods, stand beside him ready to welcome their guest, who is standing on the threshold of the palace. The subject of the right half of the fragmentary upper register remains uncertain. It depicts a woman – the guardian of the gate or *pratihari* – standing against an upright of the *torana*, with a club or stick in her hand. Standing in front of her is an elephant keeper, wearing the customary tunic[2] and armed with a long-handled *ankusha* (?), followed by his elephant. Only the trunk and left tusk of the latter have survived. In the background, two soldiers armed with oblong shields keep watch.

A violent, unruly battle scene is depicted on the lower register; its theme is also hard to ascertain. But its studied composition and lively movement, suggested by the slanting lines traced

1 On the *Shankhapala Jataka*, see Foucher, 1921, p. 210.
2 See the squire Chandaka's clothing (No. 16).

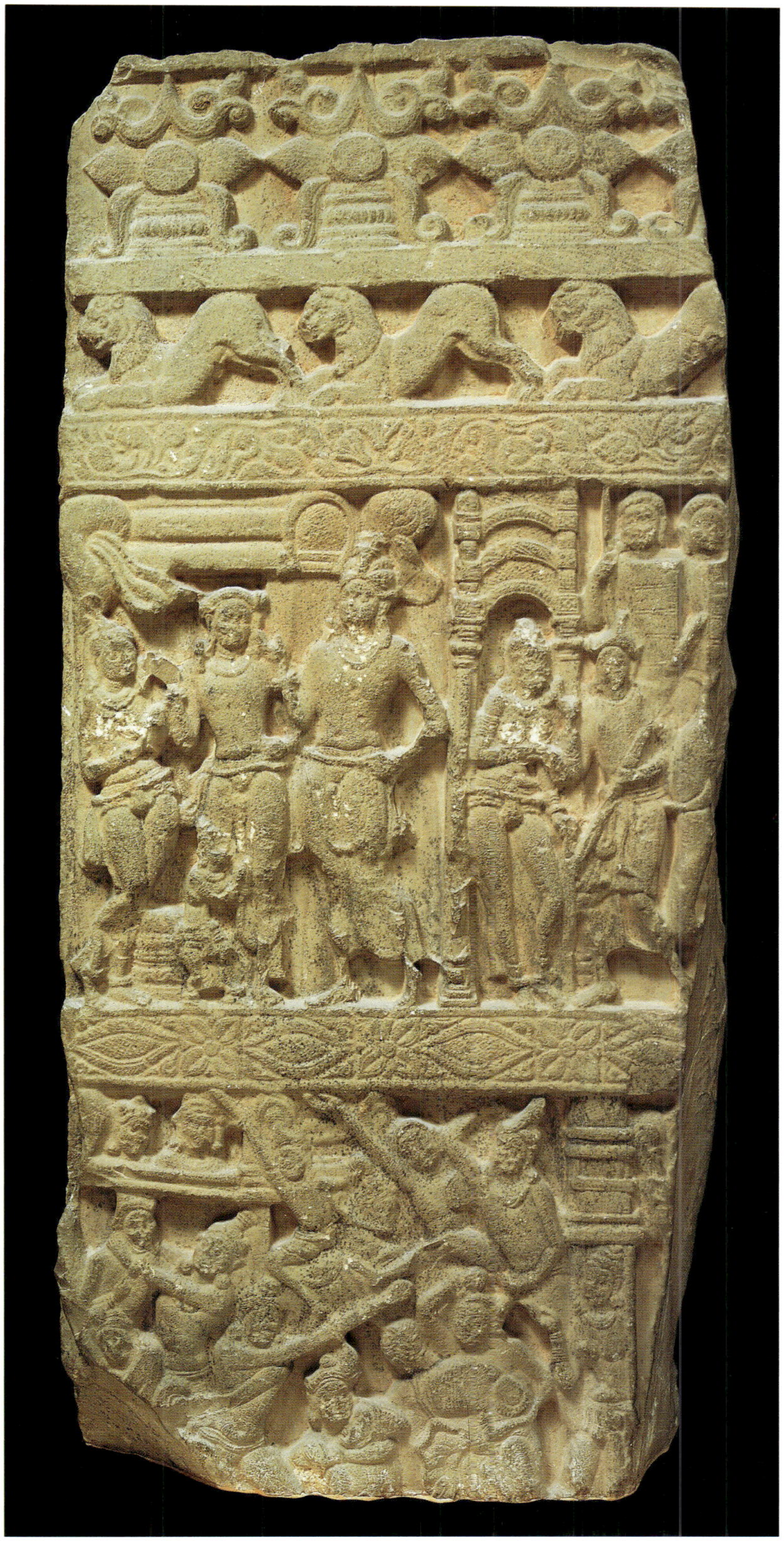

École d'Amarāvatī
IIIe siècle
Inde du Sud. Andhra Pradesh. Nāgārjunakoṇḍa

Plaque de revêtement de *stūpa* ; calcaire marmoréen
H. 125 ; L. 57
Don de G. Jouveau-Dubreuil et C. T. Loo (1927)
MG 17068

Amaravati School
3rd century
South India. Andhra Pradesh. Nagarjunakonda

Slab from the casing of a stupa; marble limestone
H. 125; W. 57
Gift of G. Jouveau-Dubreuil and C.T. Loo (1927)
MG 17068

Une scène de combat, violente et désordonnée, occupe le registre inférieur, dont l'identification est également malaisée. Elle évoque cependant, par sa composition étudiée et le mouvement qui l'anime, suggéré par les lignes obliques tracées par les bras tendus des combattants, une scène analogue figurée sur le registre inférieur de la *Conversion et ordination de Nanda* (n° 22). Ces deux plaques de revêtement, stylistiquement comparables et toutes deux exhumées à Nāgārjunakoṇḍa, appartenaient vraisemblablement à un même *stūpa*.

Bibliographie
Hackin, 1931, p. 6, pl. IV ; Monod, 1966, p. 62 ; Deneck, 1970, p. 257, fig. 88-90.

---

by the warriors' outstretched arms, nevertheless recalls an analogous scene portrayed on the lower register of the *Conversion and Ordination of Nanda* (No. 22). These two stylistically similar reliefs were both found at Nagarjunakonda and probably came from the same stupa.

Bibliography
Hackin, 1931, p. 6, Pl. IV; Monod, 1966, p. 62; Deneck, 1970, p. 257, Figs. 88-90.

24. Deux scènes relatives au Grand Départ du Buddha

1 Voir notice n° 16.
2 Bénisti, 1957, p. 307.

Cette plaque de revêtement de *stūpa* est constituée de deux scènes connexes délimitées par deux *toraṇa*, dans l'embrasure desquels se tiennent un gardien de porte (*dvārapāla*) – à droite – et une gardienne de porte (*pratihārī*), traditionnellement affectée à la surveillance des gynécées en Inde – au centre –, respectivement armés d'une lance et d'une massue. Les deux scènes, sans doute relatives au Grand Départ[1] (*Mahābhiniṣkramaṇa*) du prince Siddhārtha, le futur Buddha, en quête de l'Éveil, présentent une composition quasiment identique, centrée autour d'un personnage corpulent assis sur un trône : le roi Śuddhodana, père du prince Siddhārtha. Dans la scène de droite, le roi Śuddhodana, assis dans l'attitude du délassement (*lalitāsana*), jambe droite repliée, jambe gauche pendante, envoie des messagers « aux quatre points de l'espace » chercher le prince Siddhārtha, dont la disparition vient d'être signalée par les femmes du gynécée. Ceux-ci sont figurés devant le roi, les mains jointes dans le geste de l'*añjali*. Deux nains bossus – bouffons (*vidūṣaka*)[2] et confidents des monarques indiens – sont assis au pied du trône, tandis que des serviteurs, des porteuses de chasse-mouches et divers personnages entourent le roi.

La scène de gauche illustre vraisemblablement le retour au palais, sans son maître, de Caṇḍaka, l'écuyer de Siddhārtha, et les lamentations du roi et de sa cour à l'annonce du départ définitif du prince. Śuddhodana, assis cette fois « à l'européenne », porte la main à son visage en signe de chagrin – geste également esquissé par la jeune femme assise à sa droite (Yaśodharā, l'épouse de Siddhārtha ?) et les autres témoins éplorés du retour de Caṇḍaka, agenouillé au pied du trône. Selon le *Lalitavistara*, le fidèle écuyer porteur de la triste nouvelle revint au palais du roi Śuddhodana avec le cheval de Siddhārtha, Kaṇṭhaka ; l'animal,

---

24. Two Scenes relating to the Buddha's Great Departure

1 See No. 16.
2 Bénisti, 1957, p. 307.

This slab from a casing on a stupa depicts two adjacent scenes bordered by two gateways (*toranas*) within which stand a male door-keeper (*dvarapala*), on the right, and a female guardian (*pratihari*), who traditionally stood at the entrance to the woman's apartments in India, in the centre, armed respectively with a spear and a club. Both scenes are no doubt relevant to the Great Departure[1] (*Mahabhiniskramana*) of Prince Siddhartha, the future Buddha, when he left home to seek Enlightenment; their almost identical composition is centred around a corpulent figure seated on a throne – King Shuddhodhana, Prince Siddhartha's father. In the right-hand scene, King Shuddhodhana, sitting in "royal ease" (*lalitasana*), his right leg folded under him, his left dropping downwards, sends out messengers "to the four corners of the world" in search of Siddhartha, whose disappearance has just been reported by the women. These messengers can be seen in front of the king, with their hands joined in the gesture of *anjali*. Two hump-backed dwarfs – Indian monarchs' buffoons (*vidusakas*)[2] and confidants – are seated at the foot of the throne, while servants, fly-whisk-bearers and various figures surround the king.

The left-hand scene very probably illustrates the return of Chandaka, Siddhartha's squire, without his master, and the lamentations of the king and court on hearing of the prince's departure. Shuddhodhana, this time seated in "European" fashion, presses his hand to his face in sorrow – a gesture imitated by the young woman to his right (Yashodhara, Siddhartha's wife?) and the other distressed witnesses of Chandaka's homecoming. The latter now kneels at the foot of the throne. According to the *Lalitavistara*, the faithful squire who bore the sad news returned to the palace with Siddhartha's horse, Kanthaka. Although the animal toutefois, n'est pas figuré sur le relief du musée Guimet, mais apparaît sur d'autres plaques de revêtement de *stūpa* de l'école d'Amarāvatī[3].

En dépit d'une facture assez lourde et de personnages aux traits épais et inexpressifs, le relief du musée Guimet est néanmoins dominé par une composition équilibrée et harmonieuse. Il constitue surtout une évocation attrayante et précise des modes et des usages en vigueur dans les cours de l'Inde ancienne. Il provient, selon toute vraisemblance, du *stūpa* de Goli, fouillé en 1926[4] ; son format étroit et allongé semble indiquer qu'il constituait sans doute un fragment de la frise bordant la partie supérieure du tambour du *stūpa*.

3 Bénisti, 1957, p. 305, fig. 4.
4 Ramachandran, 1929, pp. 1-44.

Exposition
Paris, Petit Palais, 1960, n° 173.

Bibliographie
Bénisti, 1957, pp. 299-307 ;
Monod, 1966, p. 62.

is not depicted on the Musée Guimet's relief here, it does appear on other Amaravati School slabs from stupa casings.[3]

In spite of the rather clumsy handling and the figures' heavy, inexpressive features, the Musée Guimet's relief nevertheless testifies to a balanced, harmonious composition. It is primarily an attractive, accurate evocation of courtly fashions and customs in Ancient India. It almost certainly comes from a stupa in Goli, excavated in 1926.[4] Its narrow, elongated format seems to indicate that it was part of a frieze running along the upper section of the stupa drum.

3 Bénisti, 1957, p. 305, Fig. 4.
4 Ramachandran, 1929, pp. 1-44.

Exhibition
Paris, Petit Palais, 1960, No. 173.

Bibliography
Bénisti, 1957, pp. 299-307;
Monod, 1966, p. 62.

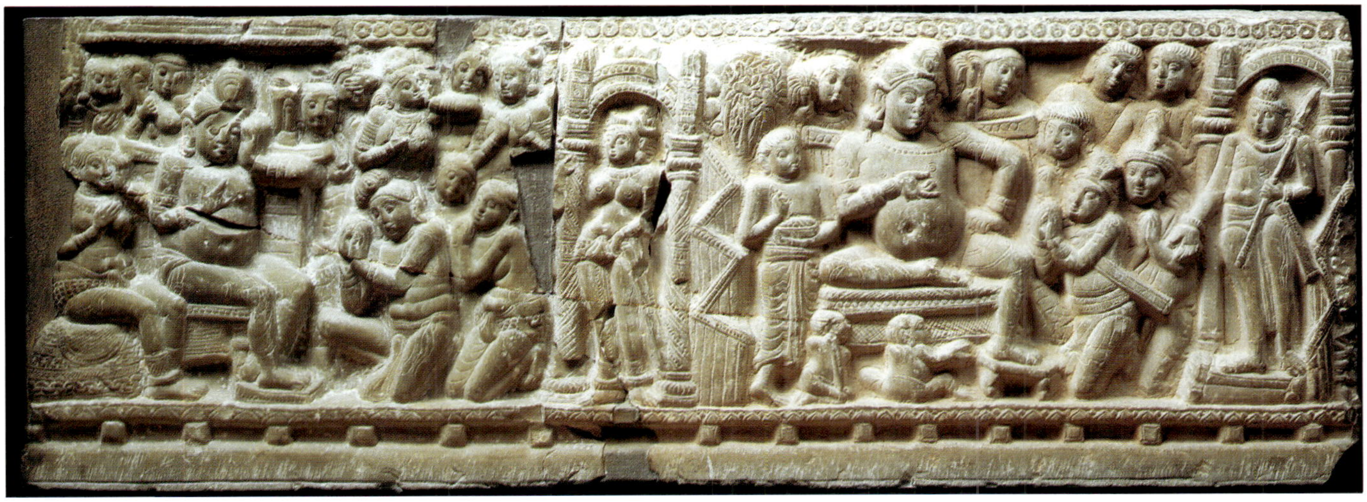

École d'Amarāvatī
IIIe siècle
Inde du Sud. Andhra Pradesh. Goli

Plaque de revêtement de *stūpa* ; calcaire marmoréen
H. 30 ; L. 84
Achat (1956)
MA 1895

Amaravati School
3rd century
South India. Andhra Pradesh. Goli

Slab from the casing of a stupa; marble limestone
H. 30; W. 84
Purchase (1956)
MA 1895

25. Porteur de chasse-mouches

Fragment de relief figurant un porteur de chasse-mouches (*cāmara, chaurī*) : coiffé d'un turban orné d'une bouffette centrale, paré de colliers et de bracelets, il présente un visage plein aux traits lourds et à l'expression souriante. Le chasse-mouches – insigne de dignité –, qu'il tient dans sa main droite, est traité en une masse souple et fluide, aux crins soigneusement suggérés par des incisions parallèles. Sur le torse du personnage se détachent une main mutilée aux doigts longs et fuselés, esquissant le geste de sauvegarde (*abhaya mudrā*) et qui à l'évidence appartenait à un Buddha, ainsi que la traverse d'un trône (*pīṭha*), décorée d'une tête de lion. Le porteur de chasse-mouches (à moins qu'il ne faille ici reconnaître le bodhisattva Vajrapāṇi, qui fut l'un des fidèles compagnons de Śākyamuni[1]) se tenait ainsi derrière l'épaule droite du Buddha, comme sur maints reliefs illustrant la méditation ou la prédication du Bienheureux[2].

Exhumé à Goli (district de Guntūr) lors de fouilles menées en 1926, ce relief, sculpté dans le calcaire marmoréen de Palnāḍ, s'apparente par son style à la dernière phase de l'école d'Amarāvatī (IIIe siècle-début du IVe siècle) – le petit *stūpa* de Goli, dont les fouilles livrèrent plusieurs des plaques sculptées dont il était revêtu, ayant été ainsi daté par analogie stylistique avec les reliefs découverts sur le site voisin de Nāgārjunakoṇḍa (IIIe-IVe siècle). L'une des plaques de revêtement provenant du *stūpa* de Goli, aujourd'hui conservée au musée de Madras, représente le Buddha prêchant, assis sur un trône, trois orants agenouillés à ses pieds, un assistant – privé de tête – debout derrière son épaule gauche[3] ; l'angle supérieur droit du relief est brisé et la main droite du Buddha, initialement levée à hauteur d'épaule pour esquisser le geste de sauvegarde, absente. Selon toute vraisemblance, le relief fragmentaire du musée Guimet – où la main du Buddha se détache sur la poitrine du porteur de chasse-mouches – constitue la partie manquante de la scène de prédication du musée de Madras.

1 Hackin, 1931, p. 5.
2 Voir Knox, 1992, p. 157, fig. 83 (c) ; voir également notice n° 22.
3 Ramachandran, 1929, p. 15 et pl. IX, n° 5.

BIBLIOGRAPHIE
Hackin, 1931, p. 5, pl. II ; Monod, 1966, p. 62 ; Deneck, 1970, p. 257, fig. 92.

---

25. Fly-Whisk-Bearer

This fragment of a relief shows a bearer of a fly-whisk (*chamara, chauri*) wearing a turban adorned with a central puff, necklaces and bracelets. He has a rounded face, heavy features and a smile upon his lips. The fly-whisk (a symbol of dignity) he holds in his right hand is treated as a flexible, fluid mass, the fibres of which are suggested by carefully engraved parallel lines. A mutilated hand, with long, tapering fingers making the fear-allaying or protective gesture (*abhaya mudra*) can be seen on this figure's chest; it obviously belonged to a Buddha, as did the crosspiece of a throne (*pitha*), decorated with a lion's head. The fly-whisk-bearer (unless it happens to be a portrait of the Bodhisattva Vajrapani, who was one of Shakyamuni's[1] most faithful companions), thus stood behind the Buddha's right shoulder, as in many a relief illustrating the Blessed One meditating or preaching.[2]

Uncovered in Goli (Guntur district), during the excavations carried out in 1926, this relief, carved in marble limestone from Palnad, can be dated stylistically to the last stage of the Amaravati School (3rd-early 4th centuries). Excavations brought to light several carvings from the casing of the small stupa at Goli; all of these were dated by stylistic comparison with the reliefs found on the neighbouring site of Nagarjunakonda (3rd-4th centuries). One of the slabs from casing of the stupa at Goli, now in the Madras Museum, represents the Buddha preaching, seated on a throne, with three orants kneeling at his feet, and a (headless) assistant standing behind his left shoulder;[3] the top right-hand corner of the relief is broken and the Buddha's right hand, initially raised to shoulder height in the fear-allaying or protective gesture, is missing. It is highly likely that the Musée Guimet's fragmentery relief – in which a hand is visible on the fly-whisk-bearer's chest – is the part that is missing from the Madras Museum's preaching scene.

1 Hackin, 1931, p. 5.
2 See Knox, 1992, p. 157, Fig. 83 (c); see also No. 22.
3 Ramachandran, 1929, p. 15 and Pl. IX, No. 5.

BIBLIOGRAPHY
Hackin, 1931, p. 5, Pl. II; Monod, 1966, p. 62; Deneck, 1970, p. 257, Fig. 92.

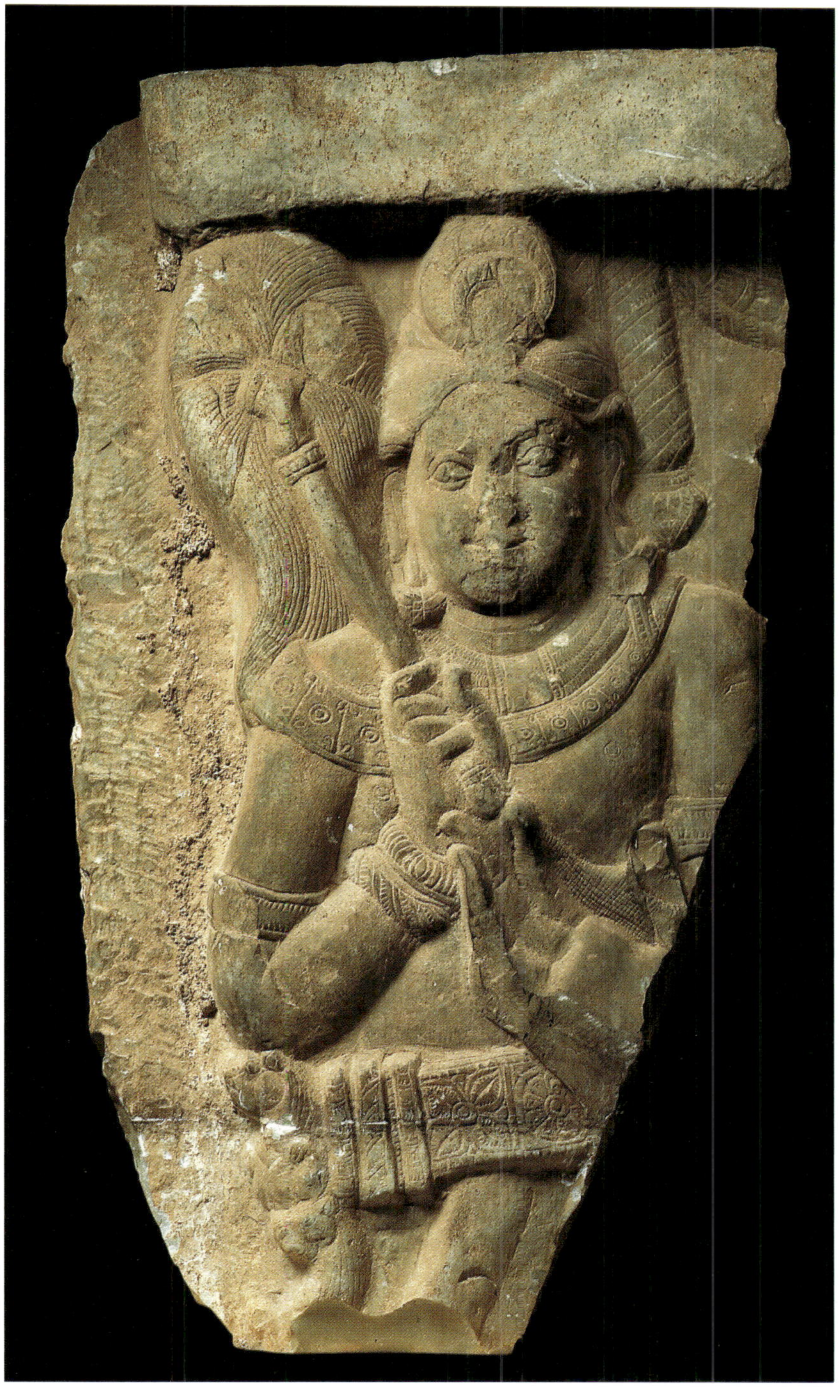

École d'Amarāvatī
IIIe siècle
Inde du Sud. Andhra Pradesh. Goli

Plaque de revêtement de *stūpa* ; calcaire marmoréen
H. 46 ; L. 30
Don de G. Jouveau-Dubreuil et C. T. Loo (1927)
MG 17073

Amaravati School
3rd century
South India. Andhra Pradesh. Goli

Slab from the casing of a stupa; marble limestone
H. 46; W. 30
Gift of G. Jouveau-Dubreuil and C.T. Loo (1927)
MG 17073

26. Deux gazelles affrontées (le premier sermon du Buddha)

Ce fragment de bas-relief où figurent, couchées au pied d'un trône, deux gazelles affrontées, illustre l'un des grands « miracles » de la vie du Buddha : le premier sermon, ou Sermon de Bénarès, consacré à l'exposé des Quatre Nobles Vérités, que le Buddha délivra à ses cinq anciens compagnons d'ascèse à Sārnāth, non loin de la ville sainte de Bénarès. Les deux gazelles affrontées rappellent, par leur présence, le lieu même de la prédication, le célèbre parc aux Gazelles (Mṛgadāva), également appelé Ṛṣipatana (« Chute des *ṛṣi* »), car les ascètes étaient nombreux à y faire retraite. Le trône vide, qu'orne un gros coussin rond, suggère de manière symbolique la présence du Bienheureux, tout comme le tabouret de pieds visible entre les gazelles et portant l'empreinte des pieds du Buddha (*Buddhapāda*). Dressée sur un pilier, la roue de la Loi (*Dharmacakra*), que le Buddha « mit en mouvement » lors de sa première prédication, surmontait vraisemblablement le trône, occupant la partie supérieure du relief, à présent brisée[1].

Si l'on en juge par son format étroit, le relief fragmentaire du musée Guimet constituait sans doute la base d'un des pilastres ornementaux séparant, sur la partie basse du tambour du *stūpa*, les plaques de revêtement sculptées de scènes diverses[2]. Il évoque, par son style et sa composition, un relief analogue provenant du *stūpa* de Goli et conservé au musée de Madras[3].

1 Pour le motif dans son intégralité, voir Knox, 1992, p. 97, fig. 38.
2 Knox, 1992, p. 156, fig. 81-82.
3 Ramachandran, 1929, pl. XI, n° 8.

Bibliographie
Monod, 1966, pp. 63-64, fig. 12.

---

26. Two Affronté Gazelles (the Buddha's First Sermon)

This fragment of a bas-relief featuring two affronté gazelles lying at the foot of a throne illustrates one of the Buddha's great "miracles" – the first sermon, or the Sermon of Benares, when he first revealed his "Four Noble Truths" to his former companions in austerities, at Sarnath, not far from the holy city of Benares. The two affronté gazelles recall the place the sermon was given, the famous Deer Park (Mrigadava), also known as Rishipatana ("The Fall of the *Rishi*"), since it was a place of refuge for numerous ascetics. The empty throne, adorned with a large round cushion, is a symbolic suggestion of the Enlightened One's presence, as is the foot-stool seen between the two gazelles that bears the Buddha's footprints (*Buddhapada*). Standing on a pillar, the Wheel of the Law (*Dharmachakra*), which the Buddha "set in motion" during his first sermon, very probably surmounted the throne, occupying the upper part of the (now broken) relief.[1]

Judging from its narrow format, the Musée Guimet's fragment probably decorated the base of an ornamental pillar, on the lower part of the stupa drum, separating the casing slabs illustrated with different scenes.[2] Its style and composition recall a similar relief from the stupa at Goli now in the Madras Museum.[3]

1 For the entire motif, see Knox, 1992, p. 97, Fig. 38.
2 Knox, 1992, p. 156, Figs. 81-82.
3 Ramachandran, 1929, Pl. XI, No. 8.

Bibliography
Monod, 1966, pp. 63-64, Fig. 12.

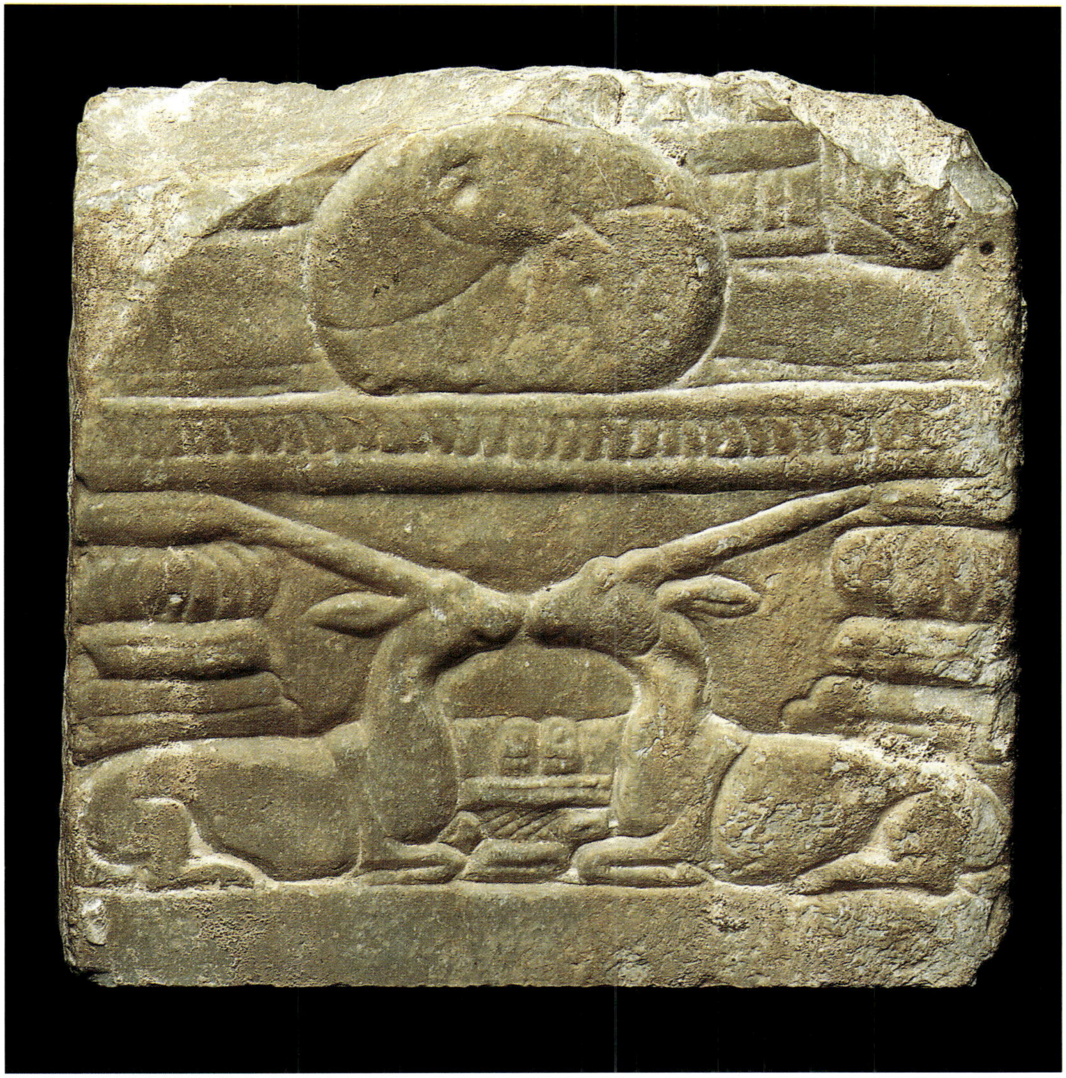

École d'Amarāvatī
IIIe siècle (?)
Inde du Sud. Andhra Pradesh. Goli (?)

Plaque de revêtement de *stūpa* ; calcaire marmoréen
H. 18 ; L. 19
Don de C. T. Loo (1935)
MG 18572

Amaravati School
3rd century (?)
South India. Andhra Pradesh. Goli (?)

Slab from the casing of a stupa; marble limestone
H. 18; W. 19
Gift of C.T. Loo (1935)
MG 18752

27. Tête de Buddha

Parmi les expressions les plus achevées de l'art bouddhique indien figurent les Buddha de l'époque gupta (IVe-VIe siècle), issus des ateliers de Sārnāth et de Mathurā. La tête de Buddha du musée Guimet illustre à la perfection la sérénité souriante et l'altière beauté de ces œuvres où la noblesse de l'idéal bouddhique se marie subtilement aux canons d'un art désormais parvenu à son apogée.

Taillée dans le grès rose des carrières de Sikrī, non loin de Mathurā, l'œuvre se distingue par une extrême finesse d'exécution, perceptible notamment dans les traits effilés du visage et la douceur du modelé. Si l'*ūrṇā*, ou touffe de poils entre les sourcils, n'est pas figurée – comme c'est souvent le cas pour les Buddha de l'école de Mathurā (peut-être était-elle peinte sur la pierre à défaut d'être sculptée ?) –, un autre des trente-deux *lakṣaṇa*, les marques de prééminence propres aux êtres d'exception, est indiqué : la protubérance crânienne (*uṣṇīṣa*), recouverte comme le crâne de boucles de cheveux rituellement enroulées vers la droite. Des quatre-vingts « marques supplémentaires » (*anuvyañjana*), la tête de Buddha du musée Guimet possède les sourcils, doublement incurvés comme l'arc de l'archer, et le cou semblable à l'extrémité supérieure d'une conque (*śaṅkha*) et marqué de plis parallèles, que l'esthétique gupta systématisera.

On notera surtout les yeux ourlés, aux lourdes paupières baissées, conférant au visage une expression méditative faite d'intériorité et de détachement, ainsi qu'un certain caractère d'abstraction. Ce trait iconographique – yeux mi-clos et baissés vers le fidèle, comme pour l'inviter à la contemplation –, apparu, semble-t-il, à Mathurā à l'extrême fin du IVe siècle (vers 390-395)[1] et dès lors caractéristique des images bouddhiques et jaïnes, distingue ces dernières des œuvres antérieures d'époque kuṣāṇa (Ier-IIIe siècle), aux yeux grands ouverts et comme fixés sur le fidèle.

1 Williams, 1982, p. 30.

---

27. Head of the Buddha

Among the most accomplished expressions of Indian Buddhist art are the Buddhas dating to the Gupta period (4th-6th centuries), produced in the workshops at Sarnath and Mathura. The Musée Guimet's head of the Buddha epitomizes the smiling serenity and lofty beauty of these works, in which the nobility of Buddhist ideals is subtly combined with the canons of an artistic school at its peak.

Carved out of the pink sandstone from the Sikri quarries, not far from Mathura, the work bears witness to an extremely refined execution, especially visible in the delicate facial features and the soft modelling. While the *urna*, or the whorl of hair between the eyes of the Buddha, is absent – as was often the case in the Buddhas from the Gupta School of Mathura (perhaps it was painted on the stone rather than carved), – another of the thirty-two *lakshanas*, the signs denoting super-spiritual knowledge, is indicated: the cranial protuberance (*ushnisha*), covered with the snail-curl motif rolled to the right like the rest of the curls on the head. Out of the eighty "extra marks" (*anuvyanjanas*), the Musée Guimet's head of the Buddha possesses eyebrows curved like an archer's bow and a neck resembling the upper end of a conch shell (*shankha*), engraved with parallel folds, one of the hallmarks of the Gupta style.

The carefully outlined eyes with heavy, lowered eyelids are particularly noticeable, and confer upon the face a meditative expression testifying to inner tranquillity, spiritual otherworldliness and a certain abstract character. This iconographical feature – half-closed eyes, with lids lowered before the devotees, as if urging them to contemplation – seems to have made its appearance in Mathura right at the end of the 4th century (*circa* 390-395)[1] and henceforth became characteristic of Buddhist and Jain images; it thus differentiates the latter from previous works

1 Williams, 1982, p. 30.

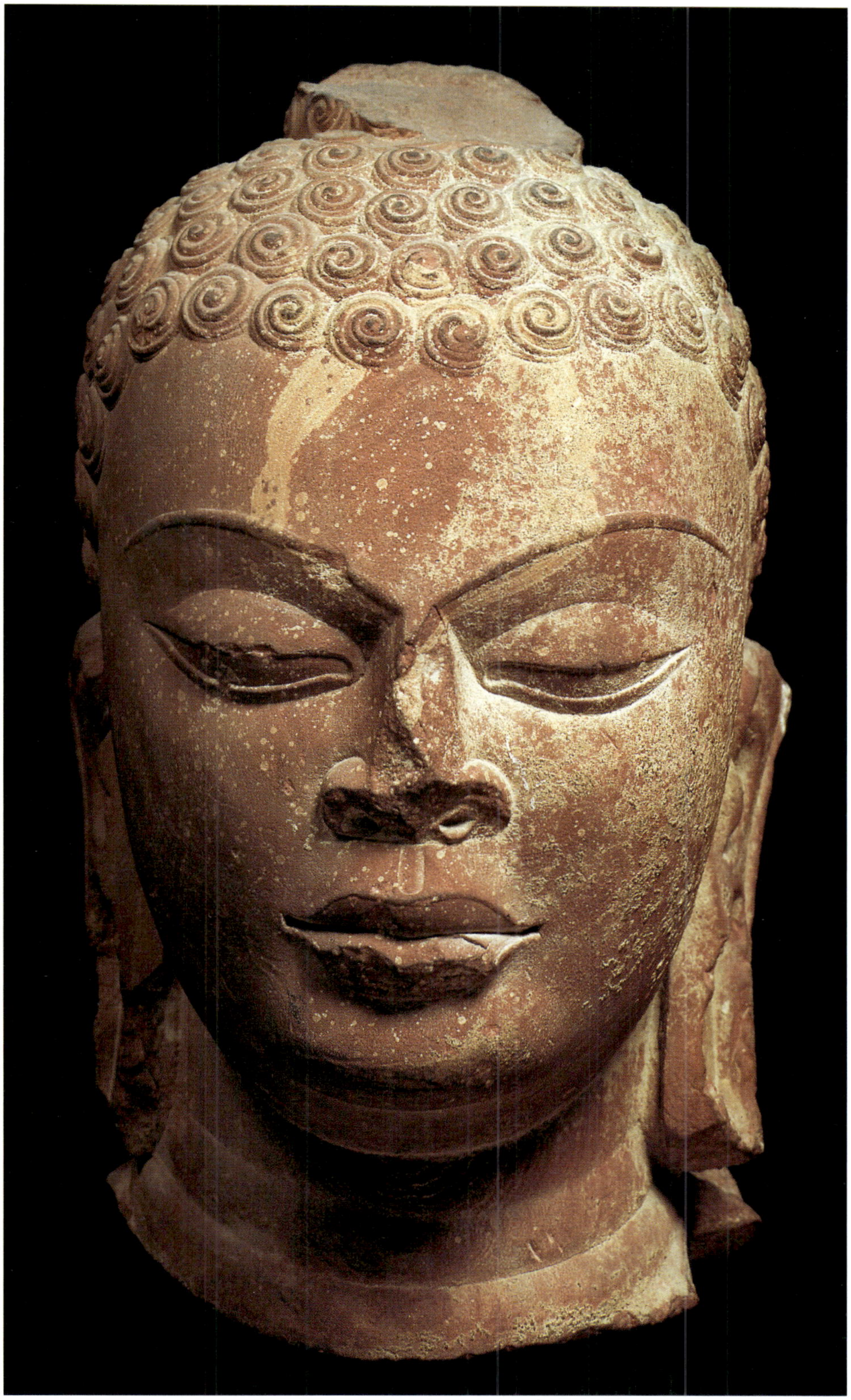

Époque gupta
Vers 430-435
Inde du Nord. Uttar Pradesh. Mathurā

Ronde-bosse ; grès rose
H. 50 ; L. 30
Achat (1987)
MA 5029

Gupta period
Circa 430-435
North India. Uttar Pradesh. Mathura

In-the-round sculpture; pink sandstone
H. 50; W. 30
Purchase (1987)
MA 5029

La tête de Buddha du musée Guimet – qui, compte tenu de ses dimensions imposantes (H. 50 cm), appartenait peut-être à un Buddha assis (haut d'environ 1,50 m) plutôt qu'à un Buddha debout[2] – peut être datée du premier quart du ve siècle, voire des années 430-435, par comparaison avec le célèbre Buddha de Govindnagar, daté par inscription 434-435 et œuvre du sculpteur Dinna[3]. L'état de la partie postérieure de la tête indique que celle-ci faisait corps avec la dalle servant de fond à l'ensemble du personnage[4].

2 Auboyer, 1988, p. 158 ; dans le cas d'un Buddha debout, la statue aurait mesuré près de 2,50 m de hauteur.
3 Williams, 1982, p. 68, pl. 61 ; l'œuvre est conservée au musée de Mathurā.
4 Auboyer, 1988, p. 157.

Bibliographie
Auboyer, 1988, pp. 157-159 ;
Béguin, 1992, p. 26 et couverture.

dating to the Kushan period (1st-3rd centuries) with wide-open eyes that seemed to stare straight at the devotees.

Judging from the impressive size of the Musée Guimet's head of the Buddha (H. 50 cm), it is more likely that it belonged to a seated Buddha (about 1.5 m high) than to a standing Buddha.[2] It can be dated to the first quarter of the 5th century, or even 430-435, through stylistic comparison with the famous Buddha of Govindnagar, inscribed with the date 434-435 and carved by the sculptor Dinna.[3] The condition of the back of the head indicates that it was fixed onto the slab that acted as the background to the whole figure.[4]

2 Auboyer, 1988, p. 158; if it had belonged to a standing Buddha, the statue would have been nearly 2.5 m high.
3 Williams, 1982, p. 68, Pl. 61; the work is now in the Mathura Museum.
4 Auboyer, 1988, p. 157.

Bibliography
Auboyer, 1988, pp. 157-159;
Béguin, 1992, p. 26 and cover.

28. Buddha

1 Williams, 1982, pp. 15 et 69.
2 Voir notice n° 31.
3 Le Bonheur, 1980, n° 10.

Buddha de l'école de Mathurā, figuré debout, en attitude frontale, et dont la tête, malheureusement disparue, se détachait sur un large nimbe circulaire. La main droite, également brisée, esquissait vraisemblablement, paume en avant, le geste de sauvegarde (*abhaya mudrā*) ; la main gauche retient le pan du manteau monastique (*uttarāsaṅga*), aux plis concentriques et réguliers en forme de U, laissant apparaître le corps aux formes sveltes et allongées. Sous la robe monastique se devine en outre, comme en transparence, le vêtement de dessous (*antaravāsaka*), retenu à la taille par un cordon noué sur le flanc gauche – détail vestimentaire et iconographique qui, selon J. G. Williams[1], serait inspiré du costume monastique des adeptes de la secte bouddhique des Sarvāstivādin. Le traitement de l'*uttarāsaṅga*, moulant le corps en décrivant un drapé circulaire aux plis indiqués en faible relief, est caractéristique de l'école de Mathurā à l'époque gupta, l'école contemporaine de Sārnāth revêtant quant à elle le Buddha d'une robe monastique lisse et presque invisible, dont l'étoffe exempte de plis adhère étroitement au corps[2]. Dans l'une et l'autre écoles, toutefois, l'effet de transparence obtenu par le traitement subtil de l'*uttarāsaṅga* était peut-être aussi un procédé iconographique destiné à traduire dans la pierre ce qui constituait l'une des trente-deux marques de prééminence (*lakṣaṇa*) du Buddha et à suggérer de la sorte l'éclat doré (*suvarṇavarṇah*) du corps du Bienheureux qui, après l'Éveil, se mit à rayonner d'une lumière céleste[3].

Du nimbe (*prabhāmaṇḍala*) circulaire ne subsiste qu'un fragment au-dessus de l'épaule gauche du Buddha. Son décor, disposé en zones concentriques superposées, est composé de pétales de lotus, d'un motif rayonnant, de rinceaux de feuillage – au sein duquel se devine à peine un oiseau tenant une grappe (?) dans son bec, motif ancien et de bon augure – et d'une torsade

---

28. Buddha

1 Williams, 1982, pp. 15 and 69.
2 See No. 31.
3 Le Bonheur, 1980, No. 10.

This figure of a standing Buddha from the Gupta School of Mathura has unfortunately lost its head and most of its immense halo. The missing right hand undoubtedly performed the fear-allaying or protective gesture (*abhaya mudra*), while the left hand held the monastic robe (*uttarasanga*); with its cascade of concentric, U-shaped folds, the robe clings to the body, revealing the latter's slender, elongated form and the undergarment (*antaravasaka*) tied at the waist on the left with a knotted belt – an iconographical detail inspired, according to J.G. Williams,[1] by the monastic garb worn by the adepts of the Sarvastivadin Buddhist sect. The treatment of the robe clinging so closely to the body that it all but disappears, defined by a series of string-like folds in low relief, is characteristic of the Mathura School during the Gupta period. On the other hand, the contemporary school of Sarnath clad their Buddhas in a smooth, almost invisible monastic robe without folds, which likewise clung tightly to the body.[2] In both schools, however, the effect of transparence achieved by the subtle treatment of the *uttarasanga* was possibly an iconographical process intended to convey one of the Buddha's thirty-two marks of pre-eminence (*lakshanas*) in stone and to suggest the golden glow (*suvarnavarnah*) the Blessed One's body acquired after the Enlightenment, when rays of celestial light shone forth from him.[3]

Only a fragment remains of the circular halo (*prabhamandala*) above the Buddha's left shoulder. It is decorated with concentric rings of patterns, starting at the head with a circle of lotus petals, followed by a radiating motif, a band of foliage – in which a bird holding the ancient and auspicious motif of a bunch of berries (?) in its beak can just be discerned – and a ring of cabled, ornamental braid. Characteristic of the Gupta period, these richly decorated haloes common to de galons ornementés. Caractéristiques de l'esthétique gupta, ces nimbes au décor foisonnant, attestés tant dans l'école de Mathurā que dans l'école de Sārnāth, encadrent les têtes des Buddha, mais aussi des tīrthaṅkara jaïns ; leur décor, où subsistent encore des traces de polychromie, était à l'évidence rehaussé de couleurs[4].

Le Buddha gupta du musée Guimet, aux formes fluides et élancées, au modelé subtil et à l'exécution précise, est proche par son style du célèbre Buddha de Jamālpur, conservé à l'Indian Museum de Calcutta[5]. Il peut être daté de la première moitié ou du milieu du Ve siècle.

4 Williams, 1982, p. 69.
5 Williams, 1982, pl. 62 et p. 69.

Expositions
Paris, Grand Palais, 1980, n° 10 ; Fort Worth, 1996, n° 10 ; Tōkyō, 1996, n° 9.

Bibliographie
Auboyer, 1981, pp. 40-45 ;
Béguin, 1992, pp. 26-27.

---

both the Mathuran and Sarnath Schools encircled not only the Buddha's head but also Jain Tirthankaras. The carvings upon them, which still bear some traces of polychromy, were obviously highlighted with paint.[4]

With its fluid, slender forms, subtle modelling and precise execution, the Gupta *Buddha* belonging to the Musée Guimet is stylistically close to the famous Jamalpur Buddha, now in the Indian Museum, Calcutta.[5] It can thus be dated to the first half or the middle of the 5th century.

4 Williams, 1982, p. 69.
5 Williams, 1982, Pl. 62 and p. 69.

Exhibitions
Paris, Grand Palais, 1980, No. 10; Fort Worth, 1996, No. 10; Tokyo, 1996, No. 9.

Bibliography
Auboyer, 1981, pp. 40-45;
Béguin, 1992, pp. 26-27.

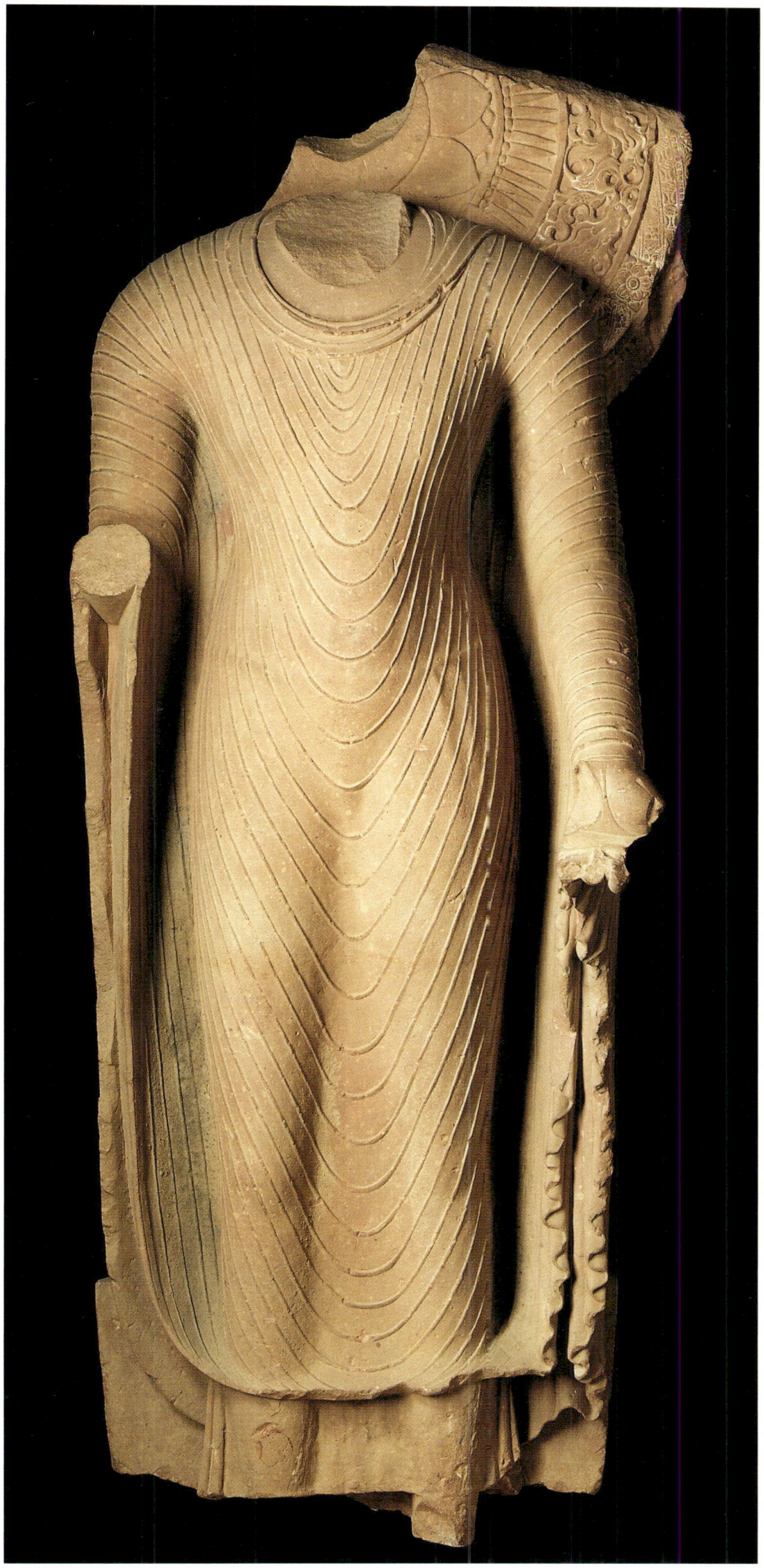

Époque gupta
Première moitié ou milieu du Ve siècle
Inde du Nord. Uttar Pradesh. Mathurā

Ronde-bosse ; grès rose
H. 142 ; L. 54
Achat (1980)
MA 4864

Gupta period
First half or middle of the 5th century
North India. Uttar Pradesh. Mathura

In-the-round sculpture; pink sandstone
H. 142; W. 54
Purchase (1980)
MA 4864

29. Tête du bodhisattva Avalokiteśvara

Les premières représentations du bodhisattva Avalokiteśvara semblent apparaître en Inde vers la seconde moitié du IIe siècle de notre ère et sont attestées dans l'art gréco-bouddhique du Gandhāra comme dans l'art kuṣāṇa de Mathurā[1]. Contemporaines des premières mentions dans les textes du nom d'Avalokiteśvara[2], elles préfigurent l'iconographie du bodhisattva telle que la préciseront les textes ultérieurs. Ainsi est-il spécifié dans l'*Amitāyur-buddhānusmṛti-sūtra*, sans doute rédigé avant le ve siècle : « Sur le sommet de la tête [d'Avalokiteśvara] se trouve une céleste couronne de pierres précieuses... dans laquelle se tient un Buddha de métamorphose[3]. » Jusqu'aux VIIe-VIIIe siècles, Avalokiteśvara sera en Inde le seul bodhisattva à porter dans sa coiffure un Buddha et ce n'est, semble-t-il, que vers le IXe siècle que celui-ci sera identifié avec certitude comme étant toujours le *jina* de l'Ouest, Amitābha, représenté les mains réunies dans le geste de la méditation (*dhyāna mudrā*)[4].

L'Avalokiteśvara du musée Guimet, œuvre gupta du ve siècle issue des ateliers de Mathurā, est remarquable à bien des égards. Par son modelé sensible, tout d'abord, né du classicisme gupta : visage à l'ovale plein, yeux sans regard aux lourdes paupières à demi baissées, lèvres charnues, expression de douceur à la fois souriante et distante ; mais aussi par sa coiffure, composite et surchargée, qui fut longuement étudiée par M.-T. de Mallmann : le front est ceint d'un bandeau orfévri au centre duquel deux monstres marins (*makara*) encadrent un cabochon oblong sommé d'un cercle d'où jaillit la tige d'un lotus épanoui. Sur la corolle est assis un Buddha nimbé, auréolé par la bouffette centrale du turban et flanqué de deux lions dressés tenant dans leurs gueules de lourdes guirlandes de perles. Vêtu d'un manteau monastique couvrant les deux épaules, le Buddha esquisse non pas le geste de

1 De Mallmann, 1948, pp. 119-127.
2 De Mallmann, 1948, p. 119.
3 De Mallmann, 1948, p. 123.
4 De Mallmann, 1948, pp. 123 et 312.

---

29. Head of the Bodhisattva Avalokiteshvara

The earliest representations of the Bodhisattva Avalokiteshvara seem to have appeared in India around the second half of the 2nd century AD, examples existing in both the Greco-Buddhist art from Gandhara and Kushan art from Mathura.[1] Contemporary with the first mention in written texts of the name of Avalokiteshvara,[2] they prefigure the iconography of the Bodhisattva referred to in later texts. The *Amitayur-Buddhanusmriti-Sutra*, probably written before the 5th century, thus specifies: "On the top of his [Avalokiteshvara's] head, is a celestial crown of precious stones... amidst which sits a Buddha of metamorphosis."[3] Up to the 7th-8th centuries, Avalokiteshvara would be the only Bodhisattva in India to wear a Buddha in his headdress, and not until about the 9th century would this Buddha be identified with any certainty as Amitabha, the Jina of the West, depicted with his hands clasped performing the gesture of meditation (*dhyana mudra*).[4]

The Musée Guimet's Avalokiteshvara, a 5th-century Gupta work from the Mathuran workshops, is remarkable in many respects, primarily for the sensitive modelling stemming from the classic Gupta style: a rounded, oval face, heavy-lidded, half-closed, expressionless eyes, fleshy mouth and a gentle expression at once amiable and distant. But it is also noteworthy because of its complex, ornate headdress, which was studied at length by M.-T. de Mallmann: a jewelled band stretches across the forehead, in the centre of which two sea monsters (*makaras*) flank an oblong cabochon surmounted by a circle supporting a lotus blossom. A haloed Buddha is seated in the heart of the flower, flanked by two erect lions holding heavy garlands of pearls in their mouths,with his head encircled by the turban's central puff. Clad in a monastic robe covering both his shoulders, the Buddha makes the gesture of bestowing gifts (*varada mudra*) with his upturned right palm instead of the gesture of meditation associated with Amitabha.

1 De Mallmann, 1948, pp. 119-127.
2 De Mallmann, 1948, p. 119.
3 De Mallmann, 1948, p. 123.
4 De Mallmann, 1948, pp. 123 and 312.

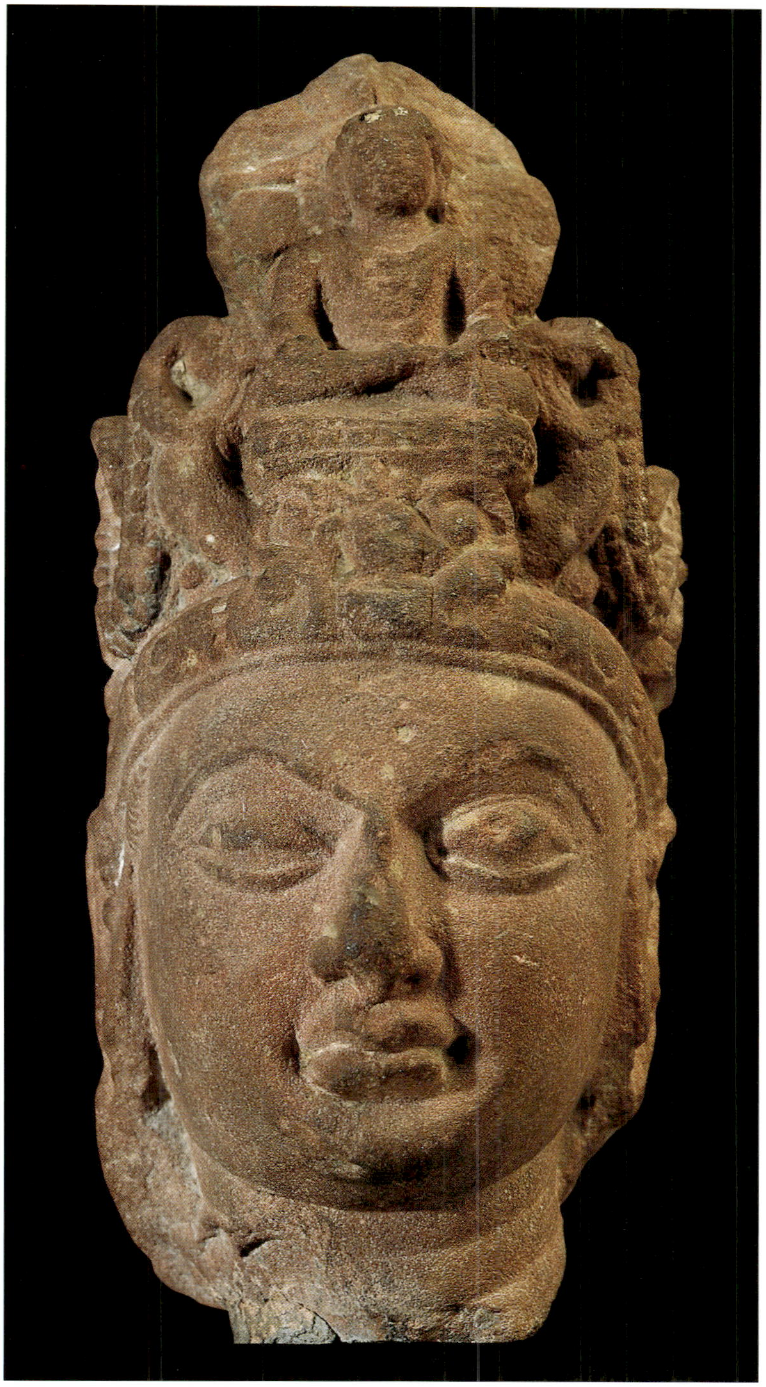

Époque gupta
ve siècle
Inde du Nord. Uttar Pradesh. Mathurā

Ronde-bosse ; grès rouge
H. 18 ; L. 8
Don de la Société des Amis du musée Guimet (1936)
MG 18646

Gupta period
5th century
North India. Uttar Pradesh. Mathura

In-the-round sculpture; red sandstone
H. 18; W. 8
Gift of the Société des Amis du musée Guimet (1936)
MG 18646

méditation propre à Amitābha, mais, de la main droite ouverte paume en dessus, le geste du don (*varada mudrā*).

Cette coiffure complexe – où Avalokiteśvara a les cheveux et le sommet de la tête cachés et n'est pas encore coiffé du chignon en tiare (*jaṭāmukuṭa*) qui, en règle générale, lui est dévolu dès l'époque gupta – rattache la statue du musée Guimet aux styles antérieurs, où le bodhisattva est coiffé d'un turban dans lequel s'inscrit la figurine de Buddha, attestés dans l'art du Gandhāra et l'art kuṣāṇa de Mathurā[5].

5 De Mallmann, 1948, pl. Ia et Ib ; Czuma, 1985, n° 19.

EXPOSITIONS
Kansas City, 1974, n° 13 ; Paris, Grand Palais, 1995, n° 3.

BIBLIOGRAPHIE
De Mallmann, 1948, pp. 129-131 ; Monod, 1966, p. 66.

This complex headdress hides Avalokiteshvara's hair and the top of his head; he is not wearing the tiara-shaped chignon (*jatamukuta*) which he was usually given in the Gupta period. The Musée Guimet's statue thus relates more to previous styles, where the Bodhisattva wore a turban that contained a figurine of the Buddha, as seen in the art of Gandhara anc Kushan art from Mathura.[5]

5 De Mallmann, 1948, Pls. Ia and Ib; Czuma, 1985, No. 19.

EXHIBITIONS
Kansas City, 1974, No. 13; Paris, Grand Palais, 1995, No. 3.

BIBLIOGRAPHY
De Mallmann, 1948, pp. 129-131; Monod, 1966, p. 66.

30. Tête de Buddha

1 Sahni, 1914, p. 78, n° B(b)220 ; voir aussi le *Buddha* provenant également des fouilles de Sārnāth (notice n° 31).

Bibliographie
Viennot, 1963, pp. 298-299, fig. 3 ;
Monod, 1966, pp. 66-67, fig. 14 ;
Béguin, 1992, pp. 26-27.

Cette petite tête de Buddha appartient sans doute à une ronde-bosse exhumée sur le site de Sārnāth, au sud du Monastère II, lors de fouilles menées en 1907-1908[1]. Sculptée dans le grès beige pâle de Chunār, elle illustre, par ses lignes pures et comme éthérées, l'intense et néanmoins sereine spiritualité des œuvres issues des ateliers de Sārnāth à l'époque gupta. L'arête aiguë des sourcils, les yeux mi-clos aux lourdes paupières et au regard baissé vers le fidèle, le nez mince aux narines frémissantes, la bouche au tracé sinueux et aux lèvres charnues reproduisent les traits harmonieux et idéalisés définis par l'esthétique gupta et propres à de nombreux Buddha, sculptés notamment durant la seconde moitié du ve siècle – qui marque l'apogée de l'école de Sārnāth.

30. Head of the Buddha

1 Sahni, 1914, p. 78, No. B(b)220; see also the *Buddha* likewise from the Sarnath excavations (No. 31).

Bibliography
Viennot, 1963, pp. 298-299, Fig. 3;
Monod, 1966, pp. 66-67, Fig. 14;
Béguin, 1992, pp. 26-27.

This small head of the Buddha probably belonged to a freestanding sculpture uncovered on the site of Sarnath, south of Monastery II, during the excavations carried out in 1907-08.[1] Carved in the pale beige Chunar sandstone, its pure, ethereal lines illustrate the intense yet serene spirituality of the sculptures made in the Sarnath workshops during the Gupta period. The sharp ridge of the eyebrows, the heavy-lidded, half-closed eyes, with gaze lowered before the devotee, the thin nose with flaring nostrils, the sinuous mouth and fleshy lips epitomize the harmonious, idealized features defined by Gupta aesthetics and found in numerous Buddhas carved in the second half of the 5th century – the time when the Sarnath School reached its apogee.

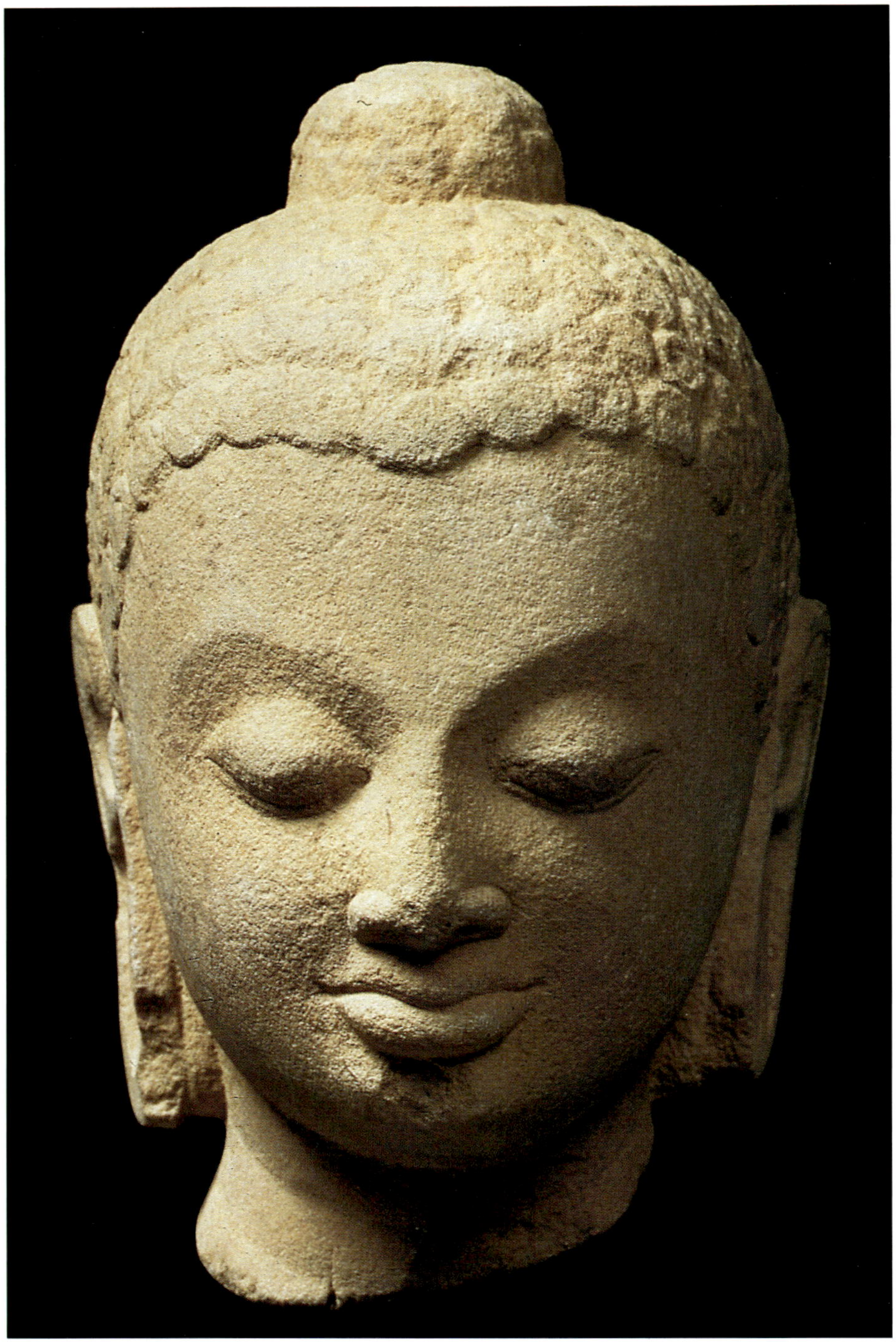

Époque gupta
Seconde moitié du Ve siècle
Inde du Nord. Uttar Pradesh. Sārnāth

Ronde-bosse ; grès beige
H. 14,5 ; L. 9
Échange avec le Département archéologique de l'Inde (1961)
P 372

Gupta period
Second half of the 5th century
North India. Uttar Pradesh. Sarnath

In-the-round sculpture; beige sandstone
H. 14.5; W. 9
Exchange with the Indian Archaeological Department (1961)
P 372

31. Buddha

1 Sahni, 1914, pp. 13-14.

Ce Buddha fut exhumé sur le site de Sārnāth – où le Bienheureux, après avoir atteint l'Éveil, délivra son premier sermon à ses cinq anciens compagnons d'ascèse –, au sud-ouest du sanctuaire principal, lors des fouilles menées durant l'hiver 1904-1905, qui livrèrent quelque 476 sculptures et bas-reliefs et 41 inscriptions[1]. Taillée dans le grès beige pâle de Chunār, l'œuvre, malheureusement mutilée, est un parfait exemple des canons esthétiques de l'école de Sārnāth et du classicisme gupta. Le Buddha est représenté debout, en attitude frontale, en appui sur la jambe gauche, la jambe droite légèrement fléchie. Sa main droite esquissait vraisemblablement, à l'origine, le geste de sauvegarde (*abhaya mudrā*), la main gauche serrant le pan du manteau monastique (*saṅghāṭī*), qui retombe en plis ondoyants. Porté sous le manteau monastique, qui révèle les formes canoniquement parfaites du Bienheureux, le vêtement de dessous (*antaravāsaka*) – dont la présence est indiquée par un léger pli de chair à hauteur des hanches – se devine comme en transparence.

Le rendu diaphane du manteau monastique, qui tout à la fois encadre et épouse le corps du Buddha, dont il souligne les formes sveltes et épurées, est caractéristique de l'école de Sārnāth, ainsi que le doux renflement des seins et de l'abdomen et l'allongement des membres inférieurs. Conformément aux prescriptions énoncées dans les textes bouddhiques, la perfection spirituelle du Bienheureux est ainsi traduite en termes métaphoriques et esthétiques. Des trente-deux signes distinctifs de l'Homme éminent (*mahāpuruṣalakṣaṇa*), témoignant des mérites acquis au fil des existences successives, et des quatre-vingts marques supplémentaires (*anuvyañjana*), l'image du musée Guimet possède le torse de lion (*siṃhapūrvārdhakāya*), les jambes d'antilope (*aineyajaṅgha*) et le cou semblable à l'extrémité

---

31. Buddha

1 Sahni, 1914, pp. 13-14.

This Buddha was uncovered on the site at Sarnath – where the Blessed One, after achieving Enlightenment, preached his first sermon to his five former companions in austerities – southwest of the main sanctuary, during the excavations of winter 1904-05, when some four hundred and seventy-six sculptures and bas-reliefs and forty-one inscriptions were brought to light.[1] Carved in the pale beige Chunar sandstone, the unfortunately mutilated work epitomizes the Sarnath School's artistic canons and Gupta classicism. The Buddha is standing in a frontal pose with his weight on his left leg and with his right leg slightly bent. His right hand no doubt initially performed the fear-allaying or protective gesture (*abhaya mudra*), while his left hand held the end of his monastic robe (*sanghati*) falling in a cascade of folds. Beneath the sheer robe, which reveals the Buddha's perfect forms, the undergarment (*antaravasaka*) is indicated by the modest fold of flesh at hip level.

One of the characteristics of the Sarnath School was the transparent aspect of the monastic robe, which both covered and revealed the Buddha's body, highlighting the basic, slender forms as well as the soft swelling of the chest and abdomen and the elongated lower limbs. Following the instructions laid down in Buddhist texts, the Enlightened One's spiritual perfection was thus conveyed in metaphorical and aesthetic terms. Among the thirty-two disguishing marks of Buddhahood (*mahapurushalakshanas*), testifying to the merit acquired in the course of successive existences, and among the eighty extra marks (*anuvyanjanas*), the Musée Guimet's statue possesses the lion's torso (*simhapurvardhakaya*), the antelope's legs (*aineyajanghas*) and the neck resembling the end of a conch shell – hence the parallel folds marking it, occasionally called the "folds of beauty".

---

supérieure d'une conque – d'où les plis parallèles qui le marquent, parfois appelés « plis de beauté ».

Des traces de peinture rouge sombre, appliquée à une époque indéterminée, subsistent sur les pans du vêtement, et un fragment de l'auréole brisée est encore visible derrière l'épaule gauche du Buddha. L'œuvre, par analogie stylistique avec les trois célèbres images de Buddha de l'école de Sārnāth datées par inscription de 474 et 477, pourrait également dater du troisième quart du Ve siècle.

Expositions
Kansas City, 1974, n° 12 ; Paris, Grand Palais, 1995, n° 1.

Bibliographie
Sahni, 1914, p. 45, n° B(b)16 ; Viennot, 1963, pp. 297-298, fig. 2 ; Monod, 1966, p. 66.

Traces of dark red paint, applied in an undetermined period, can still be seen on the garment and a fragment of the broken halo is still visible behind the Buddha's left shoulder. By comparing stylistic features with the three famous Sarnath Buddhas dated 474 and 477, this work can also be dated to the third quarter of the 5th century.

Exhibitions
Kansas City, 1974, No. 12; Paris, Grand Palais, 1995, No. 1.

Bibliography
Sahni, 1914, p. 45, No. B(b) 16; Viennot, 1963, pp. 297-298, Fig. 2; Monod, 1966, p. 66.

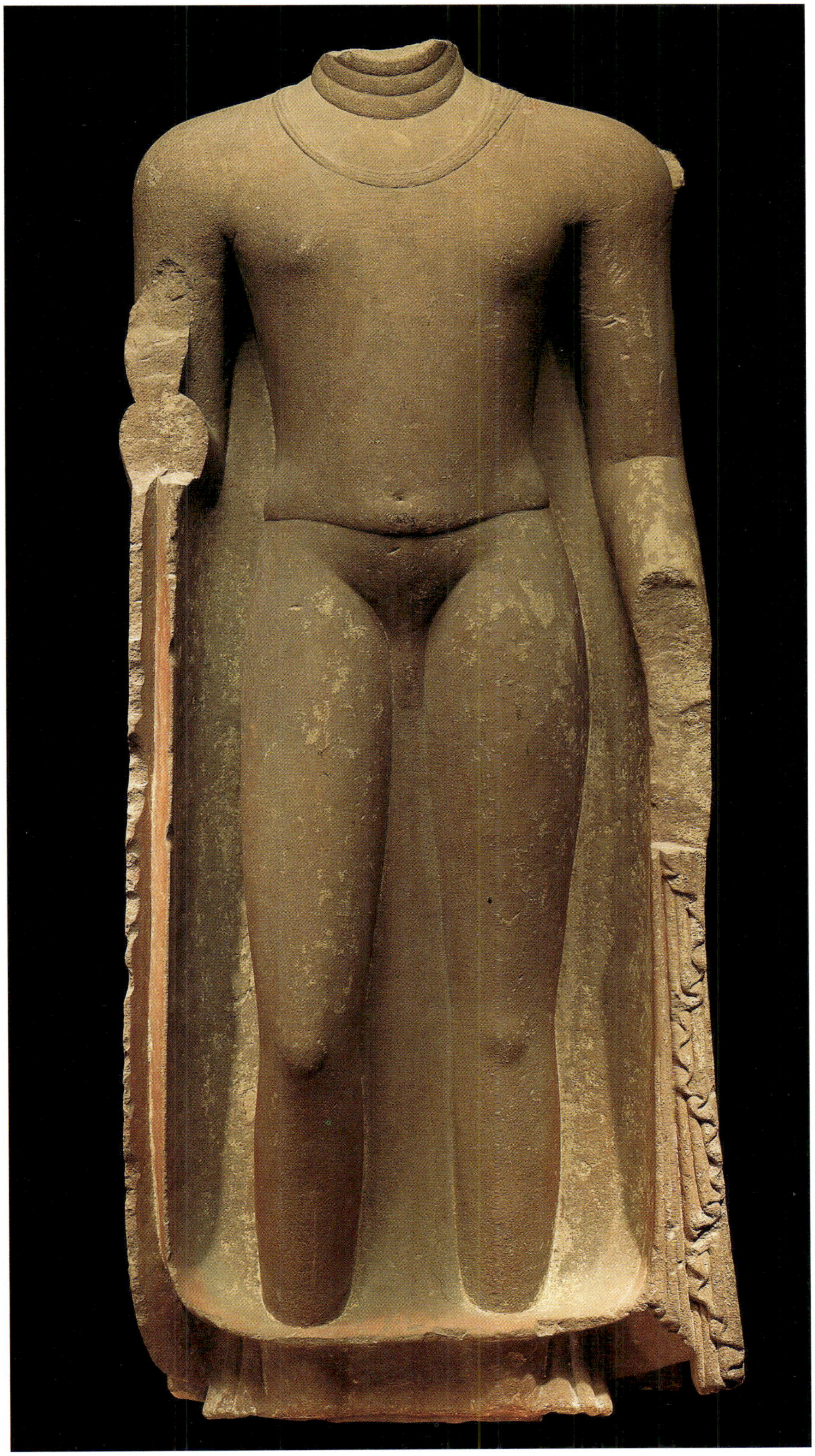

Époque gupta
Troisième quart du ve siècle
Inde du Nord. Uttar Pradesh. Sārnāth

Ronde-bosse ; grès beige
H. 98 ; L. 44
Échange avec le Département archéologique de l'Inde (1961)
P 373

Gupta period
Third quarter of the 5th century
North India. Uttar Pradesh. Sarnath

In-the-round sculpture; beige sandstone
H. 98; W. 44
Exchange with the Indian Archaeological Department (1961)
P 373

32. *Candraśālā* avec *vidyādhara*

Un *vidyādhara* – génie des airs, détenteur de la *vidyā*[1] – est figuré au sein d'une *candraśālā*, ou « chambre-lune », bordée de rinceaux exubérants s'épanouissant sur les côtés inférieurs. Le *vidyādhara*, dont les textes nous apprennent qu'il se meut dans l'espace (*khe*), est représenté dans l'attitude du vol, les jambes repliées sous le corps en un vigoureux mouvement destiné à suggérer l'envol, que souligne encore le pan flottant de l'écharpe se déployant en éventail derrière sa jambe gauche. Cette pose gracieuse et conventionnelle, propre aux *vidyādhara*, voire aux *gandharva*, est décrite dans le *Mānasāra* : les pieds en arrière, le genou plié, l'ensemble de la jambe doit affecter la forme d'un soc de charrue[2].

Au nombre des attributs traditionnellement dévolus aux *vidyādhara* figurent les plateaux d'offrandes et les guirlandes de fleurs ou de joyaux, offerts en hommage aux divinités ; ce sont deux fleurs que tient ici le génie des airs – un lotus rose épanoui (*padma*) dans sa main gauche, un lotus en bouton ou un lotus bleu (*utpala*) dans sa main droite.

Les *vidyādhara*, dont la présence est tenue pour bénéfique, apparaissent souvent dans le répertoire décoratif de l'époque gupta (IVe-VIe siècle). Figurés isolément ou par paire affrontée, déportée à la partie supérieure des stèles ou des auréoles sur lesquelles se détache l'image des divinités, ils se découpent parfois sur un discret motif de nuages stylisés rappelant leur nature céleste. Leur présence est également fréquente au sein des *candraśālā*, qui constituent l'un des éléments les plus importants de l'architecture gupta et dont la forme reprend le motif séculaire du *gavākṣa* (« œil-de-bœuf »), omniprésent dans le décor architectural des monuments de l'Inde ancienne, lequel s'enrichit aux IVe et Ve siècles d'une ornementation foisonnante de rinceaux végétaux propre à l'esthétique gupta. On notera aussi, sous la *candraśālā*, la frise de poutres apparentes simulées – réminiscence des charpentes en bois des constructions anciennes.

1 Science, magie.
2 De Mallmann, 1963, pp. 200-201 ; Banerjea, 1956, pp. 282-283.

BIBLIOGRAPHIE
Monod, 1966, pp. 72-74, fig. 21.

---

32. ***Chandrashala* with Vidyadhara**

A Vidyadhara – a spirit of the air endowed with *vidya*[1] – is depicted within a *chandrashala* (or "moon-chambers") encircled by ornate foliated scroll motifs extended to each side. The Vidyadhara, described in texts as one who moves through space (*khe*), is represented in the attitude of flight, his legs folded underneath him in a vigorous movement intended to suggest soaring through the air, enhanced by the scarf fanning out behind his left leg. This gracious, conventional pose, peculiar to the Vidyadharas, or even the Gandharvas, is described in the *Manasara*: feet behind, knee bent, the entire leg must adopt the form of a ploughshare.[2]

Among the attributes traditionally given to the Vidyadharas are the trays of offerings and the garlands of flowers or jewels, presented in tribute to the divinities; the celestial spirit here holds two flowers – a lotus blossom (*padma*) in his left hand, and a lotus bud or a blue lotus (*utpala*) in his right hand.

Vidyadharas, whose presence was regarded as benevolent, often appeared in the decorative repertory during the Gupta period (4th-6th centuries). Depicted alone or in affronté pairs, transferred to the upper part of stelae or haloes adorned with figures of divinities, they were sometimes portrayed on a discreetly stylized cloud motif, which recalled their heavenly nature. They were also frequently found in *chandrashalas*, one of Gupta architecture's most important features, whose form borrowed the secular "bull's-eye" motif (*gavaksha*), so omnipresent in the architectural decoration of monuments in Ancient India which, in the 4th-5th centuries, was enriched by the Gupta style's exuberant foliated scroll motifs. Under the *chandrashala*, notice the frieze of uncovered beams – a reminder of the wooden framework used in ancient buildings.

1 Knowledge, wisdom.
2 De Mallmann, 1963, pp. 200-201; Banerjea, 1956, pp. 282-283.

BIBLIOGRAPHY
Monod, 1966, pp. 72-74, Fig. 21.

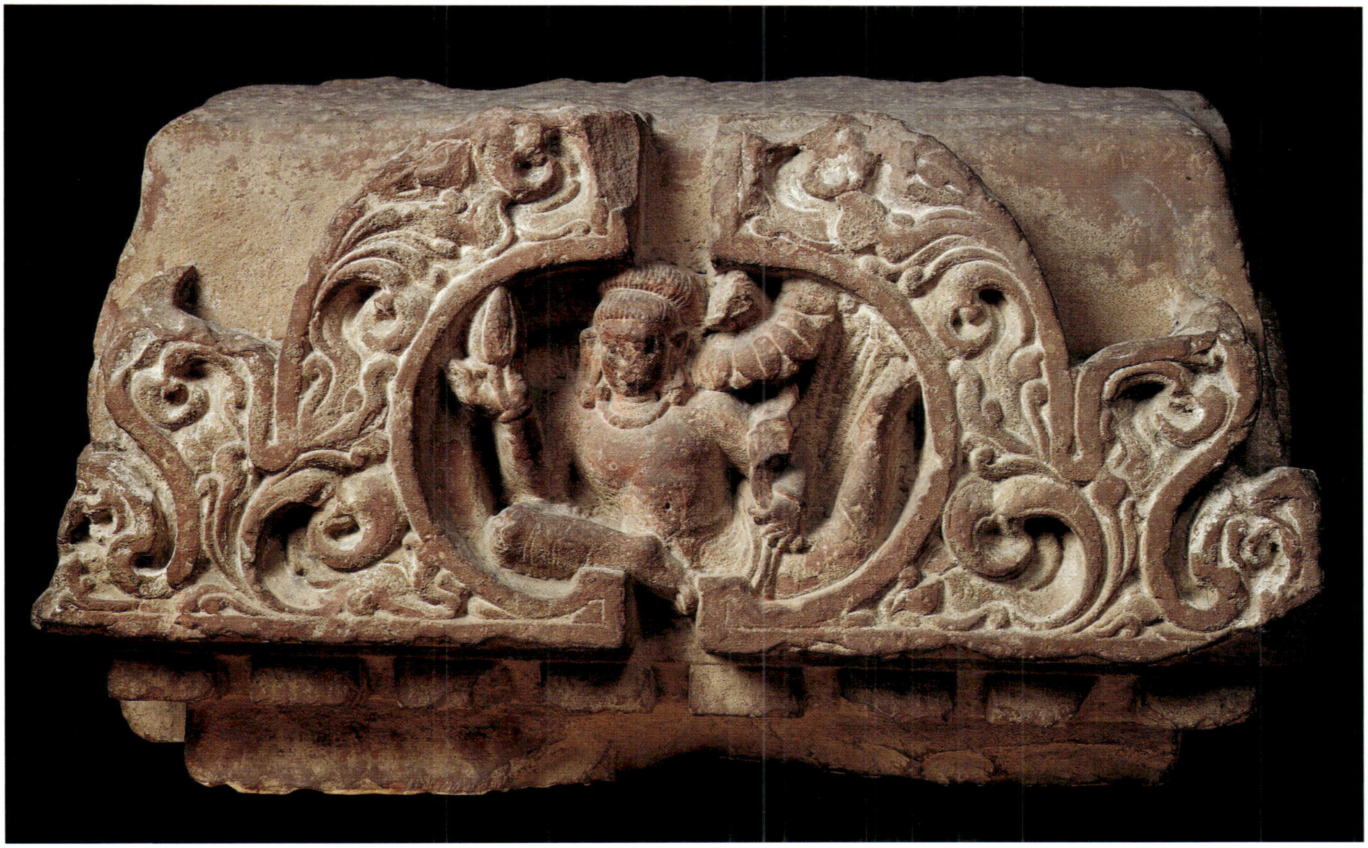

Époque gupta
IVe-Ve siècle
Inde du Nord. Uttar Pradesh. Mathurā

Fragment de décoration architecturale ; grès rouge
H. 40 ; L. 69
Achat (1943)
MA 29

Gupta period
4th-5th century
North India. Uttar Pradesh. Mathura

Fragment of a decorative element; red sandstone
H. 40; W. 69
Purchase (1943)
MA 29

33. *Vidyādhara*

S'inscrivant dans une niche arrondie affectant l'aspect stylisé d'une *candraśālā*, un *vidyādhara* est figuré les jambes repliées dans la position du vol, se mouvant « dans l'espace », le pan de l'écharpe nouée à sa taille bouffant derrière lui afin de rendre plus explicite encore son envol[1]. Tenant dans ses mains une guirlande de fleurs, l'enchanteur divin, « détenteur de la *vidyā* », porte de sobres parures – anneau circulaire à l'oreille gauche, collier à un rang de perles, brassard à motif floral au bras droit – et sa chevelure adopte la coiffure ondée et bouclée caractéristique de la plastique gupta.

De semblables panneaux de terre cuite servaient à l'ornementation des niches et des murs extérieurs de temples en briques bâtis à l'époque gupta en divers sites de la vallée du Gange (Kauśāmbī, Causa, Pawaya, Āpsāḍh, Ahicchattrā, Bhītargāon...), le temple de Bhītargāon étant le mieux préservé de ces édifices aujourd'hui en grande partie ruinés ou disparus. Les vestiges de ces temples ont livré des terres cuites en grande quantité, dont le style volontiers vigoureux et souvent empreint de spontanéité et de verve offre un subtil contrepoint aux formes plus hiératiques attestées dans la sculpture en pierre contemporaine. Il est toutefois malaisé, dans la plupart des cas, d'attribuer une provenance précise à ces reliefs et panneaux historiés de l'époque gupta, tant sont parfois grandes les affinités stylistiques d'un site à l'autre, en même temps que les variantes au sein d'un même site. On notera toutefois, dans le *vidyādhara* du musée Guimet, l'expressivité souriante du visage au large front, aux yeux grands ouverts et légèrement globuleux, aux lèvres charnues délicatement entrouvertes, toutes caractéristiques qui se retrouvent sur certaines terres cuites parfois attribuées à Ahicchattrā[2]. Selon le *Mahāvastu*, texte bouddhique datant du IIIe-IVe siècle de notre ère, les reliefs de terre cuite destinés aux monuments religieux étaient l'œuvre d'artisans spécialisés appelés *pustakāraka*, distincts des potiers (*kumbhakāra*), et travaillant sous la direction des architectes et des maîtres d'œuvre[3].

1 Voir notice n° 32.
2 Pal, 1978, n° 30 ; et Poster, 1986, p. 160, n° 98.
3 Poster, 1986, pp. 41 et 47.

---

33. Vidyadhara

In a rounded niche resembling a stylized *chandrashala*, a Vidyadhara is depicted "flying through space", with his legs folded underneath him and the end of the scarf knotted around his waist floating out behind him to emphasize the impression of flight.[1] Clasping a garland of flowers in his hands, the divine magician, the "holder of *vidya*" wears a modest amount of jewellery – a simple, circular ring in his left ear, a single string of pearls around his neck, an armband with a floral motif on his right arm, – while his wavy, curly hairstyle is characteristic of Gupta sculpture.

Similar terracotta panels decorated the niches and outer walls of brick temples built during the Gupta period in various sites along the Ganges valley (Kausambi, Causa, Pawaya, Apsadh, Ahicchattra, Bhitargaon...), the temple of Bhitargaon being the best preserved of these monuments which, for the most part, are today either ruined or lost. Large numbers of terracotta items have been excavated in the vestiges of these temples; their lively style frequently stamped with spontaneity and verve offsets the more hieratic forms found in contemporary stone sculpture.
In most cases, however, it is difficult to attribute these historiated panels and reliefs from the Gupta period to a specific provenance, since there are just as many stylistic affinities from one site to another as there are variants on any one site. Nevertheless, in the Musée Guimet's Vidyadhara, notice the smiling expression on the high-foreheaded face, the slightly bulging, wide-open eyes and the fleshy lips on the half-open mouth, which are all characteristics found on certain terracottas attributed to Ahicchattra.[2] According to the *Mahavastu*, a Buddhist text dating from 3rd-4th century AD, the terracotta reliefs intended for religious monuments were made by specialized craftsmen known as *pustakarakas*, who worked under the direction of architects and builders[3] and were quite distinct from potters (*kumbhakaras*).

1 See No. 32.
2 Pal, 1978, No. 30; and Poster, 1986, p. 160, No. 98.
3 Poster, 1986, pp. 41 and 47.

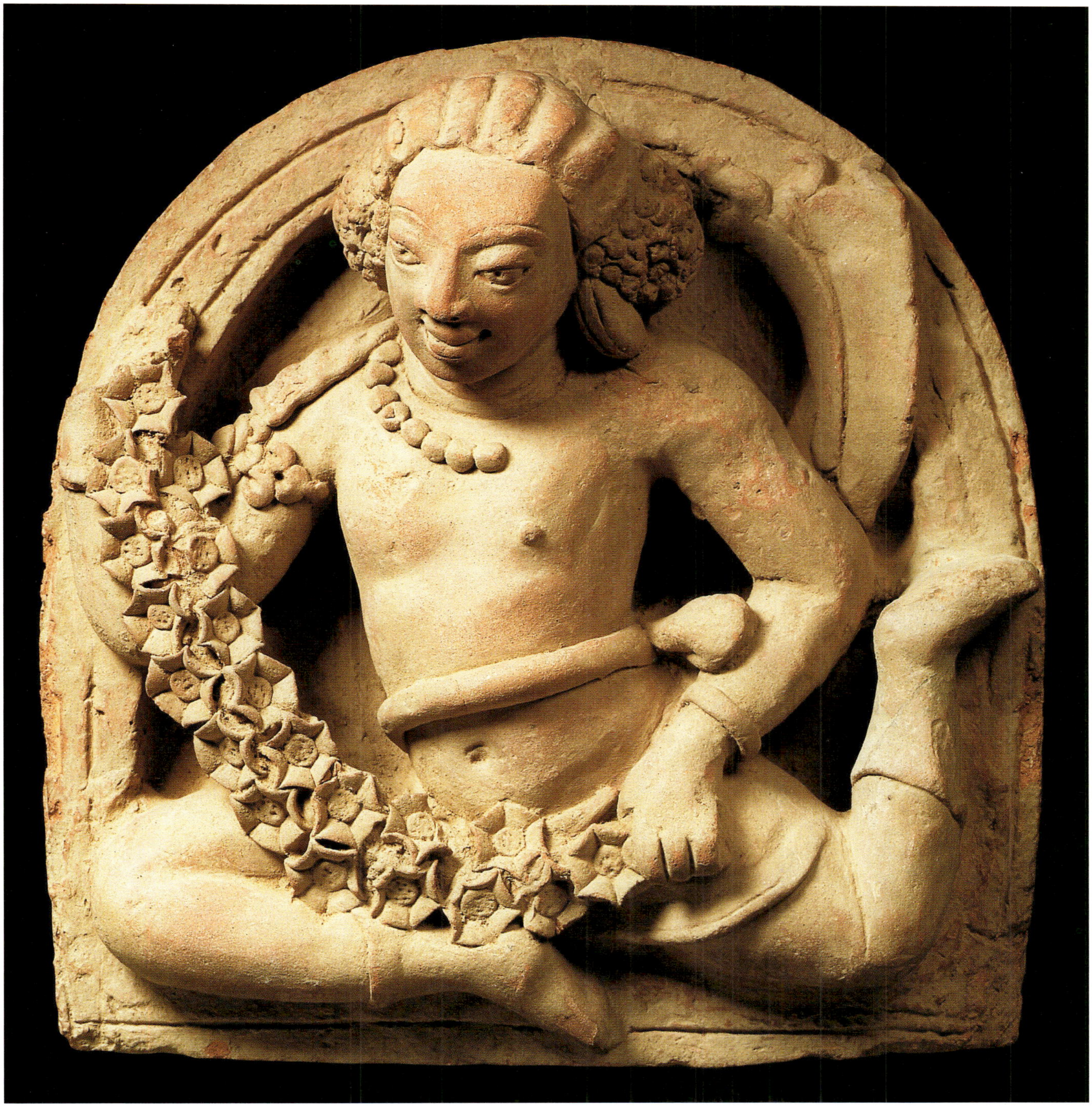

Époque gupta
Ve siècle
Inde du Nord. Uttar Pradesh

Élément de décoration architecturale ; terre cuite
H. 33 ; L. 32,8
Achat (1986)
MA 5021

Gupta period
5th century
North India. Uttar Pradesh

Fragment of a decorative element; terracotta
H. 33; W. 32.8
Purchase (1986)
MA 5021

34. Buddha

Du VIIIe au XIIe siècle, le bouddhisme fut florissant en Orissa, où de nombreux monastères furent édifiés en divers sites de l'actuel district de Cuttack ; au VIIe siècle déjà, le pèlerin chinois Xuanzang en dénombrait plus d'un centaine sis au nord de la rivière Mahānadī[1]. Les vestiges de ces monastères, répartis entre les sites voisins de Lalitagiri (ou Nilitagiri), d'Udayagiri, de Ratnagiri et de Vajragiri dans la chaîne des monts Asia, ont livré d'abondantes sculptures, s'échelonnant du VIIIe aux XIe-XIIe siècles, encore dominées par les canons esthétiques gupta, souvent taillées dans un gneiss à grenats d'aspect particulier, extrait des carrières voisines. Ces œuvres, en très haut relief, souvent de grandes dimensions, ornaient les niches des murs d'enceinte et les chapelles des monastères.

Un Buddha debout, en attitude frontale légèrement hanchée, se détache sur un fond de stèle richement ornementé. Il porte la robe monastique (*uttarāsaṅga*) moulant le corps et recouvrant les deux épaules, dont il retient le pan dans sa main gauche levée ; sous l'*uttarāsaṅga*, se devine comme en transparence l'*antaravāsaka*, ou vêtement de dessous, que révèle un sillon à hauteur du ventre. Dans sa main droite, un rosaire (*akṣamālā*), attribut d'ordinaire dévolu aux bodhisattva – notamment au bodhisattva Avalokiteśvara –, insolite sur une figuration du Buddha. Le visage, aux traits effacés, se découpe sur un nimbe aux bords ornementés. De part et d'autre de l'image du Bienheureux figurent (en partie haute) des *vidyādhara* portant des guirlandes et volant dans les nuées, des porteurs de chasse-mouches et de fleurs de lotus et (en partie basse) un décor symbolique propre aux trônes indiens comme aux stèles sur lesquelles se détachent les images des divinités et mêlant divers animaux mythiques ou hybrides – ici, lions cabrés et cornus (*vyālaka*) et *makara* crachant des guirlandes de perlages –, dont la réunion est destinée à suggérer la souveraineté de la divinité sur l'univers entier[2].

Une brève inscription est gravée au dos de la stèle.

1 Chanda, 1930, p. 6.
2 De Mallmann, 1963, p. 235.

Bibliographie
Dupont, 1935, pp. 156-158 ; Monod, 1966, pp. 68-70, fig. 17 ; Deneck, 1970, p. 257, fig. 95-96.

Between the 8th and the 12th centuries, Buddhism flourished in Orissa, where numerous monasteries were built on various sites in the present-day district of Cuttack. As early as the 7th century, the Chinese pilgrim Xuanzang counted more than a hundred situated north of the River Mahanadi.[1] Amid the vestiges of these monasteries, extending over the neighbouring mountain sites of Lalitagiri (or Nilitagiri), Udayagiri, Ratnagiri and Vajragiri, a prolific number of sculptures dating from the 8th to the 11th-12th centuries have been unearthed, still testifying to Gupta influence and often carved in a particular garnetiferous gneiss from nearby quarries. These frequently large-scale works carved in very high relief were used to adorn the outer walls and chapels of the monasteries.

Standing in a slightly contrapuntal, frontal pose, the Buddha is set against a richly decorated background. Clad in a close-fitting monastic robe (*uttarasanga*) covering both shoulders, he holds the hem in his raised left hand; beneath the sheer *uttarasanga*, the undergarment (*antaravasaka*) is indicated by the fold at waist level. In his right hand he holds a rosary (*akshamala*), an attribute normally associated with Bodhisattvas – especially Avalokiteshvara – and which is unusual in a portrait of the Buddha. The worn-away face is surrounded by a halo with decorated edges. Portrayed on either side of the Buddha (in the upper section) are Vidyadharas carrying garlands and flying through the air on clouds, bearers of fly-whisks and lotus flowers, and (in the lower section) symbolic motifs peculiar to Indian thrones and stelae depicting deities and mixing mythical or hybrid animal motifs – here prancing and horned lions (*vyalakas*) and *makaras* spitting garlands of pearls – whose juxtaposition recalls the deity's sovereignty over the entire universe.[2]

A brief inscription is engraved on the back of the stela.

34. Buddha

1 Chanda, 1930, p. 6.
2 De Mallmann, 1963, p. 235.

Bibliography
Dupont, 1935, pp. 156-158; Monod, 1966, pp. 68-70, Fig. 17; Deneck, 1970, p. 257, Figs. 95-96.

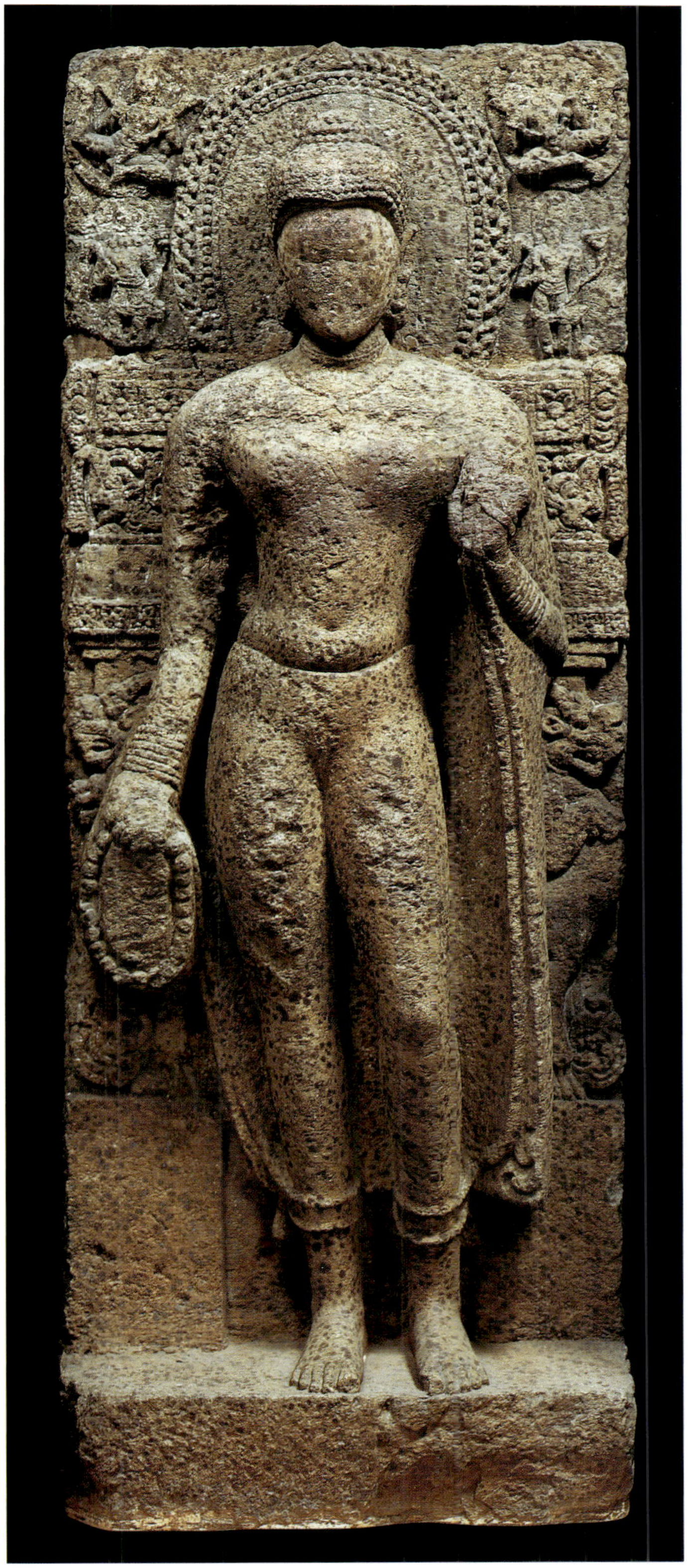

Époque post-gupta
VIIIe-IXe siècle
Inde du Nord-Est. Orissa. Lalitagiri (?)

Haut-relief ; gneiss à grenats
H. 195 ; L. 78
Achat (1932)
MG 18316/18317

Post-Gupta period
8th-9th century
North-East India. Orissa. Lalitagiri (?)

High relief; garnetiferous gneiss
H. 195; W. 78
Purchase (1932)
MG 18316/18317

35. Khasarpaṇa-Lokeśvara

Ce fragment de la partie supérieure d'une stèle figure le bodhisattva Avalokiteśvara – personnification de la compassion (*karuṇā*) –, sous l'aspect de Khasarpaṇa-Lokeśvara, « le Seigneur du Monde qui serpente à travers l'espace[1] ». La stèle, que l'on peut reconstituer par comparaison avec une stèle analogue et complète provenant d'Udayagiri (Orissa)[2], représente le bodhisattva dans un paysage rocheux évoquant son séjour favori, le Potalaka – montagne du monarque universel (*Cakravartin*). Certains des personnages peuplant le Potalaka sont ainsi visibles : dans la partie haute de la stèle, cinq des Sept Buddha du passé, ou *mānuṣi buddha*, assis sur des lotus et, dans une niche, Bhṛkuṭī, dotée de quatre bras et tenant notamment le rosaire (*akṣamālā*), le vase à eau (*kamaṇḍalu*) et le triple bâton (*tridaṇḍa*). Dans la niche de gauche, absente du relief du musée Guimet, se trouvait vraisemblablement Tārā et, aux pieds du bodhisattva, Sudhanakumāra et Hayagrīva[3]. La corolle d'un lotus rose (*padma*) épanoui, attribut d'Avalokiteśvara, est visible sous la niche abritant Bhṛkuṭī, et un ascète (*ṛṣi*), hôte du Potalaka, est figuré sous la rangée des *mānuṣi buddha*.

On notera le traitement précis et soigné du haut chignon en tiare (*jaṭāmukuṭa*) abritant l'image du Buddha de l'espace, Amitābha, dont Avalokiteśvara est l'émanation, et, plus encore, l'intense expression de recueillement intérieur émanant du visage du bodhisattva, aux traits fins et aigus et au puissant modelé.

Ce fragment de stèle est du même style et probablement de la même provenance que les n°s 34 et 36.

1 Sur l'iconographie de Khasarpaṇa-Lokeśvara, voir de Mallmann, 1948, pp. 194-197.
2 Huntington, 1985, p. 446, fig. 19.46.
3 Huntington, 1985, p. 446, fig. 19.46 ; voir également notice n° 55.

Exposition
Paris, Petit Palais, 1960, n° 224.

Bibliographie
Dupont, 1935, pp. 156-158 ;
Monod, 1966, pp. 68-70, fig. 18.

This is a fragment of the upper part of a stela depicting the Bodhisattva Avalokiteshvara – the personification of mercy (*karuna*) – as Khasarpana-Lokeshvara, "the Lord of the World who winds his way through space".[1] The stela, which can be reconstituted through stylistic comparison with a similar, complete stela from Udayagiri (Orissa),[2] represents the Bodhisattva in a rocky landscape recalling his favourite resting-place, Mount Potalaka – home of the universal ruler (*Chakravartin*). Some of Mount Potalaka's inhabitants can thus be seen on the stela: at the top, five of the seven Buddhas of the Past, or *manushi* Buddhas, seated on lotus flowers, and in a niche, a four-armed Bhrikuti holding a rosary (*akshamala*), a water-flask (*kamandalu*) and the three-headed stick (*tridanda*). In the missing left-hand niche, there was probably a Tara and at the feet of the Bodhisattva, Sudhanakumara and Hayagriva.[3] The open flower of a pink lotus (*padma*), Avalokiteshvara's attribute, is visible in the niche housing Bhrikuti, while an ascetic (*rishi*) living on Mount Potalaka can be seen beneath the row of *manushi* Buddhas.

Notice the meticulous treatment of the high headdress (*jatamukuta*) housing an image of the Amitabha Buddha, from whom Avalokiteshvara emanated. Notice also the intense expression of inner concentration emanating from his fine-featured, powerfully modelled face.

Same style and probably the same provenance as Nos. 34 and 36.

35. Khasarpana-Lokeshvara

1 On the iconography of Khasarpana-Lokeshvara, see de Mallmann, 1948, pp. 194-197.
2 Huntington, 1985, p. 446, Fig. 19.46.
3 Huntington, 1985, p. 446, Fig. 19.46; see also No. 55.

Exhibition
Paris, Petit Palais, 1960, No. 224.

Bibliography
Dupont, 1935, pp. 156-158;
Monod, 1966, pp. 68-70, Fig. 18.

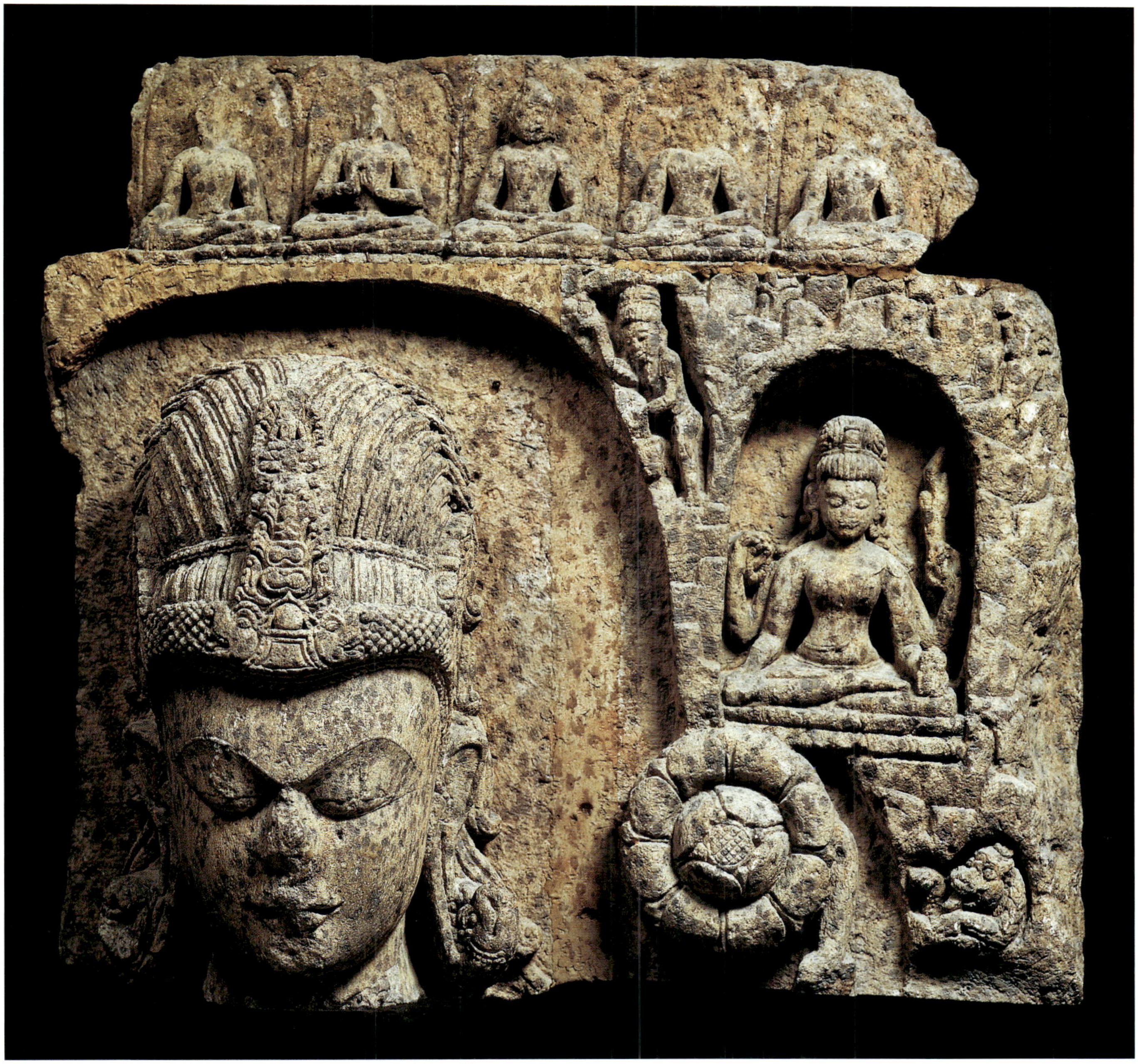

Époque post-gupta
VIIIe-IXe siècle
Inde du Nord-Est. Orissa. Lalitagiri (?)

Haut-relief ; gneiss à grenats
H. 75 ; L. 78
Achat (1931)
MG 17839/17840

Post-Gupta period
8th-9th century
North-East India. Orissa. Lalitagiri (?)

High relief; garnetiferous gneiss
H. 75; W. 78
Purchase (1931)
MG 17839/17840

36. Vajrapāṇi

Partie supérieure d'une stèle ornée du buste du bodhisattva Vajrapāṇi, personnification de la sagesse (*prajñā*). Nimbé, coiffé d'une tiare cylindrique à fleurons laissant échapper des mèches de cheveux tombant sur les épaules, richement paré, il tient dans sa main droite son attribut, le foudre ou *vajra*, et dans sa main gauche un lotus dont la tige sinueuse passe à la saignée du bras. De part et d'autre du large nimbe circulaire, deux images du Buddha, assis sur un lotus, issu – pour l'image de gauche – d'une longue tige rectiligne ; le Buddha y est figuré la main droite tendue vers le sol (*bhūmisparśa mudrā*), prenant la terre à témoin de sa victoire sur Māra[1]. On notera, en dépit du caractère fragmentaire de l'œuvre, le hanchement prononcé du bodhisattva, révélateur d'un certain « maniérisme » annonciateur de l'esthétique médiévale.

Ce haut-relief est du même style et probablement de la même provenance que les nos 34 et 35.

1 Voir notice n° 17.

Bibliographie
Monod, 1966, pp. 68-70 ; Deneck, 1970, p. 257, fig. 94.

---

36. Vajrapani

This is the upper part of a stela decorated with a bust of the Bodhisattva Vajrapani, the personification of wisdom (*prajna*). His head encircled by a halo, his hair arranged in a cylindrical tiara adorned with fleurons and long tresses spilling over his shoulders, bedecked in sumptuous jewellery, in his right hand he holds his attribute, a thunderbolt (*vajra*), in his left a lotus whose sinuous stem passes over the crook of his arm. On either side of the broad halo is an image of the Buddha seated on a lotus. A long straight stem supports the flower on the left; the Buddha is depicted upon it with his right hand reaching down to touch the ground (*bhumisparsha mudra*), calling upon the Earth to witness his victory over Mara.[1] Despite the work's fragmentary condition, Vajrapani's pronounced contrapuntal posture is obvious, revealing a certain "mannerism" which heralds the approach of medieval aesthetics.

This relief is in the same style and probably has the same provenance as Nos. 34 and 35.

1 See No. 17.

Bibliography
Monod, 1966, pp. 68-70; Deneck, 1970, p. 257, Fig. 94.

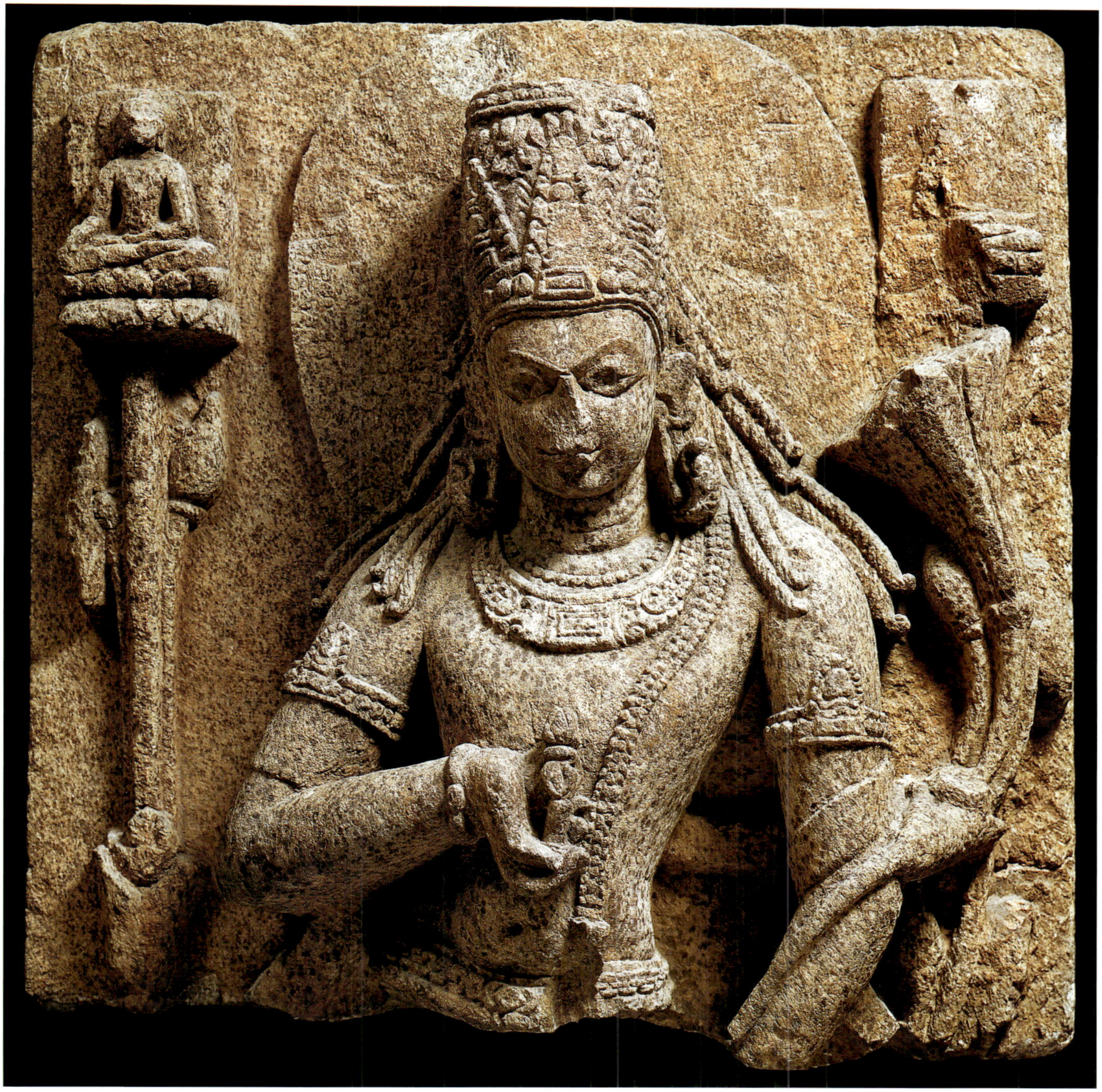

Époque post-gupta
VIIIe-IXe siècle
Inde du Nord-Est. Orissa. Lalitagiri (?)

Haut-relief ; gneiss à grenats
H. 70 ; L. 76
Achat (1931)
MG 17841

Post-Gupta period
8th-9th century
North-East India. Orissa. Lalitagiri (?)

High relief; garnetiferous gneiss
H. 70; W. 76
Purchase (1931)
MG 17841

37. Divinité fluviale (Yamunā ?)

Les divinités fluviales Gaṅgā et Yamunā – personnifications du Gange et de son affluent, la Jumnā –, dont les premières représentations, issues de l'image des divinités à l'arbre (*vṛkṣa devatā, yakṣī*), semblent attestées vers le IIe siècle dans l'art d'Amarāvatī[1], furent fréquemment figurées à l'entrée des temples et des sanctuaires dès l'époque gupta (IVe-VIe siècle). Chargées de garder le seuil des lieux saints, afin que les dévots y pénètrent symboliquement purifiés par la vision bénéfique des deux fleuves sacrés, Gaṅgā et Yamunā occupèrent d'abord le sommet des jambages d'encadrement des portes, puis, au cours du VIe siècle, furent progressivement déportées vers la base des piédroits. Les déesses sont alors différenciées par leurs montures respectives – le *makara*, monstre marin, étant attribué à Gaṅgā, la tortue (*kūrma*) à Yamunā – et dotées d'attributs variables – lotus bleu (*utpala*) ou lotus rose (*padma*), jarre ou vase d'abondance (*pūrṇa ghaṭa*). Elles sont en outre accompagnées de personnages divers, gardiens de porte (*dvārapāla*) ou nains (*gaṇa*) et suivantes portant un parasol.

La divinité fluviale du musée Guimet est peut-être Yamunā – dont l'emplacement habituel se situe généralement à la droite de l'entrée des sanctuaires ; mais les rinceaux végétaux qui se sont ici substitués à la monture de la divinité[2], joints au caractère fragmentaire de l'œuvre, ne permettent pas une identification plus précise. Fortement hanchée, vêtue d'une *dhotī* diaphane retenue par une ceinture orfévrie, elle est entourée de deux suivantes et d'une naine (*gaṇī*) tenant une fleur dans la main droite. L'une des assistantes, à l'extrémité droite du groupe, tient des deux mains la tige sinueuse et brisée d'un lotus, dont la feuille déployée faisant office de parasol ombrageait la tête de la déesse[3]. La seconde assistante porte un petit flacon d'huile ou d'onguent et un réticule contenant des cosmétiques, conférant ainsi, par sa

1 Viennot, 1964, pp. 10-11.
2 Auboyer, 1968, p. 51.
3 Sur le lotus-parasol et son évolution stylistique, voir Viennot, 1964, pp. 67-68.

---

37. River Goddess (Yamuna?)

The earliest representations of the river goddesses Ganga and Yamuna – personifications of the River Ganges and its tributary the Jumna – appeared in Amaravati[1] art around the 2nd century and drew their inspiration from tree spirits (*vriksha devatas, yakshis*). They were often placed at the entrance to temples and sanctuaries from the Gupta period (4th-5th centuries) onwards. Their role was to guard the threshold of holy places, so that devotees could enter the building symbolically cleansed by the sight of the two sacred rivers, the Ganges and the Jumna. Initially placed on the upper lintel of the doorway, in the 6th century, they were gradually relegated to the base of the piers. The goddesses can be distinguished by their different mounts – the sea-monster (*makara*), was associated with Ganga, the turtle (*kurma*) with Yamuna – and were given a variety of attributes: blue lotus (*utpala*) or pink lotus (*padma*), jar or vase of plenty (*purna ghata*). They were also accompanied by different figures, door-keepers (*dvarapalas*), dwarfs (*ganas*) and attendants carrying umbrellas.

The Musée Guimet's river goddess is possibly Yamuna – whose usual position was generally to the right of the sanctuary entrance. But the plant motifs which have replaced the deity's mount[2] here, together with the work's fragmentary condition, prevent us from being more precise. Standing in a contrapuntal pose, clad in a transparent *dhoti* and bejewelled belt, she is accompanied by two attendants and a female dwarf (*gani*) holding a flower in her right hand. The attendant at the far right of the group is holding the sinuous, broken stem of a lotus, whose outstretched leaf acted as an umbrella for the goddess.[3] The second attendant is carrying a small flask of oil or ointment and a bag containing cosmetics; through her secular, almost anecdotal presence, she thus adds a hint of profanity to the essentially religious scene,

1 Viennot, 1964, pp. 10-11.
2 Auboyer, 1968, p. 51.
3 On the lotus-umbrella and its stylistic evolution, see Viennot, 1964, pp. 67-68.

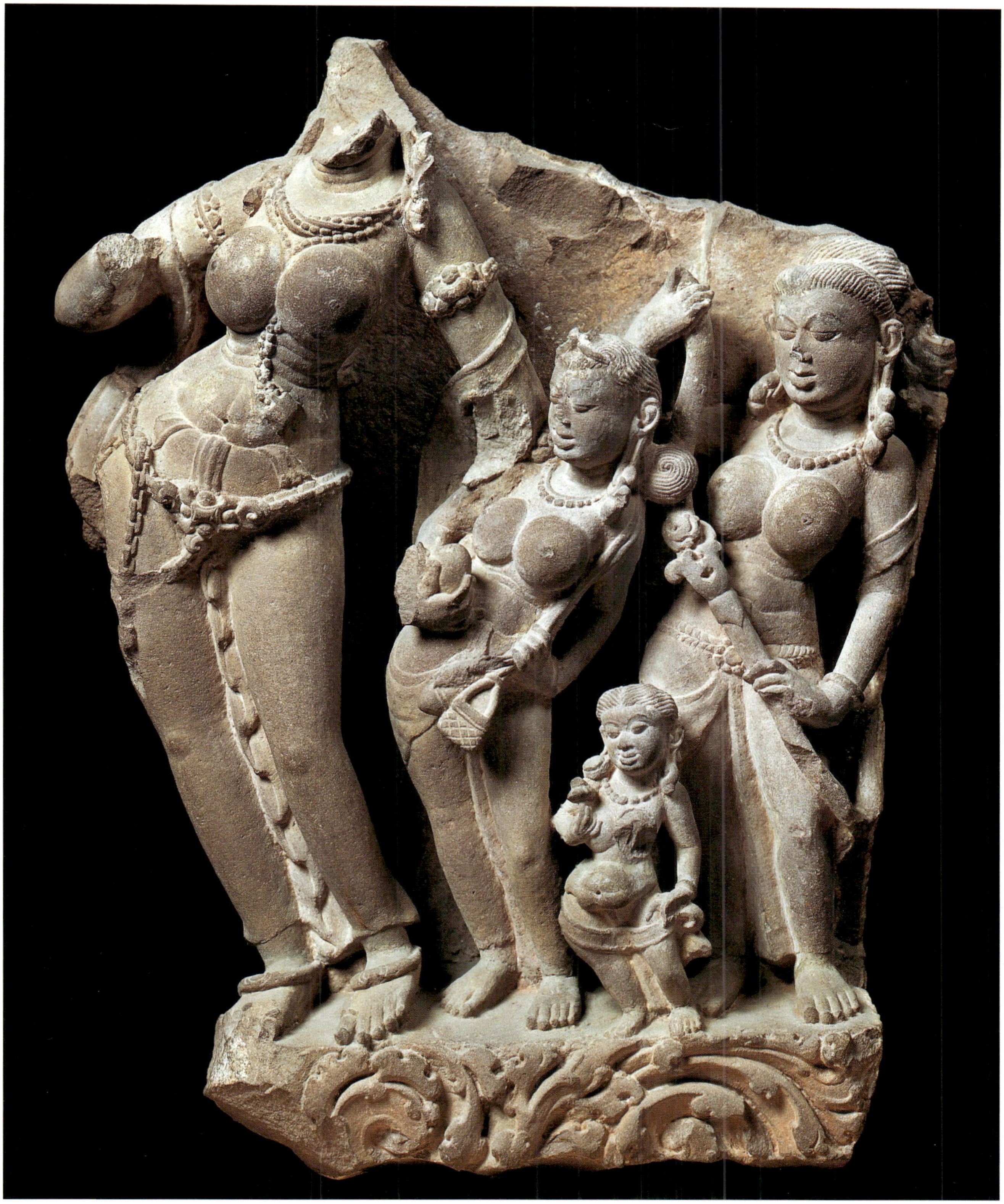

Époque post-gupta
VIIIe-IXe siècle
Madhya Pradesh ou Rājasthān

Ronde-bosse ; grès
H. 63 ; L. 50
Achat (1967)
MA 2866

Post-Gupta period
8th-9th century
Madhya Pradesh or Rajasthan

In-the-round sculpture; sandstone
H. 63; W. 50
Purchase (1967)
MA 2866

présence séculière et presque anecdotique, un accent profane à une figuration d'essence religieuse, qui dès lors s'apparente à quelque scène de genre montrant une jeune femme gagnant la rivière afin de s'y baigner[4].

La sculpture, dominée par des lignes courbes et ondoyantes mettant en valeur les formes sensuelles et opulentes de la déesse et de ses assistantes, se rattache à la tradition esthétique post-gupta, telle qu'elle s'épanouit notamment au Madhya Pradesh et au Rājasthān vers les VIIIe-IXe siècles[5].

4 Pal, 1988, p. 117.
5 Pour des œuvres stylistiquement comparables, voir Pal, 1988, pp. 116-118, nos 45 a-b et 46.

BIBLIOGRAPHIE
Auboyer, 1968, p. 51 ; Béguin, 1992, p. 28.

which can henceforth be related to a genre scene showing a young woman on her way to bathe in the river.[4]

Dominated by curves and undulating lines which highlight the sensual, voluptuous forms of the goddess and her attendants, the sculpture adheres to post-Gupta artistic conventions, notably as they developed in Madhya Pradesh and Rajasthan around the 8th and 9th centuries.[5]

4 Pal, 1988, p. 117.
5 For stylistically comparable works, see Pal, 1988, pp. 116-118, Nos. 45 a-b and 46.

BIBLIOGRAPHY
Auboyer, 1968, p. 51; Béguin, 1992, p. 28.

38. Indrāṇī

1 Rao, 1914, vol. I, part. II, p. 385.
2 Shah, 1965-1966, p. 79, pl. XXXIX, fig. 22.

Indrāṇī – l'une des « mères » (*mātṛkā*) – est figurée debout, dotée de quatre bras et portant à califourchon sur sa hanche droite un enfant qu'elle soutient de ses deux mains supérieures. Sa main inférieure droite tient le foudre (*vajra*), sa main inférieure gauche, brisée, un attribut indéterminé dont seul subsiste le manche ; peut-être s'agit-il du croc à éléphant (*aṅkuśa*) que certains textes, tel le *Devī-purāṇa*, assignent avec le foudre à Indrāṇī[1]. Derrière la divinité se profile sa monture, l'éléphant Airāvata. Le hanchement prononcé (*ābhaṅga*) du corps de la déesse, auquel répond l'ample courbe de l'écharpe tombant sur les genoux, met en évidence le rythme sobre et linéaire de l'œuvre, dont le style évoque certaines sculptures du temple de Danteśvara, près de Baroda[2].

Les « mères » ou *mātṛkā* – au nombre de sept ou huit selon les textes et les traditions – sont les contreparties féminines et les énergies personnifiées (*śakti*) des principaux dieux védiques en même temps que les hypostases d'une seule et même déesse, Caṇḍī (Devī). Issues d'un culte obscur et ancien, les « mères » personnifiaient à l'origine de terribles fléaux naturels ou des maladies endémiques comme la variole, la typhoïde ou le choléra, dont on ne pouvait se préserver qu'à force d'offrandes et de sacrifices. Intégrées au panthéon brahmanique, ces puissances redoutables devinrent les *śakti* des principaux dieux, participant de leur iconographie et héritant de leurs montures et de leurs attributs. Ainsi, Indrāṇī (ou Aindrī) est la *śakti* d'Indra, roi des dieux et dieu des pluies, porteur du foudre – arme de jet évoquant l'éclair – et parfois aussi du croc à éléphant. Sa monture est donc également l'éléphant blanc à quatre défenses, Airāvata, traditionnellement comparé au nuage et à ce titre dévolu au dieu de l'orage et des pluies.

---

38. Indrani

1 Rao, 1914, Vol. I, Part II, p. 385.
2 Shah, 1965-66, p. 79, Pl. XXXIX, Fig. 22.

This standing portait of Indrani – one of the "mothers" (*matrikas*) – has four arms, two of which are holding the child on her hip. Her lower right hand holds a thunderbolt (*vajra*); her broken lower left hand holds an unidentified attribute, only the handle of which has survived. It may possibly have been an elephant goad (*ankusha*), which certain texts such as the *Devi-Purana* ascribe to Indrani along with the thunderbolt.[1] Standing in profile behind the goddess is her elephant, Airavata The pronounced contrapuntal posture (*abhanga*) of the goddess' body, echoed by the sweeping curve of her scarf across her knees, highlights the work's restrained, linear rhythm and recalls the style of some of the sculptures in the Danteshvara Temple, near Baroda.[2]

The "mothers" or *matrikas* – numbering seven or eight according to texts and tradition – were the female counterparts and personified energy (*shakti*) of the principal Vedic gods, as well as the hypostases of a single goddess, Chandi (Devi). Derived from an obscure, ancient cult, the "mothers" originally personified terrible natural disasters or endemic diseases such as smallpox, typhoid and cholera, from which the only protection was to make offerings and sacrifices. Incorporated into the Brahmanic pantheon, these formidable forces became the *shakti* of the most powerful gods, shared their iconography and inherited their conventional mounts and attributes. Indrani (or Aindri) is the *shakti* of Indra, king of the gods, god of rainfall and bearer of both the thunderbolt – a weapon which shoots forth lightning – and occasionally the elephant goad. Likewise, her steed is therefore Airavata, the white elephant with four tusks, traditionally compared to a cloud and thus attributed to the god of rainfall and storms.

Toujours représentées par série et exclusivement dans des temples śivaïtes, les « mères », encadrées de Vīrabhadra (hypostase de Śiva) et de Gaṇeśa, sont très souvent figurées avec un enfant dans les bras ou assis à leur côté ; or, si de nombreuses sculptures attestent la présence de l'enfant, l'on notera en revanche que les textes connus n'en font pas mention, ce qui semble indiquer une tradition iconographique distincte dont on ignore encore le répondant textuel[3].

3 De Mallmann, 1963, p. 152.

BIBLIOGRAPHIE
Monod, 1966, p. 71, fig. 20 ; Deneck, 1970, pp. 257-258, pl. 98.

Always represented in series found exclusively in Shaivite temples, the "mothers", flanked by Virabhadra (the hypostasis of Shiva) and Ganesha, are very often depicted with a child in their arms or seated beside them; while numerous sculptures bear witness to the presence of a child, known texts make no reference to children, which seems to indicate a distinctive iconographic tradition as yet unechoed in written works.[3]

3 De Mallmann, 1963, p. 152.

BIBLIOGRAPHY
Monod, 1966, p. 71, Fig. 20; Deneck, 1970, pp. 257-258, Pl. 98.

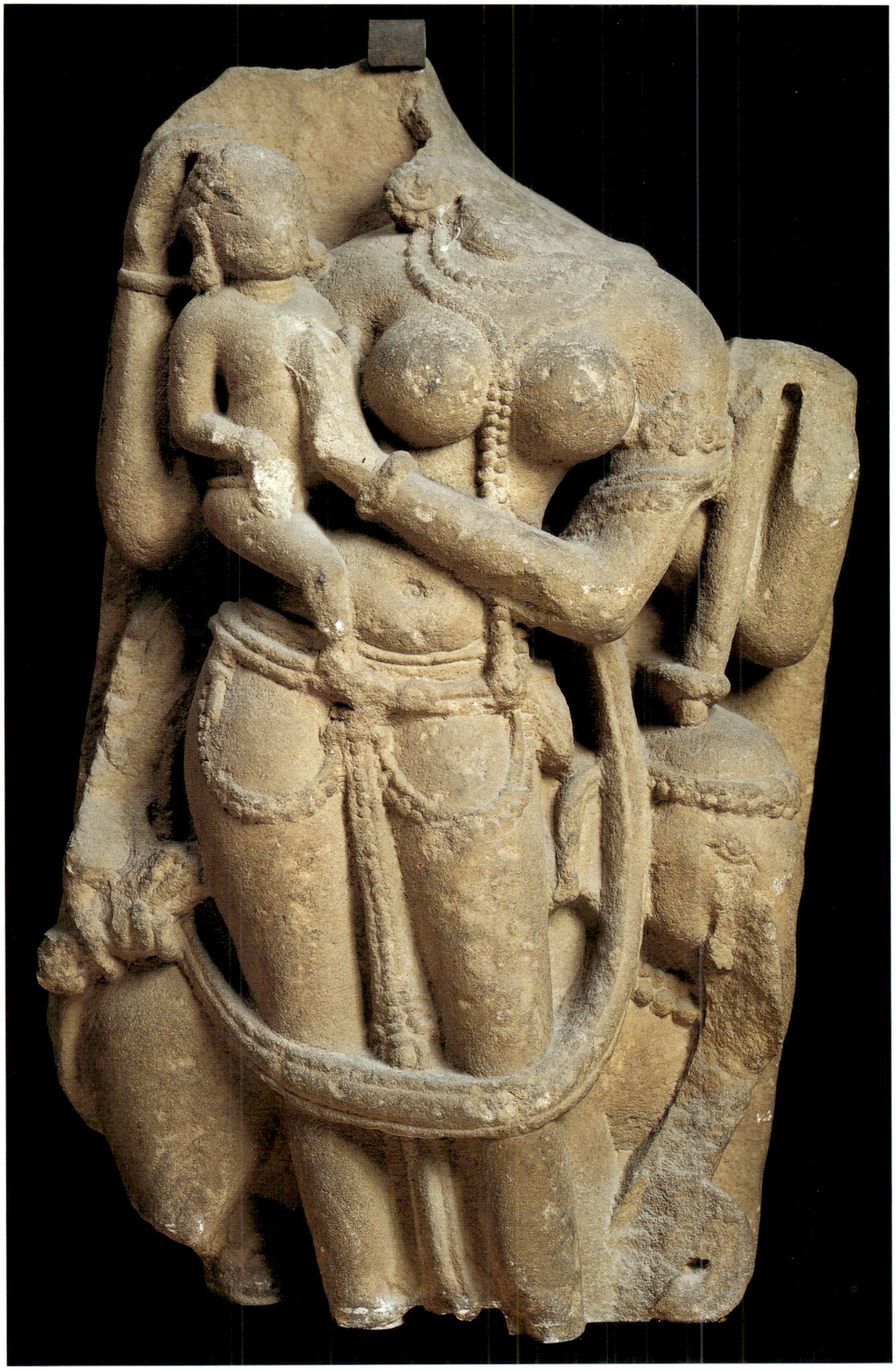

Époque médiévale
IXe-Xe siècle
Gujerāt

Fragment de décoration architecturale ; grès
H. 65 ; L. 39
Don de Ch. Vignier (1927)
MG 17076

Medieval period
9th-10th century
Gujerat

Fragment of a decorative element; sandstone
H. 65; W. 39
Gift of Ch. Vignier (1927)
MG 17076

39. Agni

Agni, le dieu du feu, se détache sur un fond de stèle dont seule subsiste la partie droite supérieure. Barbu, coiffé du haut chignon en tiare (*jaṭāmukuṭa*), il est doté de quatre bras en partie brisés. Une auréole de flammes émanant de son être et nimbant sa tête rappelle la nature ignée de la divinité, dont certains textes mentionnent la coiffure constituée de sept mèches ou de sept flammes[1]. Outre de riches parures, le dieu porte le cordon sacré (*yajñopavīta*), visible sur son épaule gauche.

Seule est intacte l'une des mains gauches du dieu, pourvue d'un attribut dont l'identification véritable demeure hypothétique, mais dont la forme étroite et allongée évoque néanmoins celle du livre ou manuscrit en feuille de palme (*pustaka*). Dévolu à certaines divinités, dont Brahmā ou Sarasvatī, le livre ne figure pas au nombre des attributs traditionnellement assignés à Agni – tels la lance, le rosaire, le vase à eau, la cuiller ou encore l'éventail à feu. Toutefois, à l'instar de ces attributs qui tous sont en relation avec le rituel et le feu sacrificiel, le livre – qui symbolise l'ensemble des *Veda* – évoque en conséquence le savoir et, partant, le sacrifice dont le feu est l'élément essentiel ; d'où, peut-être, sa présence exceptionnelle comme attribut de l'Agni du musée Guimet[2].

Le fond de la stèle s'orne d'un décor symbolique autant que conventionnel : dans le registre médian sont figurés deux ascètes, tournés vers Agni et portant une coupe et la cuiller (*śruva*) servant aux oblations de beurre clarifié, ainsi qu'un guerrier, le bras levé, combattant un *makara* ; dans le registre inférieur, un lion cornu et hybride (*vyālaka*) ; dans le registre supérieur, trois *gandharva* et *vidyādhara*, êtres mythiques et célestes porteurs d'offrandes et de guirlandes de joyaux. Cet assemblage conventionnel d'êtres mythiques et d'animaux composites, dont la réunion évoque toute une cosmologie et constitue également le décor des trônes indiens, a pour fonction de suggérer la puissance de la divinité sur l'univers[3].

1 De Mallmann, 1963, p. 128.
2 Il est à noter qu'Agni, dans l'iconographie comme dans les documents figurés, n'est pas sans présenter certaines ressemblances avec Brahmā. Les deux divinités sont souvent figurées barbues, coiffées du chignon en tiare (*jaṭāmukuṭa*) et dotées d'attributs communs en rapport avec le savoir et le sacrifice (rosaire, vase à eau, cuiller...) ; et si Brahmā est pourvu de quatre faces, il existe également des représentations d'Agni à deux faces ; voir Rao, 1916, vol. II, part. II, p. 524.
3 Auboyer, 1949, pp. 112 *sqq.*

---

39. Agni

Agni, the god of fire, stands against a stela, only the upper right corner of which has survived. Wearing a beard and a high headdress (*jatamukuta*), he has four (partially broken) arms. A halo of flames spouting forth from his being and encircling his head recalls the fiery nature of the deity, whose hairstyle certain texts describe as being made up of seven locks or seven flames.[1] Richly bedecked in jewellery, the god also wears the sacred cord (*yajnopavita*), which can be seen on his left shoulder.

Only one of the god's left hands is intact; it holds an attribute whose identity remains hypothetical, but whose elongated form evokes that of the palm-leaf book or manuscript (*pustaka*). Associated with deities such as Brahma and Sarasvati, the book is not normally included in Agni's conventional attributes – spear, rosary, water-flask, the sacrificial spoon or the fan. However, like the other attributes which are all related to rituals and the sacrificial fire, the book – symbol of the *Vedas* – epitomizes knowledge and, consequently, sacrifice, of which fire is the essential element. Hence its unusual appearance as an attribute of the Musée Guimet's Agni.[2]

The decoration of the stela is both conventional and symbolic: two ascetics are depicted in the middle register, turned towards Agni and holding a cup and a spoon (*shruva*) used for the oblations of clarified butter; there is also a warrior with arm raised fighting a *makara*; in the lower register is a hybrid, horned lion (*vyalaka*); in the upper register are three Gandharvas and Vidyadharas, mythical, heavenly beings, bearers of offerings and garlands of jewellery.
This conventional group of legendary beings and hybrid animals, whose juxtaposition recalls an entire cosmology, was used to decorate Indian thrones, and was intended to suggest the god's authority over the universe.[3]

1 De Mallmann, 1963, p. 128.
2 It should be noted that Agni, in both iconography and images, bears a certain resemblance to Brahma. Both divinities are often depicted with beards, high headdresses (*jatamukutas*) and attributes relating to knowledge and sacrifice (rosary, water-flask, spoon...); while Brahma is portrayed with four heads, representations of Agni with two heads also exist; see Rao, 1916, Vol. II, Part II, p. 524.
3 Auboyer, 1949, pp. 112 *sqq.*

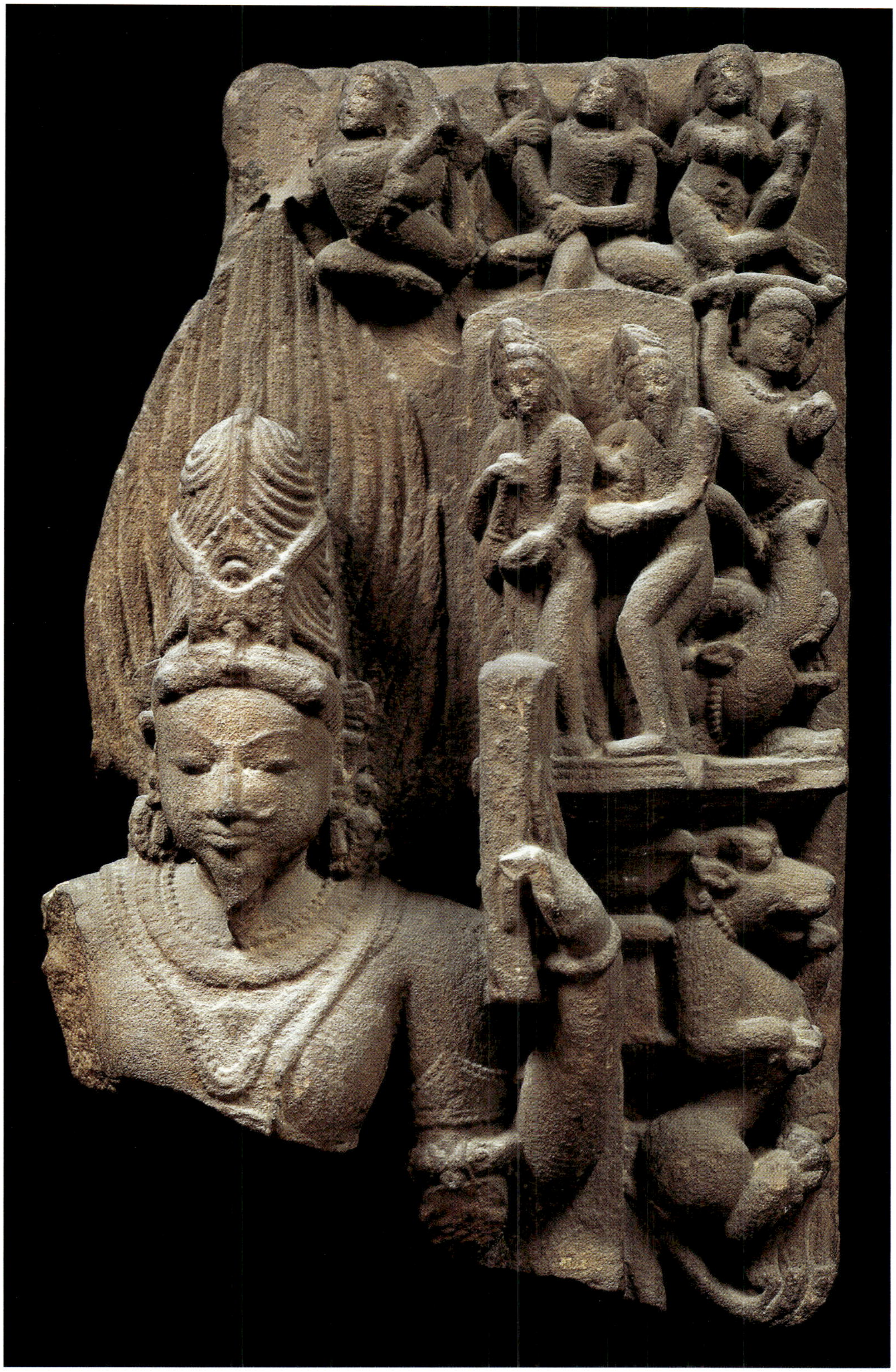

Époque médiévale
Xe siècle
Inde centrale

Fragment de décoration architecturale ; grès
H. 60,5 ; L. 39
Achat (1955)
MA 1750

Medieval period
10th century
Central India

Fragment of a decorative element; sandstone
H. 60.5; W. 39
Purchase (1955)
MA 1750

40. Divinité à l'arbre (*śālabhañjikā* ou *vṛkṣakā*)

Une jeune femme est figurée debout sur la corolle d'un lotus épanoui ; un rinceau, ponctué de boutons de fleurs, se déploie au-dessus de sa tête en un dais végétal. Sans doute s'agit-il d'une divinité à l'arbre[1] (*vṛkṣakā* ou *śālabhañjikā*), dont le toucher ou la simple présence suffisent à faire fleurir les arbres. La dryade tient dans sa main gauche une *vīṇā* (partiellement brisée) et est entourée d'une assistante et d'un nain (*gaṇa*) tenant également des instruments de musique. Derrière l'assistante se devine le tronc de l'arbre dont la *vṛkṣakā* est la divinité.

Ce haut-relief, fragment de décoration architecturale, provient du temple de Purāṇa Mahādeva, situé à Harṣagiri, dans l'État de Jaipur (Rājasthān). Le temple, partiellement détruit au XVIIe siècle, à l'instigation de l'empereur moghol Aurangzeb, et découvert par le sergent E. Dean en 1834, était consacré au dieu Śiva Harṣadeva ; une inscription révèle que sa construction s'échelonna de 961 à 973[2]. Bon nombre des reliefs et des sculptures ornant ses murs sont aujourd'hui conservés dans les musées de Sikar et d'Ajmer. Le musée de Philadelphie possède une divinité à l'arbre, provenant du temple de Purāṇa Mahādeva, très proche par le style et l'iconographie de la sculpture du musée Guimet[3]. Les deux œuvres, qui sont sans doute dues à un même sculpteur, s'éclairent et se complètent l'une l'autre et se distinguent par des formes fluides et ondoyantes et un modelé délicat. L'extrême précision portée au traitement de la joaillerie comme au rendu diaphane des étoffes et des écharpes aux pans flottants est caractéristique des œuvres émanant du temple de Purāṇa Mahādeva, dont les sculpteurs surent célébrer dans la pierre l'opulente beauté des formes féminines dans un style évocateur de l'art candella de Khajurāho[4].

1 Voir notice n° 42.
2 Lerner, 1969, pp. 354-355.
3 Lerner, 1969, p. 361, fig. 10.
4 Voir notice n° 41.

Bibliographie
Monod, 1966, p. 71 ; Lerner, 1969, p. 361, fig. 11 ; Deneck, 1970, p. 258, pl. 100-102 ; Béguin, 1992, p. 29.

40. Tree Deity (*Shalabhanjika* or *Vrikshaka*)

A young woman is depicted standing on a lotus blossom; forming a canopy above her head is a foliated scroll dotted with flowers buds. She is most probably a tree deity[1] (*vrikshaka* or *shalabhanjika*), the touch of whose foot or whose mere presence was enough to make trees blossom. In her left hand the dryad holds a (partially broken) *vina*; she is flanked by an attendant and a dwarf (*gana*) also holding musical instruments. Behind the attendant one can discern the trunk of the tree of which the *vrikshaka* is the deity.

This high relief, a fragment of a decorative element, comes from the Purana Mahadeva Temple, at Harshagiri, in the state of Jaipur (Rajasthan). Partially destroyed in the 17th century on the orders of the Moghul Emperor Aurangzeb, and discovered by Sergeant E. Dean in 1834 this temple was dedicated to the god Shiva Harshadeva. An inscription dates its construction to between 961 and 973.[2] Numerous reliefs and sculptures that once decorated its walls are now in the Sikar and Ajmer Museums. The Philadelphia Museum owns a tree deity from the Purana Mahadeva Temple which is stylistically and iconographically very close to the Musée Guimet's sculpture.[3] The two works, which were no doubt carved by the same sculptor, offset and complement each other and are remarkable for their fluid, voluptuous forms and delicate modelling. The meticulous attention paid to the treatment of the jewellery and the sheerness of the fabrics and scarves falling gracefully over her arms is characteristic of the works from the Purana Mahadeva Temple, whose sculptors skilfully celebrated in stone the opulent beauty of female forms in a style reminiscent of Chandella art from Khajuraho.[4]

1 See No. 42.
2 Lerner, 1969, pp. 354-355.
3 Lerner, 1969, p. 361, Fig. 10.
4 See No. 41.

Bibliography
Monod, 1966, p. 71; Lerner, 1969, p. 361, Fig. 11; Deneck, 1970, p. 258, Pls. 100-102; Béguin, 1992, p. 29.

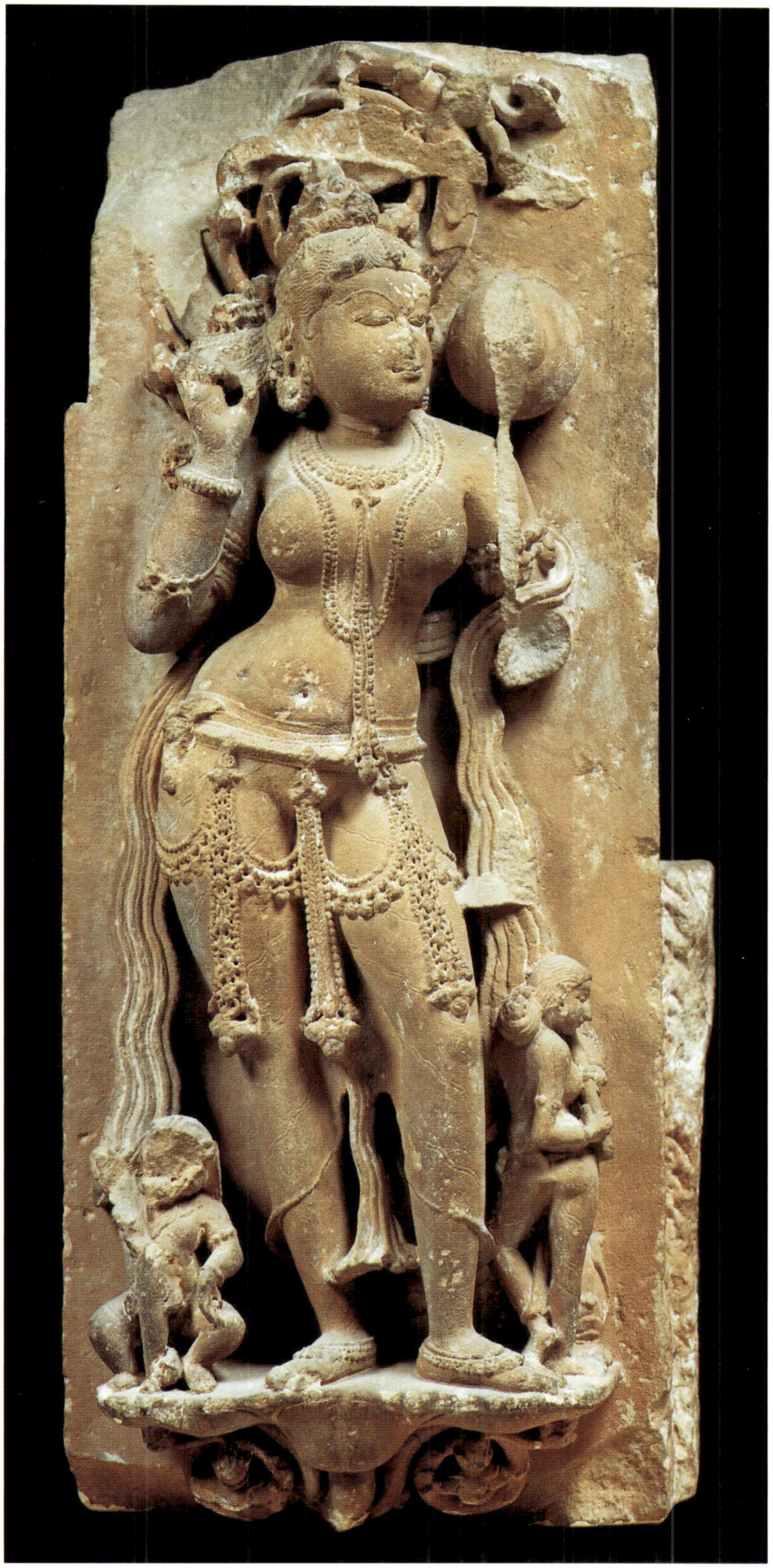

Époque médiévale. Vers 973
Rājasthān. Harṣagiri (Sikar)
Provient du temple de Purāṇa Mahādeva

Haut-relief ; grès
H. 54,5 ; L. 27
Achat (1932)
MG 18213

Medieval period. *Circa* 973
Rajasthan. Harshagiri (Sikar)
From the Purana Mahadeva Temple

High relief; sandstone
H. 54.5; W. 27
Purchase (1932)
MG 18213

41. Divinité féminine

L'état fragmentaire de cette sculpture rend son identification malaisée ; sans doute s'agit-il d'une divinité ou de quelque nymphe ou beauté céleste (*surasundarī*), dont la beauté voluptueuse et charnelle – symbole d'abondance et de fécondité – constituait pour le dévot une vision bénéfique et dont la présence sculptée assurait la protection des temples dont elles ornaient les murs. Fortement hanchée (*tribhaṅga*), richement parée, la jeune femme levait à l'origine son bras droit au-dessus de sa tête en un geste gracieux et convenu, comme pour rehausser d'une fleur sa chevelure ou encore orner son front d'une marque de santal (*tilaka*). L'œuvre, aux lignes fluides et ondoyantes et au modelé subtil, exalte les canons indiens de la beauté féminine, tels que les définirent et les célébrèrent les poètes de l'Inde ancienne, puisant à l'envi dans un répertoire métaphorique inspiré de l'observation directe de la nature : corps élancé mais pulpeux telle une liane gorgée de sève, taille fine et ombilic profond, hanches larges comme la roue d'un char, seins fermes et galbés comme des coupes emplies de nectar, bras minces pareils à la tige des lotus, jambes fines et fuselées telles celles de la gazelle, cuisses fermes et fraîches comme la trompe de l'éléphant ou le tronc du bananier.

---

41. Female Deity

The fragmentary condition of this sculpture makes identification difficult. It is probably a deity, a nymph or a heavenly beauty (*surasundari*), the sight of whose sensual, voluptuous beauty – symbol of abundance and fertility – was beneficial to the devotee and whose presence on the walls ensured the protection of the temples they adorned. Standing in the three-body-bends pose (*tribhanga*), sumptuously bedecked in jewellery, the young woman originally raised her arm above her head in a gracious, conventional gesture, as if to readjust the flower in her hair or to adorn her forehead with the sandlewood mark (*tilaka*). With its fluid, curvilinear lines and subtle modelling, the work exalts the canons of female beauty, as defined and celebrated by the poets of Ancient India, who vied with one another to invent a metaphorical repertory inspired by close observation of nature: a slender yet nubile body like a liana engorged with sap, a narrow waist and deep-set navel, hips as broad as a cartwheel, firm, shapely breasts like cups full of nectar, arms as thin as a lotus stem, slender, tapering legs like a gazelle's, firm, cool thighs like the trunk of an elephant or a banana tree.

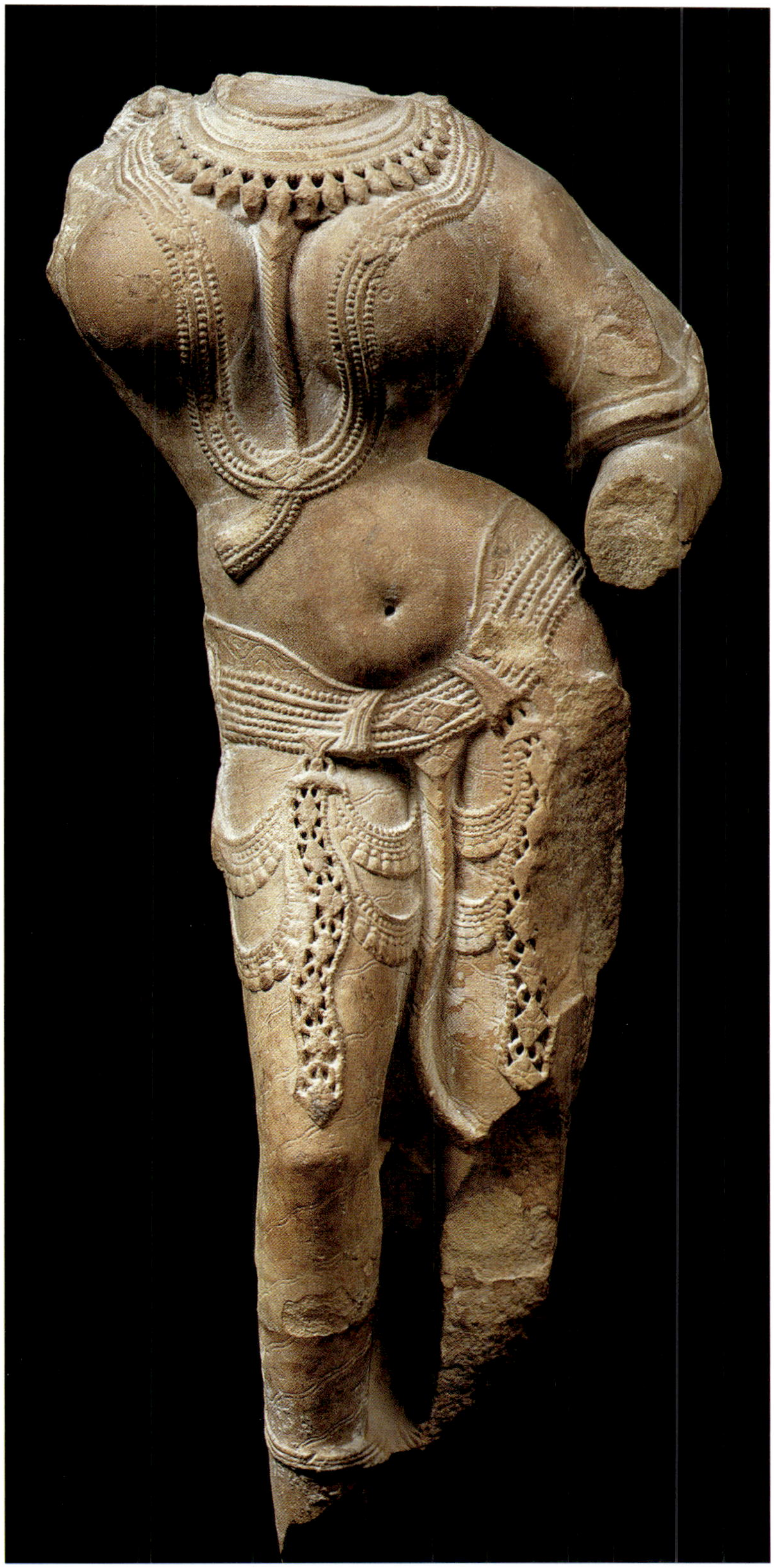

Époque médiévale. Vers 973
Rājasthān. Harṣagiri (Sikar)
Provient du temple de Purāṇa Mahādeva

Ronde-bosse ; grès
H. 73 ; L. 32
Don de R. Rousset (1978)
MA 4727

Medieval period. *Circa* 973
Rajasthan. Harshagiri (Sikar)
From the Purana Mahadeva Temple

In-the-round sculpture; sandstone
H. 73; W. 32
Gift of R. Rousset (1978)
MA 4727

42. Divinité à l'arbre (*śālabhañjikā* ou *vṛkṣakā*)

Les divinités à l'arbre – *vṛkṣa devatā* ou *śālabhañjikā* – furent l'un des motifs de prédilection des sculpteurs de l'Inde ancienne et médiévale. Dryades ou nymphes associées aux arbres – dont elles enlacent parfois le tronc d'une de leurs jambes ou agrippent l'une des branches –, elles incarnent les forces vives et régénératrices de la nature. Leur contact, ou leur simple présence, suffit à faire fleurir l'arbre qu'elles enserrent de leur corps généreux, l'énergie fécondante de la femme se transmuant ainsi symboliquement en sève nourricière. Leur vision est dès lors bénéfique pour les dévots, car évocatrice d'abondance et de fécondité, d'où leur présence répétée, en gracieuses théories, sur les murs des temples et des sanctuaires.

De cette sculpture figurant sans doute une divinité à l'arbre ou *śālabhañjikā*, seul subsiste le souple rinceau végétal auquel s'appuie le buste fragmentaire de la divinité, dont l'arc répond aux lignes courbes et ondoyantes des formes féminines. Dans un style qui n'est pas sans évoquer l'art candella de Khajurāho, l'artiste a exalté les formes pleines et sensuelles de la femme, saisie dans une attitude empreinte de grâce. On notera les seins fermes et galbés, que maintient le bandeau de poitrine (*kucabandha*), et la vigoureuse torsion du dos révélatrice du hanchement accusé (*tribhaṅga*) cher aux sculpteurs indiens.

Bibliographie
Béguin, 1992, p. 29.

---

42. Tree Deity (*Shalabhanjika* or *Vrikshaka*)

Tree deities – *vriksha devatas* or *shalabhanjikas* – were one of Ancient and medieval Indian sculptors' favourite motifs. Dryads or nymphs associated with trees – whose trunks they sometimes entwined with one of their legs or whose branches they clasped – embodied nature's vital, regenerative force. The mere presence of the deities or the touch of their hand or foot was enough to make the tree they embraced with their voluptuous bodies bloom, woman's procreative energy thus being symbolically transformed into nutritive sap. Seeing them was therefore beneficial to devotees, for it represented abundance and fecundity; hence their repeated presence, in graceful processions, on the walls of temples and sanctuaries.

All that remains of this sculpture, which no doubt depicted a tree deity or *shalabhanjika*, is the undulating foliated scroll against which the fragmentary bust of divinity is leaning; the sinuous lines of the plant motif are reiterated in the rounded curves of the female form. In a style reminiscent of Chandella art from Khajuraho, the artist celebrates the generous, sensual figure of the woman, portrayed in a graceful pose. Notice the firm, shapely breasts, supported by a breast band (*kuchabandha*), and the lively twisting movement of the back, revealing the three-body-bends pose (*tribhanga*) so dear to Indian sculptors.

Bibliography
Béguin, 1992, p. 29.

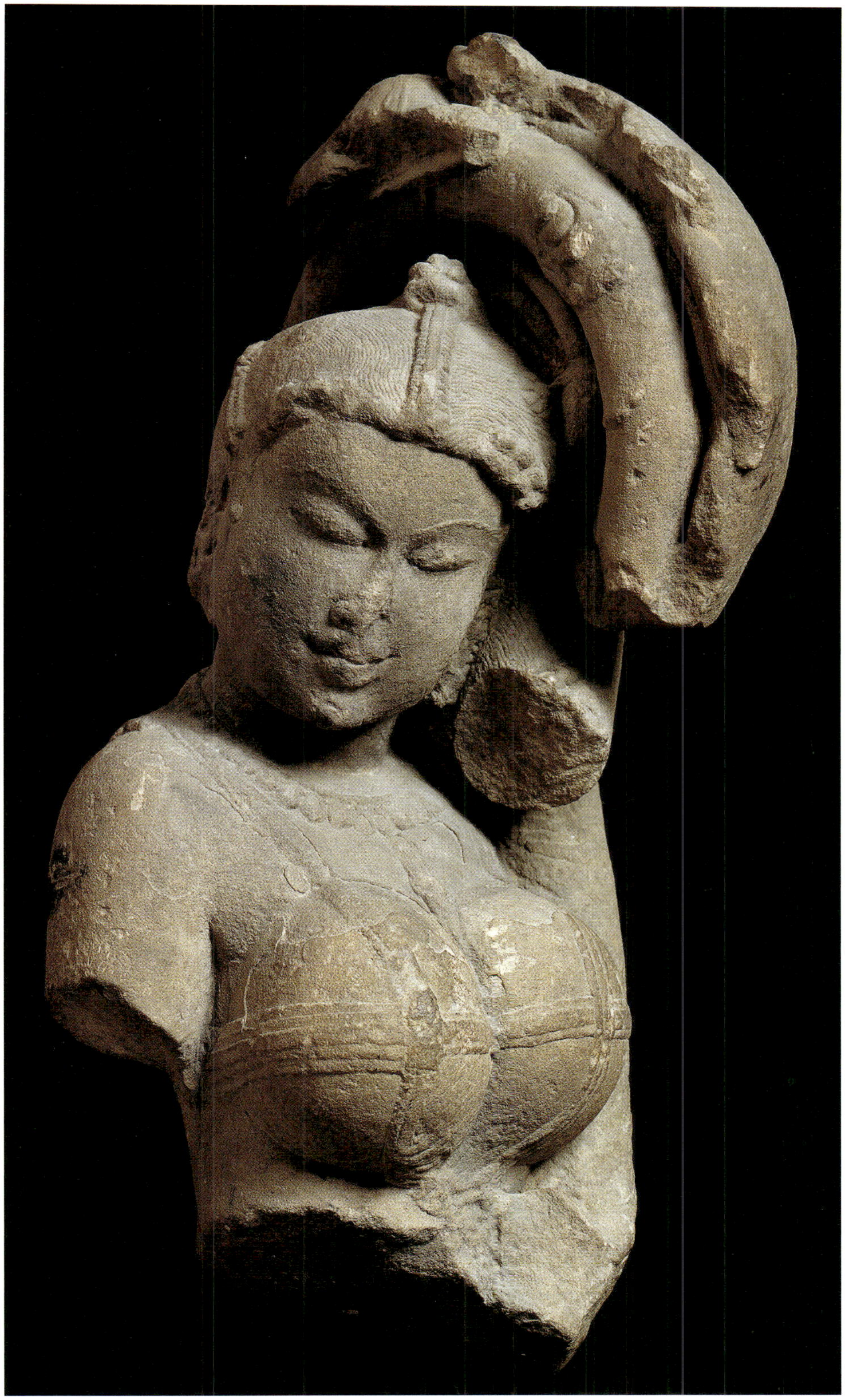

Époque médiévale
X^e^-XIe siècle
Madhya Pradesh ou Rājasthān

Ronde-bosse ; grès
H. 78 ; L. 38
Achat (1969)
MA 3176

Medieval period
10th-11th century
Madhya Pradesh or Rajasthan

In-the-round sculpture; sandstone
H. 78; W. 38
Purchase (1969)
MA 3176

43. Femme à l'enfant

Une jeune femme élève son enfant vers une branche fleurie, qui se déployait à l'origine en dais végétal au-dessus de sa tête et dont seul subsiste un rinceau fragmentaire[1]. L'enfant, de sa main droite partiellement brisée, semble caresser les cheveux de la femme, dont le visage rayonne d'un doux sourire. Le thème de la femme à l'enfant (*mātṛmūrti*), d'abord attesté dans le répertoire décoratif des temples de la haute vallée de la Mahānadī, devait connaître une faveur grandissante en Orissa, aux Xe et XIe siècles, sous l'impulsion des monarques Somavaṃśī[2]. Motif bénéfique entre tous, car conjuguant les thèmes immémoriaux de la fécondité et de la beauté féminine – la beauté étant elle-même synonyme d'abondance et de fécondité et, en conséquence, source de bienfaits –, il éclaire la prédilection des sculpteurs indiens pour l'évocation inspirée de la grâce féminine. Femmes tenant un enfant dans leurs bras, mais aussi jeunes femmes respirant le parfum d'un lotus (*padmagandhā*), contemplant leur reflet dans un miroir (*darpaṇā*), rehaussant leur chevelure d'une fleur (*ketakībharaṇā*) ou se faisant un collier d'une liane (*ḍalamālikā*), ou encore occupées à ajuster un anneau de cheville (*nūpurapādikā*) ou à jouer avec un perroquet (*śukasārikā*), confident des rêveries amoureuses, sont autant de variations charmantes sur le thème expressif de la beauté féminine. Ces jeunes femmes indolentes et enjouées (*alasā-kanyā*), saisies dans diverses activités mondaines et souvent frivoles et dont on ne sait au juste si elles sont des êtres célestes ou de simples parangons des grâces féminines, parent à profusion les murs extérieurs des temples, dont elles assurent ainsi la protection.

La femme à l'enfant du musée Guimet se distingue par l'élan vigoureux du corps, la douceur souriante du visage et la sensuelle plénitude des formes épanouies ; son style, au modelé adouci, n'est pas sans évoquer celui des temples de Gaurī et de Mukteśvara (seconde moitié du Xe siècle) à Bhubaneśvar.

1 Pour un exemple analogue et non fragmentaire, voir *ASI*, 1924-1925, pl. XXXV, b.
2 Donaldson, 1985, vol. I, p. 500, fig. 585.

EXPOSITION
Kansas City, 1974, n° 14.

BIBLIOGRAPHIE
Hackin, 1931, p. 10, pl. XXI ; Monod, 1966, p. 71, fig. 19 ; Deneck, 1970, p. 257, pl. 97 ; Donaldson, 1987, vol. III, p. 1302, fig. 3354.

---

43. Woman and Child

A young woman lifts her child towards a branch in blossom, which originally formed a flowering canopy over her head; only a fragment of this foliated scroll has survived.[1] With his (partially broken) right hand, the child seems to caress his mother's hair; her smiling face is radiant. The theme of the woman and child (*matrimurti*) first appeared in the decorative repertory of the temples in the upper valley of the Mahanadi, and then became increasingly popular in Orissa, during the 10th and 11th centuries, under the Somavamshi monarchs.[2] It is one of the most beneficial motifs, for it combines the timeless themes of fecundity and female beauty – beauty itself being a synonym of abundance and fertility and, consequently, a source of blessings. It highlights Indian sculptors' fondness for representing feminine grace in all its many forms. They depicted not only women with children in their arms, but also young women inhaling the perfume of a lotus (*padmagandha*), gazing at their reflection in a mirror (*darpana*), enhancing their hairstyle with a flower (*ketakibharana*), making a necklace out of a liana (*dalamalika*), or even busy adjusting their anklet (*nupurapadika*), or playing with a parrot (*sukasarika*) while confiding their dreams of love. These indolent, playful young women (*alasa-kanya*), who may be heavenly beings or simply paragons of feminine beauty, are shown engaged in various worldly – often frivolous – occupations and are found in profusion on the outer walls of temples, whose protection they ensure.

The Musée Guimet's woman and child is remarkable for the vigorous movement of the body, the sweet, smiling face and the sensual fullness of the silhouette. With its soft modelling, its style recalls that of the Gauri and Mukteshvara Temples (second half of the 10th century) at Bhubanesvar.

1 For an analogous, non-fragmentary example, see *ASI*, 1924-25, Pl. XXXV, b.
2 Donaldson, 1985, Vol. I, p. 500, Fig. 585.

EXHIBITION
Kansas City, 1974, No. 14.

BIBLIOGRAPHY
Hackin, 1931, p. 10, Pl. XXI; Monod, 1966, p. 71, Fig. 19; Deneck, 1970, p. 257, Pl. 97; Donaldson, 1987, Vol. III, p. 1302, Fig. 3354.

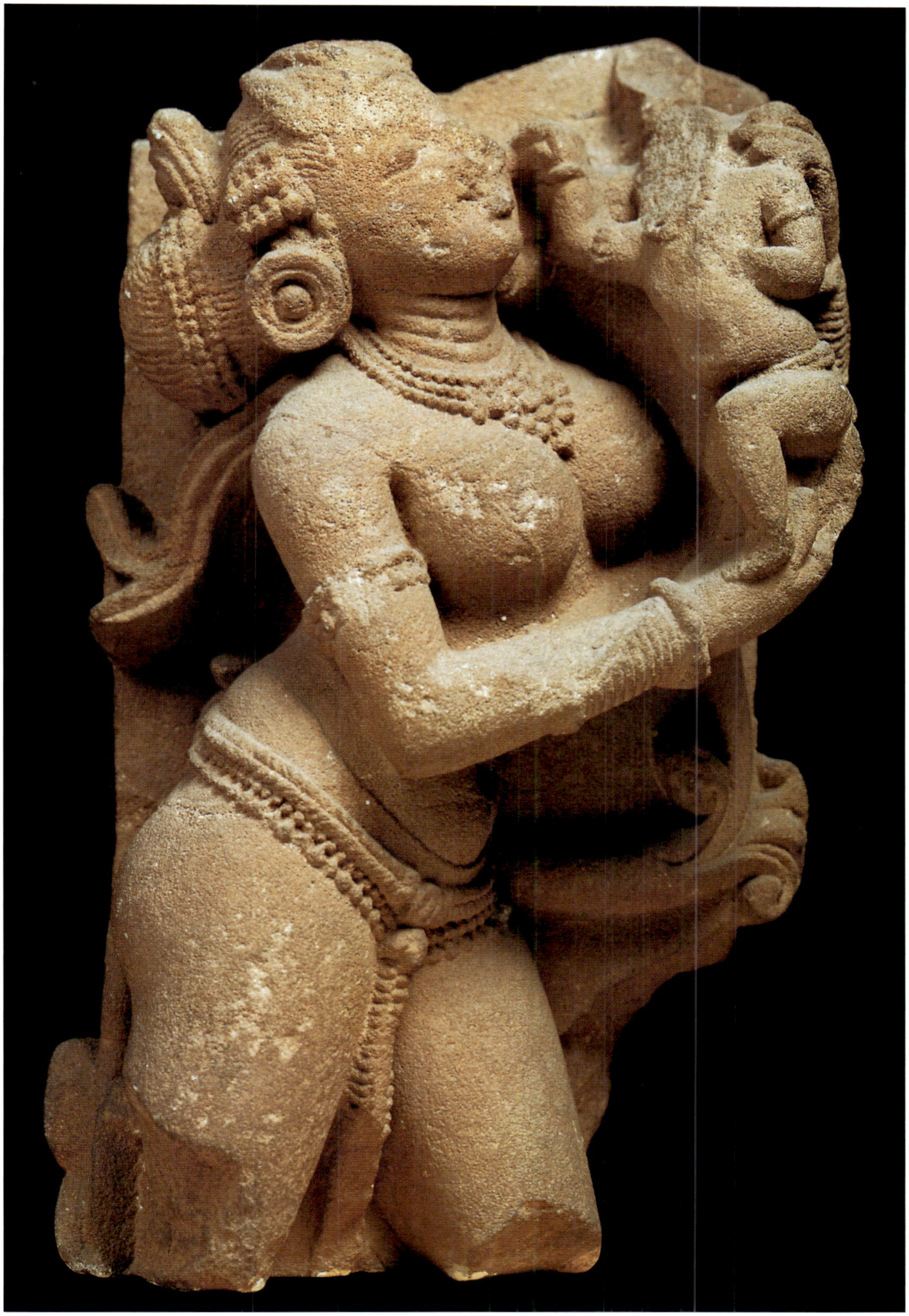

Époque médiévale. x^e-$xı^e$ siècle. Orissa

Fragment de décoration architecturale ; grès rouge
H. 40 ; L. 25
Collection J. de Belty, consul général de France ; acquis en 1910 par le musée indochinois du Trocadéro (T.397) ; déposé au musée Guimet en 1926 (?)
MG 18231

Medieval period. 10th-11th century. Orissa

Fragment of a decorative element; red sandstone
H. 40; W. 25
Collection of J. de Belty, French Consul; acquired in 1910 by the Musée Indochinois du Trocadéro (T. 397); transferred to the Musée Guimet in 1926 (?)
MG 18231

44. Le tīrthaṅkara Ṛṣabhanātha

Ṛṣabhanātha (ou Adinātha), le premier des vingt-quatre tīrthaṅkara jaïns, est figuré nu, assis en *vajraparyaṅkāsana* sur un coussin, les mains réunies dans le giron et esquissant le geste de la méditation (*dhyāna mudrā*) ; les mèches bouclées de cheveux épandues sur ses épaules permettent d'identifier avec certitude Ṛṣabhanātha, seul d'entre tous les tīrthaṅkara à être ainsi coiffé – comme le montrent, du reste, les représentations les plus anciennes du *jina*, provenant de Mathurā et datant de l'époque kuṣāṇa (Ier-IIIe siècle ap. J.-C.)

Des traditions divergentes expliquent la curieuse coiffure propre à Ṛṣabhanātha. Selon les sources des Śvetāmbara (« vêtus de blanc »), Ṛṣabhanātha – qui, à l'origine, était un roi – résolut un jour de renoncer au monde et d'embrasser la vie religieuse. Alors qu'il entreprenait, par rigueur ascétique, d'arracher ses cheveux[1], le dieu Indra, qui assistait à la scène, lui enjoignit de conserver quelques mèches de sa chevelure, car elles tombaient gracieusement sur ses épaules ; et Ṛṣabhanātha y consentit. Les sources des Digambara (« vêtus d'espace ») affirment quant à elles que Ṛṣabhanātha avait bel et bien arraché toute sa chevelure, mais que quelques mèches repoussèrent, alors que le *jina* se livrait à la méditation[2].

Ṛṣabhanātha fut particulièrement révéré par la secte des Digambara, qui lui consacrèrent notamment trois temples à Khajurāho : les temples de Ghanṭai, d'Adinātha et de Pārśvanātha. Dans l'ancienne capitale des Candella, près de soixante sculptures à l'effigie du premier des tīrthaṅkara furent du reste dénombrées. Si certaines d'entre elles montrent Ṛṣabhanātha debout, figé dans une nudité absolue (*kāyotsarga*), la plupart le représentent assis dans l'attitude de la méditation. Le hiératisme et la raideur du *jina*, conformes à la rigidité prescrite par l'iconographie jaïne, tout comme l'impassibilité de ses traits, doivent refléter son parfait

1 Contrairement aux moines bouddhistes qui expriment leur renoncement au monde en se rasant la tête, les jaïns arrachent leurs cheveux mèche par mèche.
2 Pal, 1994, p. 152.

44. The Tirthankara Rishabhanatha

Rishabhanatha (or Adinatha), the first of the twenty-four Jain Tirthankaras, is depicted naked, seated on a cushion in the *vajraparyankasana* position, his hands clasped in his lap performing the gesture of meditation (*dhyana mudra*). The curly locks of hair spilling over his shoulders enable us to identify him as Rishabhanatha, for he was the only Tirthankara to wear his hair in this style – as was also shown in the earliest representations of the Jina from Mathura dating to the Kushan period (1st-3rd centuries AD).

Explanations for this curious hairstyle peculiar to Rishabhanatha vary. According to the Shvetambaras (or "white-dressed"), Rishabhanatha was originally a king who one day decided to renounce the world and embark upon a religious life. While he was pulling out his hair[1] to show his conversion to asceticism, the god Indra, who witnessed to the scene, urged him to save a few locks, so gracefully did they fall to his shoulders. Rishabhanatha agreed. The Digambaras (or "sky-clad") claim Rishabhanatha had pulled out all of his hair, but that a few locks grew back again while the Jina was meditating.[2]

Rishabhanatha was particularly revered by the Digambara sect, which dedicated three temples to him at Khajuraho: the Ganthai, Adinatha and Parshvanatha Temples. Nearly sixty sculptures of the first Tirthankara were discovered in the former capital of the Chandellas. While some of them are standing, entirely nude portraits (*kayotsargas*) of Rishabhanatha, most of them show him meditating in a seated position. The Jina's hieratic stiffness and impassive features comply with the rules imposed by Jain iconography, which sought to reflect his deliverance from secular attachments and worldly matters, both impediments to liberation (*moksha*). This twofold demand for inner purity and liberating asceticism is particularly evident

1 Unlike Buddhist monks who express their renunciation of the world by shaving their heads, Jains pull out their hair lock by lock.
2 Pal, 1994, p. 152.

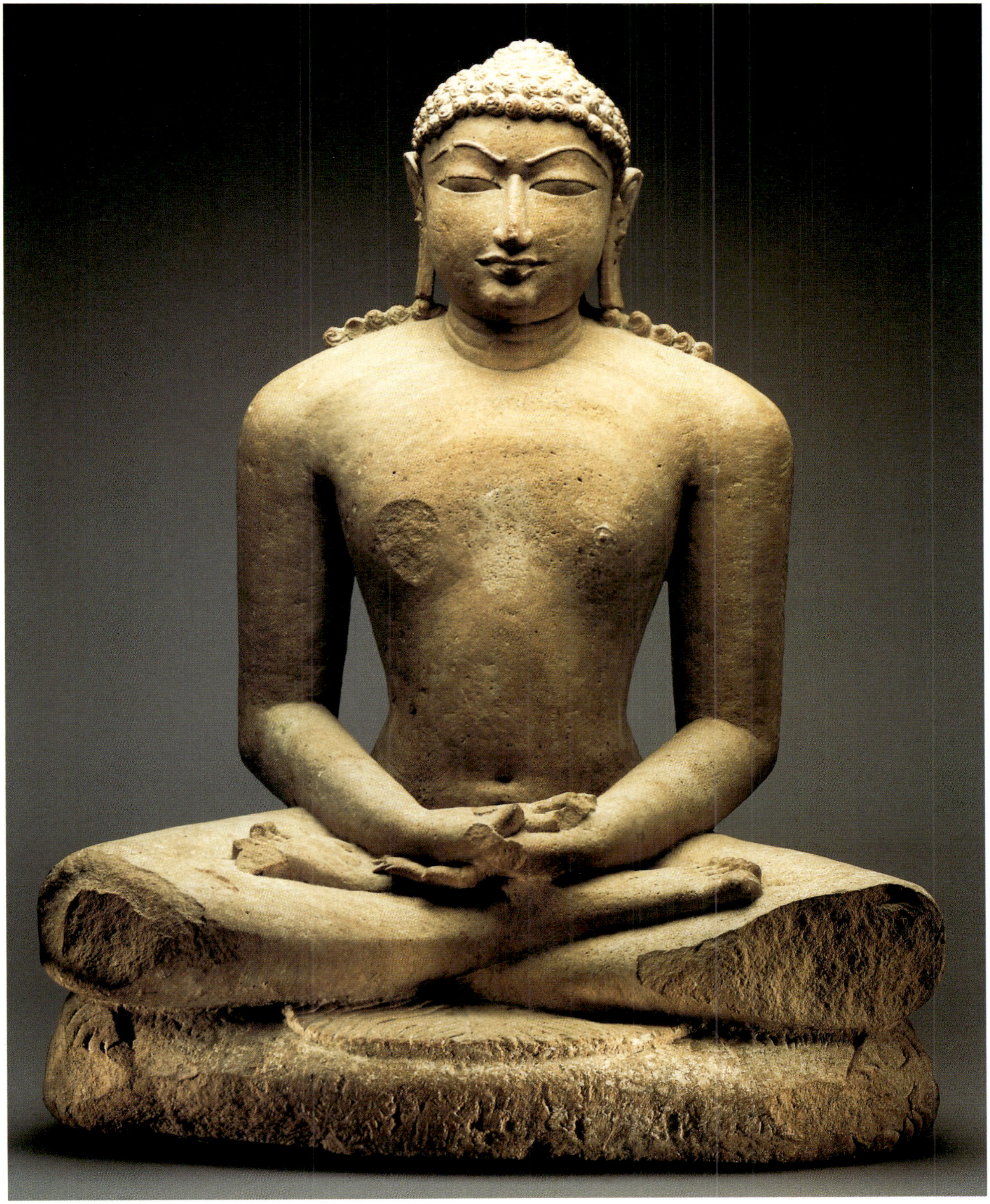

Époque candella
X^e-XIe siècle
Madhya Pradesh. Khajurāho

Ronde-bosse ; grès beige
H. 77 ; L. 65
Achat (1994)
MA 6146

Chandella period
10th-11th century
Madhya Pradesh. Khajuraho

In-the-round sculpture; beige sandstone
H. 77; W. 65
Purchase (1994)
MA 6146

affranchissement des attachements séculiers et des contingences terrestres, qui sont autant d'entraves à la libération (*mokṣa*). Cette double exigence de pureté intérieure et d'ascèse libératrice est particulièrement perceptible dans le Ṛṣabhanātha du musée Guimet – œuvre achevée où les sobres canons iconographiques du jaïnisme se marient harmonieusement aux formes épurées et néanmoins rayonnantes de l'art candella des Xᵉ et XIᵉ siècles.

in the Musée Guimet's Rishabhanatha – an accomplished work in which Jainism's sobre iconographic canons are harmoniously combined with the pure yet radiant forms of 10th- and 11th-century Chandella art.

45. Brahmā

1 Voir *Agni-purāṇa* (de Mallmann, 1963, p. 119).

Personnification du Brahman et du sacrifice védique, souverain d'un paradis transcendant, dieu créateur, Brahmā est l'un des trois grands dieux de la Triade brahmanique (*Trimūrti*), dont le culte fut néanmoins supplanté au fil des siècles par la prédominance des cultes rendus à Śiva et à Viṣṇu. Brahmā est ici figuré debout, en stricte frontalité, doté de quatre visages dont trois seulement sont visibles, le visage arrière étant simplement épannelé. Le dieu possède quatre faces, chacune d'entre elles ayant révélé l'un des quatre *Veda*, et il est coiffé d'un quadruple chignon en tresses (*jaṭāmukuṭa*), maintenu par un diadème orfévri et surmonté d'un motif affectant la forme d'un bouton de lotus épanoui. Les quatre visages sont moustachus et pourvus d'une barbe pendante (*lambakūrca*) et le dieu est richement paré de lourds pendants d'oreille spiralés à motif floral, de colliers et de brassards ; il porte également le cordon brahmanique (*yajñopavīta*).

Bien que les quatre bras aient été brisés à la hauteur des coudes, deux des attributs tenus dans les mains disparues, solidaires des visages par l'intermédiaire d'une réserve, ont été partiellement conservés : à droite, la cuiller ou, plus vraisemblablement, la louche (*śruk*) servant aux oblations de beurre clarifié dans le feu sacrificiel ; à gauche, le livre (*pustaka*) de format oblong et lié de bandelettes à la manière des manuscrits en feuilles de palme, symbolisant l'ensemble des *Veda* ; ces deux attributs étant également en relation avec le savoir et le sacrifice, comme la plupart des attributs assignés à Brahmā.

Cette image du dieu Brahmā, figuré sous les traits hiératiques d'un personnage vénérable, barbu et doté d'un « gros ventre arrondi[1] », caractérise les représentations de la divinité dans l'Inde du Nord, à l'époque médiévale. Jusqu'au Xe siècle environ, Brahmā sera de fait presque

---

45. Brahma

1 See *Agni-Purana* (de Mallmann, 1963, p. 119).
2 De Mallmann, 1963, p. 123; Loth, 1981, p. 110.

The personification of the Brahman and Vedic sacrifice, sovereign of a transcendant paradise and the god of creation, Brahma is one of the three gods of the Brahmanic Trinity (*Trimurti*), the worship of whom was nevertheless replaced over the centuries by the predominance of the cults to Shiva and Vishnu. Brahma is depicted standing in a strict frontal pose here with only three of his four faces visible, the face at the back being simply roughhewn. The god has four faces, each of which revealed one of the four *Vedas*. His quadripartite plaited headdress (*jatamukuta*) is held up by a decorated diadem topped by a lotus blossom motif. The four faces all have moustaches and long beards (*lambakurcha*); the god is sumptuously bedecked in heavy, spiral-shaped earrings with a floral motif, necklaces and armbands. He is also wearing the sacred cord (*yajnopavita*).

Although the four arms have been broken off at elbow level, fragments of two of the attributes held in the missing hands have survived: on the right, the spoon, or more probably the ladle (*shruk*) used for the oblations of clarified butter in the sacrificial fire; on the left, the oblong book (*pustaka*) bound with strips of cloth like palm-leaf manuscripts – symbolizing the *Vedas*. These two attributes were also related to knowledge and sacrifice, as were most of the attributes ascribed to Brahma.

This image of the god Brahma, depicted as a venerable figure with hieratic features, beard and "large, rounded belly",[1] is characteristic of the representations of the divinity in North India, during the medieval period. Up until about the 10th century, Brahma was almost always depicted beardless, and in South India, especially in Tamil Nadu, he was usually given a slender, youthful silhouette and a hairless face.[2]

---

invariablement figuré imberbe, et, en Inde du Sud, notamment en pays tamoul, les artistes lui prêteront généralement un visage glabre et une apparence svelte et juvénile[2].

Œuvre de grande qualité, remarquable tant par son modelé précis et subtil que par son intense expressivité, le Brahmā du musée Guimet – et le Viṣṇu (n° 46) du même site –, qui pourrait provenir de la région de Gwalior, illustre clairement l'influence des styles indiens majeurs – tel l'art candella des Xᵉ et XIᵉ siècles, à Khajurāho – sur les styles locaux de l'Inde septentrionale et centrale.

2 De Mallmann, 1963, p. 123 ; Loth, 1981, p. 110.

BIBLIOGRAPHIE
Béguin, 1992, p. 30.

Remarkable for its subtle, precise modelling and its intense expressivity, the Musée Guimet's Brahma may well come from the Gwalior region – together with the Vishnu (No. 46) – and clearly illustrates the influence which leading Indian styles (such as 10th- and 11th-century Chandella art from Khajuraho) had on local styles in North and Central India.

BIBLIOGRAPHY
Béguin, 1992, p. 30.

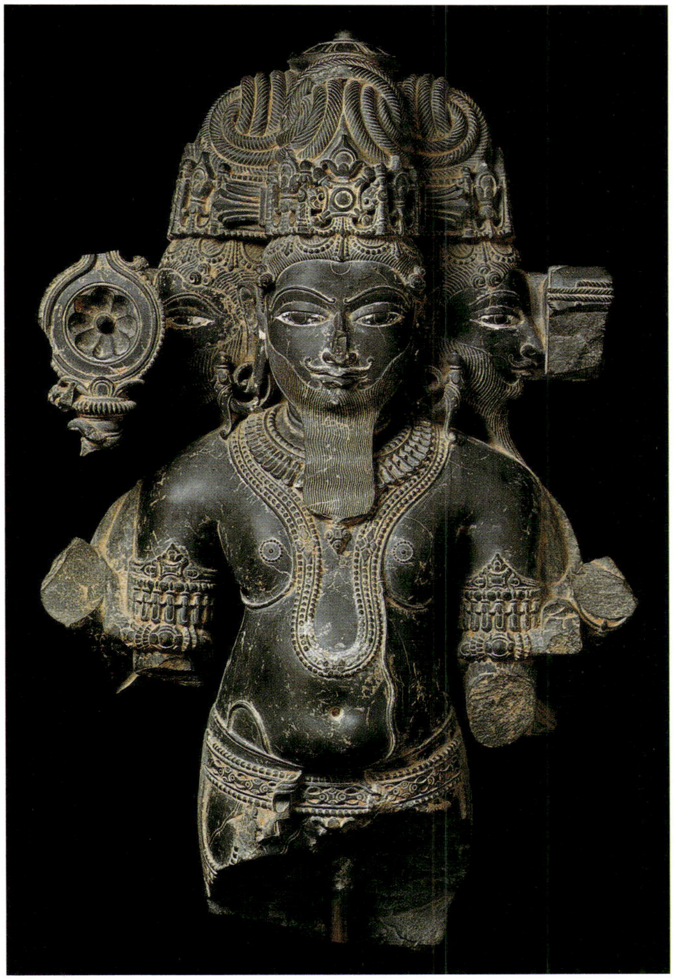

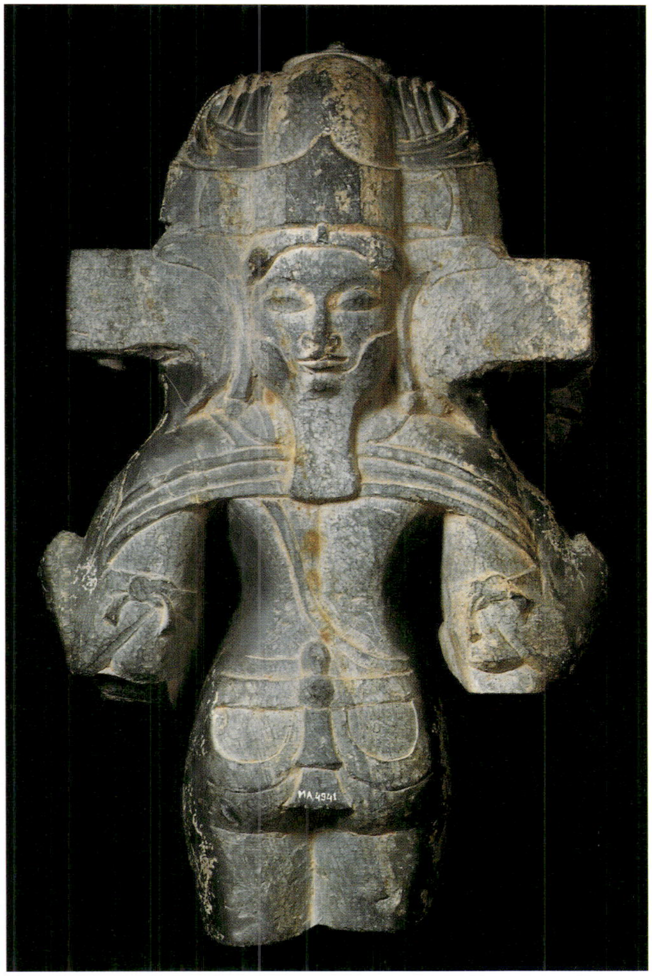

Époque médiévale
XIe-XIIe siècle
Inde centrale. Région de Gwalior (?)

Ronde-bosse ; schiste bleuté
H. 50 ; L. 34,5
Achat (1982)
MA 4941

Medieval period
11th-12th century
Central India. Gwalior region (?)

In-the-round sculpture; bluish schist
H. 50; W. 34.5
Purchase (1982)
MA 4941

46. Viṣṇu

Sans doute faut-il reconnaître Viṣṇu dans cette sculpture aux mains brisées et aux attributs disparus. Initialement doté de quatre bras, le dieu est figuré debout, en stricte frontalité. Il est coiffé de la tiare conique (*kirīṭamukuṭa*) que lui assignent les textes, porte un vêtement retenu par une ceinture de tissu nouée sur le devant et par des ceintures à perlages et à pendeloques, de riches parures et le cordon brahmanique (*yajñopavīta*). Des fragments de la guirlande de fleurs forestières (*vanamālā*), propre à Viṣṇu, sont encore visibles à la saignée des bras.

La poitrine du dieu s'orne d'un bijou de forme allongée figuré comme un cabochon, lequel se retrouve également sur la poitrine du Brahmā (n° 45) provenant du même site dans la région de Gwalior. En conséquence, sans doute faut-il y voir quelque ornement indéfini parant diverses divinités plutôt que la figuration du célèbre Kaustubha, joyau mythique obtenu lors du Barattage de l'Océan de Lait et apanage du dieu Viṣṇu qui le plaça sur sa poitrine[1].

1 Pour une représentation du Kaustubha, voir notice n° 58.

---

46. Vishnu

This sculpture with broken hands and missing attributes can very probably be identified as Vishnu. Initially endowed with four arms, the god is depicted standing in a strict frontal pose. He is wearing the conical tiara (*kiritamukuta*) ascribed to him in sacred texts and a garment tied at the front with a cloth belt, as well as belts with pearls and pendants, sumptuous jewellery and the sacred cord (*yajnopavita*). Fragments of the garland of forest flowers (*vanamala*), peculiar to Vishnu, can be seen in the crook of his arms.

Adorning the god's chest is an oblong, cabochon-like jewel, which is also found on Brahma's chest (No. 45) from the same site in the Gwalior region. Consequently, it should be regarded as some unspecific jewel gracing various divinities rather than the famous Kaustubha, the mythical jewel obtained during the Churning of the Sea of Milk which Vishnu placed upon his breast.[1]

1 For a detailed look at the Kaustubha, see No. 58.

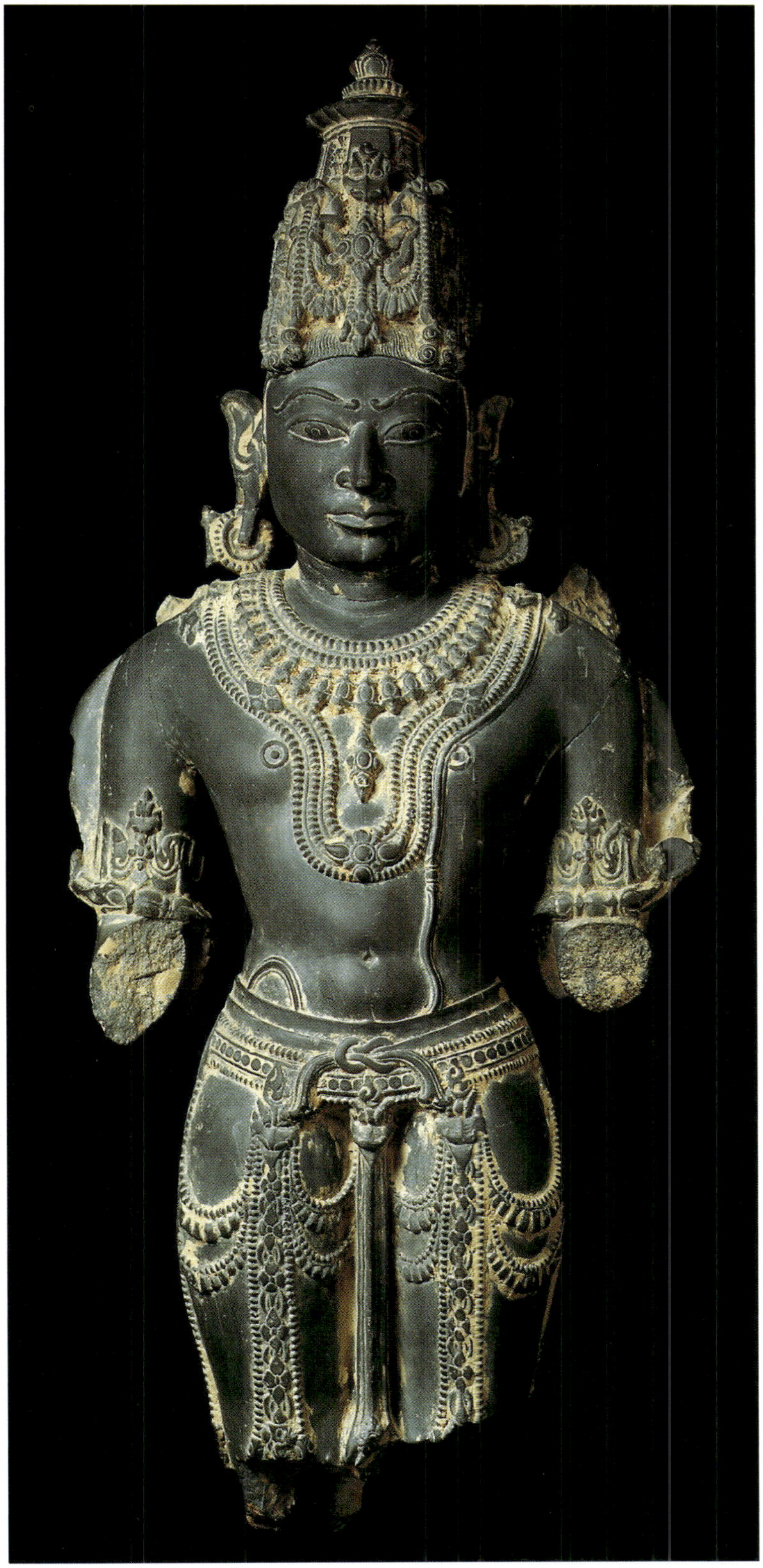

Époque médiévale
XIe-XIIe siècle
Inde centrale. Région de Gwalior (?)

Ronde-bosse ; schiste bleuté
H. 71 ; L. 31
Achat (1982)
MA 4942

Medieval period
11th-12th century
Central India. Gwalior region (?)

In-the-round sculpture; bluish schist
H. 71; W. 31
Purchase (1982)
MA 4942

47. Le tīrthaṅkara Ṛṣabhanātha

Ṛṣabhanātha ou Adinātha, le premier des vingt-quatre tīrthaṅkara jaïns, est figuré en attitude de méditation, debout et figé dans une nudité absolue (*kāyotsarga*), les bras pendant le long du corps et les extrémités des doigts atteignant les genoux - signe distinctif (*lakṣaṇa*) propre aux êtres d'exception, Buddha et tīrthaṅkara. Le haut chignon en tiare (*jaṭāmukuṭa*), duquel s'échappent quelques mèches bouclées tombant sur les larges épaules, permet d'identifier le premier des tīrthaṅkara, de même que le taureau (*ṛṣabha*), emblème de Ṛṣabhanātha, figuré sur le socle de la divinité.

Ṛṣabhanātha, nimbé et abrité par le triple parasol couronné de feuillage, insigne de dignité, est entouré de deux porteurs de chasse-mouches, aux corps légèrement hanchés. On notera surtout le décor de la stèle, propre aux images jaïnes de l'Orissa : de part et d'autre du tīrthaṅkara, huit des neuf planètes (les *Graha*, « Saisisseurs ») – dont Rāhu, le démon de l'éclipse, reconnaissable à son énorme tête ; les deux *vidyādhara* portant des guirlandes et volant au sein de nuées stylisées ; en partie haute, les mains de *gandharva* invisibles jouant du tambour et des cymbales en hommage à la divinité ; enfin, le semis de fleurs lancées en offrandes. Sur le socle, outre le taureau, emblème (*lāñchana*) de Ṛṣabhanātha, figurent deux donateurs, les mains jointes en *añjali*, et une coupe d'offrandes.

Le culte de Ṛṣabhanātha fut particulièrement en faveur en Orissa, où les images du premier des tīrthaṅkara sont très nombreuses. La stèle du musée Guimet évoque, par l'iconographie et le style, des stèles contemporaines provenant de Khandagiri, près de Bhubaneśvar[1].

1 Mohapatra, 1984, pl. 49-51.

Bibliographie
De Milloué, 1887, pp. 438-440, pl. XVII ;
Monod, 1966, pp. 76-78, fig. 24 ;
Deneck, 1970, p. 258, fig. 99.

---

47. The Tirthankara Rishabhanatha

Rishabhanatha (or Adinatha), the first of the twenty-four Jain Tirthankaras, is depicted standing meditating, entirely naked (*kayotsarga*), his arms hanging down his sides with the tips of his fingers touching the knees – a sign (*lakshana*) denoting the super-spiritual knowledge peculiar to the Buddhas and Tirthankaras. The high headdress (*jatamukuta*) with a few curly locks of hair spilling over his broad shoulders enable us to identify him as Rishabhanatha, as does the bull (*rishabha*), the first Tirthankara's emblem, which appears on the base of the sculpture.

Rishabhanatha, haloed and protected by a three-tiered umbrella crowned with foliage, the sign of dignity, is flanked by two fly-whisk-bearers depicted in a subtle contrapuntal posture. The decoration of the stela, peculiar to Jain images from Orissa, is especially worth noting: represented on either side of Rishabhanatha are eight of the nine planets (the *Grahas*), including Rahu, the demon of the eclipse, recognizable from his enormous head, two Vidyadharas bearing garlands and flying upon stylized clouds; on the upper half, the Gandharvas' invisible hands playing the drums and the cymbals in homage to the divinity and, finally, the offerings of scattered flowers. On the base, alongside Rishabhanatha's emblem (*lanchana*), the bull, are two donors, whose hands are joined in the *anjali* gesture, and a cup of offerings.

Worship of Rishabhanatha was widespread in Orissa, where the representations of the first Tirthankara were very numerous. Iconographically and stylistically, the Musée Guimet's stela recalls contemporary stelae from Khandagiri, near Bhubanesvar.[1]

1 Mohapatra, 1984, Pls. 49-51.

Bibliography
De Milloué, 1887, pp. 438-440, Pl. XVII;
Monod, 1966, pp. 76-78, Fig. 24;
Deneck, 1970, p. 258, Fig. 99.

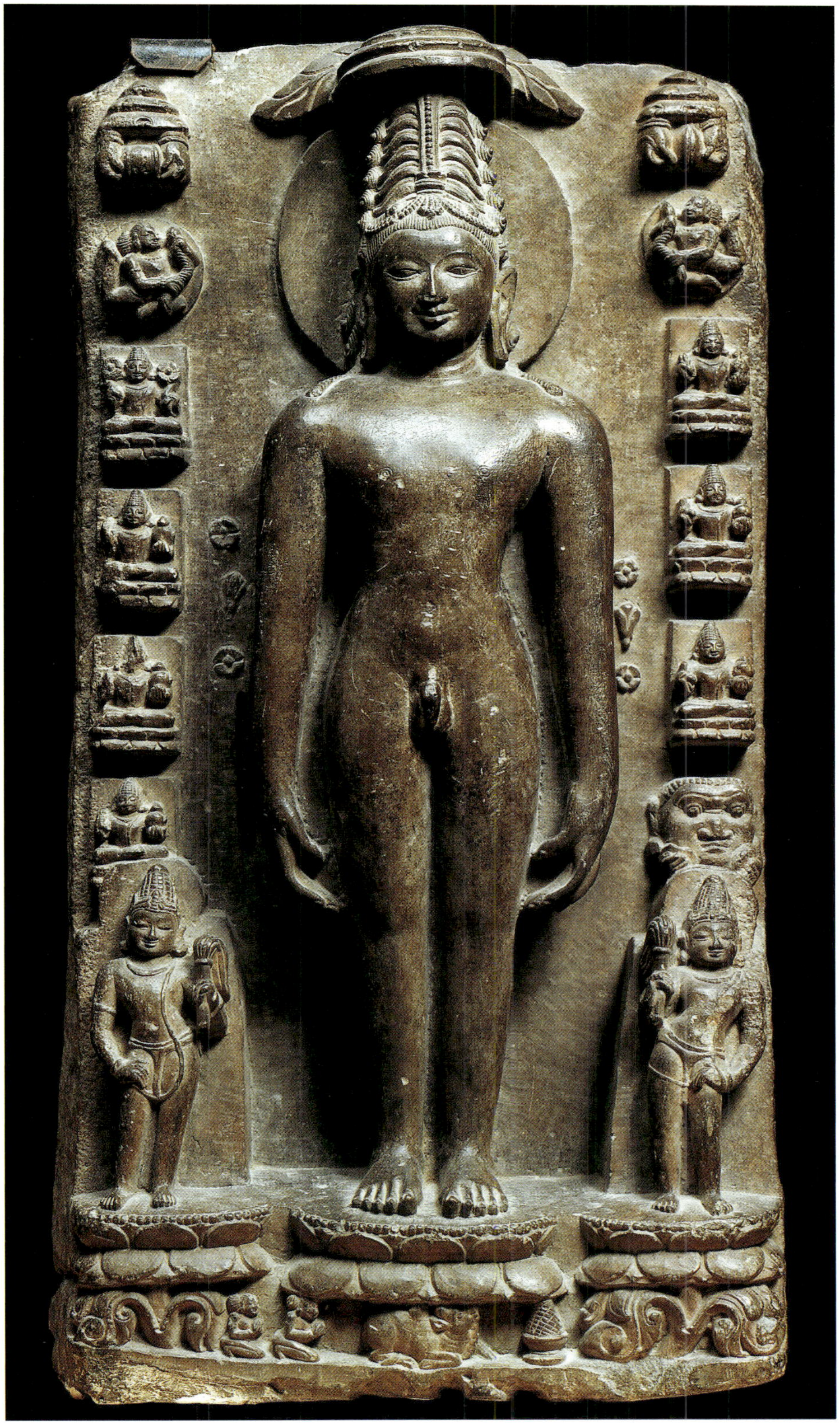

Époque médiévale
XIe-XIIe siècle
Inde du Nord-Est. Orissa

Stèle ; calcaire
H. 46 ; L. 25
Ancien fonds (1883)
MG 3944

Medieval period
11th-12th century
North-East India. Orissa

Stela; limestone
H. 46; W. 25
Original collection (1883)
MG 3944

48. *Ekamukhaliṅga*

Symbole phallique du dieu Śiva – dont il incarne la force vitale et l'énergie créatrice –, le *liṅga* est le plus ancien symbole permettant de figurer et de vénérer le dieu destructeur et créateur de la Triade (*Trimūrti*) hindoue. Si, à l'origine, de simples pierres à l'extrémité naturellement arrondie ou présentant un aspect phallique furent vraisemblablement adorées comme l'image de l'essence même du dieu, dès le IIe siècle avant notre ère, les sculpteurs indiens entreprenaient de tailler dans la pierre des *liṅga* de forme sommaire, cependant que commençaient à apparaître, vers le IIe siècle de notre ère, des *liṅga* ornés du visage – à l'expression sereine – du dieu Śiva (*ekamukhaliṅga*).

Provenant de la région de Gayā, dans le Bihār, l'imposant *ekamukhaliṅga* du musée Guimet est l'un des rares exemples monumentaux connus d'une phase artistique complexe et passablement hétérogène qui fleurit, aux VIe et VIIe siècles, dans l'Inde du Nord-Est (Bihār, Bengale), avant que ne s'épanouisse, dans ces mêmes régions et sous l'égide des souverains pāla-sena (VIIIe-XIIe siècle), un art lapidaire sophistiqué, marqué toutefois par un certain académisme. Si l'art bouddhique s'épanouit tout naturellement au Bihār – région qui englobait jadis l'ancien royaume de Magadha, foyer du bouddhisme et du jaïnisme –, l'hindouisme y fut également florissant, comme l'attestent les vestiges architecturaux et les sculptures brahmaniques mis au jour sur la colline de Muṇḍeśvarī, ou encore à Āpsāḍh, et datant du règne du roi Ādityasena (seconde moitié du VIIe siècle). À l'instar de certaines sculptures trouvées en ces différents sites – notamment le célèbre Viṣṇu d'Āpsāḍh[1] –, le *liṅga* à visage divin du musée Guimet illustre la persistance des canons esthétiques gupta, perceptibles dans le traitement du visage (arcades sourcilières fortement arquées, yeux légèrement globuleux que recouvrent

1 Huntington, 1985, p. 228, fig. 11.10.

The phallic symbol of the god Shiva – whose vital force and creative energy it embodies, – the *linga* is the earliest symbol used to represent and venerate the god of creation and destruction of the Hindu Trinity (*Trimurti*). It is highly likely that, initially, simple stones, either phallic-shaped or with a naturally rounded end, were worshipped as an image of the god's essence, but from the 2nd century BC onwards, Indian sculptors began to carve rudimentary *lingas* out of stone; while, in about the 2nd century AD, *lingas* decorated with the god Shiva's face (*ekamukhalinga*) – bearing a serene expression – made their appearance.

The Musée Guimet's impressive *ekamukhalinga* comes from the region of Gaya, Bihar, and is one of the rare known monumental examples of a complex and relatively heterogeneous artistic movement which flourished, in the 6th-7th centuries, in North-East India (Bihar, Bengal), prior to the development of a sophisticated, albeit somewhat academic, style of stonecarving, in this same area, under the aegis of the Pala-Sena dynasties (8th-12th centuries). While Buddhist art evolved quite naturally in Bihar – the region that once included the former kingdom of Magadha, Buddhism and Jainism's homeland – Hinduism also flourished there, as evidenced by the architectural remains and Brahmanic sculptures uncovered on Mundeshvari Hill, or at Apsadh, dating from the reign of King Adityasena (second half of the 7th century). Like certain sculptures found on these different sites, especially the famous Vishnu of Apsadh,[1] the divine-faced *linga* now in the Musée Guimet illustrates the persistence of Gupta aesthetic canons, as seen in the treatment of the facial features (arched eyebrows, slightly bulging, half-closed eyes), yet differs from Gupta works in its solid, almost heavy, aspect. The presence of the jewel adorning the deity's ascetic top-knot (*jatamukuta*) should be noted, since it is a decorative motif seldom found on other *ekamukhalingas* from Bihar,

48. *Ekamukhalinga*

1 Huntington, 1985, p. 228, Fig. 11.10.

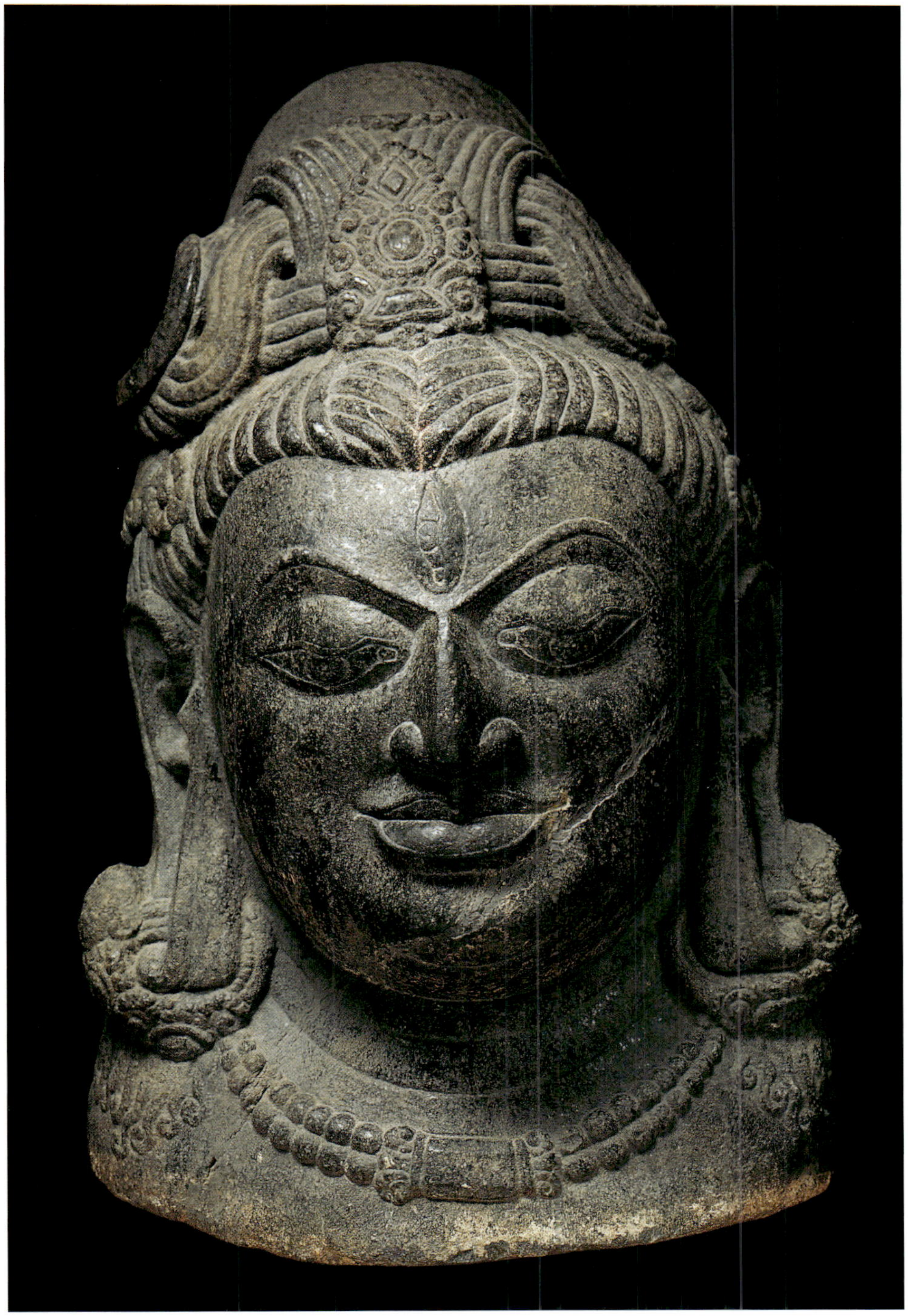

Époque pré-pāla
Fin VIIe ou début VIIIe siècle
Inde du Nord-Est. Bihār. Région de Gayā

Ronde-bosse ; chlorite noire
H. 70
Achat (1989)
MA 5478

Pre-Pala period
Late 7th or early 8th century
North-East India. Bihar. Gaya region

In-the-round sculpture; black chlorite
H. 70
Purchase (1989)
MA 5478

partiellement les paupières à demi baissées), mais se distingue des œuvres gupta par son caractère plus massif, non exempt d'une certaine lourdeur. On notera tout particulièrement la présence du joyau qui orne le chignon d'ascète (*jaṭāmukuṭa*) du dieu, élément décoratif rarement attesté sur d'autres *ekamukhaliṅga* provenant du Bihār, mais qui figure, en revanche, sur la tiare du célèbre Sūrya d'Āpsāḍh (fin du VIIe siècle)[2] et orne la coiffure en mèches du Mañjuśrī du musée de Nālandā (VIIe siècle)[3]. Ce joyau, qui pare de façon relativement inhabituelle le *jaṭāmukuṭa* du dieu Śiva, est toutefois figuré sur un second *ekamukhaliṅga*, visible aujourd'hui encore *in situ* dans le village d'Aurail, non loin de Kurkihār, dans la région de Gayā[4]. L'œuvre, également impressionnante par ses dimensions, présente d'évidentes analogies stylistiques avec le *liṅga* du musée Guimet et pourrait, de fait, provenir du même atelier ; les deux *ekamukhaliṅga* se rattachent, en tout état de cause, à la production lapidaire de la région de Gayā de la fin du VIIe siècle ou du début du VIIIe siècle.

2 Huntington, 1984, pl. 94.
3 Asher, 1980, pl. 166.
4 Okada, 1990, pp. 145-146, fig. 3-4.

BIBLIOGRAPHIE
In the Image of Man, 1982, p. 215 ; Okada, 1990, pp. 145-147 ; Béguin, 1992, p. 27.

---

but which appears on the tiara of the famous Surya from Apsadh (late 7th century)[2] and adorns the elaborate hairstyle with locks of the Manjushri (7th century) in the Nalanda Museum.[3] The jewel surprisingly bedecking Shiva's *jatamukuta* is nevertheless found on another *ekamukhalinga*, which can be seen *in situ* in the village of Aurail, not far from Kurkihar, in the region of Gaya.[4] Stylistically similar and just as impressive in size as the Musée Guimet's *linga*, the work could in fact come from the same workshop: at any rate, both *ekamukhalingas* can be linked to the lapidary production in the Gaya region between the late 7th century and the early 8th century.

2 Huntington, 1984, Pl. 94.
3 Asher, 1980, Pl. 166.
4 Okada, 1990, pp. 145-146, Figs. 3-4.

BIBLIOGRAPHY
In the Image of Man, 1982, p. 215; Okada, 1990, pp. 145-147; Béguin, 1992, p. 27.

49. Khadiravaṇī-Tārā

Expositions
Fort Worth, 1996, n° 11 ; Tōkyō, 1996, n° 11.

Bibliographie
Monod, 1961, pp. 235-237 ; Monod, 1966, pp. 75 et 77, fig. 22 ; Béguin, 1992, p. 27.

Stèle figurant la déesse Tārā, représentée sous son aspect de Khadiravaṇī-Tārā (« Tārā du bois des acacias », sur le mont Potalaka), entourée de ses assistantes habituelles, Mārīcī et Ekajaṭā. Contrepartie féminine du bodhisattva Avalokiteśvara, salvatrice, comme ce dernier, des êtres en péril, Tārā est l'une de ces divinités protectrices et compatissantes dont le Mahāyāna et le bouddhisme ésotérique développèrent le culte en Inde et, plus encore, au Tibet. Debout sur un lotus, légèrement hanchée et richement parée, la déesse esquisse de la main droite le geste de charité (*varada mudrā*) et tient dans sa main gauche, à présent brisée, son attribut distinctif, le lotus bleu (*utpala*). Sa tête, qu'orne un diadème, se détache sur un large nimbe bordé d'une torsade perlée frangée de flammes stylisées, dans lequel est inscrit le « credo bouddhique » ; derrière la déesse, le haut dossier d'un siège orné de lions cabrés (*vyālaka*), dont le linteau supporte deux *stūpa* votifs.

À droite de Khadiravaṇī-Tārā se tient Ekajaṭā, portant dans ses mains inférieures le glaive et la calotte crânienne (*kapāla*) et, dans ses mains supérieures levées au-dessus de sa tête, la dépouille d'éléphant – attestée sur les images, mais rarement mentionnée dans les textes. À gauche, Mārīcī, prenant appui du bras droit sur une hache (*paraśu*) et tenant dans ses deux mains la branche d'*aśoka* et le lacet (*pāśa*). Sur le socle, où court une inscription dédicatoire, figurent deux donateurs, les mains jointes dans le geste de l'*añjali*.

Le modelé adouci et plein de rondeur, le traitement des vêtements et des parures ou encore l'ornementation de la bordure du nimbe permettent de rattacher cette œuvre à la production artistique du Bihār au IXe siècle.

---

49. Khadiravani-Tara

Exhibitions
Fort Worth, 1996, No. 11; Tokyo, 1996, No. 11.

Bibliography
Monod, 1961, pp. 235-237; Monod, 1966, pp. 75 and 77, Fig. 22; Béguin, 1992, p. 27.

This stela depicts the goddess Tara as Khadiravani-Tara ("Acacia Wood Tara", on Mount Potalaka), accompanied by her usual attendants, Marici and Ekajata. The female counterpart of the Bodhisattva Avalokiteshvara, saviour, like the latter, of endangered beings, Tara is one of those protective, compassionate deities whose cult evolved in India and, to a greater extent, in Tibet, with the spread of Mahayana and esoteric Buddhism. Sumptuously bedecked, standing on a lotus in a subtle *tribhanga* pose, the goddess performs the gesture of bestowing gifts (*varada mudra*) with her right hand and holds her distinctive attribute – the blue lotus (*utpala*) – in her (now broken) left hand. Encircling her head adorned with a diadem is a broad halo edged with a bead motif and stylized flames and bearing the Buddhist consecratory formula referred to as the "Buddhist Creed". Behind the goddess, the crosspiece of the tall chair back decorated with prancing lions (*vyalakas*) supports two votive stupas.

Standing to the right of Khadiravani-Tara is Ekajata, who holds the sword and skullcap (*kapala*) in her lower hands and, raised above her head in her upper hands, an elephant hide – often depicted in images but seldom mentioned in texts. On her left, Marici supports herself on an axe (*parashu*) with her right arm and holds the *ashoka* branch and noose (*pasha*) in her hands.
A dedication is carved on the base, which also features two donors with their hands joined in the *anjali* gesture.

The soft, rounded modelling, the treatment of the clothes and accessories and even the decoration on the edge of the halo indicate that the work belongs to the artistic production of 9th-century Bihar.

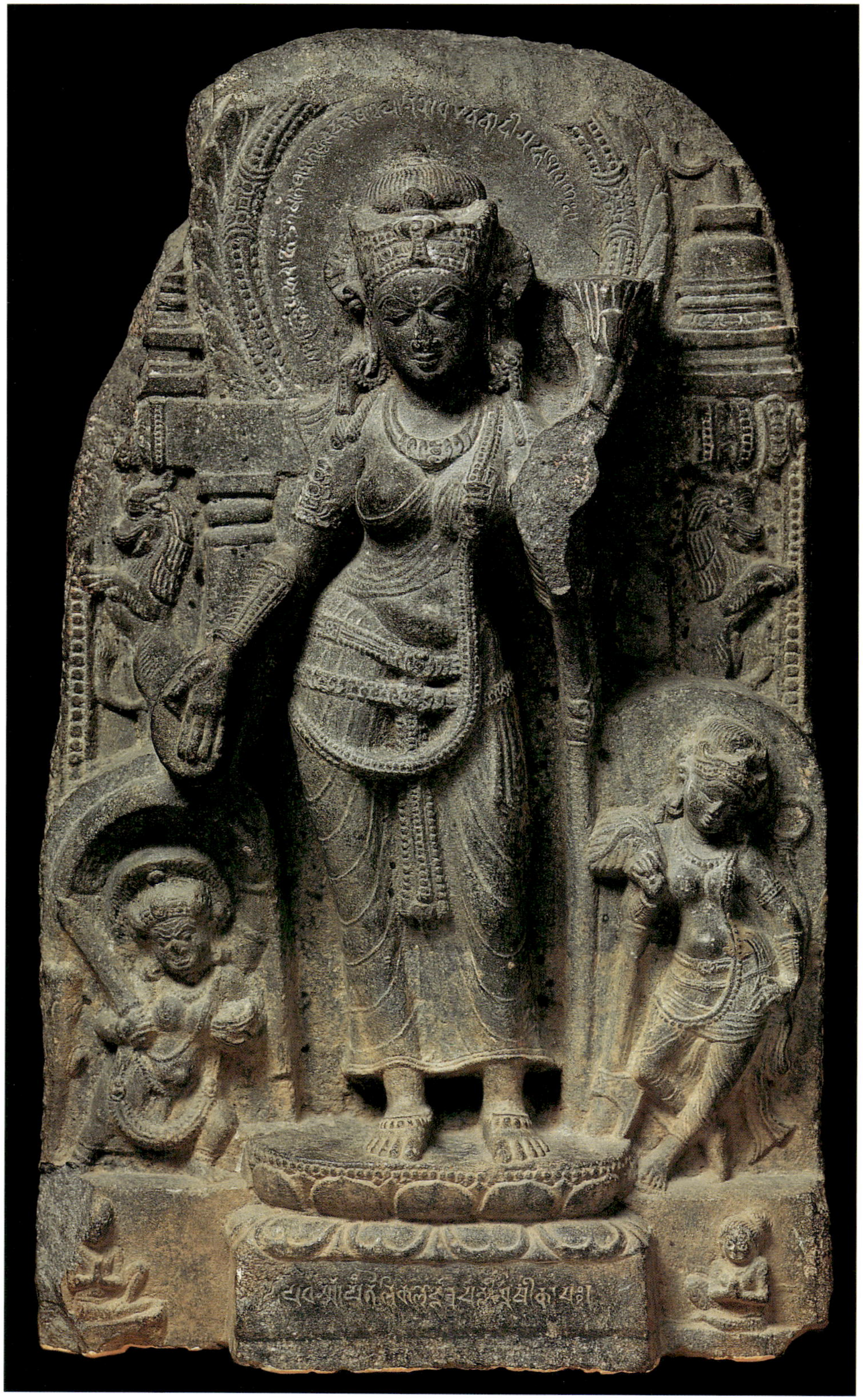

Époque pāla
IXe siècle
Inde du Nord-Est. Bihār

Stèle ; grès gris
H. 60 ; L. 35
Achat (1961)
MA 2480

Pala period
9th century
North-East India. Bihar

Stela; grey sandstone
H. 60; W. 35
Purchase (1961)
MA 2480

50. Tārā

1 Voir notice n° 49.

Bibliographie
Hackin, 1931, p. 10, pl. XXII.

La déesse Tārā[1] est assise dans l'attitude du délassement royal (*lalitāsana*) sur un lotus reposant sur un « trône aux lions » (*siṃhāsana*). Son pied droit est posé sur la corolle d'un lotus, à côté duquel se tient un donateur, les mains jointes dans le geste de l'*añjali*. De sa main droite, la déesse fait le geste de charité (*varada mudrā*), de sa main gauche, elle tient la tige sinueuse d'un lotus bleu (*utpala*). À sa gauche, son assistante Ekajaṭā porte des attributs indistincts, vraisemblablement la calotte crânienne (*kapāla*) et le couteau (*kartrī*).

On notera la stèle inscrite, à l'extrémité arrondie, bordée d'une rangée de perlages et de pétales de lotus stylisés, et ornée d'un *stūpa* votif. L'œuvre, au modelé souple et plein, est caractéristique de la statuaire pāla du Bihār, aux IXe et Xe siècles.

---

50. Tara

1 See No. 49.

Bibliography
Hackin, 1931, p. 10, Pl. XXII.

The goddess Tara[1] is seated in a pose of "royal ease" (*lalitasana*) on a lotus placed on a "lion throne" (*simhasana*). Her right foot is resting on a lotus blossom, beside which is a donor whose hands are joined in the *anjali* gesture. The goddess performs the gesture of bestowing gifts (*varada mudra*) with her right hand and holds the sinuous stem of a blue lotus (*utpala*) in her left hand. Her attendant, Ekajata, on her left, holds some indistinct attributes, probably the skullcap (*kapala*) and the knife (*kartri*).

Notice the inscription, the rounded top, the bead and stylized lotus petal motifs around the edges, and the decorative votive stupa on the stela. With its fluid, generous modelling, the work is characteristic of Pala statuary from Bihar in the 9th and 10th centuries.

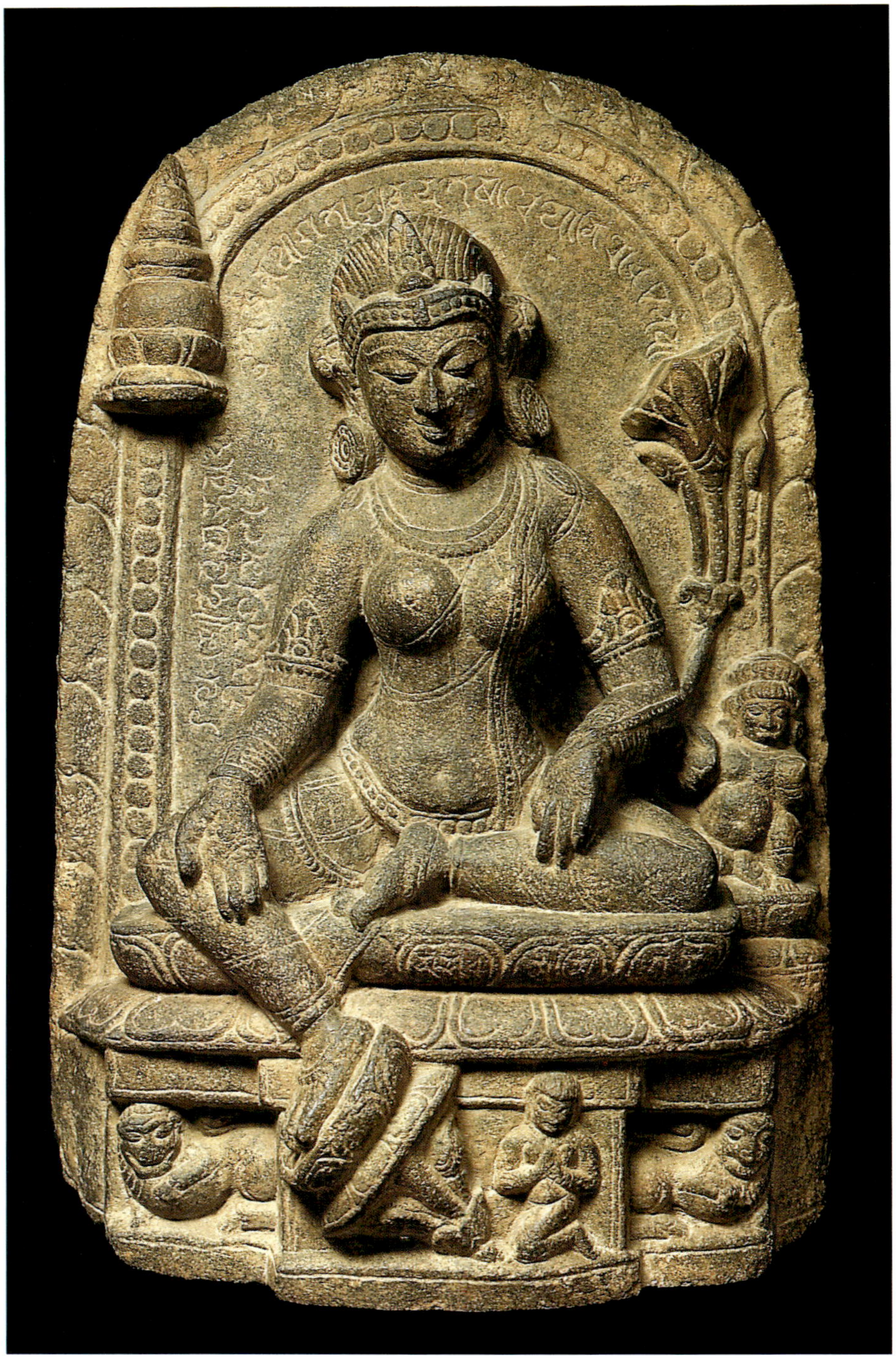

Époque pāla
IXe-Xe siècle
Inde du Nord-Est. Bihār

Stèle ; grès gris
H. 30 ; L. 19
Achat (1929)
MG 17473

Pala period
9th-10th century
North-East India. Bihar

Stela; grey sandstone
H. 30; W. 19
Purchase (1929)
MG 17473

51. Le bodhisattva Avalokiteśvara-Lokanātha

1 De Mallmann, 1963, pp. 95-110.
2 Auboyer, 1949, pp. 130-133.

BIBLIOGRAPHIE
Monod, 1961, pp. 235-237 ; Monod, 1966, p. 75.

Stèle figurant le bodhisattva Avalokiteśvara, assis sur un lotus dans l'attitude du délassement royal (*lalitāsana*). Sa main droite esquisse le geste de charité (*varada mudrā*), sa main gauche tient le lotus rose (*padma*) épanoui, attribut distinctif d'Avalokiteśvara. Outre diverses parures, il porte sur l'épaule gauche la peau d'antilope à laquelle est attribuée une force sacrée. Son haut chignon en tiare (*jaṭāmukuṭa*), qu'orne un léger diadème, abrite l'image du Buddha Amitābha, dont Avalokiteśvara est l'émanation.

Personnification de la compassion (*karuṇā*), Avalokiteśvara est aussi « le Souverain du Monde » – Lokanātha –, et c'est sous cet aspect, minutieusement décrit par les textes[1], qu'il est ici figuré. Son attitude hiératique reflète sa souveraineté, tout comme le décor du trône où il repose et où figurent un lion, symbole de royauté et donc de suprématie, et deux éléphants, animaux également dotés d'un caractère royal et, de surcroît, supports du monde[2].

Le bodhisattva se détache sur une large auréole, au sein de laquelle est inscrit, comme sur maintes images d'époque pāla, le « credo bouddhique », et qu'entoure une bordure faite d'une torsade perlée frangée de flammes stylisées. Le décor caractéristique de cette bordure, le grès gris utilisé par le sculpteur et le modelé un peu fruste, mais néanmoins sensible, de l'œuvre permettent de la dater du IXe siècle et de la rattacher à la production artistique du Bihār, dont les ateliers furent particulièrement florissants à l'époque pāla.

Une inscription dédicatoire figure sur le socle de la stèle.

---

51. The Bodhisattva Avalokiteshvara-Lokanatha

1 De Mallmann, 1963, pp. 95-110.
2 Auboyer, 1949, pp. 130-133.

BIBLIOGRAPHY
Monod, 1961, pp. 235-237; Monod, 1966, p. 75.

This stela shows the Bodhisattva Avalokiteshvara seated on a lotus in the pose of "royal ease" (*lalitasana*). His right hand performs the gesture of bestowing gifts (*varada mudra*); his left hand holds the pink lotus blossom (*padma*), Avalokiteshvara's distinctive attribute. In addition to various ornaments, over his left shoulder he wears the antilope skin to which a sacred power is attributed. His high headdress (*jatamukuta*), adorned with a light diadem, houses an image of the Amitabha Buddha, from whom Avalokiteshvara emanated.

The personification of mercy (*karuna*), Avalokiteshvara is also "the Lord of the World" – Lokanatha – and it is as Lokanatha, meticulously described in sacred texts,[1] that he is shown here. His hieratic pose reflects his sovereignty, as does the decoration of the throne on which he sits featuring a lion, the symbol of royalty, and thus supremacy, as well as two elephants, animals similarly endowed with a regal nature and which, in addition, act as pillars of the world.[2]

The Bodhisattva is backed by a large halo inscribed, like numerous images from the Pala period, with the consecratory formula referred to as the "Buddhist Creed". A beaded cable motif edged by stylized flames forms the border. The sculptor's use of grey sandstone, the somewhat rough, yet sensitive modelling and the characteristic decoration of the border enables us to date this stela to the 9th century and to link it with sculpture produced in Bihar, whose workshops were particularly prolific during the Pala period.

A dedication is inscribed on the base of the stela.

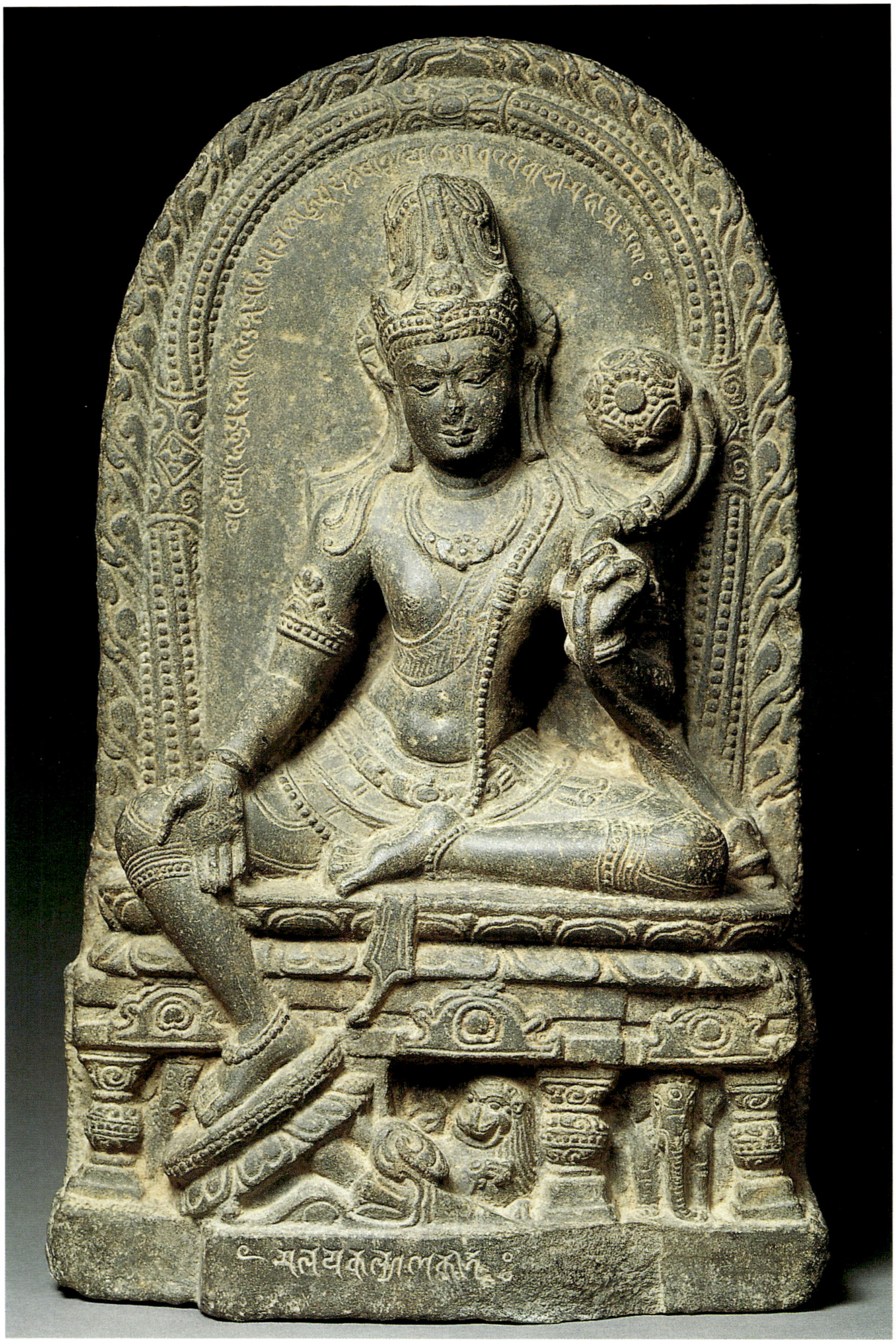

Époque pāla
IXe siècle
Inde du Nord-Est. Bihār

Stèle ; grès gris
H. 51 ; L. 30
Achat (1961)
MA 2479

Pala period
9th century
North-East India. Bihar

Stela; grey sandstone
H. 51; W. 30
Purchase (1961)
MA 2479

52. La victoire sur Māra (*Māravijaya*)

1 Voir notice n° 17.
2 Le « credo bouddhique » (ou *dharma-paryāya*) : *ye dharmā*, etc.

Stèle figurant le Buddha Śākyamuni prenant la terre à témoin de sa victoire sur Māra, le dieu de la mort. L'art des dynasties pāla-sena, qui fleurit au Bihār et au Bengale du VIIIe au XIIe siècle, a livré de très nombreuses stèles bouddhiques illustrant précisément la victoire du Buddha sur Māra (*Māravijaya*)[1] ; la popularité iconographique, dans l'art pāla, de cet épisode, certes déterminant dans la vie du Bienheureux, est sans doute à mettre en relation avec le site historique de Bodh Gayā, au Bihār, où le Buddha parvint à l'Éveil sous les frondaisons d'un *pippāl* (*Ficus religiosa*).

Assis en *vajraparyaṅkāsana* sous l'arbre de l'Éveil (*Bodhi*) – dont seules deux branches sont visibles encadrant la hampe du parasol (*chattra*), insigne de dignité et de souveraineté –, le Buddha tend vers le sol sa main droite ouverte, paume vers l'intérieur, dans le geste d'attestation à la terre (*bhūmisparśa mudrā*), sa main gauche reposant dans son giron. Vêtu du vêtement monastique dénudant l'épaule droite, le Buddha a le visage ceint d'un nimbe frangé de flammes suggérant la lumière irradiant de son être, au sein duquel s'inscrit – comme sur maintes images d'époque pāla – le « credo bouddhique », stance résumant d'une manière elliptique l'enseignement du Bienheureux[2]. Au nombre des marques de prééminence (*lakṣaṇa*) propres au Buddha figurent ici, outre l'*ūrṇā* et l'*uṣṇīṣa*, les roues marquant la paume des mains et la plante des pieds (*cakrāṅkitahastapāda*). De part et d'autre du Bienheureux, debout, légèrement hanchés et richement parés, se tiennent deux bodhisattva : Avalokiteśvara (à la droite du Buddha), personnification de la compassion, tenant un lotus rose (*padma*), et Mañjuśrī (à la gauche du Buddha), maître de la sagesse transcendante, tenant un lotus bleu (*utpala*). En partie haute, deux *vidyādhara* portant des guirlandes volent au sein d'un cercle de nuées

52. The Victory over Mara (*Maravijaya*)

1 See No. 17.
2 The "Buddhist Creed" (or *Dharma-Paryaya*): *Ye Dharma*, etc.

This stela shows the Buddha Shakyamuni calling on the Earth to witness his victory over Mara, the god of death. The art that flourished in Bihar and Bengal under the Pala-Sena dynasties, from the 8th to the 12th centuries, produced a very high number of Buddhist stelae depicting the Buddha's victory over Mara (*Maravijaya*).[1] The historic site of Bodh Gaya, Bihar, where Siddhartha attained Enlightenment under the *pippal* tree (*Ficus religiosa*), no doubt had substantial bearing on the iconographic popularity in Pala art of this decisive episode in the Buddha's life.

Seated in *vajraparyankasana* under the tree of Enlightenment (Bodhi) – only two branches of which are visible, flanking the shaft of the umbrella (*chattra*), the symbol of dignity and sovereignty, – the Buddha reaches downwards with his open right hand, palm turned inwards, in the gesture of touching the Earth (*bhumisparsha mudra*), while his left hands rests in his lap. Clad in the monastic robe which leaves his left shoulder bare, the Buddha's head is encircled by a halo edged in flames suggesting the light radiating from his being. Inscribed on this halo, as on many images from the Pala period, is the "Buddhist Creed", a consecratory formula epitomizing the Enlightened One's teachings in an elliptical style.[2] Depicted here in addition to the *urna* and the *ushnisha* – the signs of pre-eminence (*lakshanas*) peculiar to the Buddha – are the wheels on the palms of his hands and the soles of his feet (*chakrankitahastapadas*). Richly bedecked and standing in a subtle contrapuntal pose on either side of the Buddha are two Bodhisattvas: Avalokiteshvara (on the Buddha's right), the personification of mercy, holding a pink lotus (*padma*), and Manjushri (on the Buddha's left), the patron of transcendental wisdom, holding a blue lotus (*utpala*). In the upper section, stylisées. Le Buddha est assis sur un lotus reposant sur un « trône aux lions » (*siṃhāsana*), dont la base et le dossier forment un décor architectural. Sur le devant du trône, entre les deux lions divergents, figurent deux donateurs.

La douceur et la fermeté du modelé, ainsi que la relative sobriété décorative de la stèle, permettent de dater cette œuvre caractéristique de l'esthétique pāla du xᵉ siècle, voire du début du xiᵉ siècle.

BIBLIOGRAPHIE
Monod, 1966, pp. 76-77, fig. 23.

---

two Vidyadharas carrrying garlands can be seen flying within circles of stylized clouds. The Buddha is seated on a lotus supported by a "lion throne" (*simhasana*), whose base and back act as an architectural decoration. Two donors are found on the front of the throne between two lions reclining in opposite directions.

The gentle yet firm modelling and the relatively sobre decoration of the stela enable us to date this work epitomizing Pala aesthetics to either the 10th century or early 11th century.

BIBLIOGRAPHY
Monod, 1966, pp. 76-77, Fig. 23.

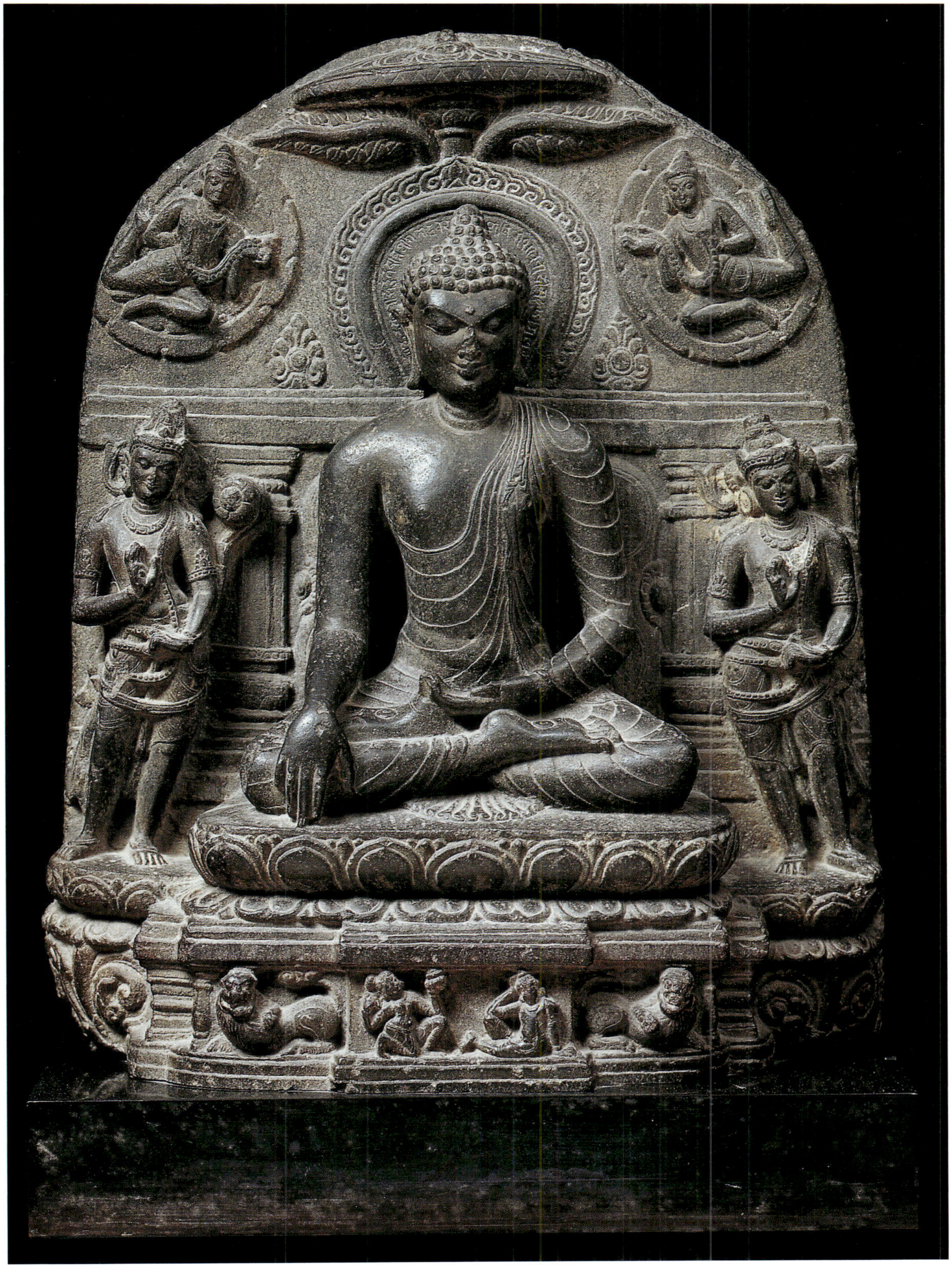

Époque pāla
Xe siècle
Inde du Nord-Est. Bihār (?)

Stèle ; roche cristalline
H. 48 ; L. 40
Achat (1931)
MG 17842

Pala period
10th century
North-East India. Bihar (?)

Stela; crystalline rock
H. 48; W. 40
Purchase (1931)
MG 17842

53. *Candraśālā* avec un Buddha

Motif architectural en forme de *candraśālā*, ou « chambre-lune », stylisée[1], bordée de perlages et couronnée d'un rinceau végétal. De part et d'autre de la *candraśālā*, la présence de deux lions cabrés (*vyālaka*) et de deux *haṃsa* divergents évoque le décor symbolique des trônes et des auréoles (*prabhāmaṇḍala*) des divinités.

Au centre de la *candraśālā*, un Buddha assis en *vajraparyaṅkāsana* sur un lotus esquisse de sa main droite tendue vers le sol le geste d'attestation à la terre (*bhūmisparśa mudrā*). Sans doute s'agit-il – bien que l'arbre de la *Bodhi* ne soit pas figuré – du Buddha Śākyamuni prenant la terre à témoin de sa victoire sur le dieu de la mort, Māra (*Māravijaya*), lors de l'Éveil – thème de prédilection des sculpteurs dans l'art pāla-sena du Bihār et du Bengale, illustré sur de nombreuses stèles bouddhiques[2]. À moins qu'il ne faille ici reconnaître le Buddha Akṣobhya, « l'Inébranlable » – l'un des cinq *jina* ou Buddha de l'espace –, dont le geste canonique distinctif (*mudrā*) est précisément le geste d'attestation à la terre.

1 Voir notice n° 32.
2 Voir notice n° 52.

---

53. *Chandrashala* with a Buddha

This architectural motif adopts the form of a *chandrashala,* or stylized "moon-chamber",[1] has beaded edges and is crowned with a foliated scroll. Flanking the *chandrashala*, the presence of two prancing lions (*vyalakas*) and two wild geese (*hamsas*) looking in opposite directions recall the symbolic decoration of the divinities' thrones and haloes (*prabhamandalas*).

In the centre of the *chandrashala,* a Buddha is seated on a lotus in the *vajraparyankasana* position, his right hand reaching downwards in the gesture of touching the Earth (*bhumisparsha mudra*). Although the Bodhi tree is not shown, this is very probably a scene of Shakyamuni calling on the Earth to witness his victory over Mara, the god of death (*Maravijaya*), during the Enlightenment – a favourite theme in Pala-Sena sculpture from Bihar and Bengal, found on numerous Buddhist stelae.[2] Yet it may possibly depict the "Imperturbable" Akshobhya Buddha – one of the five Jinas or directional Buddhas – whose distinctive hand gesture (*mudra*) is in fact the same touching the Earth gesture.

1 See No. 32.
2 See No. 52.

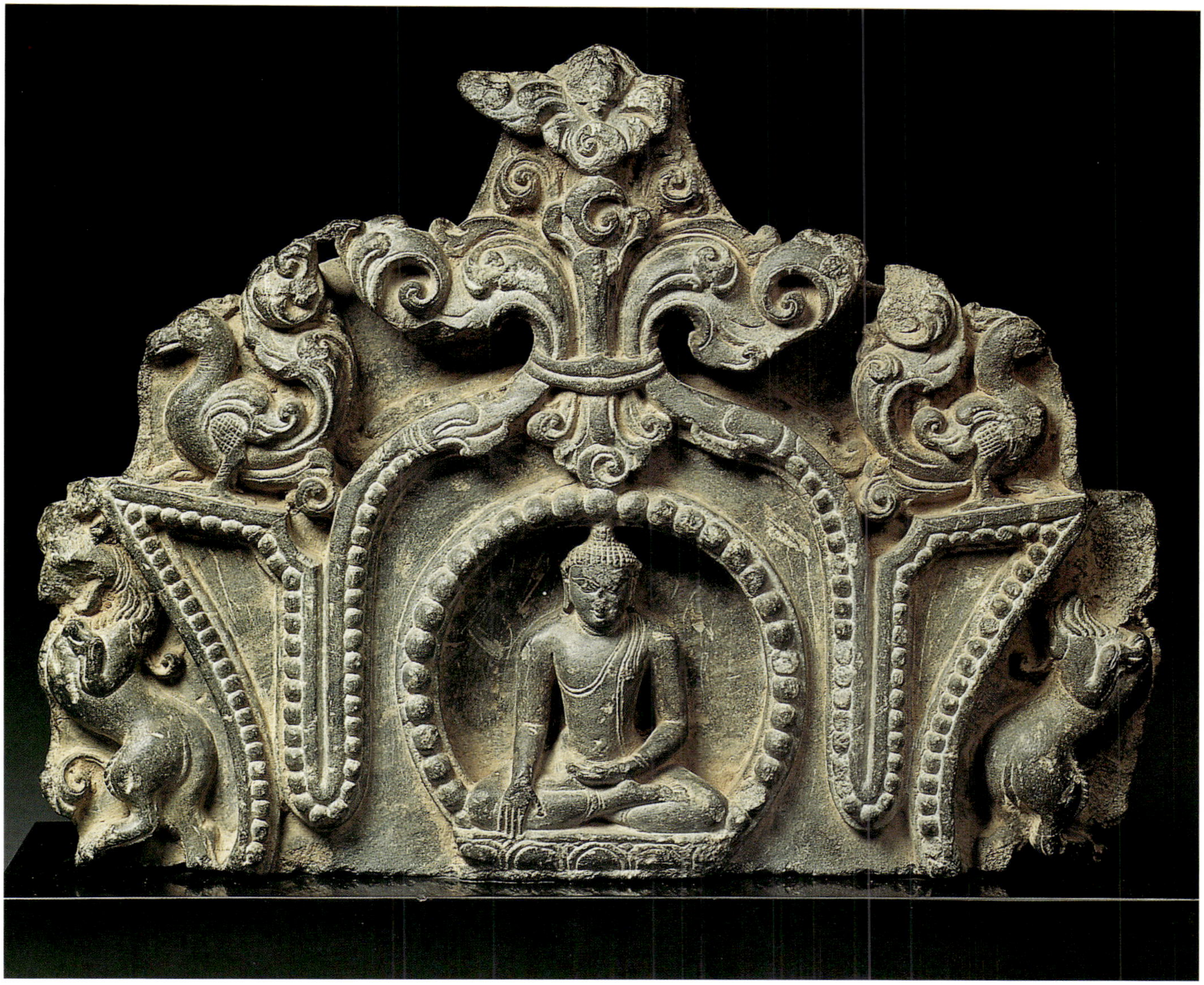

Époque pāla
Xe siècle
Inde du Nord-Est. Bihār (?)

Fragment de décoration architecturale ; grès gris
H. 25 ; L. 34,5
Achat (1963)
MA 2560

Pala period
10th century
North-East India. Bihar (?)

Fragment of a decorative element; grey sandstone
H. 25; W. 34.5
Purchase (1963)
MA 2560

54. Buddha paré

Cette stèle ornait l'une des quatre faces de la partie médiane d'un *stūpa* votif semblable à ceux que la ferveur des fidèles éleva en grand nombre à Bodh Gayā, à proximité du temple de Mahā Bodhi. Au sein d'une niche trilobée, un Buddha paré et couronné, assis en *vajraparyaṅkāsana* sur un lotus supporté par des rinceaux de feuillage, esquisse de ses deux mains réunies le geste de la prédication (*Dharmacakra mudrā*). Sans doute peut-on reconnaître ici le Buddha Śākyamuni mettant en mouvement la roue de la Loi lors du sermon de Sārnāth, ou encore le Buddha de l'espace Vairocana, l'un des cinq *jina*, dont le geste canonique distinctif (*mudrā*) est également le geste de la prédication. Au sein de la niche, de part et d'autre du Buddha paré, figurent deux Buddha debout faisant les gestes de sauvegarde et de don et deux Buddha assis dans l'attitude de la méditation. Dans la partie supérieure de la stèle, une frise de trois Buddha assis dans des niches ; les deux Buddha latéraux font le geste de la méditation (*dhyāna mudrā*), le Buddha central celui de la prédication.

On notera l'encadrement de la niche centrale, bordée de deux pilastres issus d'un vase d'abondance (*pūrṇa ghaṭa*) et surmontés de deux *haṃsa* divergents, dont la queue se déploie en volutes jusqu'au masque de monstre (*kāla*) couronnant la niche.

Le thème du Buddha paré et couronné – à l'instar du plus grand des monarques – apparaît vers les Xᵉ-XIᵉ siècles dans l'art pāla du Bihār et du Bengale, où il connut dès lors la faveur des sculpteurs.

BIBLIOGRAPHIE
Monod, 1966, p. 76.

---

54. Crowned Buddha

This stela once decorated the middle section of one of the four sides of a votive stupa similar to those erected in great numbers by devotees at Bodh Gaya, near the Maha Bodhi Temple. In the centre of a trilobed niche, a crowned and bejewelled Buddha, seated in the *vajaraparyankasana* position on a lotus supported by foliated scrolls, performs the gesture of preaching the Law (*Dharmachakra mudra*) with both hands joined. It probably represents Shakyamuni setting the Wheel of the Law in motion during the sermon at Sarnath, or the Buddha Vairocana, one of the five Jinas, whose distinctive gesture (*mudra*) is also the one of preaching the Law. Flanking the crowned Buddha in the niche are two standing Buddhas, who perform the fear-allaying and gift-bestowing gestures, and two Buddhas seated in meditation. The frieze at the top of the stela shows three Buddhas seated in niches; the Buddhas at each end hold their hands in the gesture of meditation (*dhyana mudra*); the central Buddha performs the gesture of preaching the Law.

The frame of the main niche is worthy of notice: the two pillars flanking the niche stem from a vase of plenty (*purna ghata*) and are surmounted by wild geese (*hamsas*), whose tails stream upwards in volutes to the monstrous mask (*kala*) at the top.

The theme of the crowned and bejewelled Buddha – like the mightiest of monarchs – appeared about the 10th-11th centuries in Pala art from Bihar and Bengal, where it became increasingly popular with sculptors.

BIBLIOGRAPHY
Monod, 1966, p. 76.

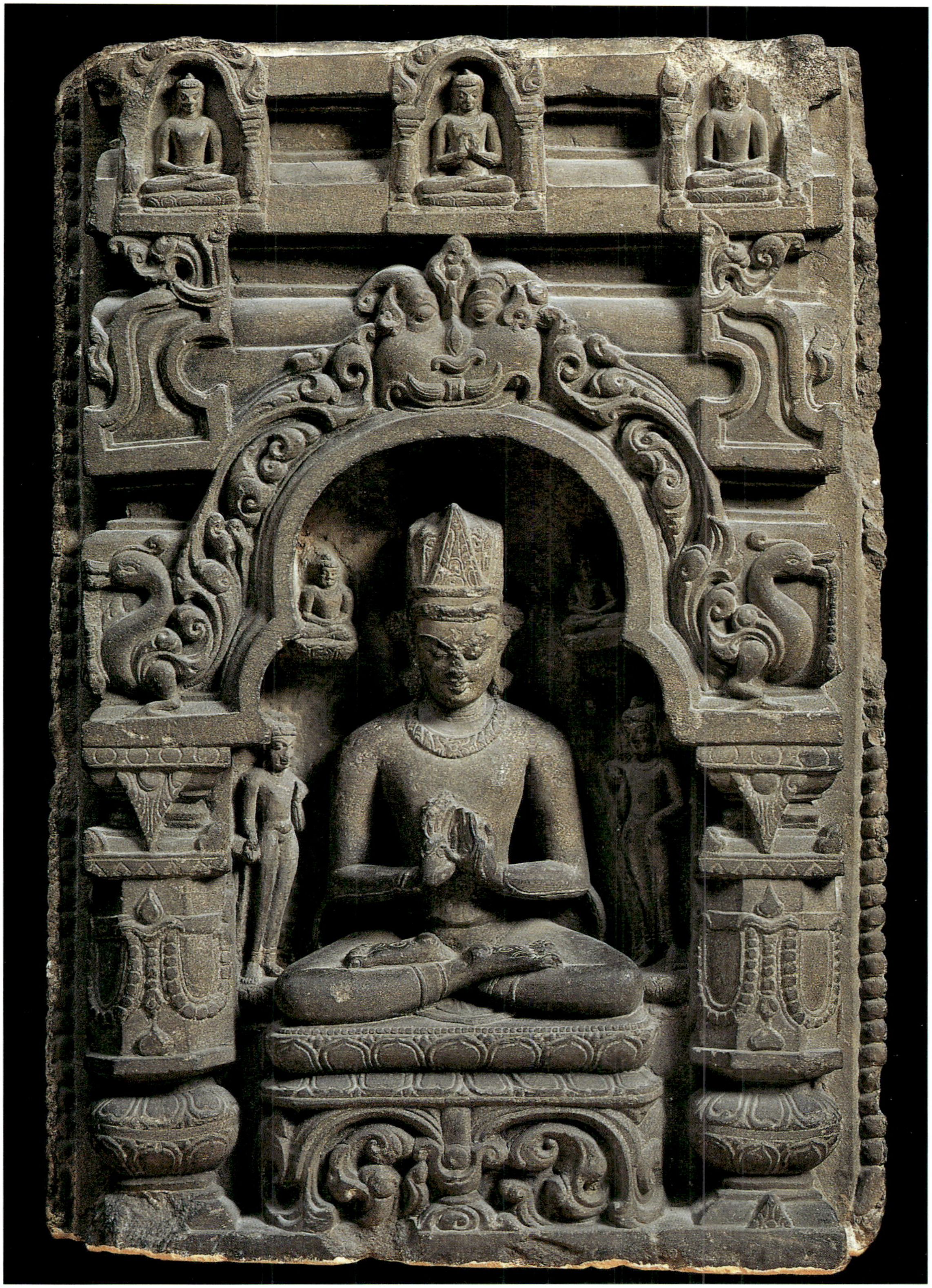

Époque pāla
XIe-XIIe siècle
Inde du Nord-Est. Bihār. Bodh Gayā (?)

Stèle ; grès gris
H. 52 ; L. 36
Ancien fonds
MG 5835

Pala period
11th-12th century
North-East India. Bihar. Bodh Gaya (?)

Stela; grey sandstone
H. 52; W. 36
Original collection
MG 5835

55. Khasarpaṇa-Lokeśvara

Figuré sous l'aspect de Khasarpaṇa-Lokeśvara[1] (« le Seigneur du Monde qui serpente à travers l'espace »), le bodhisattva Avalokiteśvara est représenté en compagnie de quatre de ses assistants, debout sur un lotus, légèrement hanché, tenant un lotus rose (*padma*) dans sa main gauche – un second lotus croît à sa droite –, la main droite ouverte dans le geste de charité (*varada mudrā*). Richement paré, il porte dans sa coiffure l'image du Buddha Amitābha, dont il est l'émanation. À sa droite se tiennent la déesse Tārā[2], contrepartie féminine d'Avalokiteśvara, tenant un lotus et faisant le geste de sauvegarde (*abhaya mudrā*), et Sudhanakumāra, les mains jointes en *añjali* et portant un livre (*pustaka*) sous le bras gauche. À sa gauche, Bhṛkuṭī, dont la coiffure s'orne d'un *stūpa*, dotée de quatre bras et tenant le vase à eau (*kamaṇḍalu*) et le triple bâton (*tridaṇḍa*), et Hayagrīva, tenant un bâton.

Dans la partie supérieure de la stèle sont figurés deux *stūpa* votifs, ainsi que les cinq *jina* ou Buddha des points cardinaux – Akṣobhya, Ratnasambhava, Amitābha, Amoghasiddhi, Vairocana –, assis sur des lotus dont les tiges semblent jaillir du nimbe entourant la tête d'Avalokiteśvara. Sur le socle, au décor de rinceaux de lotus, figurent, à droite, un orant aux mains jointes et, à gauche, le *preta* Sūcīmukha, reconnaissable à ses chairs émaciées. Sūcīmukha, qu'un destin cruel avait affligé d'une faim inassouvissable, fut sauvé par le bodhisattva Avalokiteśvara, qui le laissa se nourrir du nectar s'écoulant de sa main, témoignant ainsi de sa compassion illimitée envers tous les êtres.

Le sommet de la stèle, légèrement pointu, le socle constitué de deux parties symétriquement en retrait par rapport à la partie centrale ou encore la découpe ajourée derrière le personnage central permettent de rattacher cette œuvre à l'art pāla-sena de la fin du XIe siècle ou du début du XIIe siècle. L'œuvre, en dépit d'une certaine sécheresse plastique et d'une surcharge décorative inhérentes aux productions tardives de l'art pāla-sena, est néanmoins dominée par des formes pures et des lignes harmonieuses.

1 Sur l'iconographie de Khasarpaṇa-Lokeśvara, voir de Mallmann, 1948, pp. 194-197 ; voir également notice n° 35.
2 Voir notice n° 49.

BIBLIOGRAPHIE
Auboyer, 1979, pp. 303-304.

---

55. Khasarpana-Lokeshvara

Depicted as Khasarpana-Lokeshvara[1] ("the Lord of the World who winds his way through space"), the Bodhisattva Avalokiteshvara is shown accompanied by four of his attendants, standing on a lotus in a subtle *tribhanga* pose, holding a pink lotus (*padma*) in his left hand – a second lotus is growing to his right – and performing the gesture of bestowing gifts (*varada mudra*) with his open right hand. Sumptuously bedecked, he wears an image of the Buddha Amitabha, from whom he emanated, in his headdress. Standing to his right is the goddess Tara,[2] the female counterpart of Avalokiteshvara, holding a lotus and performing the fear-allaying or protective gesture (*abhaya mudra*), and Sudhanakumara, with hands joined in the *anjali* gesture and holding a book (*pustaka*) under her left arm. On his left is the four-armed Bhrikuti, whose headdress is adorned with a stupa, holding the water-flask (*kamandalu*) and three-headed stick (*tridanda*), alongside Hayagriva, who also holds a stick.

Depicted in the upper part of the stela are two votive stupas and the five Jinas or directional Buddhas – Akshobhya, Ratnasambhava, Amitabha, Amoghasiddhi, Vairocana. They are seated on lotuses whose stems seem to shoot forth from the halo encircling Avalokiteshvara's head. Shown on the base of the stela, decorated with lotus scrolls, is an orant with hands joined (right) and the *preta* Suchimukha (left), recognizable from his emaciated body. Suchimukha, whom cruel destiny had burdened with insatiable hunger, was saved by the Bodhisattva Avalokiteshvara, who let him drink the nectar flowing from his hand, thus testifying to the boundless mercy he felt for all living creatures.

The slightly pointed top of the stela, the base comprised of two symmetrical parts set back from the central section, and the openwork behind the main figure link this work to Pala-Sena art of the late 11th century or early 12th century. Despite a certain sculptural aridity and the overly ornate decoration common to late Pala-Sena art, the work is nevertheless dominated by pure forms and harmonious lines.

1 On the iconography of Khasarpana-Lokeshvara, see de Mallmann, 1948, pp. 194-197; see also No. 35.
2 See No. 49.

BIBLIOGRAPHY
Auboyer, 1979, pp. 303-304.

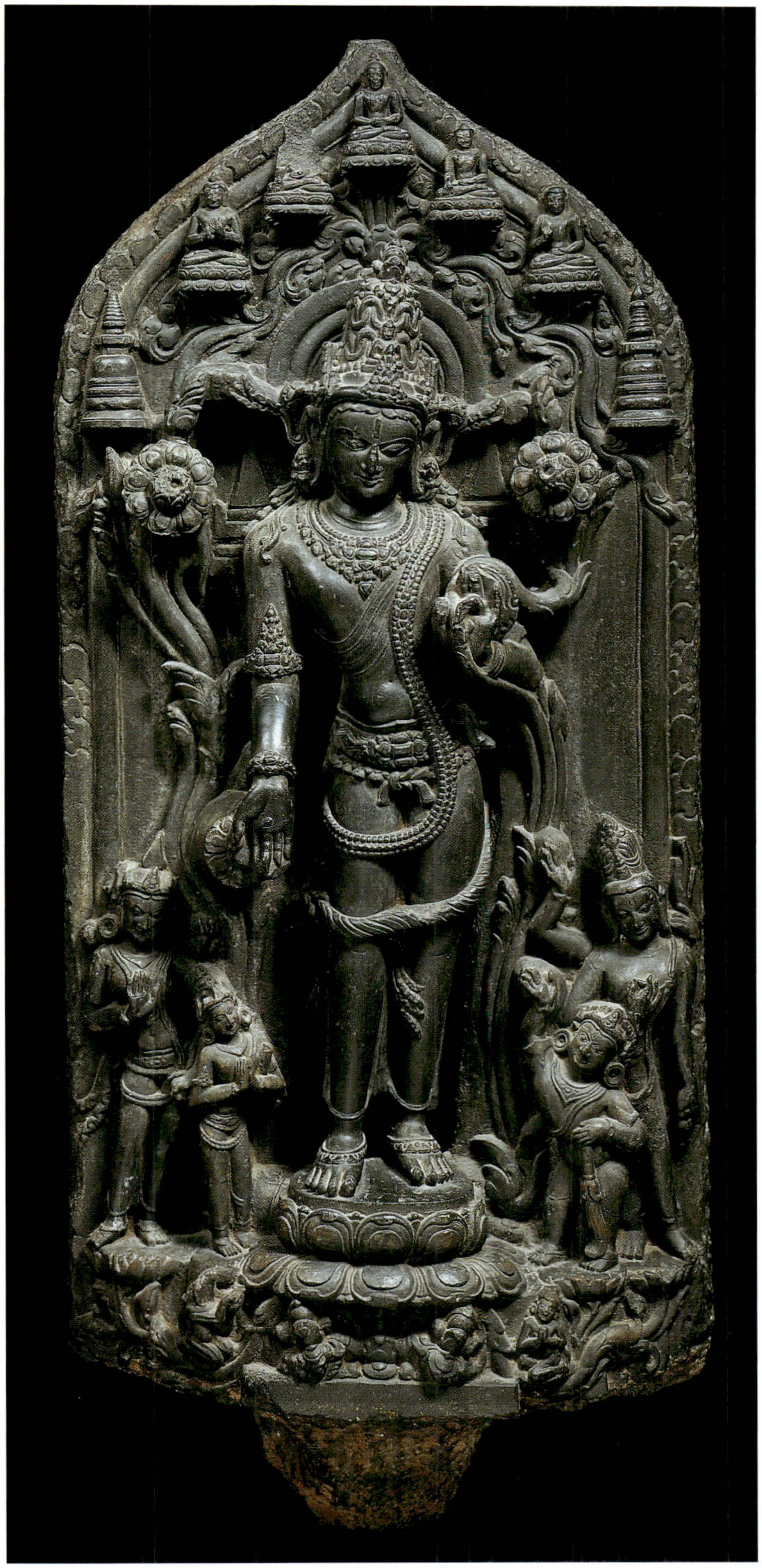

Époque pāla-sena
Fin XIe-début XIIe siècle
Inde du Nord-Est. Bengale (?)

Stèle ; grès gris
H. 76 ; L. 37
Achat (1979)
MA 4803

Pala-Sena period
Late 11th-early 12th century
North-East India. Bengal (?)

Stela; grey sandstone
H. 76; W. 37
Purchase (1979)
MA 4803

56. Viṣṇu Vāsudeva

L'art pāla-sena du Bihār et du Bengale a livré de nombreuses images de Viṣṇu figuré sous la forme spécifique de Viṣṇu Vāsudeva – forme suprême et primordiale de la divinité. Identifiable à l'emplacement respectif des attributs brandis dans ses quatre mains, Viṣṇu Vāsudeva tient dans sa main droite supérieure la massue (*gadā*) et esquisse de sa main droite inférieure le geste de don (*varada hasta)* ; dans sa main gauche supérieure, il porte le disque (*cakra*) et, dans sa main gauche inférieure, la conque (*śaṅkhā*)[1].

Figuré debout sur un lotus, en stricte frontalité (*samapādasthānakamūrti*), le dieu est entouré de ses épouses : à sa droite, la déesse de la fortune, Lakṣmī, et à sa gauche, Sarasvatī, déesse de la parole, du savoir et de la musique, jouant de la cithare (*vīṇā*). Les deux déesses sont elles-mêmes accompagnées de deux *āyudhapuruṣa*, les attributs personnifiés de Viṣṇu, portant sur leur tête le disque et la conque.

Au sommet de la stèle, qu'orne un masque de monstre (*kāla*), à vertu bénéfique et prophylactique, figurent deux *vidyādhara* portant des guirlandes et volant au sein de nuées stylisées. Le décor complexe de la stèle, composé de lions cabrés *(vyālaka)* prenant appui sur des éléphants et soutenant un linteau sur lequel se tiennent deux *kinnara* – êtres ailés hybrides, mi-hommes mi-oiseaux, joueurs de *vīṇā* –, procède d'un symbolisme précis destiné à évoquer toute une cosmologie et à illustrer la puissance et la souveraineté de Viṣṇu Vāsudeva, dieu suprême, sur l'univers entier[2]. Sur le socle, où se déploient des rinceaux, figurent Garuḍa, l'aigle solaire monture du dieu Viṣṇu, et un donateur.

La surcharge décorative de la stèle, le soin porté au traitement des parures et la sécheresse plastique de l'œuvre constituent autant de caractéristiques de l'art pāla-sena tardif et des productions du XIIe siècle.

1 Voir de Mallmann, 1963, pp. 24-26.
2 De Mallmann, 1963, p. 235.

---

56. Vishnu Vasudeva

Pala-Sena art from Bihar and Bengal produced several images of Vishnu depicted as Vishnu Vasudeva – the supreme and primordial form of the god. Recognizable from the respective position of the attributes he displays in his four hands, Vishnu Vasudeva holds the mace (*gada*) in his upper right hand and performs the gift-bestowing gesture (*varada hasta*) with his lower right hand; he bears the disc (*chakra*) in his upper left hand and the conch (*shankha*)[1] in his lower left hand.

Shown standing on a lotus flower in a rigid frontal pose (*samapadasthanakamurti*), the god is flanked by his two consorts: on his right is the goddess of good fortune, Lakshmi; on his left is Sarasvati, the goddess of speech, learning and music, playing a cithara (*vina*). The two goddesses are accompanied by two Ayudhapurushas, personifications of Vishnu's attributes, bearing the disc and conch on their heads.

At the top of the stela, decorated with a monstrous mask (*kala*), whose powers were both beneficial and protective, are two Vidyadharas carrying garlands and flying on stylized clouds. The stela's complex decoration comprises prancing lions (*vyalakas*) standing on elephants and supporting the lintel on which two Kinnaras – winged, hybrid creatures (half-men, half-birds) playing *vinas* – can be seen; this decorative programme is based on highly specific symbolism intended to recall a complete cosmology and to illustrate the supreme deity, Vishnu Vasudeva's authority and sovereignty over the whole universe.[2] Depicted on the base adorned with foliated scrolls is a donor and Garuda, the divine eagle, Vishnu's vehicle.

The stela's ornate decoration, the attention paid to the treatment of the jewels and accessories and the dry sculptural style are characteristic of both late Pala-Sena art and 12th-century works.

1 See De Mallmann, 1963, pp. 24-26.
2 De Mallmann, 1963, P. 235.

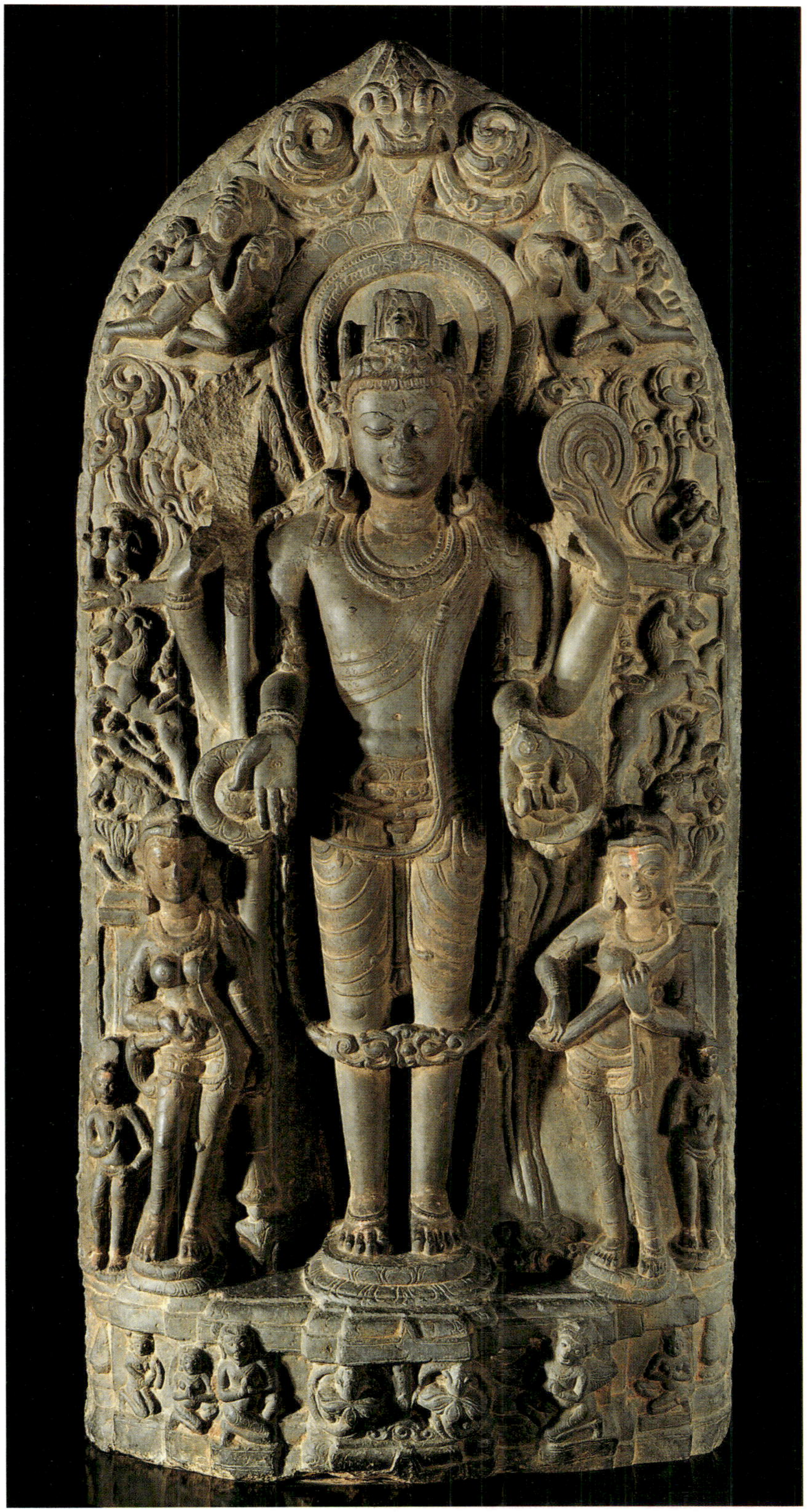

Époque pāla-sena
XIIe siècle
Inde du Nord-Est. Bengale (?)

Stèle ; schiste noir
H. 101 ; L. 47
Legs G. Kahn (1996)
MA 6267

Pala-Sena period
12th century
North-East India. Bengal (?)

Stela; black schist
H. 101; W. 47
G. Kahn bequest (1996)
MA 6267

57. Sugatisaṃdarśana-Lokeśvara

Cette forme particulière du bodhisattva Avalokiteśvara à six bras – manifestation tantrique de la divinité, que les textes, notamment la *Sādhanamālā*, désignent du nom de Bhattāraka-Sugatisaṃdarśana-Lokeśvara – montre le bodhisattva assis dans l'attitude du délassement royal (*lalitāsana*) sur un trône lotiforme, esquissant d'une main le geste de don (*varada mudrā*) et brandissant certains de ses attributs distinctifs (le rosaire, le lotus, le vase à eau et le triple bâton, ou *tridaṇḍa*). On notera que l'une des mains droites du bodhisattva, la paume tournée vers le corps, esquisse un geste difficile à interpréter, néanmoins souvent attesté sur maints bronzes bouddhiques du Kaśmīr[1]. À ses côtés sont assises Tārā et Bhṛkuṭī, tenant chacune le rosaire et le lotus, cependant que deux donateurs – dont les traits physiques, la coiffure et le costume dénotent vraisemblablement une origine iranienne – se tiennent de part et d'autre du socle. Si l'art pāla-sena du Bihār et du Bengale a livré de rares stèles à l'effigie de Bhattāraka-Sugatisaṃdarśana-Lokeśvara – dont le culte fut attesté dans le nord de l'Inde, à l'époque médiévale –, la statuaire métallique du Kaśmīr a également représenté cette forme complexe, mais à l'« aspect bénin » (*saumyarūpa*), du bodhisattva. Par son style, le bronze du musée Guimet appelle naturellement la comparaison avec le célèbre Avalokiteśvara de bronze conservé au musée Śrī Pratāp Singh de Śrīnagar – qu'une dédicace à la reine Diddā (règne 980-1003) permet de dater de la fin du Xᵉ siècle ou du tout début du XIᵉ siècle ; il présente également d'évidentes affinités stylistiques avec une autre effigie de bronze de Sugatisaṃdarśana-Lokeśvara, provenant de la Pan Asian Collection[2]. On notera, outre le modelé subtil et précis de l'œuvre, la couleur dorée du bronze, constitué d'un alliage particulier de cuivre et de zinc propre à l'art métallique du Kaśmīr.

1 Voir Pal, 1975, p. 122.
2 Pal, 1975, nᵒˢ 50 et 51.

---

57. Sugatisamdarshana-Lokeshvara

This particular, six-armed form of the Bodhisattva Avalokiteshvara – a Tantric manifestation of the divinity, whom the sacred texts, notably the *Sadhanamala* call Bhattaraka-Sugatisamdarshana-Lokeshvara – shows the Bodhisattva seated in the pose of "royal ease" (*lalitasana*) on a lotiform throne performing the gesture of bestowing gifts (*varada mudra*) with one hand and holding some of his distinctive attributes (rosary, lotus, water-flask and three-headed stick, or *tridanda*). The palm of one of Avalokiteshvara's right hands is turned towards his body, performing a gesture that is difficult to interpret, yet is often seen on Buddhist bronzes from Kashmir.[1] Seated on either side of him are Tara and Bhrikuti, each holding the rosary and the lotus, while two standing donors – whose facial features, headdresses and costume seem to denote Iranian origins – flank the base. Pala-Sena art from Bihar and Bengal included a few rare examples of stelae portraying Bhattaraka-Sugatisamdarshana-Lokeshvara – who is known to have been worshipped in North India during the medieval period – but metal statuary from Kashmir also represented this complex form, showing the "benign aspect" (*saumyarupa*) of the Bodhisattva. From a stylistic point of view, the Musée Guimet's bronze may naturally be compared with the famous bronze Avalokiteshvara, now in the Sri Pratap Singh Museum, Srinagar, whose dedication to Queen Didda (reigned 980-1003) dates it to the late 10th or very early 11th century. Stylistic similarities with a bronze Sugatisamdarshana-Lokeshvara in the Pan-Asian Collection[2] are also evident. In addition to the work's subtle and precise modelling, notice the golden colour of the bronze, derived from the special copper-zinc alloy used in Kashmiri metalwork.

1 See Pal, 1975, p. 122.
2 Pal, 1975, Nos. 50 and 51.

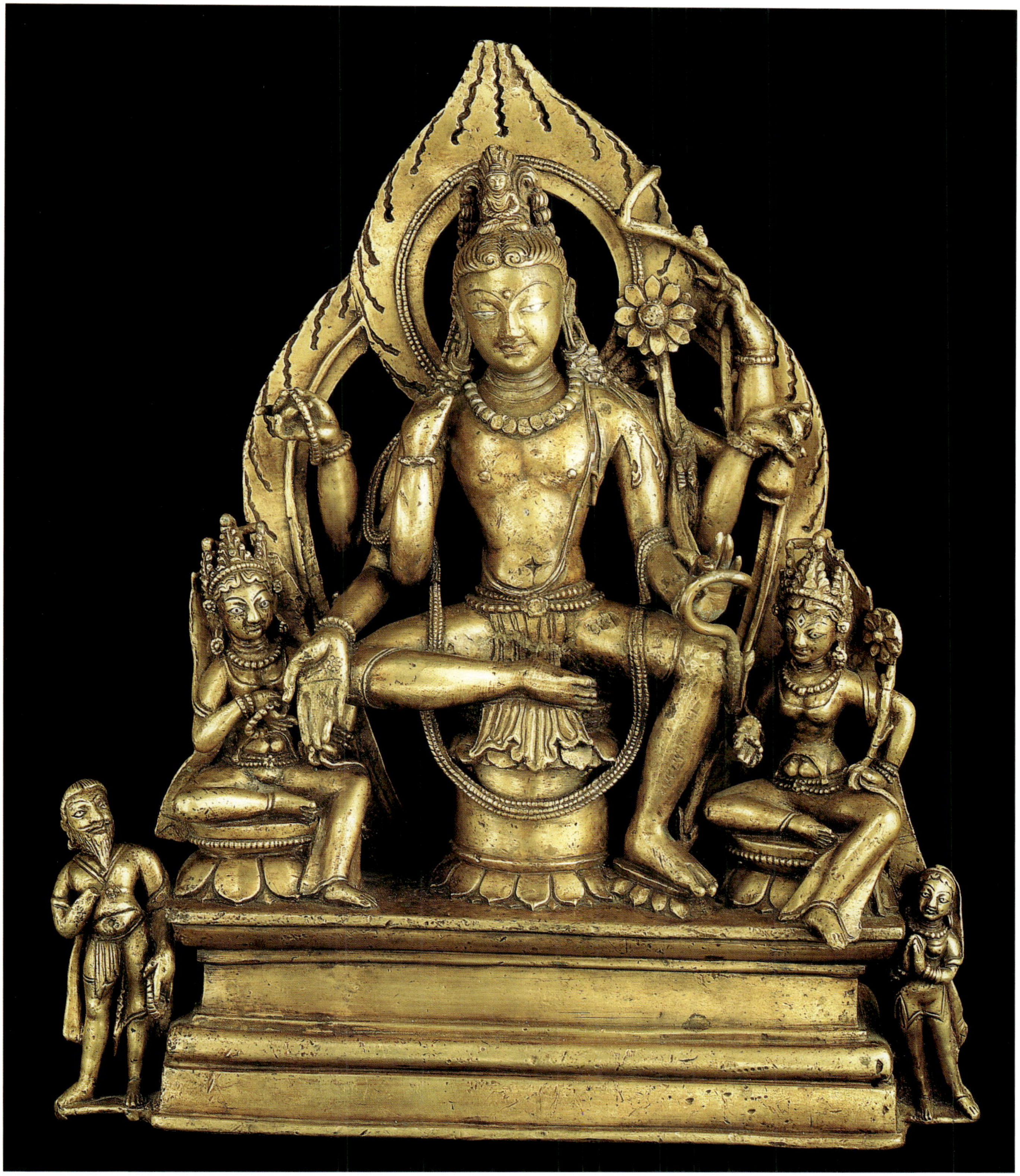

Époque lohara
Fin X^{e}-début XIe siècle
Kaśmīr

Bronze
H. 34,5 ; L. 29
Achat (1996)
MA 6266

Lohara period
Late 10th-early 11th century
Kashmi-

Bronze
H. 34.5; W. 29
Purchase (1996)
MA 6266

58. Viṣṇu Caturmūrti

Au Kaśmīr, à l'époque médiévale, le dieu Viṣṇu fut souvent figuré avec quatre faces (Viṣṇu Caturmūrti ou Caturānana) – une face d'homme, de lion, de sanglier et de démon. Cet aspect composite de la divinité – que le *Viṣṇudharmottara* désigne du nom de Vaikuṇṭha, lorsque le dieu tétracéphale est doté de huit bras et représenté sur sa monture, l'oiseau Garuḍa[1] – illustre ainsi, en une seule personne, les « Quatre Grandes Manifestations » de Viṣṇu (*Caturmahāvyūha*), les quatre faces correspondant non seulement aux *Caturmahāvyūha*, mais aussi aux « qualités » (*guṇa*) du dieu vénéré sous sa forme suprême et primordiale (Ādimūrti Vāsudeva), ainsi qu'aux quatre points cardinaux : la face humaine (au centre) représente Vāsudeva, la force, l'Est ; la face de lion (à droite) Saṁkarṣaṇa, le savoir, le Sud ; la face de sanglier (à gauche) Aniruddha, l'énergie, le Nord ; la face farouche ou « démoniaque » (à l'arrière) Pradyumna, la puissance, l'Ouest[2]. Toutefois, les faces animales furent parfois assimilées aux *avatāra* du dieu – l'Homme-Lion (Narasiṃha) et le Sanglier (Varāha) –, et les représentations de Viṣṇu tétracéphale considérées comme des images syncrétiques des dix *avatāra*[3].

Seules la face humaine et les deux faces animales se détachant sur un nimbe uni sont figurées sur la sculpture du musée Guimet, la face farouche – dont la présence est ici virtuelle – n'étant pas même épannelée au dos du nimbe. Muni de quatre bras, le dieu est figuré debout, en stricte frontalité. Deux de ses mains tiennent le lotus épanoui (*padma*), à droite, et la conque (*śaṅkha*), à gauche ; ses deux autres mains reposent sur la tête de ses attributs personnifiés (*āyudhapuruṣa*) : Gadānārī (la Massue), à droite, et Cakrapuruṣa (le Disque), à gauche, tenant chacun un chasse-mouches. L'une des épouses du dieu, la déesse Terre (Bhūmī ou Pṛthvī), liée à la geste viṣṇuite, apparaît à mi-corps entre ses pieds, émergeant des

1 Pal, 1975, pp. 16-18.
2 De Mallmann, 1963, p. 21 ; Banerjea, 1956, pp. 408-409.
3 De Mallmann, 1963, p. 21 (note 11).

---

58. Vishnu Chaturmurti

During the medieval period in Kashmir, the god Vishnu was often depicted with four faces (Vishnu Chaturmurti or Chaturanana) – with the face of a man, a lion, a boar and a demon. This composite form of the divinity – called Vaikuntha in the *Vishnudharmottara*, in which the four-headed god has eight arms and rides on his mount, the eagle Garuda,[1] – thus illustrates, in one person, Vishnu's "Four Great Manifestations" (*Chaturmahavyuhas*), the four faces corresponding not only to the *Chaturmahavyuhas*, but also to the "qualities" (*gunas*) of the god worshipped in his supreme, primordial form (Adimurti Vasudeva) and to the four corners of the world: the human face (centre) represents Vasudeva, force, the East; the lion's face (right) represents Samkarshana, knowledge, the South; the boar's face (left) represents Aniruddha, energy, the North; the wild or "demonic" face (back) represents Pradyumna, power, the West.[2] Nevertheless, the two animal faces were sometimes assimilated with the deity's *avataras* – the Man-Lion (*Narasimha*) and the Cosmic Boar (*Varaha*) – and the representations of the four-headed Vishnu were regarded as syncretic images of his ten *avataras*.[3]

Only the human face and the two animal faces encircled by a plain halo can be seen on the Musée Guimet's sculpture, the demonic face not even having been roughed out on the back of the halo. The four-armed deity is depicted standing in a rigid frontal pose. Two of his hands hold a lotus blossom (*padma*), on the right, and the conch (*shankha*), on the left; the two others are placed on the heads of the personifications of his attributes (Ayudhapurushas), Gadanari (the Mace), on the right, and Chakrapurusha (the Disc), on the left, both of whom hold a fly-whisk. A half-length portrait of the Earth goddess (Bhumi or Prithivi) whom Vishnu rescued from the Eternal Sea, and also one of his consorts, is seen emerging from the waters between his feet. In addition to his usual

1 Pal, 1975 pp. 16-18.
2 De Mallmann, 1963, p. 21; Banerjea, 1956, pp. 408-409.
3 De Mallmann, 1963, p. 21 (Note 11).

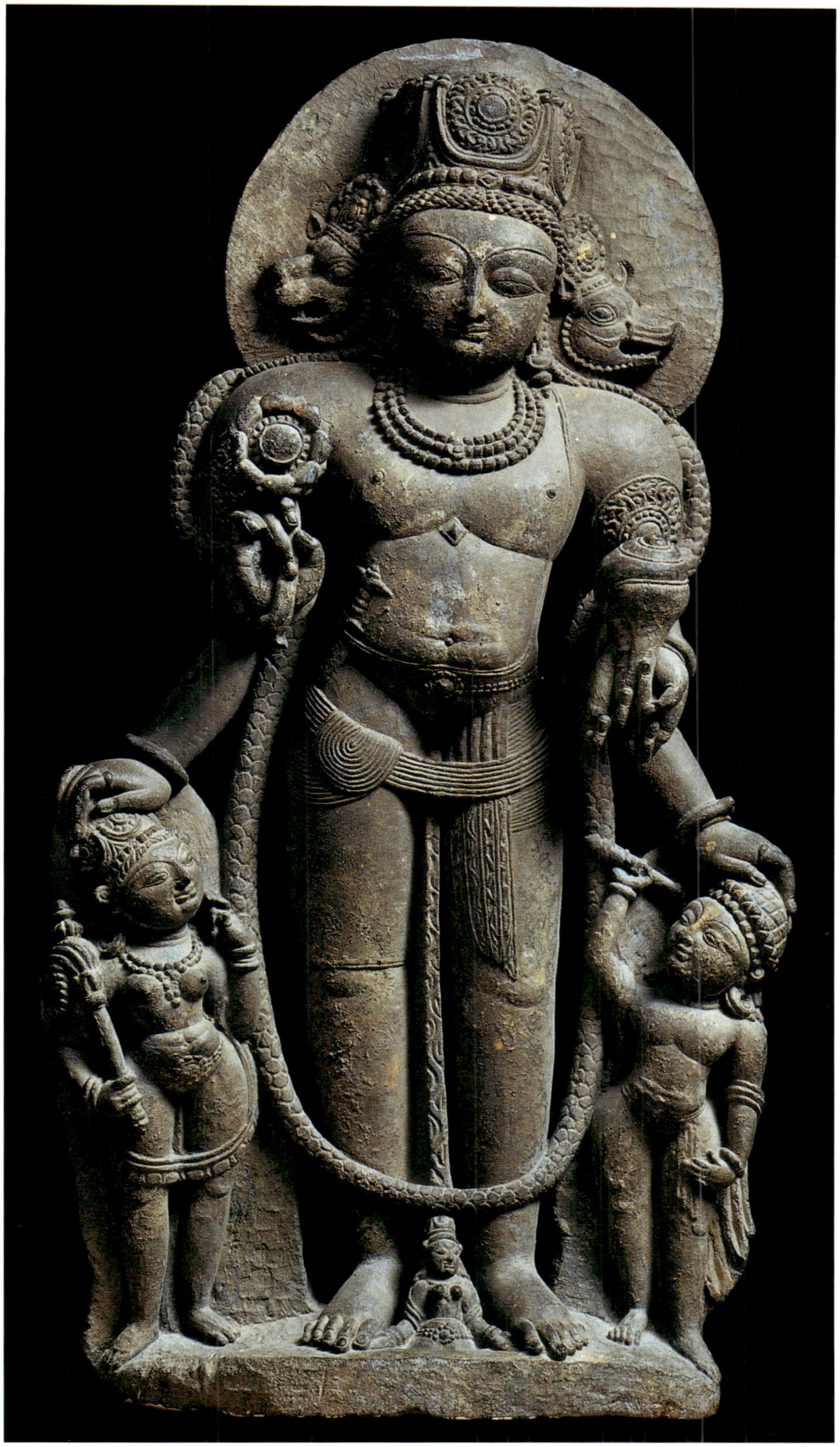

Époque médiévale
XIIe siècle
Inde du Nord. Kaśmīr. Verināga (?)

Ronde-bosse ; grès
H. 74 ; L. 40
Ancien fonds
MG 23053

Medieval period
12th century
North India. Kashmir. Verinaga (?)

In-the-round sculpture; sandstone
H. 74; W. 40
Original collection
MG 23053

eaux. Outre les parures habituelles, Viṣṇu porte la longue guirlande de fleurs forestières (*vanamālā*), et le Kaustubha, joyau mythique obtenu lors du Barattage de l'Océan de Lait, orne sa poitrine. Sa coiffe, constituée d'un diadème orfévri, à trois croissants, est caractéristique des œuvres exécutées au Kaśmīr, de même que le poignard glissé dans sa ceinture, dont l'apparition remonterait au règne d'Avantivarman (vers 855-883), premier monarque de la dynastie utpala.

La sculpture, dominée par des formes lourdes et géométriques, non exemptes de raideur ni de sécheresse, illustre la phase tardive de l'art du Kaśmīr et date vraisemblablement du XIIe siècle. Le traitement particulier du vêtement porté par Viṣṇu, plus court sur la cuisse gauche que sur la droite, est attesté sur plusieurs sculptures émanant du site de Verināga, d'où provient dans doute le Viṣṇu Caturmūrti du musée Guimet[4].

4 Pour une œuvre stylistiquement comparable provenant de Verināga, voir Huntington, 1985, p. 368, fig. 17.19.

Bibliographie
Monod, 1966, p. 78.

attire, Vishnu wears the long garland of forest flowers (*vanamala*) and, on his chest, the Kaustubha, the mythical jewel he obtained during the Churning of the Sea of Milk. His headdress, consisting of a three-crescent, decorated crown, is characteristic of Kashmiri works, as is the dagger in his belt, whose first appearance dates back to the reign of Avantivarman (*circa* 855-883), the first monarch of the Utpala dynasty.

Dominated by heavy, geometric forms, the slightly rigid, dry sculpture is an example of late Kashmiri art and very probably dates to the 12th century. The specific treatment of Vishnu's garment – shorter on the left thigh than on the right – can be found in several sculptures from the Verinaga site, where the Musée Guimet's Vishnu Chaturmurti no doubt comes from.[4]

4 For a stylistically similar work from Verinaga, see Huntington, 1985, p. 368, Fig. 17.19.

Bibliography
Monod, 1966, p. 78.

59. Śiva Somāskandamūrti

1 Huntington, 1985, pp. 318-319.

BIBLIOGRAPHIE
Jouveau-Dubreuil, 1914, tome II, pl. XIII B ; Deneck, 1970, pl. 93.

Les représentations de Śiva Somāskandamūrti montrent le dieu Śiva en compagnie de son épouse Pārvatī et de leur fils Skanda, le dieu de la guerre. Sur ce relief d'époque pallava, le couple divin et l'enfant sont assis sur un large trône à décor de *vyāla* et de *makara*, dans l'attitude du délassement (*lalitāsana*), une jambe pendante, l'autre repliée à même le siège. Parmi les attributs de Śiva – difficilement identifiables en raison de l'érosion de la pierre –, figurent, semble-t-il, le rosaire (*akṣamālā*) [?] et la guirlande (?), visibles dans les mains supérieures du dieu, dont les mains inférieures sont en *kaṭaka* et *dhyāna hasta*. Sur le fond du relief, apparaissent, outre le parasol (*chattra*), insigne de dignité dévolu à Pārvatī, les effigies des dieux Brahmā (à droite de Śiva) et Viṣṇu (au centre), dotés de leurs attributs respectifs – le vase à eau et le rosaire pour Brahmā, le disque et la conque pour Viṣṇu –, et rendant hommage au couple divin.

En pays tamoul, à l'époque pallava (VIIe-IXe siècle), de grands reliefs figurant Śiva Somāskandamūrti furent sculptés à l'intérieur des sanctuaires śivaïtes, où ils occupent la paroi postérieure de la cella (*garbhagṛha*). Si la plus ancienne représentation pallava de Śiva Somāskandamūrti semble bien être le panneau sculpté du « Dharmarāja *ratha* » de Mahābalipuram (seconde moitié du VIIe siècle), on sait que ce motif iconographique fut particulièrement en faveur sous le règne de Nṛsiṁhavarman II Rājasiṁha (vers 700-728) : une inscription, dans le temple du Kailāsanātha de Kāñcīpuram, établissait, en effet, une subtile comparaison entre la naissance de Skanda, fils du dieu Śiva, et celle du bâtisseur du temple, Nṛsiṁhavarman II Rājasiṁha, fils du roi Parameśvara Ier[1].

---

59. Shiva Somaskandamurti

1 Huntington, 1985, pp. 318-319.

BIBLIOGRAPHY
Jouveau-Dubreuil, 1914, Vol. II, Pl. XIII B; Deneck, 1970, Pl. 93.

The representations of Shiva Somaskandamurti show the god with his consort Parvati and their son Skanda, the god of war. On this Pallava relief, the divine couple and child are seated on a broad throne decorated with *vyalas* and *makaras* in the pose of "relaxed ease" (*lalitasana*), with one leg dropping to the floor and the other folded along the seat. Depicted here among Shiva's attributes – which are difficult to identify due to the erosion of the stone – are possibly the rosary (*akshamala*) [?] and the garland (?) seen in the upper hands of the deity, whose lower hands perform the *kataka* and *dhyana hasta* gestures. Visible in the background, alongside the umbrella (*chattra*), the symbol of dignity associated here with Parvati, are portraits of the gods Brahma (on Shiva's right) and Vishnu (centre), holding their respective attributes – the water-flask and the rosary for Brahma; the disc and the conch for Vishnu – and both paying homage to the divine couple.

In Tamil Nadu, during the Pallava period (7th-9th centuries), large-scale reliefs featuring Shiva Somaskandamurti were carved inside Shaivite sanctuaries on the back wall of the cell (*garbhagriha*). While the earliest Pallava representation of Shiva Somaskandamurti appears to be the sculpted panel from the Dharmaraja Ratha, at Mahabalipuram (second half of the 7th century), it is known that this iconographic motif was especially popular during the reign of Nrisimhavarman II Rajasimha (*circa* 700-728): an inscription in the Kailasanatha Temple in Kanchipuram draws a subtle parallel between the birth of Skanda, the god Shiva's son, and that of the man who had the temple built, Nrisimhavarman II Rajasimha, son of King Parameshvara I.[1]

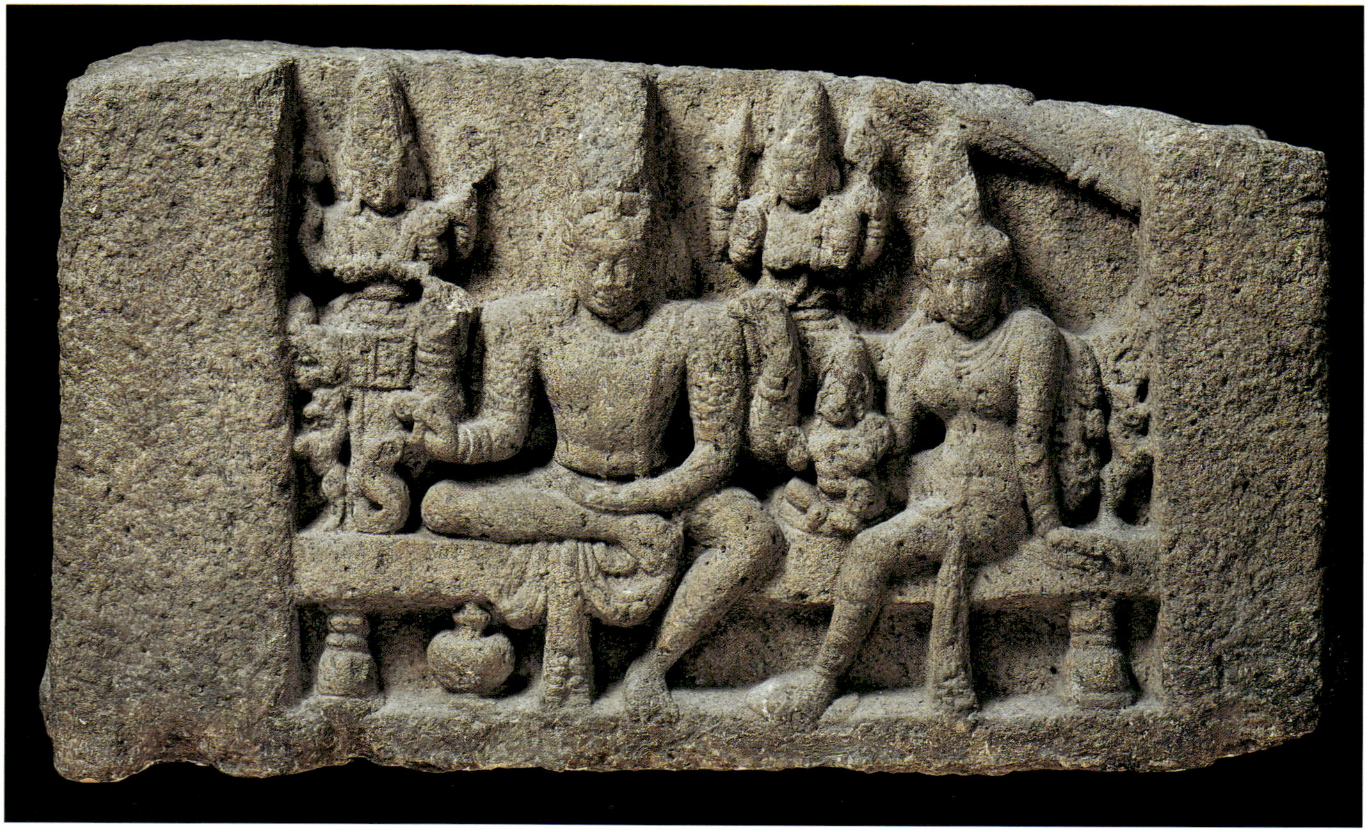

Époque pallava
VIIe-VIIIe siècle
Inde du Sud. Tamil Nādu

Bas-relief ; granit
H. 57 ; L. 99
Don de G. Jouveau-Dubreuil (1927)
MG 17072

Pallava period
7th-8th century
South India. Tamil Nadu

Bas-relief; granite
H. 57; W. 99
Gift of G. Jouveau-Dubreuil (1927)
MG 17072

60. Trois *mātṛkā*

1 Voir Van Lohuizen-de Leeuw, 1990, pp. 18-19.
2 Van Lohuizen-de Leeuw, 1990, p. 18.
3 Van Lohuizen-de Leeuw, 1990, pp. 15-17.

Provenant de Kāñcīpuram, ces trois statues sur fond de stèle à l'effigie de déesses à l'aspect farouche (*ugra*, *ghora*) – expression terrible, yeux exorbités, sourcils froncés, crocs retroussant les lèvres, chevelure hérissée formant nimbe, parures macabres de crânes et de serpents – appartiendraient à une série de seize « mères » ou *mātṛkā*, à l'iconographie très rare[1]. Cette série dite « des seize *mātṛkā* avec Gaurī à leur tête » (*Gauryādi-ṣoḍaśa-mātṛkā*), si elle est mentionnée dans de rares textes rituels, tels le *Śrāddhattatva* et la *Durgotsavapaddhati* de Raghunanda, ou encore dans le *Śilpaprakāśa* de Rāmacandra Kaulācāra[2], ne semble guère avoir été beaucoup sculptée ; outre les trois sculptures du musée Guimet, des *mātṛkā* provenant du même ensemble sont aujourd'hui dispersées dans divers musées en Inde, en Europe et aux États-Unis[3].

Les descriptions iconographiques fournies par les textes étant rares ou incomplètes et certains des attributs tenus par les *mātṛkā* du musée Guimet ayant disparu, il est en conséquence malaisé de proposer une identification précise des trois déesses représentées. Seule la *mātṛkā* Gaurī (60a), reconnaissable à sa monture (*vāhana*), le lézard, sculpté sur le socle de la stèle, peut être identifiée avec certitude ; dans l'une de ses mains droites, la déesse tient le miroir (*darpana*) [?] et l'une de ses mains gauches, posée sur la cuisse, tenait vraisemblablement la calotte crânienne (*kapāla*) – attribut que tiennent également, dans la main gauche, les autres *mātṛkā* de la série. Plus délicate est en revanche l'identification des *mātṛkā* 60b et 60c. La première, également pourvue du miroir (?) et de la calotte crânienne, a pour monture un serpent, sculpté sur le socle de la stèle ; la seconde, tenant dans ses mains gauches le trident (*trisūla*) et la calotte crânienne, a pour monture un oiseau d'espèce incertaine.

60. Three *Matrikas*

1 See Van Lohuizen-de Leeuw, 1990, pp. 18-19.
2 Van Lohuizen-de Leeuw, 1990, p. 18.
3 Van Lohuizen-de Leeuw, 1990, pp. 15-17.

These three statues backed by stelae from Kanchipuram depict ferocious-looking goddesses (*ugra*, *ghora*) – with frightening expressions, bulging eyes, scowls, protruding fangs, hair standing on end forming haloes around their heads and macabre accessories such as skulls and snake motifs – are thought to have belonged to a series of sixteen "mothers" or *matrikas*, the iconography of which was extremely rare.[1] Although this series, known as the "sixteen *matrikas* led by Gauri" (*Gauryadi-Sodasha-Matrikas*), is mentioned in such rare sacred texts as Raghunanda's *Shraddhattatva* and *Durgotsavapaddhati* or Ramachandra Kaulachara's *Shilpaprakasha*,[2] it was seldom used as a theme in sculpture. The Musée Guimet owns three of the works, but the other *matrikas* in the series have been dispersed in museum collections in India, Europe and the United States.[3]

As the iconographic descriptions in texts are rare or incomplete and some of the attributes held by the Musée Guimet's *matrikas* are now missing, it is hard to identify the three goddesses accurately. Only the *matrika* Gauri (60a) may be identified with certitude from her mount (*vahana*), the lizard, carved on the base of the stela; in one of her right hands, the goddess holds a mirror (*darpana*) [?], while one of her left hands, formerly placed on her thigh, probably held a skullcap (*kapala*) – the attribute also held in the left hands of the other *matrikas* in the series. But the identification of 60b and 60c remains problematic. The former also holds a mirror (?) and a skullcap and has a serpent for a mount (carved on the base); the latter, holding the trident (*trishula*) and the skullcap in her left hands, has a bird of indiscernible species for a mount. Stylistically datable to the late 9th century or early 10th century, the Musée Guimet's three sculptures offer both a stunning, extremely realistic

Stylistiquement datables de la fin du IXe siècle ou du début du Xe siècle, les trois sculptures du musée Guimet offrent une vision saisissante et intensément réaliste des *Gauryādi-ṣoḍasa-mātṛkā*, divinités terribles issues de la tradition tantrique de l'hindouisme médiéval, et illustrent avec éclat l'exceptionnelle maîtrise artistique des sculpteurs cōḷa[4].

4 La *mātṛkā* 60c a subi une importante restauration à la hauteur du cou, la tête de la sculpture ayant été cassée à une date inconnue.

Bibliographie
Monod, 1966, p. 91 ; Deneck, 1970, pl. 103-116 ; Van Lohuizen-de Leeuw, 1990, fig. 1-2 ; Béguin, 1992, pp. 30-31.

vision of the *Gauryadi-Sodasha-Matrikas*, the terrifying divinities born out of the Tantric concept of medieval Hinduism, and a brilliant example of the Chola sculptors' extraordinary artistic skill.[4]

4 The *matrika* 60c underwent restoration around the neck, the head of the statue having been broken off at an unknown date.

Bibliography
Monod, 1966, p. 91; Deneck, 1970, Pls. 103-116; Van Lohuizen-de Leeuw, 1990, Figs. 1-2; Béguin, 1992, pp. 30-31.

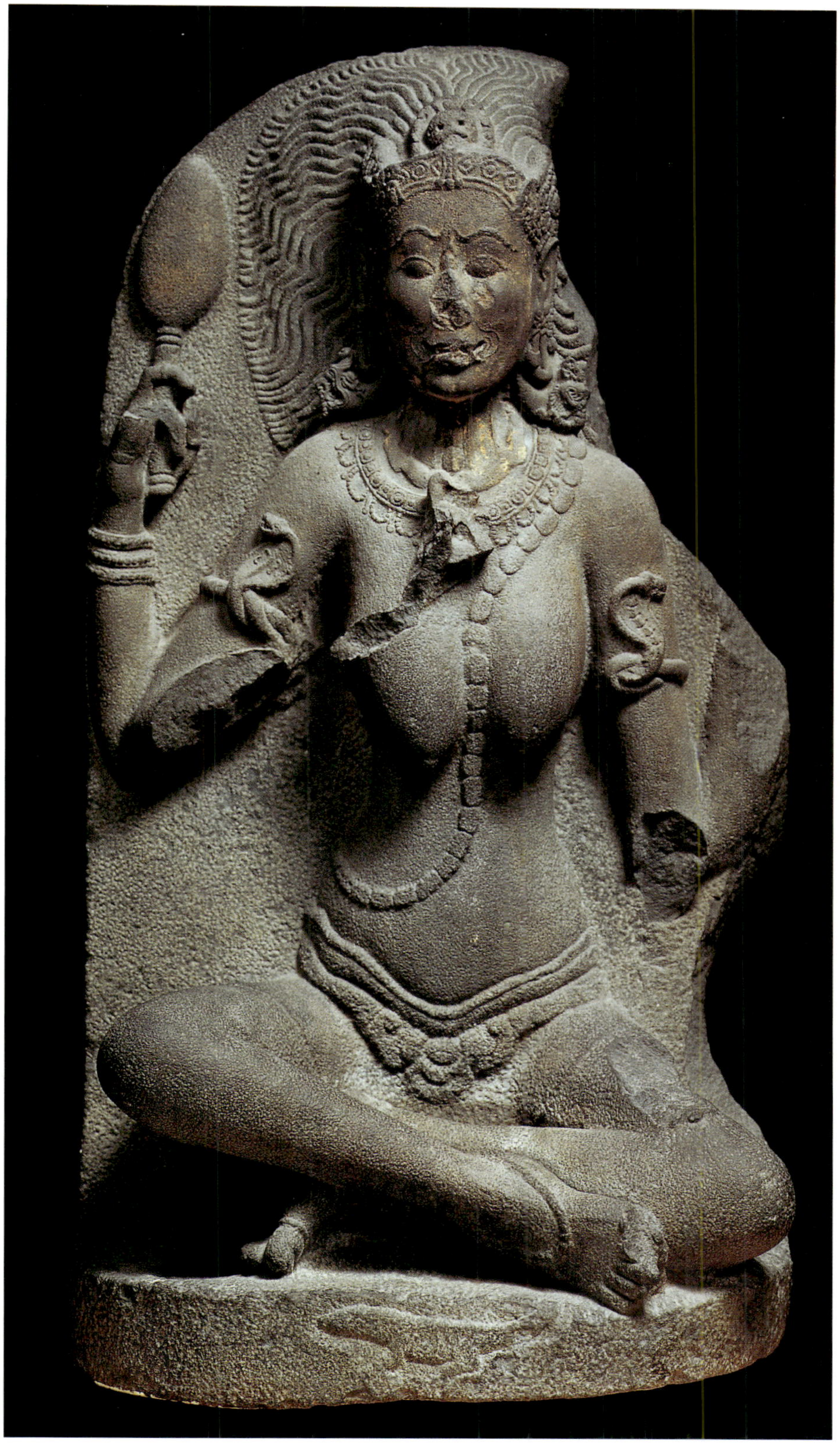

Début de l'époque cōḷa
Fin IXe ou début Xe siècle
Inde du Sud. Tamil Nādu (Kāñcīpuram)

Hauts-reliefs ; granit
a) H. 115 ; L. 62 b) H. 111 ; L. 71 c) H. 115 ; L. 67
Don de C. T. Loo (1933)
MG 18506 (a) ; MG 18507 (b) ; MG 18508 (c)

Early Chola period
Late 9th or early 10th century
South India. Tamil Nadu (Kanchipuram)

High reliefs; granite
(a) H. 115; W. 62 (b) H. 111; W. 71 (c) H. 115; W. 67
Gift of C.T. Loo (1933)
MG 18506 (a); MG 18507 (b); MG 18508 (c)

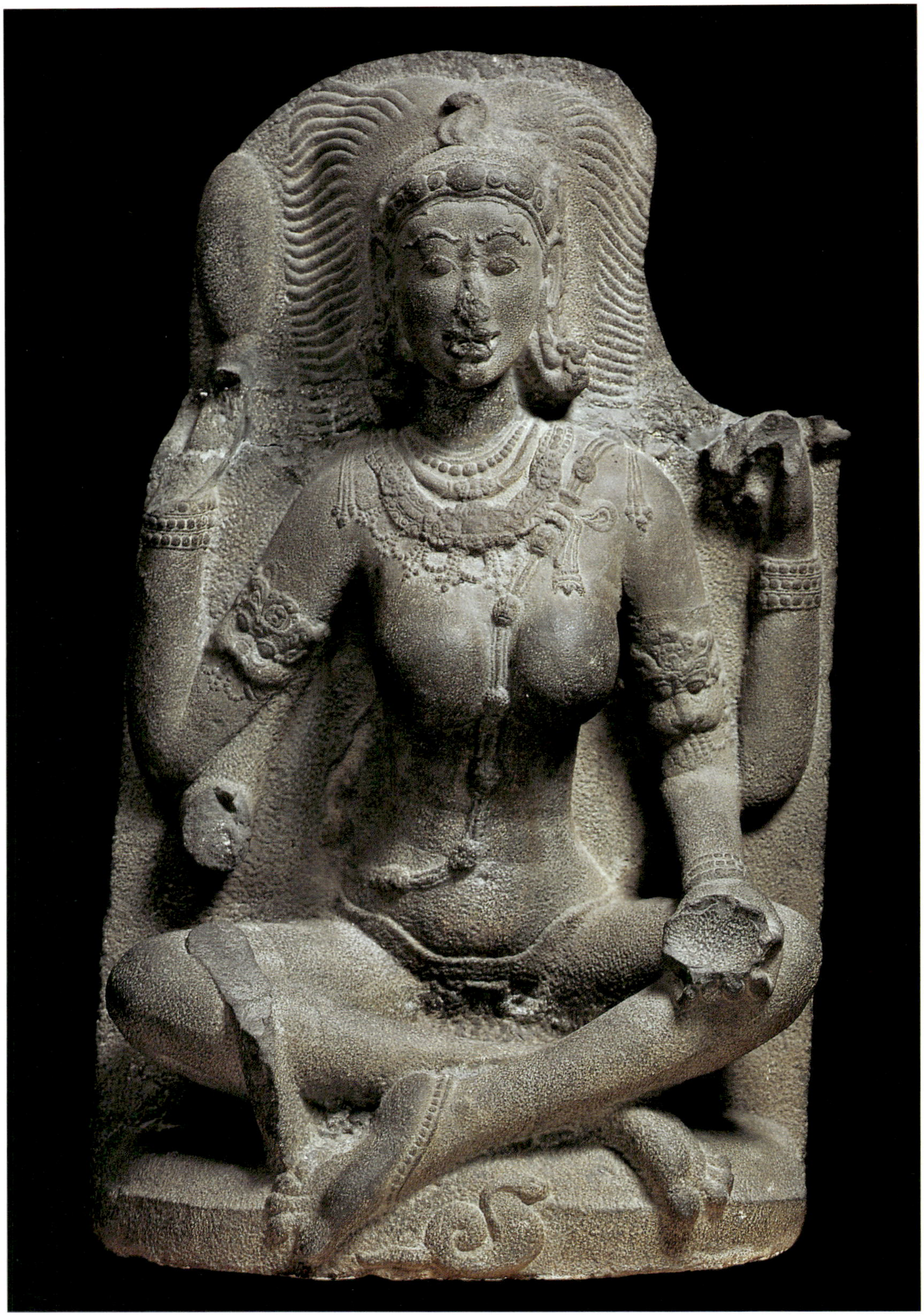

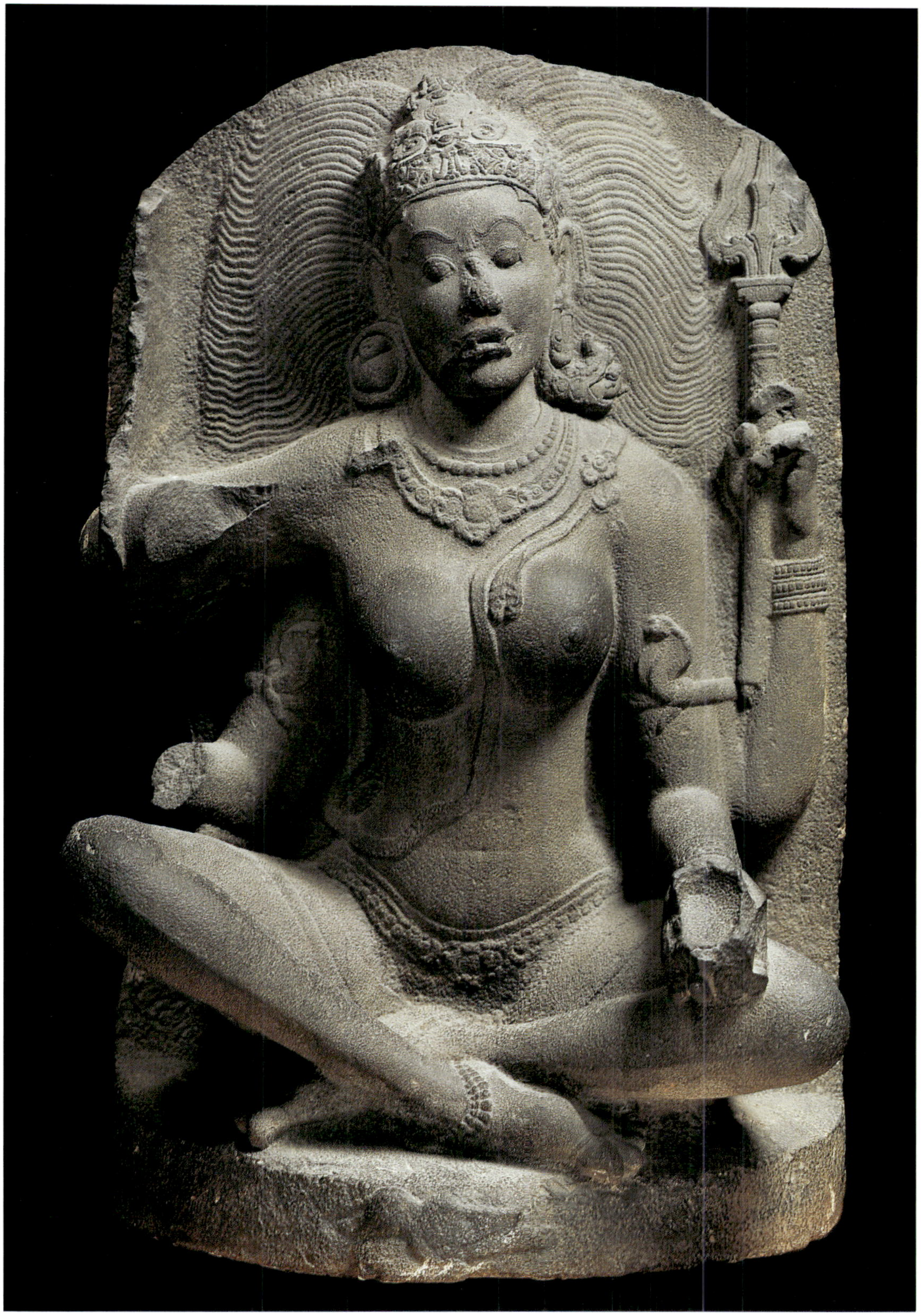

61. Viṣṇu

Seule la présence du Śrīvatsa, gravé au-dessus du sein droit de la divinité, permet de reconnaître Viṣṇu dans cette sculpture, dont ne subsiste à présent que le corps.

Symbole de bon augure et signe particulier dont la forme évoque la silhouette schématisée de la déesse Śrī (ou Lakṣmī), le Śrīvatsa marque en effet le sein droit du dieu Viṣṇu, que les textes désignent parfois du nom de Śrīvatsāṅkitavakṣas, « Celui dont la poitrine est marquée du Śrīvatsa[1] ». Épouse de Viṣṇu – mais également divinité panindienne de la fortune, révérée tant par les bouddhistes que par les jaïns ou les hindous –, la déesse Śrī est née du Barattage de l'Océan de Lait[2] ; c'est alors qu'elle entra dans la poitrine de Viṣṇu, le Śrīvatsa devenant le symbole de cette union mystique[3].

Debout, en stricte frontalité (*samapādasthānaka*), le dieu a les hanches ceintes d'un vêtement aux plis parallèles tombant jusqu'aux chevilles et maintenu par une ceinture orfévrie dont la boucle est en forme de *kīrtimukha*. Un cordon brâhmanique (*yajñopavīta*) fait de sept brins retenus par une agrafe barre son torse qu'ornent les parures habituelles. Sur son épaule gauche subsiste un fragment de pendant d'oreille en forme de *makara* (*makarakuṇḍala*) crachant des perles. Doté à l'origine de quatre bras, le dieu tenait selon toute vraisemblance le disque (*cakra*) et la conque (*śaṅkha*) dans ses mains supérieures, sa main inférieure droite esquissant le geste de sauvegarde (*abhaya hasta*) ; sa main inférieure gauche – dont un doigt est encore visible sur la hanche – reposait peut-être sur la massue (*gadā*) en *kaṭyavalambita hasta*[4].

D'un très beau modelé et d'une facture particulièrement soignée, cette œuvre se distingue par son élégance et sa sobriété.

1 Banerjea, 1956, p. 190 ; de Mallmann, 1963, p. 185.
2 Voir Loth, 1981, pp. 125-127.
3 De Mallmann, 1963, pp. 183-184.
4 Voir Sivaramamurti, 1963, pl. 42a.

Bibliographie

Monod, 1966, p. 94 ; Deneck, 1970, pp. 258-259, fig. 125.

Without the presence of the Shrivatsa, engraved over the divinity's right breast, Vishnu could not have been identified in this sculpture, only the body of which has survived.

The symbol of good omen and a distinctive sign whose form recalls the schematized form of the goddess Shri (or Lakshmi), the Shrivatsa marks the right breast of the god Vishnu, whom texts sometimes call *Shrivatsankitavakshas*, "he whose breast is marked by the Shrivatsa".[1] Vishnu's consort, but also the Pan-Indian goddess of fortune, revered by Buddhists, Jains and Hindus, the goddess Lakshmi was born out the Churning of the Sea of Milk,[2] and when she entered Vishnu's chest, the Shrivatsa thus became the symbol of this mystical union.[3]

Standing in a rigid frontal pose (*samapadasthanaka*), the god's hips are girded by an ankle-length garment with parallel folds, held up by a decorated belt with a buckle in the form of a "face of glory" (*kirtimukha*). A sacred cord (*yajnopavita*) consisting of seven threads held together by a clasp is worn across his chest together with his usual accessories. On his left shoulder is a fragment of a drop-earring in the form of a *makara* (*makarakundala*) spitting pearls. Initially endowed with four arms, the god most probably held the disc (*chakra*) and the conch (*shankha*) in his upper hands, while his lower right hand performed the fear-allaying or protective gesture (*abhaya hasta*); his lower left hand – one of whose fingers is still visible on his hip – may have rested on the mace (*gada*) in the *katyavalambita hasta*.[4]

With its splendid modelling and meticulous treatment, this statue is an outstanding example of elegance and sobriety.

61. Vishnu

1 Banerjea, 1956, p. 190; de Mallmann, 1963, p. 185.
2 See Loth, 1981, pp. 125-127.
3 De Mallmann, 1963, pp. 183-184.
4 See Sivaramamurti, 1963, Pl. 42a.

Bibliography

Monod, 1966, p. 94; Deneck, 1970, pp. 258-259, Fig. 125.

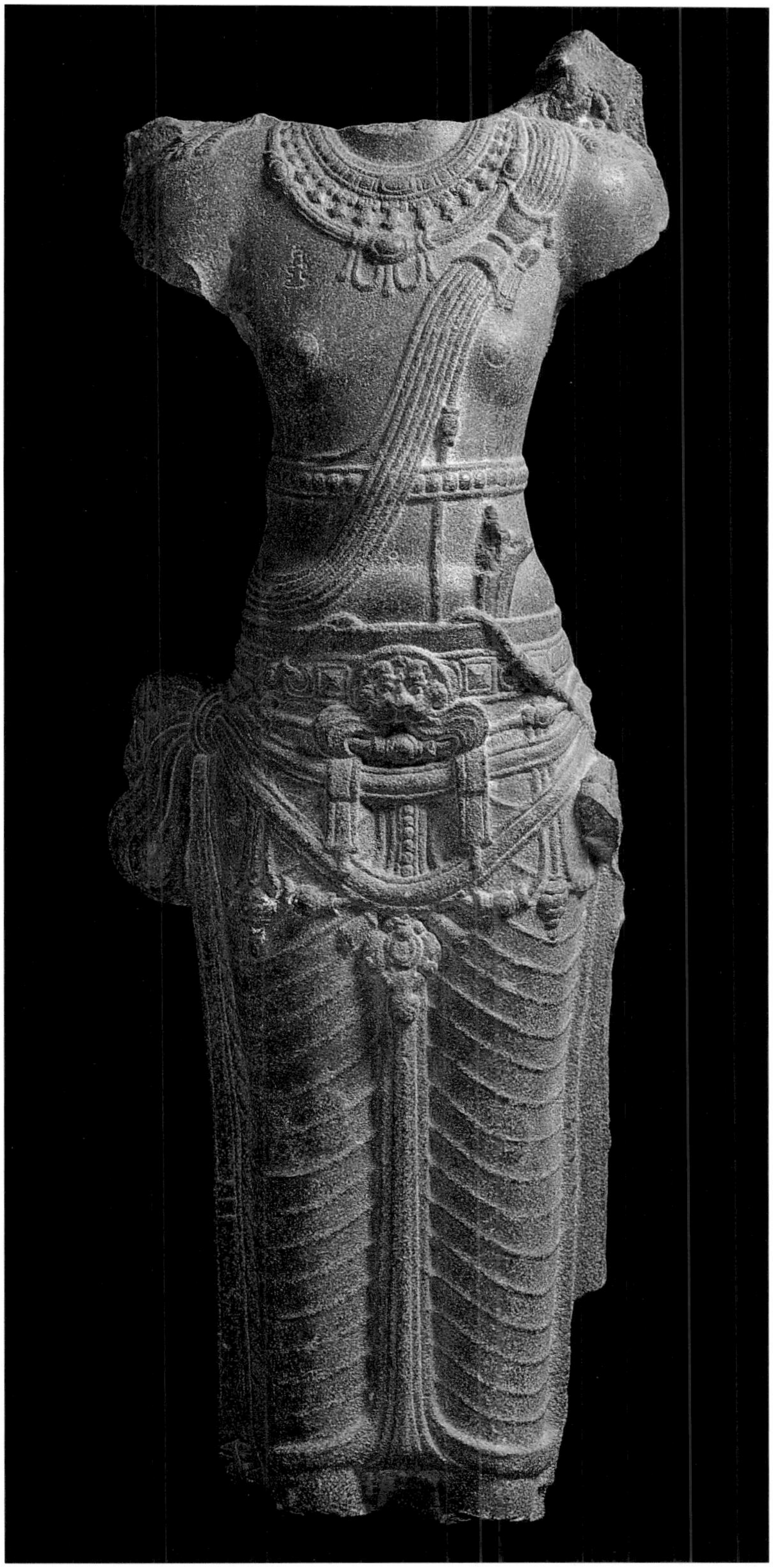

Époque cōḷa
XIe-XIIe siècle
Inde du Sud. Tamil Nādu

Ronde-bosse ; basalte
H. 95 ; L. 34
Don de C. T. Loo (1946)
MA 120

Chola period
11th-12th century
South India. Tamil Nadu

In-the-round sculpture; basalt
H. 95; W. 34
Gift of C.T. Loo (1946)
MA 120

62. Bhairava

Pour avoir tranché d'un coup d'ongle la cinquième tête du dieu Brahmā – lequel s'était rendu coupable à son endroit d'un mensonge[1] –, Bhairava, forme terrible et repoussante de Śiva en même temps qu'émanation de sa colère, fut condamné à errer de lieu en lieu durant douze ans, afin d'expier son méfait. Ce n'est que lorsqu'il eut atteint la sainte cité de Bénarès que Bhairava, purifié et parvenu au terme de son errance expiatoire, put enfin recouvrer sa forme suprême et redevenir Maheśvara-Mahādeva – le Grand Dieu.

Pourvu des attributs extérieurs du Terrible, le dieu est néanmoins figuré dans une attitude paisible, le corps légèrement hanché et nu, à l'exception de parures diverses – dont un serpent porté en brassard (*keyūra*) sur le bras gauche et deux autres noués à la taille –, la tête comme auréolée de mèches bouclées (*jaṭābhāra*). Son visage aux sourcils fortement arqués, aux yeux écarquillés et fixes, à la bouche munie de crocs, à l'expression inquiétante, révèle la nature farouche et macabre de cette hypostase terrible de Śiva, incarnation de la mort et de la destruction. Doté de quatre bras, Bhairava esquisse de sa main inférieure droite le geste de sauvegarde (*abhaya hasta*) et sa main inférieure gauche porte le crâne (*kapāla*) qui lui tient lieu de bol à aumônes et n'est autre que le crâne tranché de Brahmā collant à sa paume – dont il ne se détachera que lorsque le dieu-mendiant aura atteint Bénarès[2]. Ses mains supérieures tiennent, à droite, le trident (*triśūla*) et, à gauche, la cloche (*ghaṇṭā*), dont le tintement avertit de la présence de Bhairava, hantant les champs crématoires et errant afin d'expier le terrible péché de « brahmanicide » (*brahmahatyā*). La présence d'une cloche au nombre des attributs brandis par Bhairava s'explique peut-être en raison du caractère apotropaïque de cet objet, destiné notamment à avertir les bien-portants de s'écarter des malades ou encore, lorsque des clochettes étaient attachées à l'une des jambes des

1 Voir notice n° 63.
2 L'endroit où le crâne de Brahmā tomba de la main de Bhairava devint un lieu saint (*tīrtha*) portant le nom de Kapālamocana ; rappelons que le thème du crâne symbolisant le péché de meurtre et adhérant au corps du meurtrier ou d'un tiers remonte à la mythologie védique ; voir O'Flaherty, 1976, pp. 281-282.

---

62. Bhairava

For having used his fingernail to slice off the god Brahma's fifth head – the latter being guilty of lying,[1] – Bhairava, the terrifying and wrathful aspect of Shiva, was forced to wander from place to place for twelve years to atone for his crime. Only when he reached the holy city of Benares, purified at the end of his term of expiatory roaming, did he finally recover his supreme form and become Maheshvara-Mahadeva – the Great God – once again.

Equipped with the external attributes of the terrifying destroyer, the god is nevertheless depicted in a peaceful attitude, standing nude – except for his various pieces of jewellery – in a subtle contrapuntal pose: he wears a serpent bracelet (*keyura*) on his upper left arm and two other snakes around his waist. His elaborately curled hair (*jatabhara*) forms a halo around his head; his face – with arched eyebrows, wide, staring eyes, fangs and disturbing expression – reveals the fierce and macabre nature of this fearful hypostasis of Shiva, the incarnation of death and destruction. The four-armed Bhairava performs the fear-allaying gesture (*abhaya hasta*) with his lower right hand; his lower left hand holds the skull (*kapala*) he used as a begging-bowl – the skull he cut off Brahma which stuck to his palm and would only come unstuck when the beggar-god reached Benares.[2] His upper hands hold the trident (*trishula*), on the right, and the bell (*ghanta*), on the left, the sound of whose ringing warned people of Bhairava's presence, as he haunted the crematory fields and wandered across the land in order to expiate the dreadful sin of "brahmanicide" (*brahmahatya*). The presence of a bell on several attributes carried by Bhairava here may be explained by the apotropaic quality of this object, which was intended to warn people in good health to keep out of the way of the sick, or even, when the bells were worn by members of the lower castes or Untouchables, attached to one of their legs, to warn members of the higher castes

1 See No. 63.
2 The place where Brahma's skull fell off Bhairava's hand became a holy site (*tirtha*) known as Kapalamochana; remember that the theme of the skull symbolizing the sin of murder and sticking to the body of the murderer or a third person dates back to Vedic mythology; see O'Flaherty, 1976, pp. 281-282.

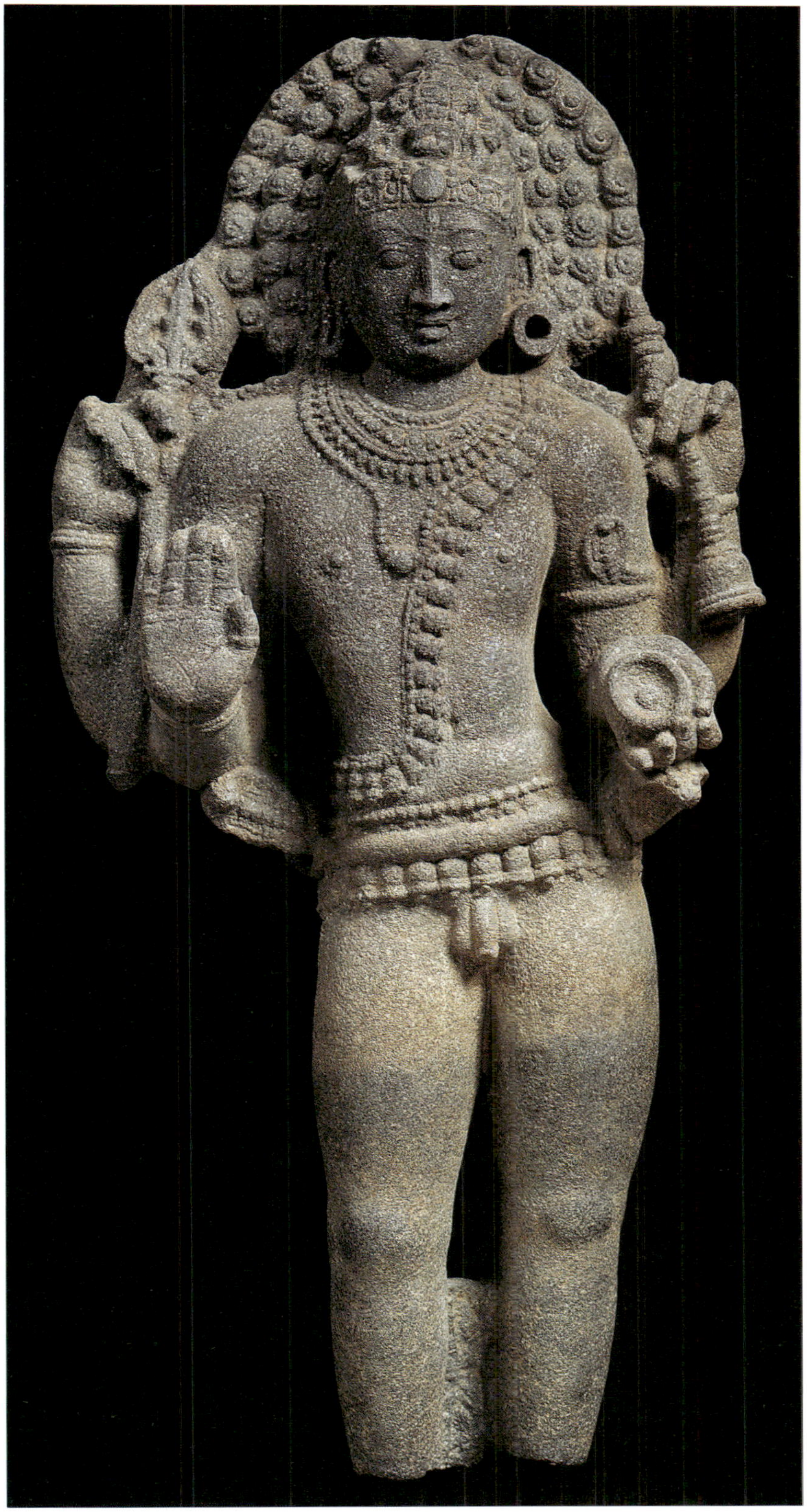

Époque cōḷa
XIIe siècle
Inde du Sud. Tamil Nādu. Région de Tanjore

Ronde-bosse ; basalte
H. 87
Achat (1993)
MA 5973

Chola period
12th century
South India. Tamil Nadu. Tanjore region

In-the-round sculpture; basalt
H. 87
Purchase (1993)
MA 5973

gens de basse caste et des Intouchables, à avertir les membres des castes supérieures de s'écarter de leur chemin[3]. Cette fonction apotropaïque semble du reste soulignée par la ceinture et la longue guirlande, portée à la manière du cordon brahmanique (*yajñopavīta*), arborées par Bhairava, et qui toutes deux sont constituées de multiples clochettes ou grelots (*kiṅkiṇī*) enfilés[4]. On notera toutefois que la cloche ne figure qu'assez rarement au nombre des attributs traditionnellement dévolus à Bhairava, habituellement doté du trident, du tambour, du lacet et du crâne – notamment dans la statuaire du pays tamoul, où son image se fixe vers le Xe siècle[5].

Taillée dans le basalte noir, cette sculpture de Bhairava illustre, en une troublante correspondance, l'une des prescriptions iconographiques du *Viṣṇudharmottara*, qui stipule que la carnation du dieu doit être sombre comme un nuage d'automne (*meghaśyāma*).

3 De Mallmann, 1963, pp. 61 et 215.
4 Pour un autre exemple, voir Rao, 1916, vol. II, part. I, pl. XLI.
5 Pal, 1988, vol. II, p. 288, n° 154a. Pour un exemple où Bhairava tient la cloche (*ghaṇṭā*), voir Sivaramamurti, 1963, pl. 52b.

to keep clear of them.[3] This apotropaic function seems to be enhanced by the belt and long garland, worn by Bhairava like the sacred cord (*yajnopavita*), both of which consist of a string of tiny bells (*kinkini*).[4] It should also be noted that the bell seldom appears on the attributes traditionally associated with Bhairava – trident, drum, noose and skull – especially in Tamil statuary, where his image was adopted around about the 10th century.[5]

Carved in black basalt, this statue of Bhairava draws a curious analogy with one of the iconographic instructions found in the *Vishnudharmottara*, which stipulates that the god's complexion must be as dark as an autumn cloud (*meghashyama*).

3 De Mallmann, 1963, pp. 61 and 215.
4 For another example, see Rao, 1916, Vol. II, Part I, Pl. XLI.
5 Pal, 1988, Vol. II, p. 288, No. 154a. For an example of Bhairava holding the bell (*ghanta*), see Sivaramamurti, 1963, Pl. 52b.

63. Śiva Liṅgodbhavamūrti

1 Voir notices n°s 62 et 72.

Plusieurs *Purāṇa* – le *Skanda-purāṇa*, le *Liṅga-purāṇa*, le *Śiva-purāṇa*, le *Vāyu-purāṇa* – et plusieurs *Āgama* relatent avec des variantes le mythe du *liṅga* de feu ou de « l'origine du *liṅga* » (*liṅgodbhava*). Une querelle opposait les dieux Brahmā et Viṣṇu, persuadés d'être chacun à l'origine de la création de l'univers, lorsqu'un colossal *liṅga* de feu apparut. Intrigués, les dieux désirèrent en découvrir les limites. Brahmā revêtit aussitôt la forme d'une oie sauvage (*haṃsa*) et s'envola vers le sommet du *liṅga*, cependant que Viṣṇu, prenant l'apparence d'un sanglier (*varāha*), tentait d'en trouver la base en fouissant le sol. Comme la quête des dieux s'avérait vaine, de l'immense colonne de feu surgit alors Śiva. À Brahmā et Viṣṇu qui lui rendaient hommage, le Grand Dieu révéla qu'ils étaient tous deux issus de lui-même et qu'il était seul à l'origine de l'univers.

Le *Śiva-purāṇa* relate, toutefois, que Brahmā, n'ayant pu parvenir au faîte du gigantesque *liṅga*, rapporta de son expédition une fleur de *ketakī*, afin de prouver qu'il avait bien découvert le sommet du *liṅga*. Furieux de cette mystification, Śiva suscita alors de son sourcil Bhairava et lui intima l'ordre de trancher celle des têtes de Brahmā qui avait proféré semblable mensonge. Bhairava coupa donc la cinquième tête du dieu qui, depuis lors, est figuré avec quatre visages[1].

Les sculpteurs de l'Inde méridionale ont souvent figuré dans la pierre l'apparition de Śiva au sein du *liṅga* de feu. Le dieu, représenté debout, en stricte frontalité (*samapādasthānaka*), les jambes partiellement dégagées de la roche dont il semble littéralement jaillir, s'inscrit alors au sein d'une ouverture béante pratiquée dans le *liṅga*. Il est doté de quatre bras dont les mains supérieures tiennent la hache (*paraśu*), à droite, et la gazelle noire (*kṛṣṇa mṛga*), à gauche, la main inférieure droite esquissant le geste de sauvegarde (*abhaya hasta*) et la main gauche

---

63. Shiva Lingodbhavamurti

1 See Nos. 62 and 72.

Several *Puranas* – the *Skanda-Purana*, the *Linga-Purana*, the *Shiva-Purana*, the *Vayu-Purana* – and several *Agamas* relate variations of the myth of the fiery *linga* or the "origin of the *linga*" (*lingodbhava*). The deities Brahma and Vishnu were quarrelling about which one of them created the universe, when a huge pillar of fire, or *linga*, appeared. The gods were so intrigued, they decided to look for the source of this fire. Brahma immediately assumed the form of the wild goose (*hamsa*) and tried to fly up to the top of the *linga*, while Vishnu took the form of a boar (*varaha*) and started digging underground to reach the base. When all their attempts proved vain, Shiva surged forth out of the immense column of fire. As Brahma and Vishnu paid homage to him, the Great God revealed that they were both part of him and he alone was the creator of the universe.

Yet the *Shiva-Purana* relates how Brahma, unable to reach the summit of the colossal *linga*, brought a *ketaki* flower back from his quest, so as to prove he had reached the top. Enraged by this deception, Shiva created Bhairava out of his eyebrow and ordered him to cut off the head which had uttered such a lie. Bhairava thus cut off Brahma's fifth head, since which time the god has been depicted with four faces.[1]

Southern Indian sculptors often carved stone portraits of Shiva appearing in the heart of the fiery *linga*. In this work, the god is standing in a rigid frontal pose (*samapadasthanaka*), in a large opening carved out of the *linga,* with his legs emerging partially from the rock, from which he seems to literally spring forth. In his upper hands, the four-armed deity holds the axe (*parashu*), on the right, and the black gazelle (*krishna mriga*), on the left; his lower right hand performs the fear-allaying or protective gesture (*abhaya hasta*), while his left hand rests on his hip (*katyavalambita* reposant sur la hanche (*kaṭyavalambita hasta*). Śiva, figuré sous la forme de Candraśekhara, « Celui qui a la lune sur le chef », est orné des parures habituelles et son attitude hiératique est empreinte de majesté.

Dans la partie supérieure droite du *liṅga*, que couronne une guirlande de fleurs, Brahmā est figuré sous la forme de l'oie sauvage ou anser – monture traditionnelle de la divinité ; parfois – mais ce n'est pas le cas ici –, l'oiseau saisit dans son bec la fleur de *ketakī*. Viṣṇu, représenté sous l'aspect du sanglier – l'un de ses dix *avatāra* –, creuse la terre de ses deux mains inférieures dans l'espoir de découvrir la base de l'incommensurable *liṅga* ; ses mains supérieures tiennent ses attributs consacrés, le disque (*cakra*) et la conque (*śaṅkha*). La présence des dieux Brahmā et Viṣṇu, figurés sous un aspect thériomorphe et semi-thériomorphe et déportés aux extrémités de la stèle, contribue à mettre en valeur la figure souveraine de Śiva émanant du *liṅga* de feu.

L'iconographie de Śiva Liṅgodbhavamūrti se fixe vers les VIe-VIIIe siècles. En pays tamoul, notamment à l'époque cōḷa, les images de Śiva Liṅgodbhavamūrti occupent le plus souvent l'une des niches principales du mur ouest du temple, mais peuvent également être abritées dans un sanctuaire annexe[2].

2 Filliozat, 1961, p. 46 ; Kramrisch, 1981, p. 10 ; Loth, 1981, p. 186.

Bibliographie
Hackin, 1931, p. 11, pl. XXIII : Monod, 1966, p. 91 ; Deneck, 1970, p. 258, fig. 123.

hasta). Shiva, shown as Chandrashekhara, or "he who has the moon on his head", is adorned with his usual accessories. His hieratic attitude is infused with majesty.

In the upper right-hand section of the *linga*, which is crowned by a garland of flowers, Brahma is depicted as a wild goose or anser – the divinity's traditional mount; occasionally, but not here, the goose holds a *ketaki* flower in its beak. Vishnu is represented as a boar – one of his ten *avataras* – and uses his two lower hands to dig down into the ground in the hope of finding the base of this endless *linga*. His upper hands hold his conventional attributes, the disc (*chakra*) and the conch (*shankha*). The presence of the gods Brahma and Vishnu, in theriomorphic and semi-theriomorphic forms pushed to the edges of the stela, highlight the importance of the sovereign figure of Shiva emanating from the fiery *linga*.

The iconography of Shiva Lingodbhavamurti became fixed around the 6th-8th centuries. In Tamil Nadu, especially under the Chola dynasty, images of Shiva Lingodbhavamurti were most frequently placed in niches in the west wall of temples, but were also found in adjacent sanctuaries.[2]

2 Filliozat, 1961, p. 46; Kramrisch, 1981, p. 10; Loth, 1981, p. 186.

Bibliography
Hackin, 1931, p. 11, Pl. XXIII; Monod, 1966, p. 91; Deneck, 1970, p. 258, Fig. 123.

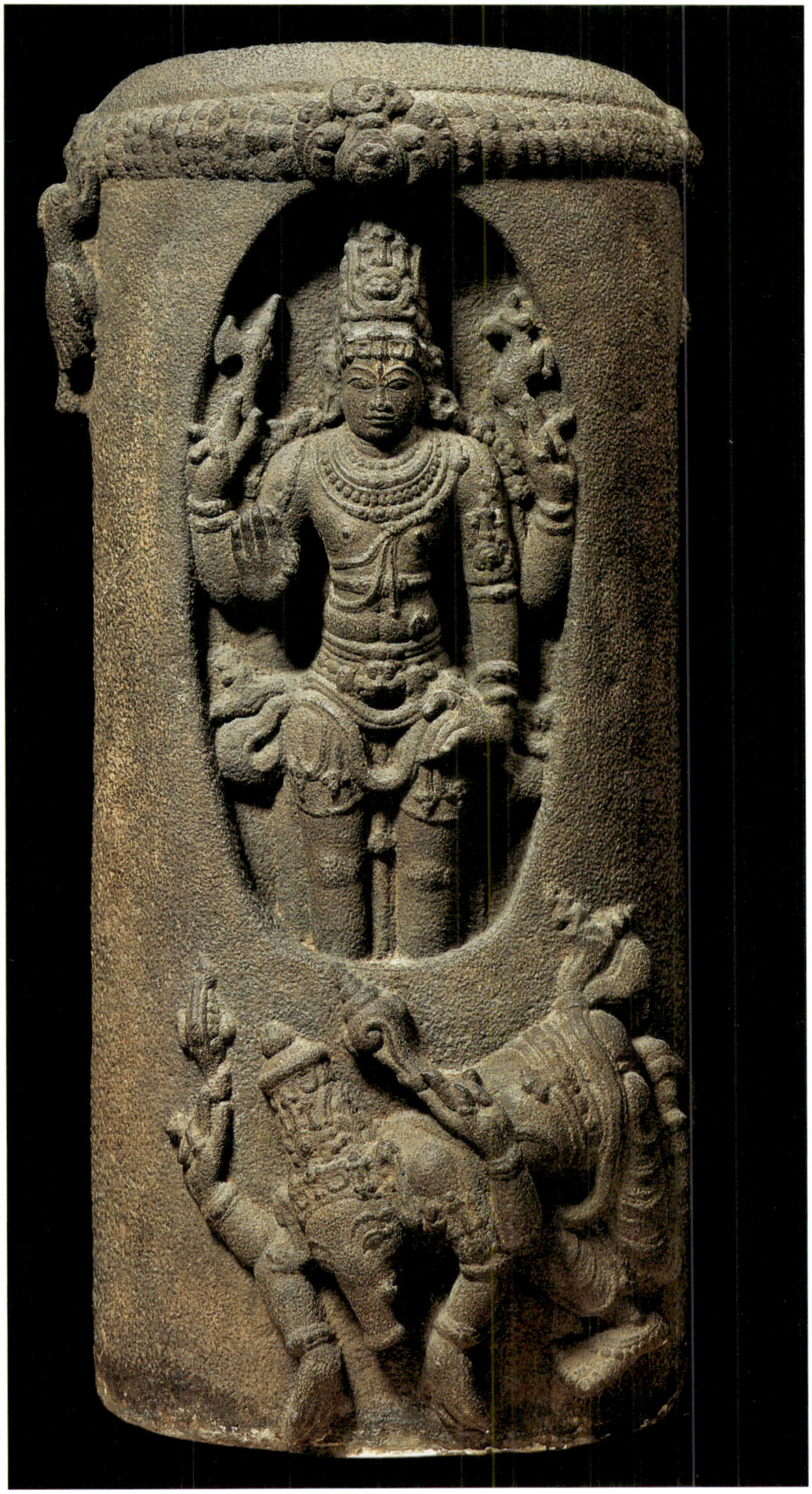

Art dravidien
XIIe-XIIIe siècle
Inde du Sud. Tamil Nādu

Ronde-bosse ; basalte
H. 126 ; L. 57
Don de C. T. Loo (1928)
MG 17472

Dravidian art
12th-13th century
South India. Tamil Nadu

In-the-round sculpture; basalt
H. 126; W. 57
Gift of C.T. Loo (1928)
MG 17472

64. Durgā

Contrepartie féminine et énergie personnifiée (*śakti*) du dieu Śiva, Durgā, « l'Inaccessible », est tenue dans l'hindouisme pour la déesse suprême, dont les autres déesses ne sont que les diverses formes. Objet d'un culte important rassemblant de fervents zélateurs, elle fut abondamment représentée dans les arts de l'Inde méridionale, notamment en pays tamoul du VIIe au XIIIe siècle[1]. Durgā y est alors figurée – notamment à l'époque cōḷa – debout sur la tête tranchée d'un buffle (Mahiṣa), animal incarnant un démon (*asura*) que la déesse invulnérable – et dès lors vénérée sous le nom de Mahiṣāsuramardinī, « la Destructrice du démon-buffle » – terrassa comme en se jouant et décapita d'un coup d'épée.

Mais la mythologie, certains textes sectaires ou encore le *Suprabhedāgama* font également de Durgā la sœur du dieu Viṣṇu, dont elle arbore de ce fait les attributs distinctifs : le disque (*cakra*) et la conque (*śaṅkha*) ; ce sont du reste ces deux attributs que brandit invariablement Durgā dans ses mains supérieures, lorsqu'elle n'est dotée que de quatre bras[2]. La sculpture du musée Guimet appartient à cette catégorie de représentations où, conformément aux prescriptions iconographiques énoncées dans le *Kāśyapaśilpa*, la déesse tient dans ses mains supérieures le disque et la conque, cependant que sa seconde main droite (à présent brisée) esquisse le geste de sauvegarde (*abhaya hasta*) et que sa main gauche repose sur sa hanche dans la pose gracieuse dite *kaṭyavalambita hasta*. On notera, outre d'abondantes parures et la tiare étagée (*karaṇḍamukuṭa*) portées par la déesse, la présence du bandeau de poitrine (*kucabandha*) maintenant ses seins – élément vestimentaire fréquemment attesté dans la statuaire d'époque pallava et cōḷa.

1 Loth, 1981, p. 326.
2 Durgā est généralement dotée de quatre ou de huit bras, lesquels brandissent alors des attributs de nature le plus souvent martiale (arc, flèche, trident, épée, bouclier, etc.).

The female counterpart and personified energy (*shakti*) of the god Shiva, Durga, "The Inaccessible", is regarded in Hinduism as the supreme goddess, of whom the other goddesses are merely various aspects. Worshipped by a large number of fervent devotees, she was frequently represented in the arts of South India, especially in Tamil Nadu between the 7th and 13th centuries.[1] It was here that Durga was depicted – in particular during the Chola period – standing on the severed head of a buffalo (Mahisha), the animal embodying a demon (*asura*), which the invulnerable goddess – henceforth venerated as Mahishasuramardini, "the Slayer of the Buffalo Demon" – easily overwhelmed and decapitated with a stroke of her sword.

But since legend, certain sectarian texts or even the *Suprabhedagama* claim Durga is also the god Vishnu's sister, she thus carries his distinctive attributes: the disc (*chakra*) and the conch (*shankha*). Moreover, these are the two attributes she invariably displays in her two upper hands, when she is only endowed with four arms.[2] The Musée Guimet's sculpture belongs to this category of images where, in accordance with the description provided in the *Kashyapashilpa*, Durga bears the disc and the conch in her upper hands, while her second (now broken) right hand performs the fear-allaying gesture (*abhaya hasta*) and her left hand rests on her hip in the gracious pose known as *katyavalambita hasta*. In addition to the lavish jewellery and the high tiered headdress (*karandamukuta*) worn by the goddess, notice the presence of the breast band (*kuchabandha*) supporting her bust – a garment often represented in statuary from the Pallava and Chola periods.

64. Durga

1 Loth, 1981, p. 326.
2 Durga is generally represented with four or eight arms, which most frequently brandish warlike attributes (bow, arrow, trident, sword, shield, etc.).

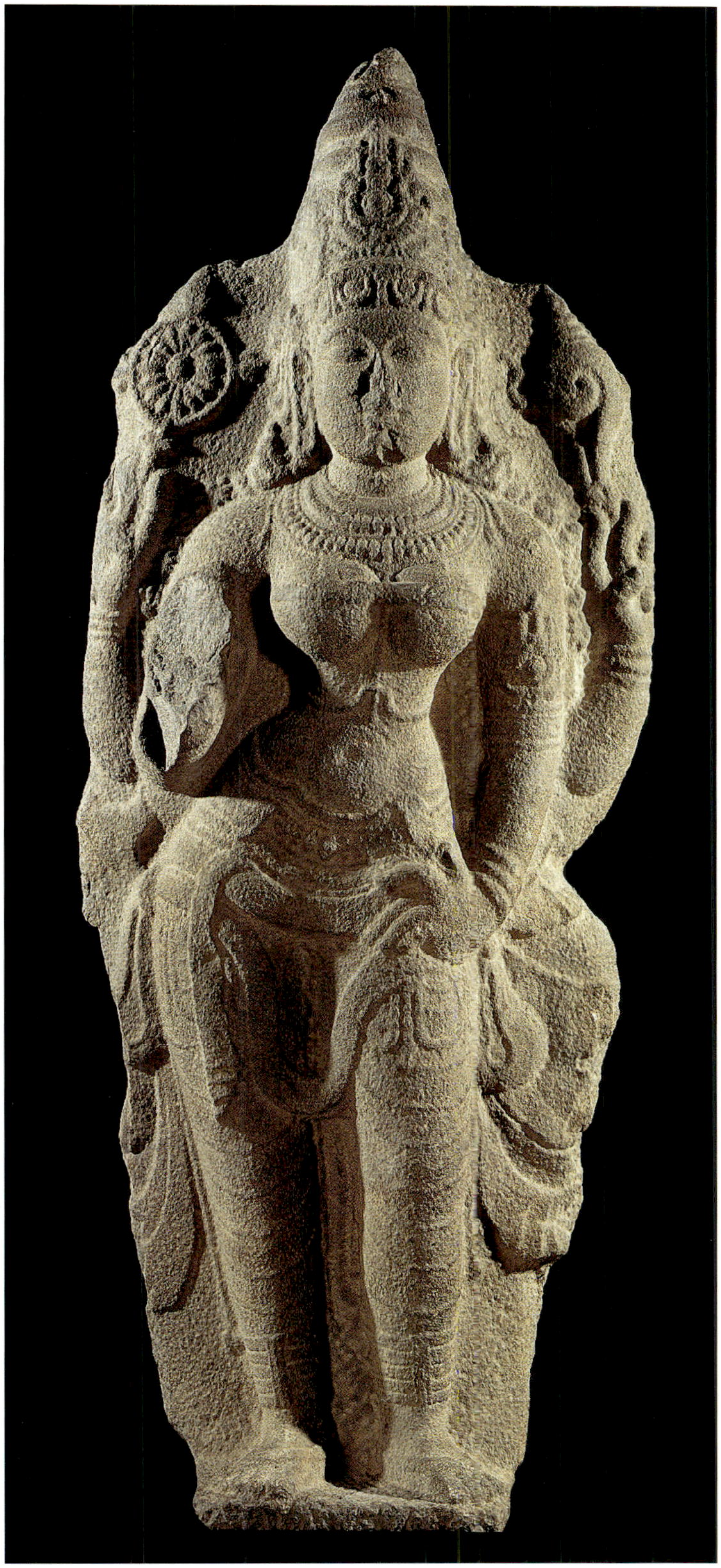

Époque cōḷa tardive
XIIe-XIIIe siècle
Inde du Sud. Tamil Nādu

Ronde-bosse ; granit
H. 150 ; L. 45
Ancien fonds
MG 26620

Late Chola period
12th-13th century
South India. Tamil Nadu

In-the-round sculpture; granite
H. 150; W. 45
Original collection
MG 26620

L'aspect des attributs tenus par Durgā – et notamment du disque maintenu entre l'index et le majeur, figuré de face et non de profil –, ainsi que la courbe évasée en forme de « lyre » de sa ceinture inférieure (*kaṭisūtra*), permettent d'attribuer à la sculpture du musée Guimet, œuvre reflétant le style cōḷa tardif, une date se situant vers le XIIe-XIIIe siècle.

The form of the attributes held by Durga – especially the disc between her index and middle fingers shown in front view and not in profile – as well as her curved, lyrate, lower belt (*katisutra*) enable us to date the Musée Guimet's sculpture, which reflects the late Chola style, to around the 12th-13th century.

65. Śiva Vyākhyāna Dakṣiṇāmūrti

1 Rao, 1916, vol. II, part. I, pp. 274-275 ; voir notice n° 69.
2 Rao, 1916, vol. II, part. I, pp. 276-277.

Śiva, vénéré en tant que maître suprême de la connaissance (*jñāna*) et des *śāstra*, mais aussi de tous les arts et de toutes les sciences (*Vyākhyāna Dakṣiṇāmūrti*), est représenté assis sous un figuier banian dans l'Himālaya, entouré d'ascètes (*ṛṣi*) auxquels il enseigne les *śāstra*. Le buste droit tel le tronc contre lequel il s'adosse, le dieu est assis en attitude héroïque (*vīrāsana*), la jambe gauche pliée reposant sur la cuisse droite, le pied droit écrasant l'Apasmārapuruṣa – gnome personnifiant les ténèbres et l'ignorance humaine. Ses deux mains supérieures tiennent, à droite, le rosaire (*akṣamālā*) et, à gauche, le feu (*agni*) ; ses mains inférieures esquissent, à droite, le geste de l'enseignement (*vyākhyāna hasta*) et, à gauche, le geste de don (*varada hasta*), à moins que la paume ouverte ne contienne le livre (*pustaka*), aux extrémités érodées, conformément aux prescriptions des textes et aux exemples figurés[1]. Le front du dieu s'orne du troisième œil et la masse de ses cheveux tressés (*jaṭābhāra*) formant comme un nimbe autour de sa tête porte, de part et d'autre du crâne (*kapāla*), la fleur de datura, le serpent et le croissant de lune, ornements traditionnellement dévolus à Śiva. Mêlés à diverses parures, le cordon brahmanique (*yajñopavīta*) et le collier faits de grains de rudra (*rudrākṣa*) barrent sa poitrine.

Deux *ṛṣi*, coiffés du chignon d'ascète, et un personnage aux mains jointes dans le geste de l'*añjali* se tiennent aux pieds du Maître de la Connaissance. Les noms de ces ascètes sont cités dans les textes, qui nous invitent ainsi à reconnaître, dans les personnages indifférenciés que montrent les sculptures, les grands *ṛṣi* des temps mythiques : Nārada, Jamadagni, Vasiṣṭha, Agastya, Bhāradvāja ou encore Bhṛgu[2]. Enfin, l'arbre dont le feuillage se déploie en un dais végétal au-dessus de la divinité symbolise l'illusion (*māyā*) qui, telle le banian aux vastes frondaisons, étend son ombre sur le monde phénoménal et l'univers entier.

---

65. **Shiva Vyakhyana Dakshinamurti**

1 Rao, 1916, Vol. II, Part I, pp. 274-275; see No. 69.
2 Rao, 1916, Vol. II, Part I, pp. 276-277.

Venerated as the supreme master not only of knowledge (*jnana*) and the scriptures (*shastras*), but also of all the arts and sciences (*Vyakhyana Dakshinamurti*), Shiva is portrayed here seated under a banyan tree in the Himalayas, surrounded by ascetics (*rishis*) to whom he is expounding the *shastras*. With his bust as straight as the trunk against which he is leaning, the god is sitting in the heroic *virasana* pose, his folded left leg resting on his right thigh, crushing the Apasmarapurusha – the dwarf who personifies darkness and human ignorance – under his right foot. His two upper hands hold the rosary (*akshamala*), on the right, and flame (*agni*), on the left; his lower left hand performs the gesture of teaching (*vyakhyana hasta*), while his lower right hand makes the gesture of bestowing gifts (*varada hasta*), unless his open palm holds a book (*pustaka*) whose ends are worn away, as described in sacred texts and found in other images.[1] A third eye adorns the god's forehead and a thick mass of plaited hair (*jatabhara*) forms a halo around his head, while a datura flower, a serpent and a crescent moon – Shiva's conventional attributes – can be seen on either side of the skull (*kapala*) depicted on his head. Among the rich jewellery on his chest, he wears the sacred cord (*yajnopavita*) and the necklace made of rudra seeds (*rudraksha*).

Two *rishis* wearing the ascetic's top-knot and a person whose hands are joined in the *anjali* gesture can be seen at the Great Teacher's feet. The names of these ascetics are mentioned in the sacred texts, which thus invite us to acknowledge the great seers (*rishis*) of mythical times shown undifferentiated in sculpture: Narada, Jamadagni, Vasishtha, Agastya, Bharadvaja and even Bhrigu.[2] Lastly, the tree which spreads its branches in a leafy canopy over the divinity symbolizes illusion (*maya*), which, like the banyan tree with its widespread foliage, casts its shadow over the phenomenal world and the whole universe.

Dès l'époque médiévale, surtout dans le Sud de l'Inde, l'image de Śiva Vyākhyāna Dakṣiṇāmūrti est fréquemment figurée dans les temples hindous, tant śivaïtes que viṣṇuites, abritée dans la niche médiane du mur sud du sanctuaire principal – l'expression *dakṣiṇāmūrti* signifiant notamment « du Sud » ou « situé au sud ». Cet aspect serein du dieu, que révèrent particulièrement les étudiants en arts et en sciences, fait de nos jours encore l'objet d'un culte fervent ; ainsi arrive-t-il que des petites chapelles soient parfois érigées devant la niche extérieure enfermant l'image du Guru suprême[3].

La sculpture du musée Guimet, dont le style est encore empreint de la douceur et de la fluidité des formes propres à l'art cōḷa, comme à ses émanations plus tardives ou dérivées, pourrait dater du XIIe ou du XIIIe siècle.

3 Loth, 1981, p. 375.

EXPOSITION
Paris, Petit Palais, 1960, n° 311.

BIBLIOGRAPHIE
Monod, 1966, pp. 90 et 92, fig. 34 ; Deneck, 1970, p. 259, pl. 126-130 ; Irwin, 1967, p. 55, fig. 1.

From the medieval period onwards, and especially in South India, the image of Shiva Vyakhyana Dakshinamurti was frequently found in Shaivite and Vishnuite temples alike, housed in the central niche of the south wall in the main sanctuary – the expression *Dakshinamurti* literally meaning "south-facing" or "situated in the south". This benign aspect of the god, particularly appreciated by students of the arts and sciences, is still the object of an enthusiastic cult today: small chapels are sometimes erected in front of the outer niche housing the image of the Supreme Guru.[3]

The Musée Guimet's sculpture, stylistically still infused with the soft, fluid grace of Chola art and its descendants, may possibly date from the 12th-13th century.

3 Loth, 1981, p. 375.

EXHIBITION
Paris, Petit Palais, 1960, No. 311.

BIBLIOGRAPHY
Monod, 1966, pp. 90 and 92, Fig. 34; Deneck, 1970, p. 259, Pls. 126-130; Irwin, 1967, p. 55, Fig. 1.

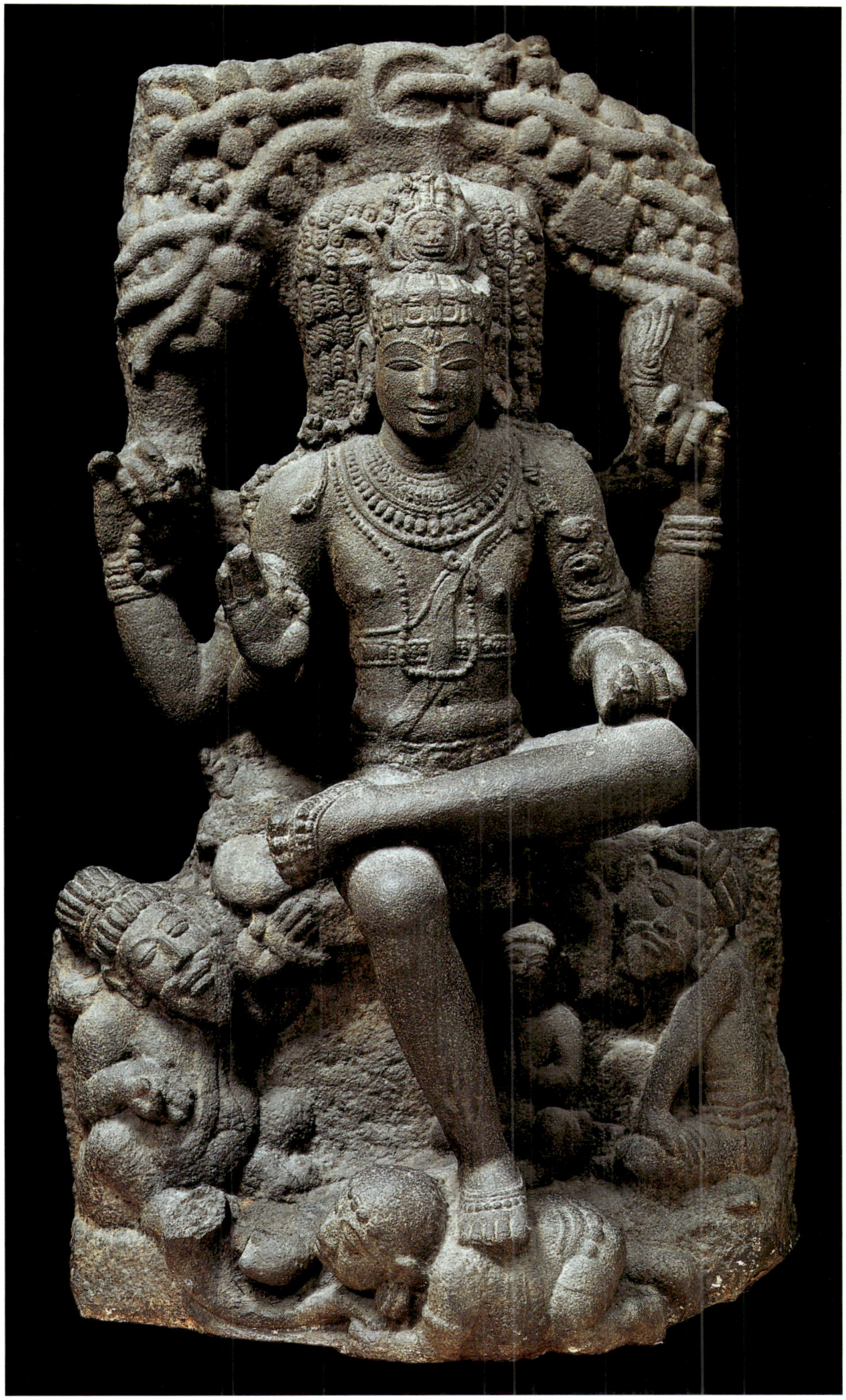

Art dravidien
XIIe-XIIIe siècle
Inde du Sud. Tamil Nādu

Ronde-bosse ; granit
H. 120 ; L. 70
Don de C. T. Loo
MG 18525

Dravidian art
12th-13th century
South India. Tamil Nadu

In-the-round sculpture; granite
H. 120; W. 70
Gift of C.T. Loo
MG 18525

66. Caṇḍeśvara

Dévot de Śiva, héros d'une légende liée à la geste śivaïte, divinité mineure, Caṇḍeśvara (Caṇḍa, Caṇḍeśa) fut surtout figuré dans l'art de l'Inde méridionale. La légende relate que le jeune Vicāraśarman était un bouvier qui, mû par sa dévotion envers le dieu Śiva, bâtissait des *liṅga* de sable ou de boue et les vénérait en les arrosant du trop-plein de lait fourni par ses vaches. Révolté par ce qui lui apparaissait comme un affreux gâchis, son père brisa d'un coup de pied l'un des *liṅga* de sable. Dans sa fureur, Vicāraśarman retourna contre son père son bâton de bouvier, lequel se transforma miraculeusement en hache – la hache (*paraśu*) du dieu Śiva –, et trancha le pied sacrilège, qui avait offensé le dieu immanent dans le *liṅga* de sable. Śiva conféra alors à Vicāraśarman le nom de Caṇḍeśvara et fit du dévot le « gardien » de ses biens et de sa maisonnée[1].

La plupart des textes décrivent toutefois Caṇḍeśvara sous l'aspect effrayant d'une divinité tétracéphale aux yeux rouges, à la bouche garnie de crocs, à l'expression terrible. La description que donne l'*Agni-purāṇa* du dévot divinisé est quant à elle fidèlement illustrée par la sculpture du musée Guimet. Caṇḍeśvara y est figuré assis en attitude héroïque (*vīrāsana*), jambe droite pendante, jambe gauche repliée. Il est doté de quatre faces, la face postérieure sculptée en léger relief, les faces latérales traitées en profil perdu, la face principale, à l'expression farouche, pourvue du troisième œil frontal et de crocs retroussant les lèvres. À l'instar de sa divinité d'élection (*iṣṭadevatā*) Śiva, Caṇḍeśvara est coiffé du chignon en tiare (*jaṭāmukuṭa*) et ses quatre mains tiennent les attributs propres à Śiva : à gauche, la hachette (*ṭaṅka*) – qui est aussi l'attribut distinctif du dévot – et le vase à eau (*kamaṇḍalu*) ; à droite, le rosaire (*akṣamālā*) et le trident (*triśūla*) – à présent brisé –, tenu dans la main supérieure[2].

1 Rao, 1916, vol. II, part. I, pp. 205-207.
2 De Mallmann, 1963, p. 66.

---

66. Chandeshvara

Shiva's devotee and the hero of one of the Shaivite legends, the minor divinity Chandeshvara (Chanda, Chandesha) was primarily depicted in South Indian art. According to legend, Vicharasharman was a young cowherd who worshipped the god Shiva by building *lingas* of sand or mud and anointing them with the surplus milk his cows provided. Enraged by what seemed to him a dreadful waste, his father kicked one of the sand *lingas* down. Vicharasharman angrily swung his cowherd's stick, which miraculously turned into an axe – the god Shiva's axe (*parashu*), – at his father and cut off the sacrilegious foot that had offended the god immanent in the *linga* of sand. Shiva then gave Vicharasharman the name Chandeshvara and made the devotee the "guardian" of his house and property.[1]

However, most texts describe Chandeshvara as a terrifying, four-headed divinity with red eyes, fangs and fearsome expression. But the Musée Guimet's statue complies faithfully with the description of the deified devotee found in the *Agni-Purana*. Chandeshvara is depicted seated in the heroic *virasana* pose, with his right leg hanging freely, his left leg folded. He has four faces: the face at the back is carved in low relief, the two faces at the sides are profile views, while the fierce-looking main face has a third eye on the forehead, protruding fangs and curled-back lips. Like his elected divinity (*ishtadevata*) Shiva, Chandeshvara wears a high headdress (*jatamukuta*) and holds Shiva's conventional attributes in his four hands: on the left, the hatchet (*tanka*) – the devotee's distinctive attribute – and the water-flask (*kamandalu*); on the right, the rosary (*akshamala*) and the trident (*trishula*) – now broken – in the upper hand.[2]

1 Rao, 1916, Vol. II, Part I, pp. 205-207.
2 De Mallmann, 1963, p. 66.

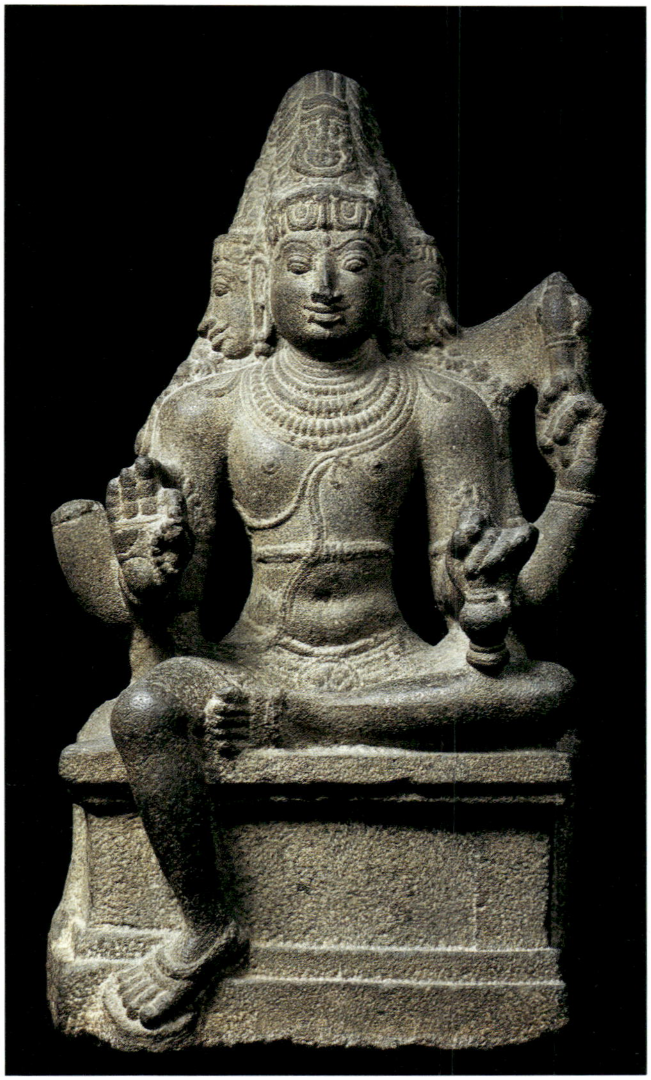

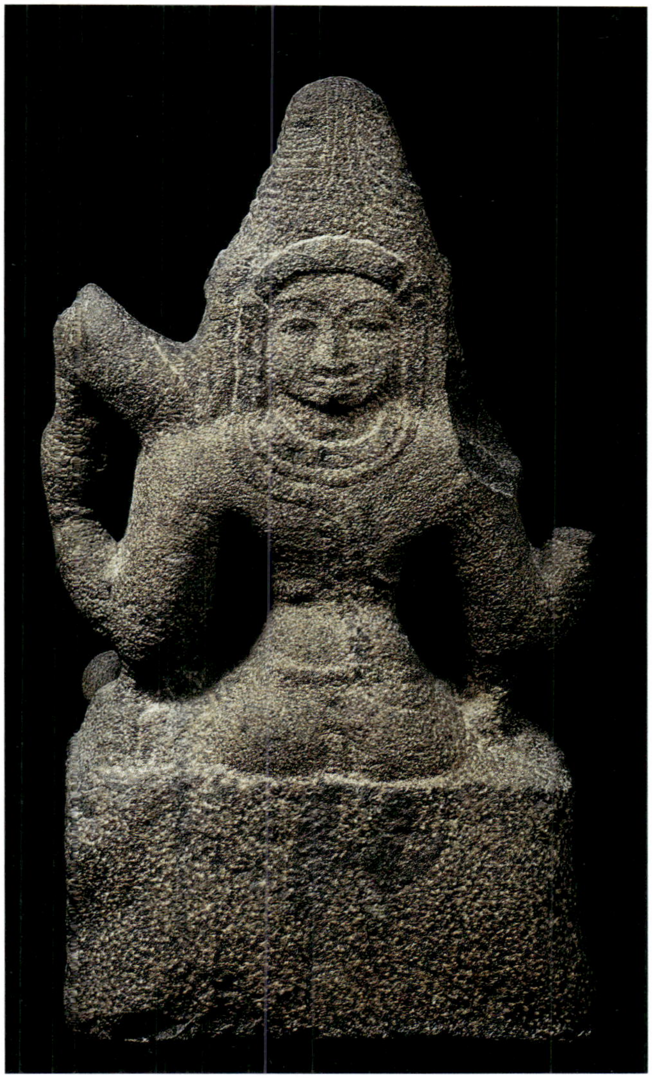

Art dravidien
XIIIe-XIVe siècle (?)
Inde du Sud. Tamil Nādu

Ronde-bosse ; granit
H. 78 ; L. 43
Ancien fonds
MG 22883

Dravidian art
13th-14th century (?)
South India. Tamil Nadu

In-the-round sculpture; granite
H. 78; W. 43
Original collection
MG 22883

Si, en sa qualité de dévot (*bhakta*) divinisé, Caṇḍeśvara était l'objet du culte rendu aux divinités de l'entourage du dieu (*parivārā devatā*), il pouvait également faire l'objet d'un culte à part entière. Son image était même abritée dans un sanctuaire annexe, situé dans l'enceinte même du temple et devant lequel se dressait parfois une effigie du taureau Nandin, monture du dieu Śiva[3].

3 Rao, 1916, vol. II, part. II. p. 464.

Bibliographie

De Mallmann, 1963, p. 66, pl. IV ;
Monod, 1966, p. 93.

Chandeshvara was not only worshipped as a deified devotee (*bhakta*) and one of Shiva's attendant divinities (*parivara devatas*), but also in his own right. His image was even housed in an adjacent shrine situated in the temple enclosure, and in front of which a statue of the bull Nandi, Shiva's mount, was occasionally erected.[3]

3 Rao, 1916, Vol. II, Part II, p. 464.

Bibliography

De Mallmann, 1963, p. 66, Pl. IV;
Monod, 1966, p. 93.

67. Skanda

1 Rao, 1916, vol. II, part. II, pp. 415-420 ; Loth, 1981, pp. 217-229.
2 Loth, 1981, pp. 225-226.

Fils de Śiva et de Pārvatī, Skanda – également appelé Kārttikeya, Kumāra ou encore, en pays tamoul, Subrahmaṇya – est le dieu de la guerre et le chef des armées divines en lutte contre les démons. De nombreux récits mythologiques évoquent sa naissance et expliquent sa nature complexe héritée de deux traditions légendaires distinctes, l'une aryenne, l'autre dravidienne[1].

Le dieu, figuré debout, dans une pose hiératique (*samapādasthānakamūrti*), est doté de quatre bras. Ses mains supérieures tiennent, à gauche, le foudre (*vajra*) et, à droite, une arme constituée de deux losanges assemblés, généralement assimilée à la lance (*śakti*) – ou, plus exactement, au fer de lance –, attribut principal de Skanda, fabriquée à partir d'un rayon de soleil par l'architecte des dieux, Viśvakarman, et avec laquelle le dieu transperça le mont Krauñca, dans l'Himālaya. Sa main inférieure droite esquisse le geste de sauvegarde (*abhaya hasta*), sa main inférieure gauche repose sur sa cuisse (*kaṭyavalambita hasta*). Derrière Skanda se profile sa monture, le paon Paravāṇi, que lui offrit à sa naissance le dieu du feu, Agni ; selon une des versions de la naissance de Skanda, relatée dans le *Mahābhārata*, le dieu serait, en effet, né de la semence de Śiva répandue dans les flammes[2]. Le paon, oiseau solaire – dont la queue largement éployée évoque les rayons du soleil –, passe pour être l'ennemi des serpents, animaux associés aux eaux ; aussi serre-t-il dans son bec un serpent, dont le corps est partiellement visible sur le col brisé de l'oiseau.

Dans le Sud de l'Inde, Skanda est traditionnellement coiffé d'une tiare conique (*karaṇḍamukuṭa*) et non de la coiffure à trois mèches que lui prêtent d'ordinaire les imagiers du Nord de l'Inde. Les images septentrionales du dieu le montrent en outre paré d'un collier

---

67. Skanda

1 Rao, 1916, Vol. II, Part II, pp. 415-420; Loth, 1981, pp. 217-229.
2 Loth, 1981, pp. 225-226.

The son of Shiva and Parvati, Skanda – also known as Karttikeya, Kumara or Subrahmanya in Tamil Nadu – is the god of war and head of the divine armies fighting against the demons. Numerous myths recall his birth and explain the complex personality he inherited from two distinct legendary traditions: one Aryan, the other Dravidian.[1]

The four-armed god is portrayed standing in a hieratic pose (*samapadasthanakamurti*). His upper left hand hold the thunderbolt (*vajra*); in his upper right hand is a double-lozenge-shaped weapon, generally assimilated to the spear (*shakti*), or, to be more exact, the spearhead, Skanda's main attribute, made out of a sunbeam by the divine architect Vishvakarman and used by the god to pierce Mount Krauncha, in the Himalayas. His lower right hand performs the fear-allaying or protective gesture (*abhaya hasta*) ; his lower left hand rests on his thigh (*katyavalambita hasta*). Standing behind Skanda in profile is his mount, the peacock Paravani, given to him at his birth by the god of fire, Agni. According to one version of Skanda's birth, related in the *Mahabharata*, the god was in fact born out the seed Shiva shed into the flames.[2] The peacock, a solar bird – whose fanlike tail recalls the sun's rays – is said to be the enemy of snakes, animals associated with water; in its beak, it thus clutches a snake, part of whose body can be seen on the bird's broken neck.

In South India, Skanda traditionally wore the conical crown (*karandamukuta*), instead of the hairstyle with three locks of hair North Indian craftsmen usually depicted. Northern images of the god also show him wearing a necklace adorned with tiger's claws – the attribute used to distinguish young boys, like the hairstyle with three locks – to underline the juvenility of Skanda, also called Kumara, "the Young One", in sacred texts. Another way of recalling Skanda's orné de griffes de tigre – attribut distinctif des jeunes garçons, au même titre que la coiffure à trois mèches –, destiné à souligner la nature juvénile de Skanda, que les textes désignent également du nom de Kumāra, « le Jeune ». Toujours à seule fin de rappeler sa jeunesse, Skanda est parfois figuré sans cordon brahmanique (*yajñopavīta*), dont le port consacré marque l'initiation religieuse de l'étudiant brahmanique (*upanayana*). Le Skanda du musée Guimet porte, quant à lui, mêlé à diverses parures, le cordon brahmanique, passant sur l'épaule gauche et barrant le torse de la divinité.

On notera la raideur du torse et, surtout, des membres de cette sculpture, dont le style quelque peu hiératique s'apparente aux productions tardives de l'art dravidien.

BIBLIOGRAPHIE
Monod, 1966, p. 93.

youthfulness was to portray him without a sacred cord (*yajnopavita*), which Brahmanic students wore as a sign of their religious initiation (*upanayana*). The Musée Guimet's Skanda wears the Brahmanic cord slung across his chest from his left shoulder amid various pieces of jewellery.

Notice the stiffness of the torso and limbs of this sculpture, whose somewhat hieratic style is in line with Dravidian art's late period.

BIBLIOGRAPHY
Monod, 1966, p. 93.

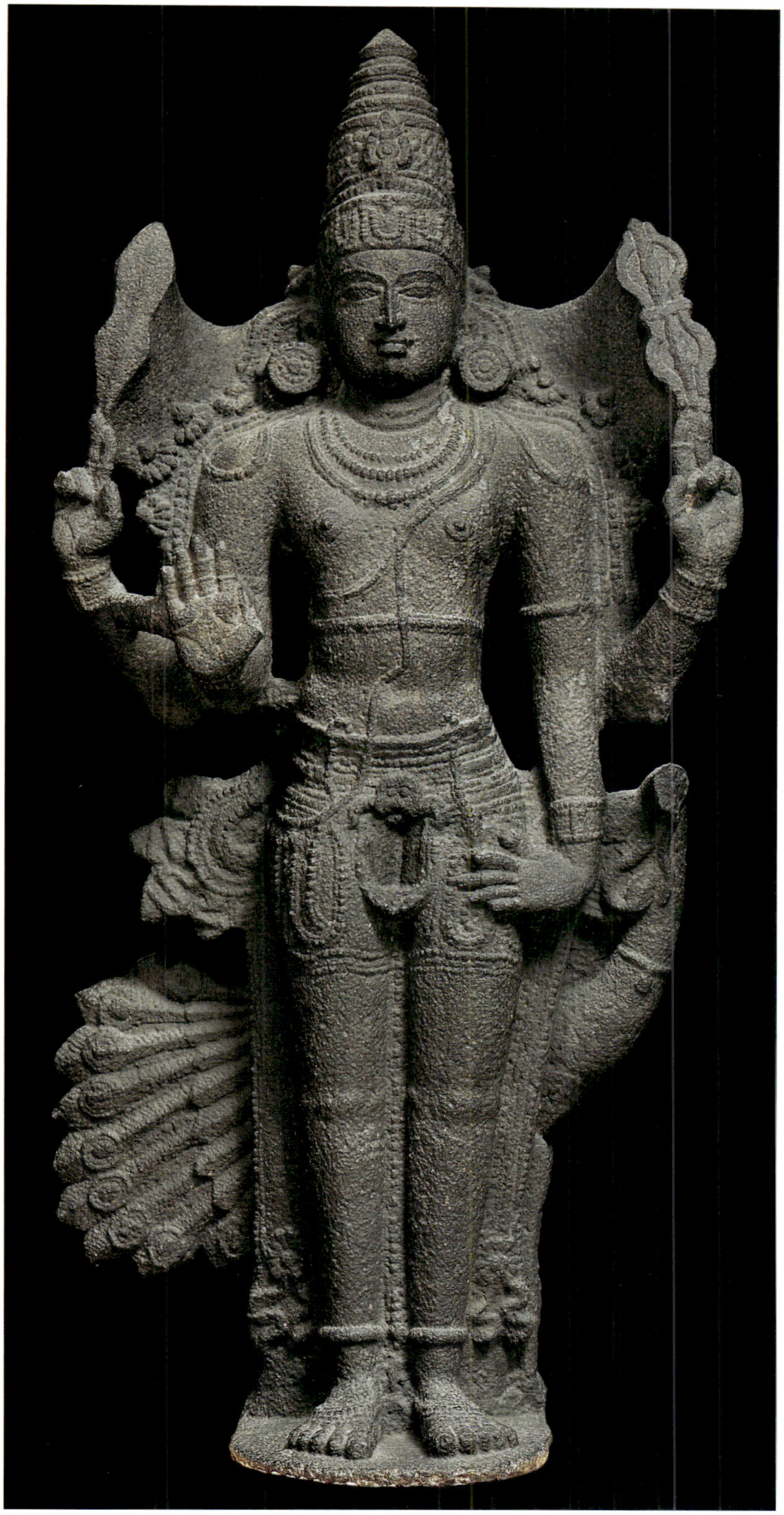

Art dravidien
XIVe-XVe siècle
Inde du Sud. Tamil Nādu

Ronde-bosse ; granit
H. 98
Ancien fonds
MG 18528

Dravidian art
14th-15th century
South India. Tamil Nadu

In-the-round sculpture; granite
H. 98
Original collection
MG 18528

68. Kālī

Kālī la Noire – forme terrible de la Grande Déesse, déité souveraine assimilée à l'énergie cosmique personnifiée – est figurée assise sur un trône dans l'attitude du délassement (*sukhāsana*). Des quatre mains de la divinité, seules subsistent les mains supérieures, tenant respectivement, à droite, le tambour en forme de sablier (*ḍamaru*) et, à gauche, le lien ou lacet (*pāśa*) ; les mains inférieures, brisées, tenaient sans doute le trident (*triśūla*) et la calotte crânienne (*kapāla*), attributs hérités de Śiva et souvent dévolus aux formes terribles de la déesse[1]. Également hérité de Śiva, le troisième œil vertical orne le front de Kālī, cependant que les yeux exorbités au regard fixe, les crocs retroussant les lèvres ou encore la chevelure hérissée auréolant la divinité d'un nimbe de flammes (*ūrdhvakeśī jvalitaśikharā*) sont autant d'attributs extérieurs et conventionnels propres aux formes redoutables (*raudra*) de la déesse. Enfin, à la base du trône gît le corps privé de vie d'un démon, que Kālī écrase de son pied droit ; la présence de ce cadavre (*śava*) foulé aux pieds est également l'apanage des formes terribles de la divinité.

Toutefois, derrière l'apparence de la fureur et du châtiment transparaît l'essence souveraine de la déesse, toute-puissante et majestueuse. Ainsi le sculpteur dravidien offre-t-il une image adoucie de la macabre Kālī, la dotant de formes pleines et sensuelles et non des chairs émaciées et flétries que prescrivent les textes.

1 Pal, 1988, vol. II, pp. 268-269, n° 141.

Bibliographie
Monod, 1966, pp. 92-93 ; Deneck, 1970, p. 259, pl. 134-136.

---

68. Kali

Kali the Black – the terrible form of the Great Goddess, the embodiment of cosmic energy, – is shown here seated on a throne in a relaxed pose (*sukhasana*). Only the upper hands of the four-armed goddess have survived, holding the hourglass-shaped drum (*damaru*), on the right, and the noose (*pasha*), on the left. The broken lower hands probably held the trident (*trishula*) and the skullcap (*kapala*), attributes inherited from Shiva and often transferred to the female divinity's most terrible forms.[1] The vertical third eye adorning Kali's forehead is also inherited from Shiva, while the bulging eyes, the fangs and the shock of hair forming a halo of flames (*urdhvakeshi jvalitashikhara*) around her head are all external attributes conventionally given to the goddess' most terrifying forms (*raudra*). Lastly, at the base of the throne lies the lifeless body of a demon, crushed under Kali's right foot; the presence of this trampled corpse (*shava*) is likewise one of the standard accessories of the divinity's most horrible forms.

Nevertheless, the sovereign nature of the all-powerful, majestic goddess can be felt beneath the sense of fury and punishment. The Dravidian sculptor produced a mutec image of the bloodthirsty Kali, endowing her with generous, sensual forms, instead of the emaciated, shrivelled flesh described in texts.

1 Pal, 1988, Vol. II, pp. 268-269, No. 141.

Bibliography
Monod, 1966, pp. 92-93; Deneck, 1970, p. 259, Pls. 134-136.

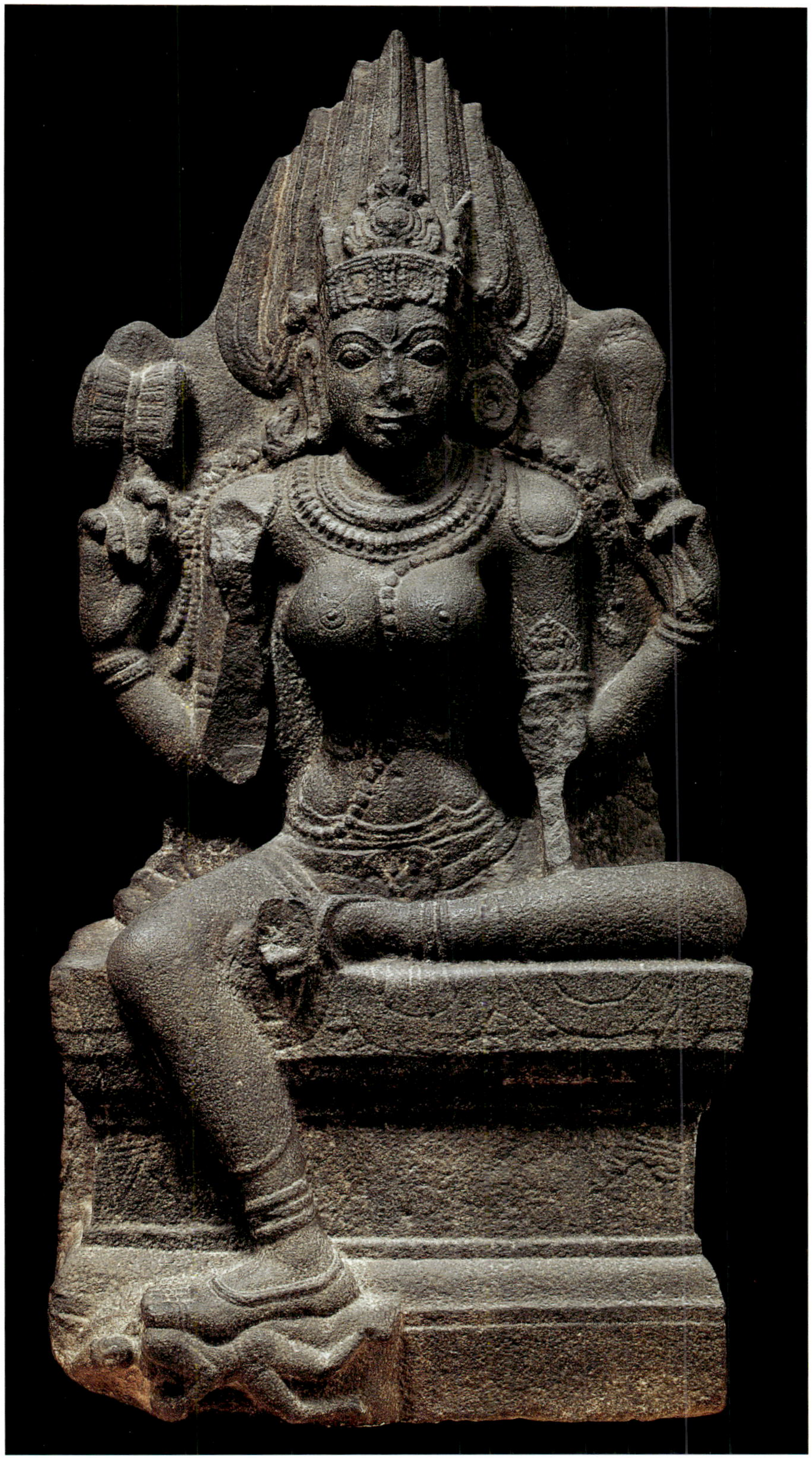

Art dravidien
XIVe-XVe siècle (?)
Inde du Sud. Tamil Nādu

Ronde-bosse ; basalte
H. 158 ; L. 75
Don de Mme P. Wertheimer (1951)
MA 850

Dravidian art
14th-15th century (?)
South India. Tamil Nadu

In-the-round sculpture; basalt
H. 158; W. 75
Gift of Mme P. Wertheimer (1951)
MA 850

69. Śiva Vyākhyāna Dakṣiṇāmūrti

Même iconographie que le n° 65. On notera toutefois que la main inférieure droite du dieu, qui esquisse le geste de l'enseignement (*vyākhyāna hasta*), tient également le rosaire (*akṣamālā*) glissé entre le pouce et l'index et que le livre (*pustaka*) est nettement figuré dans la paume inférieure gauche. Outre les ornements habituels – le crâne (*kapāla*), le croissant de lune, les fleurs de datura –, la masse des cheveux tressés (*jaṭābhāra*) du dieu porte, figurée à droite, les mains jointes dans le geste de l'*añjali*, l'image de la déesse Gaṅgā, le Gange – que Śiva reçut sur l'une des mèches de sa chevelure afin que, quittant les régions célestes, le fleuve ne se déverse pas sur la terre en un flot tumultueux[1].

De style dravidien tardif, cette sculpture aux traits accusés, qui pourrait dater du XIVe-XVe siècle, illustre la production artistique de l'époque de Vijayanagar.

1 Sur le mythe de la « Descente du Gange », voir Rao, 1916, vol. II, part. I, pp. 313-321.

Bibliographie
Monod, 1966, p. 90 ; Deneck, 1970, p. 259, pl. 131-133.

69. Shiva Vyakhyana Dakshinamurti

The iconography here is the same as in No. 65. However, one will notice that the god's lower right hand, which performs the teaching gesture (*vyakhyana hasta*), also holds the rosary (*akshamala*) between the thumb and the index finger, and that the book (*pustaka*) is clearly visible in the lower left palm. In addition to the usual ornaments – the skull (*kapala*), the crescent moon, the datura flowers, – the god's heavy plaited hairstyle (*jatabhara*) is adorned, on the right, with an image of the goddess Ganga (the Ganges), whose hands are joined in the *anjali* gesture. When the heavenly river left the skies and flowed down to Earth, Shiva received the tumultuous stream of water in his hair.[1]

With its bold features, this late Dravidian-style sculpture may be dated to the 14th-15th century and illustrates artistic production in the Vijayanagar period.

1 On the "Descent of the Ganges" myth, see Rao, 1916, Vol. II, Part I, pp. 313-321.

Bibliography
Monod, 1966, p. 90; Deneck, 1970, p. 259, Pls. 131-133.

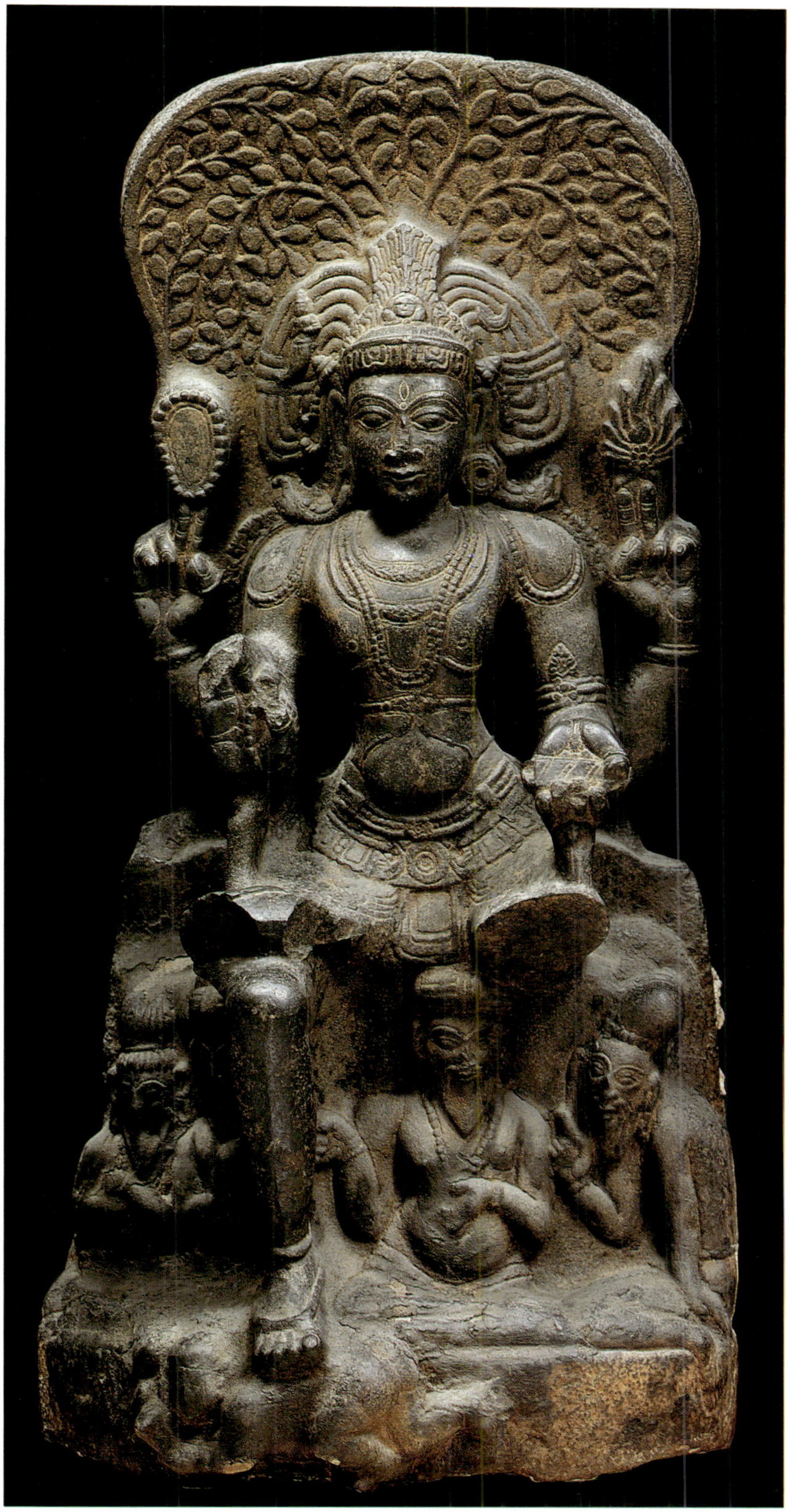

Art dravidien
XIVᵉ-XVᵉ siècle
Inde du Sud. Tamil Nādu

Ronde-bosse ; granit
H. 144 ; L. 71
Don de C. T. Loo
MG 18524

Dravidian art
14th-15th century
South India. Tamil Nadu

In-the-round sculpture; granite
H. 144; W. 71
Gift of C.T. Loo
MG 18524

70. Viṣṇu-Nārāyaṇa

Selon la cosmogonie hindoue, l'univers, à la fin de chaque ère cosmique (*kalpa*) – dont la durée est égale à un « jour » de la vie de Brahmā –, est détruit par le feu et englouti par les eaux. Le temps de résorption, entre deux *kalpa* où l'univers est englouti, appelé « nuit » de Brahmā, est symbolisé dans certains textes par l'évocation du dieu Viṣṇu reposant et méditant sur les eaux cosmiques, couché sur le serpent de l'Éternité, Ananta (ou Śeṣa)[1].

Viṣṇu reposant sur Ananta (*Anantaśayanamūrti*) a été plus souvent figuré dans l'art de l'Inde du Sud que dans la statuaire de l'Inde centrale ou septentrionale. Doté ici de deux bras dépourvus d'attributs, le dieu est étendu sur les replis formés par le corps du serpent, les pieds posés sur un lotus à triple corolle. Sa main droite, paume ouverte, est placée sur le coussin où repose sa tête, sa main gauche pend librement le long de sa jambe gauche, en *lola hasta*. Coiffé de la tiare (*kirīṭamukuṭa*), les hanches ceintes d'un vêtement plissé aux pans ouvragés tombant jusqu'aux chevilles, il porte le cordon brahmanique (*yajñopavīta*), mêlé aux parures habituelles ; le Śrīvatsa, stylisé en forme de triangle et gravé au-dessus du sein droit, orne sa poitrine[2]. Ses yeux sont grands ouverts, ainsi que le prescrivent certains textes[3] ; le *Bhāgavata-purāṇa*, toutefois, dépeint Viṣṇu « couché sur Ananta, les yeux fermés par le sommeil de la méditation[4]... ». Les cinq chaperons dressés du serpent Ananta forment comme un dais au-dessus de la tête de Viṣṇu-Nārāyaṇa méditant le monde entre deux ères cosmiques. À son réveil, le dieu émettra de son nombril un lotus – annonciateur d'une nouvelle ère cosmique – d'où surgira Brahmā, créateur de l'univers.

1 Sur la notion de temps dans la cosmogonie hindoue, voir Loth, 1981, pp. 244-252.
2 Sur le Śrīvatsa, voir notice n° 61.
3 Rao, 1914, vol. I, part. I, p. 91.
4 Loth, 1981, p. 248.

Bibliographie
Monod, 1966, p. 94.

---

70. Vishnu-Narayana

According to Hindu cosmogony, the universe, at the end of each cosmic era (*kalpa*), – which lasts as long as one "day" in Brahma's lifetime, – is destroyed by fire and engulfed by water. The period of reabsorption, between two *kalpas* when the universe is engulfed, called a "night" of Brahma, is represented in some texts by the evocation of the god Vishnu resting and meditating upon the cosmic waters, lying on the serpent of Eternity, Ananta (or Sesha).[1]

Vishnu reclining on Ananta (*Anantashayanamurti*) was a theme adopted more frequently in South Indian art than in the statuary of Central or North India. Shown here with two arms but without attributes, the god is lying on the coiled-up body of the serpent, with his feet resting on a triple-flowered lotus. His open-palmed right hand is placed on the cushion upon which his head is resting; his left hand hangs loosely beside his left leg in the *lola hasta* position. He wears a high crown (*kiritamukuta*) and an ankle-length, pleated garment with decorated panels around his hips. The sacred cord (*yajnopavita*) can be seen amongst his usual jewellery, while the stylized, triangular-shaped Shrivatsa is engraved over his right breast.[2] His eyes are wide open, as mentioned in certain texts,[3] although the *Bhagavata-Purana* describes Vishnu as "lying on Ananta, with eyes closed deep in meditation...".[4] Ananta's five erect hoods form a canopy over Vishnu-Narayana's head as he meditates the world between two cosmic eras. When he awakens, a lotus – the herald of a new era – will grow out of the god's navel and Brahma, the creator of the universe, will surge forth out of its blossom.

1 On the notion of time in Hindu cosmogony, see Loth, 1981, pp. 244-252.
2 On the Shrivatsa, see No. 61.
3 Rao, 1914, Vol. I, Part I, p. 91.
4 Loth, 1981, p. 248.

Bibliography
Monod, 1966, p. 94.

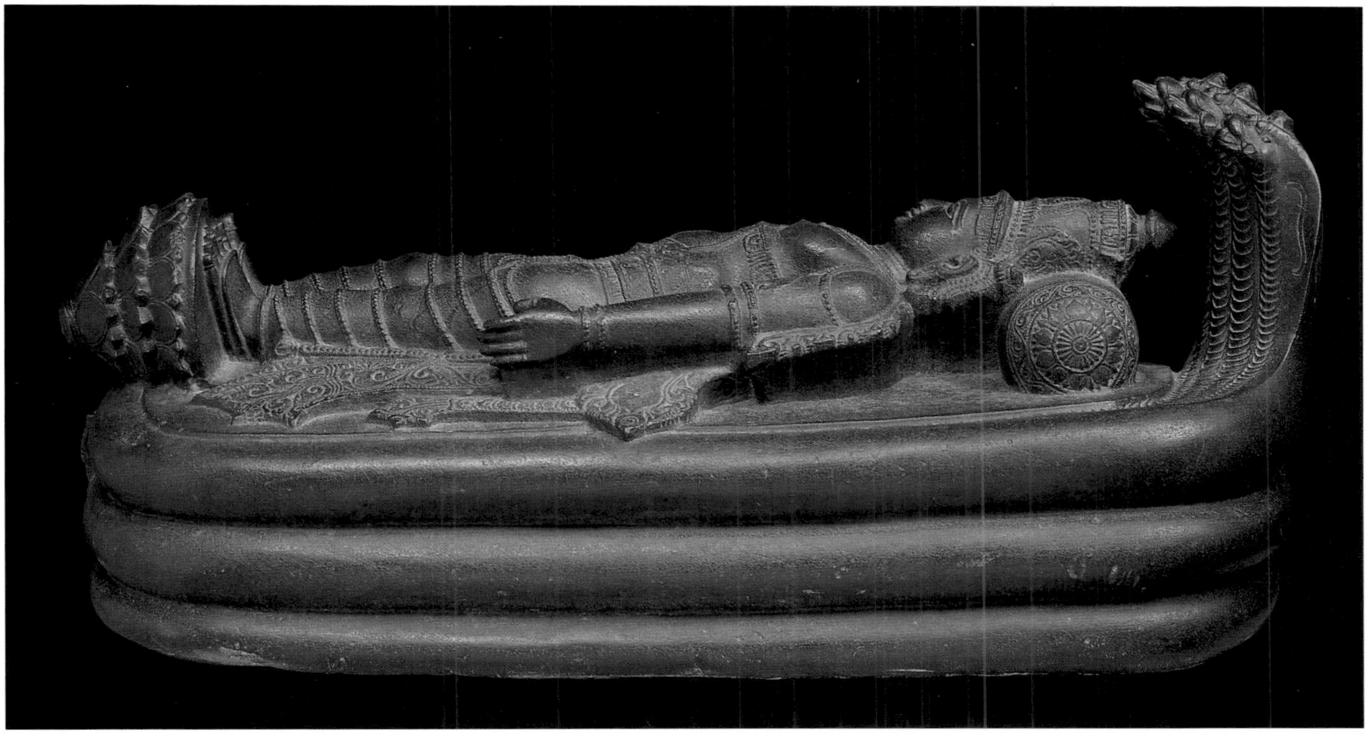

Art dravidien
XVIIe-XVIIIe siècle
Inde du Sud. Tamil Nādu

Ronde-bosse ; basalte
L. 100
Ancien fonds
MG 18527

Dravidian art
17th-18th century
South India. Tamil Nadu

In-the-round sculpture; basalt
W. 100
Original collection
MG 18527

71. Viṣṇu Vāsudeva

Viṣṇu est ici figuré en tant que divinité suprême et primordiale – Ādimūrti Vāsudeva. Debout, en stricte frontalité (*samapādasthānakamūrti*), il est doté de quatre bras dont les mains supérieures tiennent, à droite, la conque (*śaṅkha*), Pāñcajanya, et, à gauche, le disque (*cakra*), Sudarśana, arme de jet au symbolisme solaire[1] ; ses deux bras inférieurs sont brisés à la hauteur du coude. Richement paré, il est coiffé de la tiare conique (*kirīṭamukuṭa*) et porte la longue « guirlande [de fleurs] des bois » (*vanamālā*) prescrite par les textes. Sa monture, Garuḍa, oiseau fabuleux d'origine solaire, est figurée, encadrée de deux orants, au milieu du socle où repose la divinité, flanquée de ses deux épouses, Śrī, déesse de la fortune (à droite) et Bhūmi, la déesse Terre (à gauche). À côté de cette dernière, un petit personnage tenant le disque (?) semble être Cakrapuruṣa, attribut personnifié du dieu Viṣṇu[2].

Sur le fond de la stèle, de part et d'autre de la tête du dieu, siègent Brahmā (à droite) et Śiva (à gauche), accompagnés de leurs montures respectives, l'oie sauvage (*haṃsa*) et le taureau Nandin ; leur présence, aux côtés de Viṣṇu Vāsudeva, évoque la Triade brahmanique (*Trimūrti*). Douze formes de Viṣṇu assis et doté d'attributs variés occupent les parties centrales et latérales de la stèle, bordée en ses extrémités supérieures par la représentation des dix *avatāra* (littéralement « descentes ») ou manifestations du dieu salvateur : le Poisson (Matsya), la Tortue (Kūrma), le Sanglier (Varāha), l'Homme-Lion (Narasiṃha), le Nain (Vāmana), Paraśurāma, Rāma, Kṛṣṇa, le Buddha et Kalkin[3]. Les bords latéraux de la stèle portent, en outre, l'image d'une divinité féminine debout, jambes croisées, surmontée d'un nain-atlante, d'un *makara* et d'un lion hybride cabré (*vyālaka*). La présence de ces animaux composites, dont la réunion évoque toute une cosmologie, et d'êtres divins et

1 De Mallmann, 1963, p. 252.
2 La massue (*gadā*) personnifiée (Gadānārī), à présent brisée, était sans doute figurée à la droite du dieu, à côté de la déesse Śrī.
3 Sur les *avatāra* de Viṣṇu, voir Loth, 1981, pp. 123-166.

71. Vishnu Vasudeva

Vishnu is depicted here as the supreme, primordial deity, Adimurti Vasudeva. Standing in a rigid frontal pose (*samapadasthanakamurti*), the four-armed god's upper hands hold the conch (*shankha*) Panchajanya, on the right, and the solar disc (*chakra*) Sudarshana, on the left, a weapon endowed with solar symbolism.[1] His two lower arms have been broken off at elbow level. Richly bedecked, he wears the conical crown (*kiritamukuta*) and the long "garland of forest flowers" (*vanamala*) described in texts. His mount Garuda, the fabulous solar eagle, can be seen flanked by two orants in the middle of the base on which the god is standing accompanied by his two consorts, Lakshmi, the goddess of fortune (right), and Bhumi, the Earth goddess (left). The small figure holding a disc (?) seen beside the latter appears to be Chakrapurusha, the personification of Vishnu's attribute.[2]

Either side of the god's head, on the actual stela, sit Brahma (right) and Shiva (left), together with their respective mounts, the wild goose (*hamsa*) and the bull Nandi; their presence beside Vishnu Vasudeva recalls the Brahmanic Trinity (*Trimurti*). Twelve seated forms of Vishnu with various attributes adorn the central and lateral sections of the stela, bordered at the top end by ten *avataras* (literally "descents") or manifestations of the supreme god: the Fish (Matsya), the Turtle (Kurma), the Boar (Varaha), the Man-Lion (Narasimha), the Dwarf (Vamana), Parashurama, Rama, Krishna, the Buddha and Kalkin.[3] On the lateral edges of the stela there is also a portrait of a female divinity standing cross-legged, surmounted by a dwarf-telamon, a *makara* and a prancing hybrid lion (*vyalaka*). The presence of these composite animals, whose juxtaposition recalls an entire cosmology, alongside divine

1 De Mallmann, 1963, p. 252.
2 The personification (Gadanari) of the now broken mace (*gada*), was doubtless depicted to the right of the deity, beside the goddess Lakshmi.
3 On Vishnu's *avataras*, see Loth, 1981, pp. 123-166.

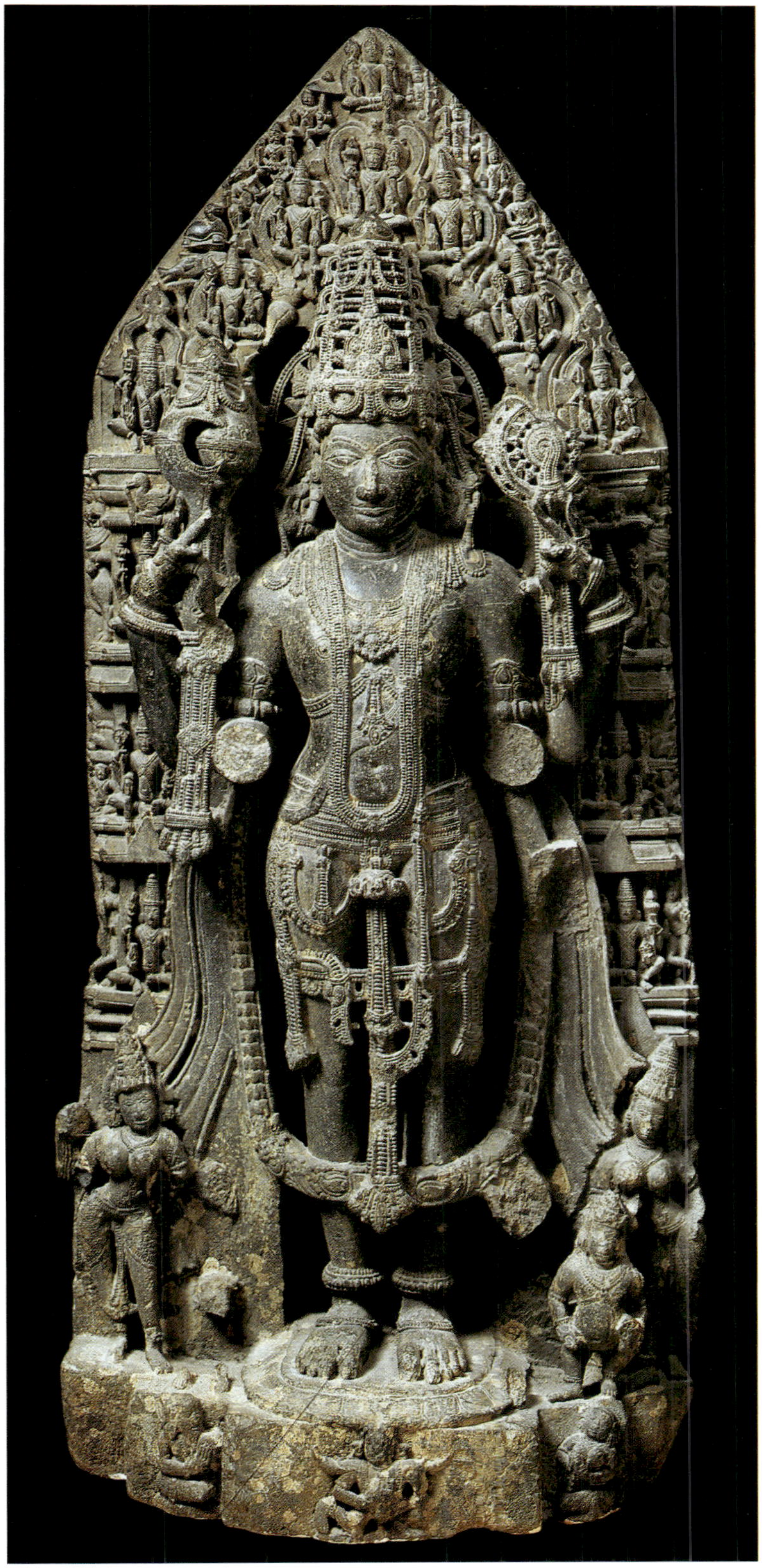

Époque hoysaḷa
XIIe siècle
Inde du Sud. Karnātaka

Ronde-bosse ; chloritoschiste
H. 105 ; L. 47
Achat (1959)
MA 2131

Hoysala period
12th century
South India. Karnataka

In-the-round sculpture; chloritic schist
H. 105; W. 47
Purchase (1959)
MA 2131

semi-divins exprime clairement la prééminence et la suprématie de Viṣṇu Vāsudeva sur l'univers entier[4].

La profusion des détails et l'exubérance de l'ornementation distinguent cette image du dieu Viṣṇu surchargé de parures, caractéristique de l'art hoysaḷa qui s'épanouit dans le Karnātaka, de la fin du XIe siècle au milieu du XIVe siècle.

4 De Mallmann, 1963, p. 17.

Bibliographie
Monod, 1966, p. 93, fig. 36.

---

and semi-divine beings, clearly expresses Vishnu Vasudeva's pre-eminence and supremacy over the whole universe.[4]

The prolific detail and highly ornate decoration makes this an outstanding image of Vishnu; the heavily bejewelled portrait of the god is characteristic of Hoysala art, which flourished in Karnataka from the late 11th century to the mid-14th century.

4 De Mallmann, 1963, p. 17.

Bibliography
Monod, 1966, p. 93, Fig. 36.

72. Bhairava

1 Sur la mythologie et l'iconographie de Bhairava, voir notice n° 62.
2 Voir Pal, 1977, p. 148, n° 86.

Expression de la nature complexe et ambiguë de Śiva, Bhairava – forme sinistre et repoussante de la divinité[1] – incarne l'aspect destructeur (*samhāramūrti*) du dieu, dont les fidèles admettent la multiplicité des formes et des fonctions en l'invoquant sous de multiples noms. Debout sur un piédestal à trois projections (*pañcaratha*), Bhairava présente la triple flexion (*tribhaṅga*), prisée des sculpteurs indiens. Son corps, replet et trapu, est nu, mais orné de riches parures : lourdes boucles d'oreilles circulaires, épaulettes et collier (*hāra*) faits de rangées de perlages superposées, brassard (*keyūra*), anneaux de cheville (*nūpura*), ceinture orfévrie (*mekhalā*) d'où pend une clochette et bague à chaque doigt. Un cordon brahmanique composé de trois rangs de perles (*muktā-yajñopavīta*) barre son torse et forme une ample courbe sur sa cuisse droite. Une longue guirlande (*śiromālā*), constituée dans sa partie supérieure de perlages et dans sa partie inférieure d'une succession de têtes coupées attachées les unes aux autres par les cheveux, lui descend plus bas que les genoux. Le dieu, enfin, est chaussé des massives sandales de bois propres aux ascètes.

Le caractère farouche (*ugra*, *ghora*) de Bhairava se devine aisément à ses yeux écarquillés et légèrement globuleux, à la fixité de son regard et à l'impassibilité de ses traits. Deux crocs retroussent ses lèvres et une volumineuse coiffure faite de boucles étagées surmonte son visage arrondi. La masse imposante de ses cheveux est maintenue par un *nāga* tricéphale, tandis qu'un autre serpent enserre ses genoux ; le serpent se trouve fréquemment associé aux formes farouches de Śiva et de la déesse et peut être notamment porté par le dieu en boucle d'oreille ou en ceinture.

Bhairava est pourvu de quatre bras. L'une de ses mains droites brandit le trident (*triśūla*) ; la seconde, brisée, devait porter l'épée (*khaḍga*) – si l'on en juge par d'autres représentations similaires figurant Bhairava[2]. L'une de ses mains gauches tient le tambour à boules fouettantes

---

72. Bhairava

1 On the mythology and iconography concerning Bhairava, see No. 62.
2 See Pal, 1977, p. 148, No. 86.

The representation of Shiva's complex, ambiguous character, Bhairava – the divinity's sinister, repulsive form[1] – incarnates the destructive aspect (*samharamurti*) of the god, whose devotees accept the multiplicity of forms and functions by invoking him under various names. Bhairava is seen here standing on a pedestal with three projections (*pancharatha*) in the three-body-bends pose (*tribhanga*) dear to Indian sculptors. His stoutish, stocky body is naked except for his rich jewellery: heavy, circular earrings, epaulettes and necklace (*hara*) made up of superposed strings of pearls, armband (*keyura*), anklets (*nupuras*), decorated belt (*mekhala*), hanging down from which is a bell, and rings on every finger. A sacred cord consisting of three strands of pearls (*mukta-yajnopavita*) falls across his chest and over his right thigh in a generous curve. A long garland (*shiromala*), comprised of pearls in the upper half and a series of severed heads attached one after the other by their hair in the lower half, hangs down below his knees. Lastly, on his feet are the heavy wooden sandals worn by ascetics.

Bhairava's fierce nature (*ugra*, *ghora*) can easily be guessed from his wide, slightly bulging eyes, his fixed stare and his impassive features. Fangs curl back his lips and a voluminous hairstyle with piled-up coils crowns his rounded face. The impressive mass of hair is supported by a three-headed serpent (*naga*), while another snake encircles his knees; serpents were often associated with Shiva and his consort's terrible forms, and might be worn by the deity as an earring or a belt.

The four-armed Bhairava holds the trident (*trishula*) in one of his right hands; the other is broken, but must have held the sword (*khadga*), judging by similar representations of Bhairava.[2] One of his left hands clasps the hourglass-shaped drum (*damaru*); the other holds the skullcap (*kapala*) and a severed head (*runda-patra*). Bhairava was forced to roam the country for twelve years

---

(*ḍamaru*), cependant qu'une calotte crânienne (*kapāla*) et une tête coupée (*ruṇḍa-pātra*) se voient dans la seconde main gauche du dieu. Pour avoir tranché d'un coup d'ongle la cinquième tête de Brahmā, Bhairava fut condamné à errer durant douze ans et à mendier sa subsistance, afin d'expier son crime. Le crâne de Brahmā colle à la main de Bhairava et lui tient lieu de bol à aumônes ; il ne se détachera de sa paume que lorsqu'il aura atteint Bénarès. La tête coupée, que le dieu saisit par les cheveux, est celle de quelque *asura*, ou démon, mis à mort, tout comme les nombreuses têtes qui composent la macabre guirlande de Bhairava. La dépouille de l'*asura* vaincu et décapité est du reste visible, bien qu'à peine épannelée, sur le piédestal du dieu. Enfin, pour ajouter encore à la macabre apparition, un chien lèche le sang qui dégoutte de la tête coupée de l'*asura*, tandis que sont figurés, de part et d'autre de Bhairava, une femme *preta*, squelettique, berçant un enfant et un musicien *preta*, également décharné, jouant du tambour.

Les premières représentations de Śiva Bhairava apparurent relativement tard en Inde. Les plus anciens exemples connus semblent remonter à la fin de l'époque gupta ou au début de l'époque post-gupta et proviennent d'Ahicchattrā, de Sirpur et d'Ellora[3]. C'est, du reste, vers les VIIe et VIIIe siècles que les sectes śivaïtes des Kāpālika et des Kālāmukha, qui vouaient un culte particulier à Bhairava, ont favorisé la production d'images exaltant cette forme redoutable de Śiva. Ces ascètes aux tendances extrêmes et aux rites parfois sanglants furent très actifs en Inde centrale du Xe au XIIe siècle. Au Karnātaka, région d'où provient la sculpture du musée Guimet, les représentations de Bhairava-Brahmāśiraścedakamūrti (« qui a coupé la tête de Brahmā ») sont nombreuses et complexes. Le dieu y est parfois accompagné d'une figure féminine nue, laquelle personnifie le terrible péché de « brahmanicide », dont Bhairava s'est rendu coupable.

3 Gairola, 1965, p. 16.

Bibliographie
Béguin, 1992, p. 34.

---

and beg for his livelihood for having sliced off Brahma's fifth head with his fingernail. Brahma's skull stuck to his palm and served as a begging-bowl; it only fell off when Bhairava reached Benares. The severed head hanging by its hair from Bhairava's hand here belongs to some demon (*asura*) the god has put to death, like the numerous heads seen in his macabre garland. Moreover, the remains of the vanquished, decapitated *asura* are visible on the base of the sculpture, even if only barely roughed out. To add a final gruesome note to the scene, a dog can be seen licking the blood dripping from the demon's head, while, on either side of Bhairava, a skeletal female *preta* nurses a child and a similarly emaciated male *preta* plays the drum.

The first representations of Shiva Bhairava made a relatively late appearance in India. The earliest known examples date back to the end of the Gupta period or the beginning of the post-Gupta period and come from Ahicchattra, Sirpur and Ellora.[3] Then, in about the 7th and 8th centuries, the Shaivite Kapalika and Kalamukha sects, who began to worship Bhairava in his own right, encouraged the production of images glorifying this formidable aspect of Shiva. These ascetics with extreme tendencies and occasionally bloodthirsty rites were very active in Central India between the 10th and 12th centuries. In Karnataka, the region in which the Musée Guimet's sculpture originated, the depictions of Bhairava-Brahmashirashchedakamurti ("who cut off Brahma's head") were numerous and complex. The god is sometimes accompanied by a naked female figure – the personification of the horrific sin of "brahmanicide", of which Bhairava was guilty.

3 Gairola, 1965, p. 16.

Bibliography
Béguin, 1992, p. 34.

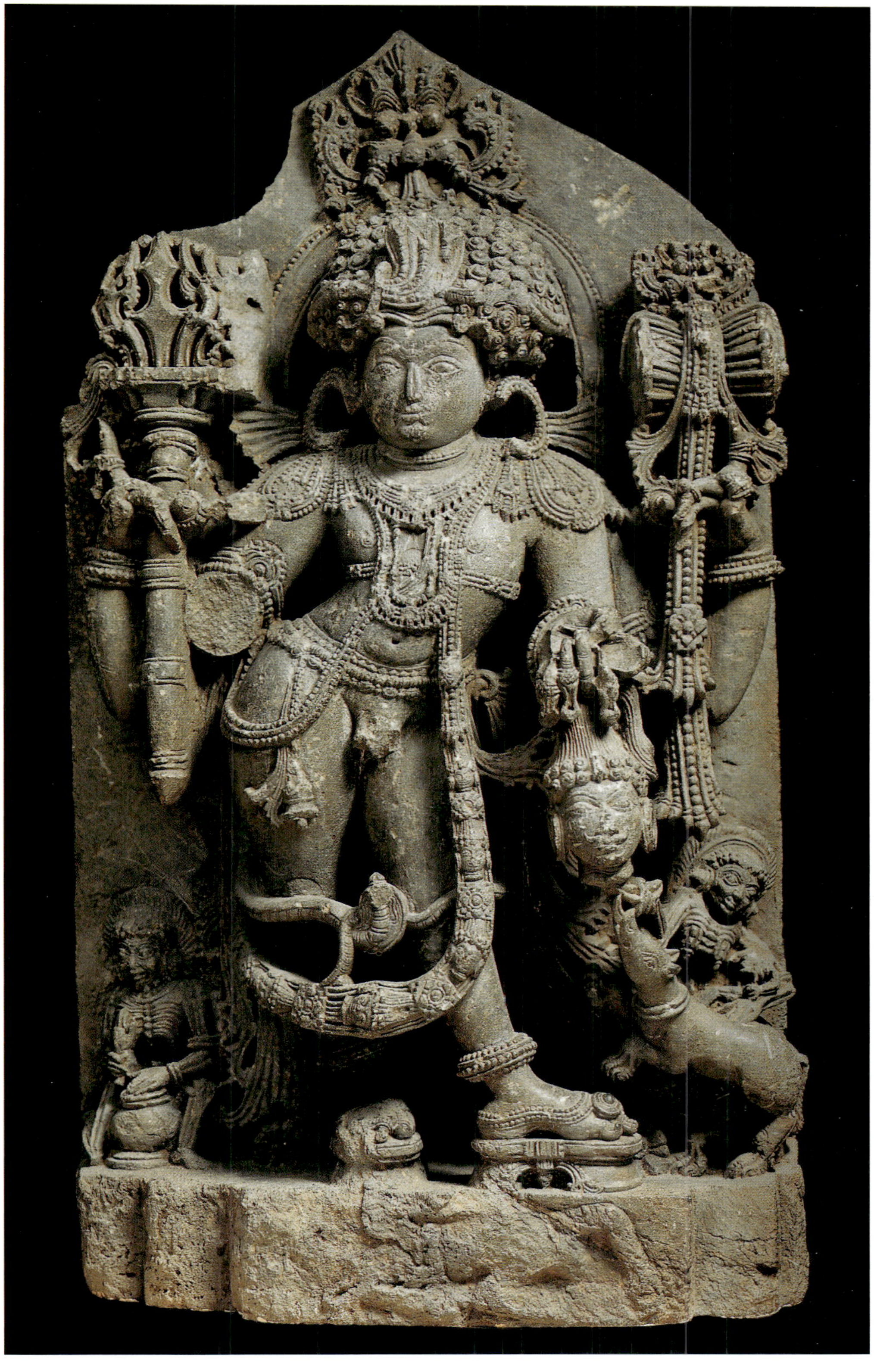

Époque hoysaḷa
XIIIe siècle
Inde du Sud. Karnātaka

Ronde-bosse ; chloritoschiste
H. 98 ; L. 57
Achat (1980)
MA 4859

Hoysala period
13th century
South India. Karnataka

In-the-round sculpture; chloritic schist
H. 98; W. 57
Purchase (1980)
MA 4859

73. Stèle commémorative (« pierre-de-héros »)

« Pierre-de-héros » (*vīrakkal*) commémorant le souvenir d'un vaillant guerrier tombé au combat. Les stèles commémoratives, dites « pierres-de-héros », furent élevées en grand nombre en diverses régions de l'Inde – notamment dans le Deccan et en Inde du Sud –, afin de perpétuer le souvenir des braves, morts pour une noble cause.

Comme c'est souvent le cas pour les *vīrakkal*, la stèle est constituée de trois registres superposés, séparés par des bandes où court une inscription gravée en écriture et en langue kannara. Le registre inférieur illustre la bataille où le héros – figuré à cheval et brandissant une arme – s'illustra par son courage et trouva la mort. Le registre médian montre le héros conduit au séjour divin (ou *vīrasvarga*, le « ciel des héros ») par des nymphes célestes (*apsarā*) dansant et jouant du tambour (*mṛdaṅga*) et des cymbales. Dans le registre supérieur, enfin, le héros, assisté des membres de sa famille, vénère le *liṅga* – symbole phallique du dieu Śiva –, devant lequel est couché Nandin, monture de la divinité. Cette dernière scène révèle l'obédience śivaïte du héros, cependant que la présence de l'épouse adorant le *liṅga* aux côtés du défunt indique que celle-ci a suivi son époux dans la mort, en s'immolant sur son bûcher funéraire suivant la coutume hindoue de la *satī*. L'extrémité supérieure de la stèle est ornée d'un masque de monstre (*kāla*) qu'entourent le disque du soleil et le croissant de la lune.

L'inscription précise que la « pierre-de-héros » fut érigée par les enfants du clan du défunt et par son oncle : « Quand, un jeudi, le dixième jour de la quinzaine sombre du mois de Vaiśākha, dans l'année cyclique de Parīdhāvi l'auspicieux, Maḍanagauḍa, fils de Kētamallagauḍa de Hēmana haḷḷi, de la secte Kaṇuta (va), qui [fut assez brave] pour régner dans l'âge Kali, et qui, dans le combat, était Celui-aux trois-yeux [c'est-à-dire Śiva], atteignit

---

73. Commemorative Stela ("Hero's Stone")

This stela or "hero's stone" (*virakkal*) is a memorial to a brave warrior who lost his life in battle. Large numbers of commemorative stelae, known as "heroes' stones" were erected in various regions of India – especially in the Deccan and South India – so as to preserve the remembrance of those who died for a noble cause.

As is often the case on *virakkals*, the stela is made up of three superposed registers, separated by stone strips engraved with a Kanarese inscription. The lower register illustrates the battle in which the hero – the figure on horseback brandishing a weapon – proved his valour and met his death. The central register shows the hero being led to his divine resting-place (or *virasvarga*, "the heroes' heaven") by celestial nymphs (*apsaras*), who are dancing and playing the drum (*mridanga*) and cymbals. In the upper register, the hero, accompanied by members of his family, worships the *linga* – the god Shiva's phallic symbol, – in front of which lies the bull Nandi, the deity's mount. The latter scene reveals the hero's obedience to Shiva, while the presence of his wife worshipping the *linga* beside the deceased indicates that she followed her husband into death, sacrificing herself on his funeral pyre, in accordance with the Hindu practice of *sati*. The top of the stela is adorned with a monstrous mask (*kala*), flanked by the solar disc and the crescent moon.

The inscription states that the "hero's stone" was erected by the children of the deceased's clan and by his uncle: "When, on Thursday, the tenth day of the dark fortnight in the month of Vaishakha, in the cyclic year of Paridhavi the Auspicious, Madanagauda, son of Ketamallagauda of Hemana Halli, belonging to the Kanuta (va) sect, who [was brave enough] to reign in the age of Kali, and who, in the battle, was He-who-has-three-eyes [in other words, Shiva], reached Paradise, which is the heroes' reward, this 'hero's stone' was erected by the children of his clan and his uncle

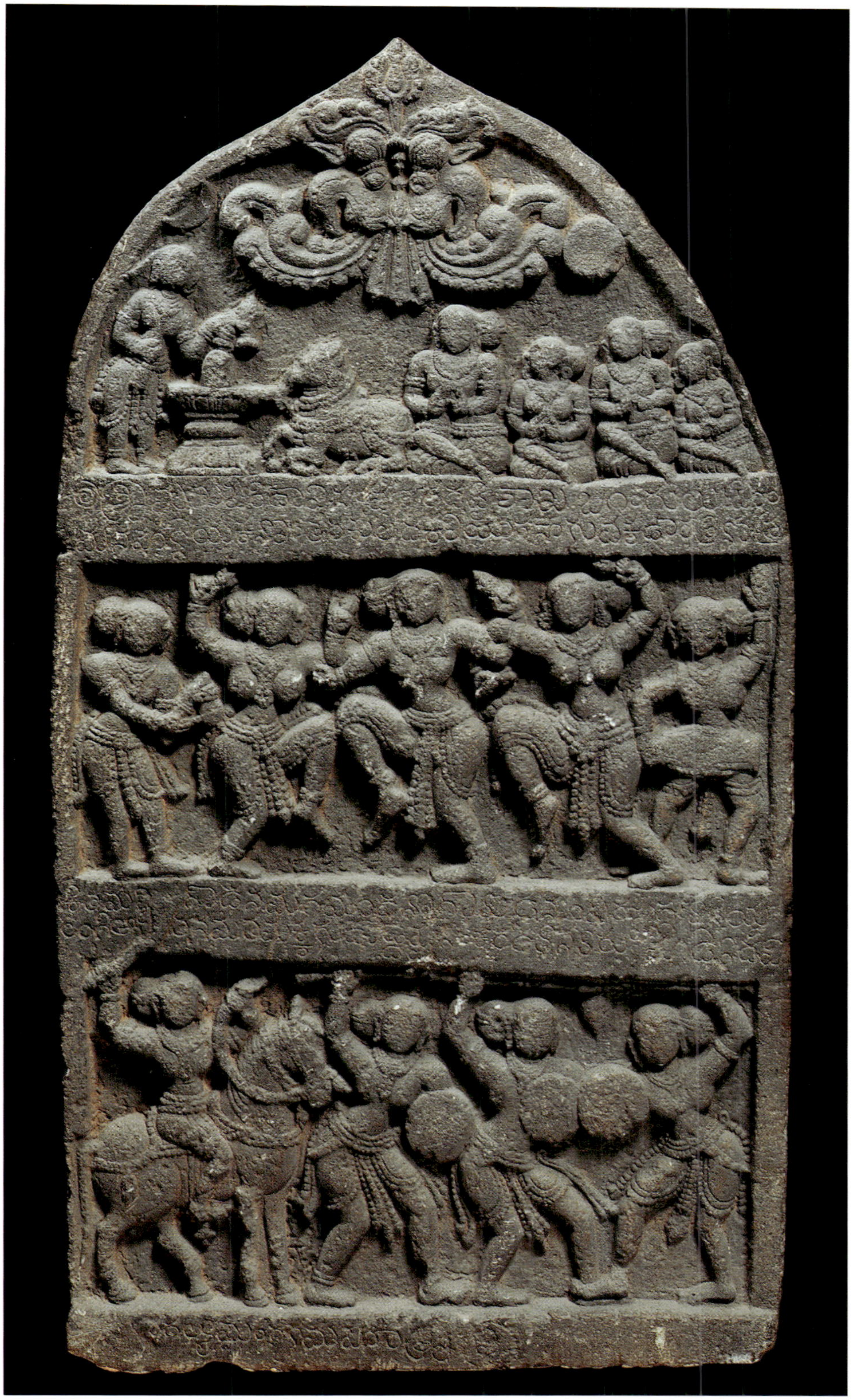

Époque de Vijayanagar
XIVe-XVe siècle
Inde du Sud. Karnātaka

Stèle ; basalte
H. 125 ; L. 72
Achat (1944)
MA 53

Vijayanagar period
14th-15th century
South India. Karnataka

Stela; basalt
H. 125; W. 72
Purchase (1944)
MA 53

le paradis qui est la récompense des héros, cette "pierre-de-héros" fut érigée par les enfants de son clan et par son oncle [Doḍḍappa = frère aîné du père][1]. » Si la teneur de l'inscription ne permet pas aujourd'hui de définir la provenance exacte de la « pierre-de-héros » du musée Guimet, non plus que sa datation précise, l'épigraphie permet néanmoins de l'attribuer au XIVe ou XVe siècle et à la région du Karnātaka.

1 Nagaraja, 1968, p. 104.

Bibliographie
Monod, 1966, pp. 91-92 ; Nagaraja, 1968, pp. 103-105 ; Deneck, 1970, p. 259, pl. 137.

[Doddappa = his father's eldest brother]."[1] Although the inscription does not enable us to pinpoint the origin of this stela or to provide an exact dating, the epigraphy allows us to attribute the Musée Guimet's "hero's stone" to the 14th or 15th century and the Karnataka region.

1 Nagaraja, 1968, p. 104.

Bibliography
Monod, 1966, pp. 91-92; Nagaraja, 1968, pp. 103-105; Deneck, 1970, p. 259, Pl. 137.

74. Mahāvīra

Cette stèle ajourée à l'effigie de Vardhamāna Mahāvīra – le fondateur du jaïnisme – montre le vingt-quatrième tīrthaṅkara assis dans l'attitude de la méditation (*dhyāna*), les mains à plat dans le giron, les jambes posées l'une sur l'autre (*sattvaparyaṅkāsana*). L'emblème (*lāñchana*) de Mahāvīra, le lion, est représenté, vu de face, au centre du socle du trône où siège le tīrthaṅkara ; le socle porte également la représentation stylisée de la roue de la Loi (*Dharmacakra*) et des neuf planètes (*Graha*), schématiquement évoquées par neuf points en relief.

On notera le décor exubérant et surchargé de la stèle, où se reconnaissent, de part et d'autre de Mahāvīra, un *yakṣa* et une *yakṣī* tenant l'un et l'autre un citron dans la main droite, deux porteurs de chasse-mouches visibles derrière le dossier du trône et, de chaque côté du triple parasol surmontant la tête nimbée de Mahāvīra, deux *vidhyādhara* tenant une guirlande de fleurs. Les effigies de deux autres tīrthaṅkara, figurés dans la pose hiératique du *kāyotsarga*, complètent l'ornementation de la stèle : à droite de Mahāvīra, Pārśvanātha, le vingt-troisième tīrthaṅkara, est identifiable au capuchon du roi-serpent (*nāgarāja*), Dharanendra, auréolant sa tête ; à gauche de Mahāvīra, Bāhubali – fils du premier tīrthaṅkara, Ṛṣabhanātha – est quant à lui reconnaissable aux lianes enlaçant son corps figé dans l'immobilité d'une profonde méditation.

Dans la partie supérieure de la stèle sont figurés, outre le traditionnel *kīrtimukha* (« masque de gloire ») un tambour et deux cymbales tenus par les mains de *gandharva* invisibles jouant une musique céleste en hommage à la divinité – conformément au programme iconographique de maintes stèles et images cultuelles jaïnes.

---

74. Mahavira

This pierced stela is a portrait of Vardhamana Mahavira, the founder of Jainism, and shows the twenty-fourth Tirthankara seated in meditation (*dhyana*), his hands flat in his lap, his legs folded one on top of the other (*sattvaparyankasana*). Mahavira's emblem (*lanchana*), the lion, is represented in front view in the centre of the base of the throne on which the Tirthankara is sitting; also found on the base is a stylized representation of the Wheel of the Law (*Dharmachakra*) and the nine planets (*Grahas*), which are schematically evoked by nine dots carved in relief.

The remarkably lively, abundant decoration of the stela includes, on either side of Mahavira, a *yaksha* and a *yakshi* both holding a lemon in their right hand, two fly-whisk-bearers, behind the throne, and, flanking the tiered umbrella surmounting Mahavira's haloed head, two Vidyadharas holding a garland of flowers. The portraits of two other Tirthankaras, depicted in the hieratic *kayotsarga* pose, completes the decoration of the stela: on Mahavira's right, the twenty-third Tirthankara, Parshvanatha, can be identified from the serpent king (*nagaraja*) Dharanendra's hood encircling his head; on Mahavira's left, Bahubali, son of the first Tirthankara, Rishabhanatha, can be recognized from the lianas wrapped around his immobile body deep in meditation.

In addition to the conventional *kirtimukha* ("face of glory") adorning the top of the stela, a drum and two cymbals are depicted, held in the hands of invisible Gandharvas playing heavenly music in tribute to the deity – complying with the iconographic programme found on so many Jain stelae and religious images.

A portable stela used for private devotions or in temple rites, the Musée Guimet's bronze

Stèle portative destinée au culte privé des fidèles ou au rituel des temples, le bronze du musée Guimet porte une inscription gravée sur la partie postérieure du socle, précisant que « l'image est un don de Satyamati[1] ». L'inscription, en caractères kannara des Cālukya occidentaux, de la fin du VIIIe siècle ou du début du IXe siècle, permet d'attribuer au Karnātaka cette stèle jaïne à l'effigie de Mahāvīra.

1 Deneck, 1980, p. 223.

BIBLIOGRAPHIE
De Milloué, 1887, tome X, pl. XVIII, pp. 440-443 ; Hackin, 1931, pl. XXXV ; Monod, 1966, p. 89, fig. 33 ; Deneck, 1980, pp. 222-225.

bears an inscription on the back of the base, explaining that "the image is a gift of Satyamati".[1] Engraved in Kanarese characters used by the Western Chalukyas, in the late 8th century or early 9th century, the inscription enables us to attribute this Jain statue of Mahavira to Karnataka.

1 Deneck, 1980, p. 223.

BIBLIOGRAPHY
De Milloué, 1887, Vol. X, Pl. XVIII, pp. 440-443; Hackin, 1931, Pl. XXXV; Monod, 1966, p. 89, Fig. 33; Deneck, 1980, pp. 222-225.

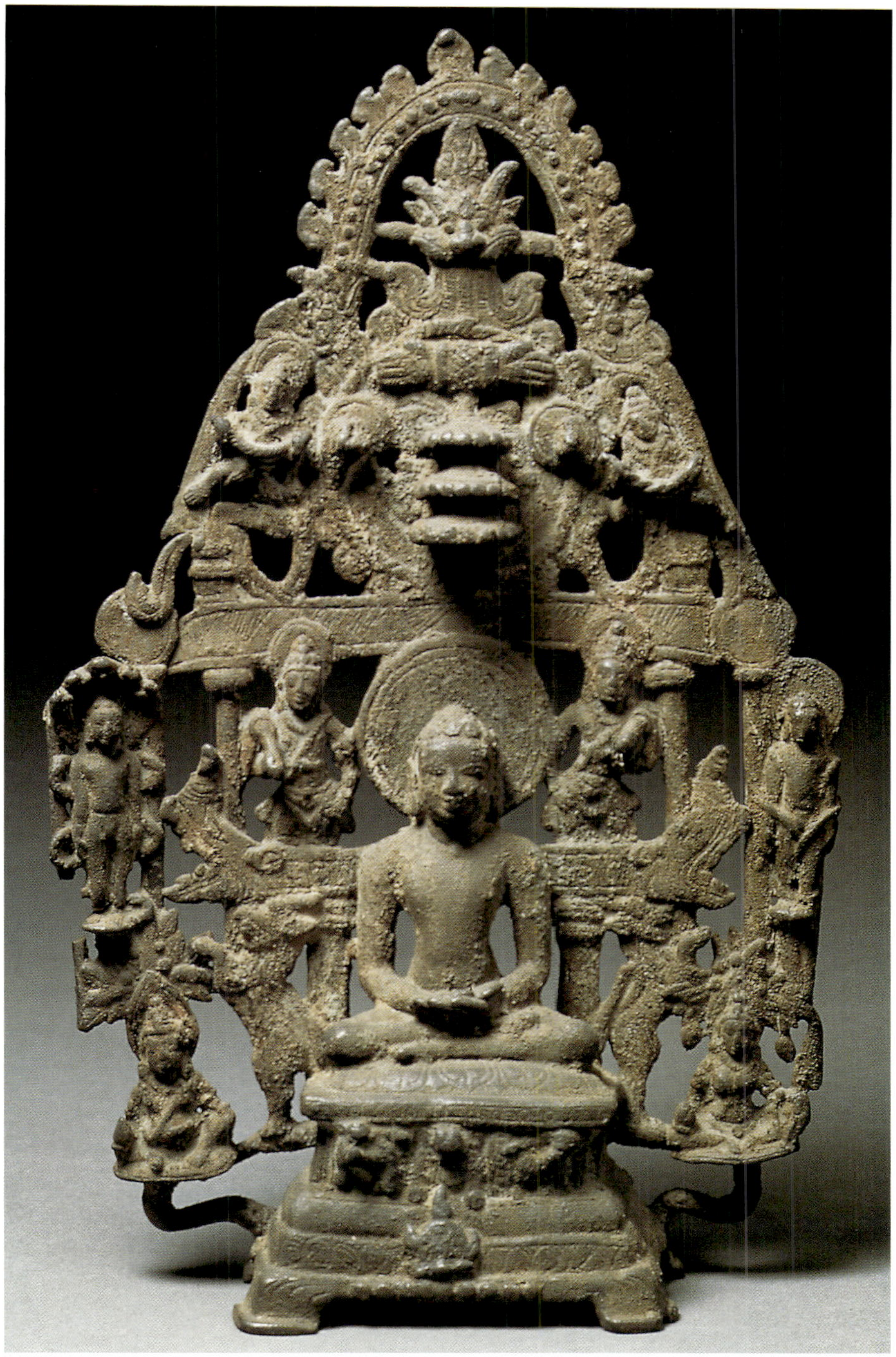

Époque des Cālukya occidentaux
Fin VIIIe ou IXe siècle
Inde du Sud. Karnātaka

Bronze
H. 32,8 ; L. 21
Ancien fonds
MG 5343

Western Chalukyan period
Late 8th or 9th century
South India. Karnataka

Bronze
H. 32.8; W. 21
Original collection
MG 5343

75. Buddha debout et Buddha assis en méditation

Port de la côte de Coromandel – connu de Ptolémée sous le nom de Nikama – et important foyer bouddhique dès l'époque pallava, Nāgapaṭṭinam fut, jusqu'au XIVe siècle, le siège d'une intense activité monastique et le séjour de zélateurs bouddhiques venus de diverses régions de l'Inde, mais également de Ceylan et de la péninsule malaise. Sanctuaires et monastères (*vihāra*), bâtis notamment au XIe siècle, sous le règne des souverains cōḷa Rājarāja Ier et Rājendra Cōḷa Ier, témoignent de l'importance religieuse de Nāgapaṭṭinam – alors même que dans le Tamil Nādu, depuis plus de deux siècles, le bouddhisme s'éteignait inexorablement sous la pression du brahmanisme.

Les fouilles menées à Nāgapaṭṭinam ont livré quelque 350 bronzes bouddhiques, pour la plupart conservés au musée de Madras. Images de Buddha, de bodhisattva, *stūpa* votifs ou lampes rituelles illustrent l'homogénéité stylistique de la production de Nāgapaṭṭinam, non exempte toutefois de l'influence des styles brahmaniques contemporains (notamment pour ce qui est des images de bodhisattva). Au nombre des particularités iconographiques des images de Buddha produites à Nāgapaṭṭinam figure la présence quasi constante d'une flamme émanant de la protubérance crânienne (*uṣṇīṣa*) du Bienheureux. Cette flamme, qui, selon le *Lalitavistara*, n'est autre que « l'ornement de la lumière de la connaissance [*jñāna*] », aurait jailli de la protubérance crânienne du Buddha, absorbé dans la méditation (*samādhi*)[1]. Elle est, de fait, visible sur les deux bronzes de Nāgapaṭṭinam conservés au musée Guimet, dont l'un figure le Buddha debout, esquissant les gestes de sauvegarde (*abhaya mudrā*) et de don (*varada mudrā*), et l'autre le Bienheureux assis en méditation (*dhyāna, samādhi*).

1 Ramachandran, 1954, p. 27.

Bibliographie
Régnier, 1996, p. 68.

---

75. Standing Buddha and Buddha seated in Meditation

A port on the Coromandel coast – known to Ptolemy as Nikama – and an important Buddhist centre from the Pallava period onwards, Nagapattinam was, up until the 14th century, a hotbed of monastic activity which attracted Buddhist devotees from all over India, Sri Lanka and the Malaysian peninsula. Sanctuaries and monasteries (*viharas*), especially those built in the 11th century under the Chola sovereigns, Rajaraja I and Rajendra Chola I, bear witness to Nagapattinam's importance as a religious centre – even though Buddhism in Tamil Nadu had been declining for two hundred years due to Brahmanism's inexorable pressure.

Excavations carried out at Nagapattinam uncovered some 350 Buddhist bronzes, most of which are now in the Madras Museum. Images of the Buddha, Bodhisattvas, votive stupas and ritual lamps illustrate the stylistic homogeneity of Nagapattinam's artistic production, which was nevertheless influenced to a minor extent by contemporary Brahmanic styles (notably where Bodhisattvas are concerned). Among the iconographic particularities of these Buddhas from Nagapattinam was the almost constant presence of a flame emanating from the Enlightened One's cranial protuberance (*ushnisha*). According to the *Lalitavistara*, this flame is no other than the "ornament of the light of knowledge [*jnana*]" and is believed to have shot forth from the Buddha's *ushnisha* when he was plunged deep in meditation (*samadhi*).[1] It can in fact be seen on the Musée Guimet's two bronzes from Nagapattinam, one of which is a standing figure of the Buddha, performing the fear-allaying (*abhaya mudra*) and gift-bestowing gesture (*varada mudra*), the other of which shows the Enlightened One seated in meditation (*dhyana, samadhi*).

1 Ramachandran, 1954, p. 27.

Bibliography
Régnier, 1996, p. 68.

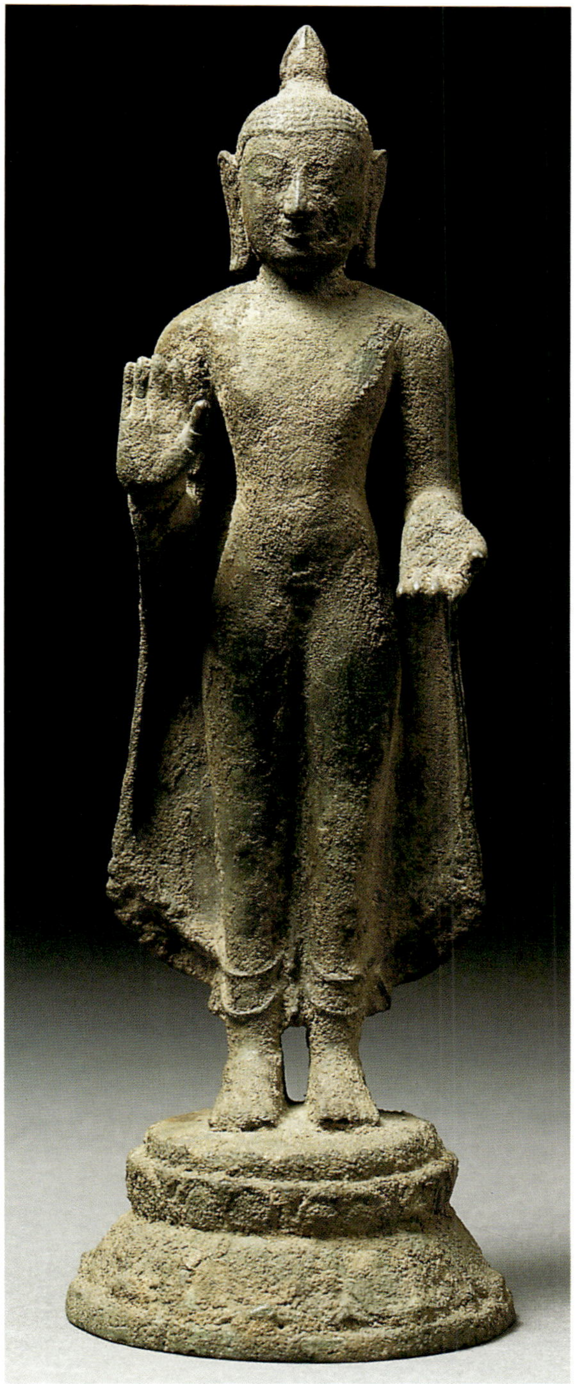

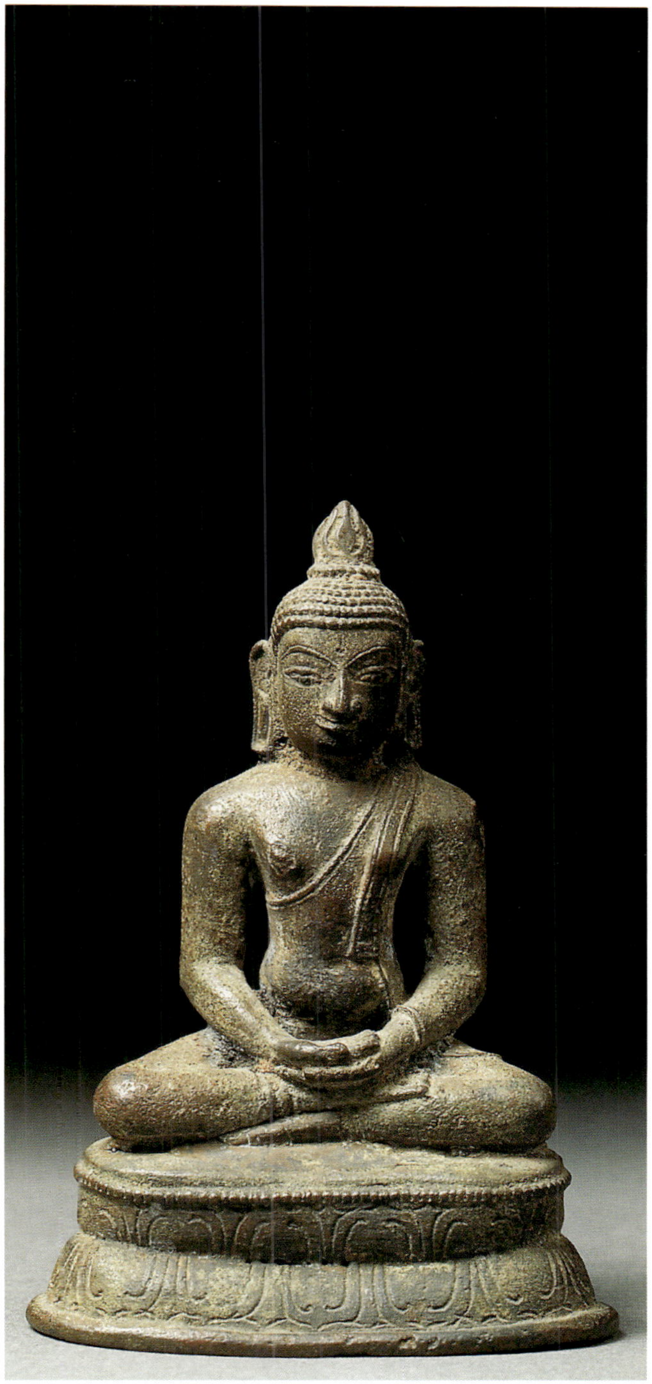

Époque cōḷa
X^e-XIe siècle (a) ; XIIe-XIIIe siècle (b)
Inde du Sud. Tamil Nādu. Nāgapaṭṭinam

Bronze
H. 20,5 (a) ; H. 10 (b)
Ancien fonds (a) ; don de G. Jouveau-Dubreuil (1936) (b)
MG 18403 (a) ; MG 18721 (b)

Chola period
10th-11th century (a); 12th-13th century (b)
South India. Tamil Nadu. Nagapattinam

Bronze
H. 20.5 (a); H. 10 (b)
Original collection (a); gift of G. Jouveau-Dubreuil (1936) (b)
MG 18403 (a); MG 18721 (b)

76. Trident portant l'image de Māriyammai, déesse de la variole

Le trident (*triśūla*), attribut par excellence du dieu Śiva – dont il symbolise à la fois le pouvoir igné et la toute-puissance –, s'orne ici, en sa branche médiane, de l'image de Māriyammai, déesse de la variole et des épidémies. Contrepartie méridionale de Śītalā (« la Froide »), vénérée dans le Nord de l'Inde, Māriyammai – dont le nom signifie aussi bien « Mère Mort » que « Mère Variole » – est la plus populaire et la plus importante parmi les divinités des épidémies. En Inde du Sud, où ses sanctuaires sont généralement élevés hors des villages, parfois sous les arbres ou dans des bosquets, son service ne peut être accompli que par les desservants des temples (*pūsāri*), les parias ou les membres de la caste des blanchisseurs – ce qui semble bien indiquer l'origine étrangère à l'hindouisme de la déesse tamoule, sans doute quelque obscure divinité chtonienne tardivement incorporée au panthéon brahmanique[1].

Māriyammai, qui tout à la fois donne et guérit la variole, est ici figurée assise sur un siège ou un trône, dans l'attitude de l'aisance (*sukhāsana*), jambe droite repliée, jambe gauche pendante. Ses deux mains supérieures tiennent, à droite, le lacet (*pāśa*) – à présent brisé – et, à gauche, le serpent (*nāga*) ; ses deux mains inférieures portent, à droite, le trident et, à gauche, la calotte crânienne (*kapāla*). Sa chevelure est hérissée et forme comme un nimbe de flammes autour de sa tête (*ūrdhvakeśī jvalitaśikharā*), attribut extérieur et conventionnel du terrible, propre aux divinités farouches.

Lors des fêtes célébrées en l'honneur de Māriyammai ou lorsque sévissent les épidémies, une image en métal de la déesse est alors promenée en procession dans les rues des villages[2]. Mais l'effigie de Māriyammai peut être aussi figurée sur le *triśūla*, le culte rendu à la déesse de la variole étant ainsi clairement associé au culte de Śiva, dont le trident est l'emblème. Dès

1 Auboyer et de Mallmann, 1950, pp. 210 et 219-220.
2 Auboyer et de Mallmann, 1950, p. 221.

---

76. Trident bearing the Image of Mariyammai, Goddess of Smallpox

The trident (*trishula*) is the god Shiva's attribute *par excellence*, symbolizing both his fiery power and his omnipotence. The middle prong of the one shown here is decorated with an image of Mariyammai, the goddess of smallpox and epidemics. The southern counterpart of Sitala ("the Cold"), worshipped in North India, Mariyammai – whose name means both "Mother Death" and "Mother Smallpox" – is the most popular and most important divinity of epidemics. In South India, where her shrines are usually built outside villages, sometimes beneath the trees or in woods, her services can only be conducted by priests of the temples (*pusaris*), pariahs and members of the washermen's caste, which seems to indicate that the Tamil goddess' origin was foreign to Hinduism, and that she was probably an obscure underworld divinity incorporated into the Brahmanic pantheon at a late date.[1]

Mariyammai, who both infected people with smallpox and cured them of it, is depicted here sitting on a throne or seat in a relaxed pose (*sukhasana*), with her right leg folded and her left leg hanging freely. Her two upper hands hold the (now broken) noose (*pasha*), on the right, and the serpent (*naga*), on the left; in her lower hands are the trident and the skullcap (*kapala*). Her shock of hair forms a halo of flames around her head (*urdhvakeshi jvalitashikhara*) – the conventional attribute of terrible beings, reserved for ferocious divinities.

During festivals held in Mariyammai's honour, or when epidemics were rife, a metal image of the goddess was carried in a procession through the village streets.[2] But the image of Mariyammai could also be found on tridents, the cult to the goddess of smallpox being associated with that of Shiva, whose emblem was the *trishula*. From the 10th century onwards, in Tamil Nadu, the trident – the only weapon traditionally attributed to Shiva that was worshipped in its own right – could be

1 Auboyer and de Mallmann, 1950, pp. 210 and 219-220.
2 Auboyer and de Mallmann, 1950, p. 221.

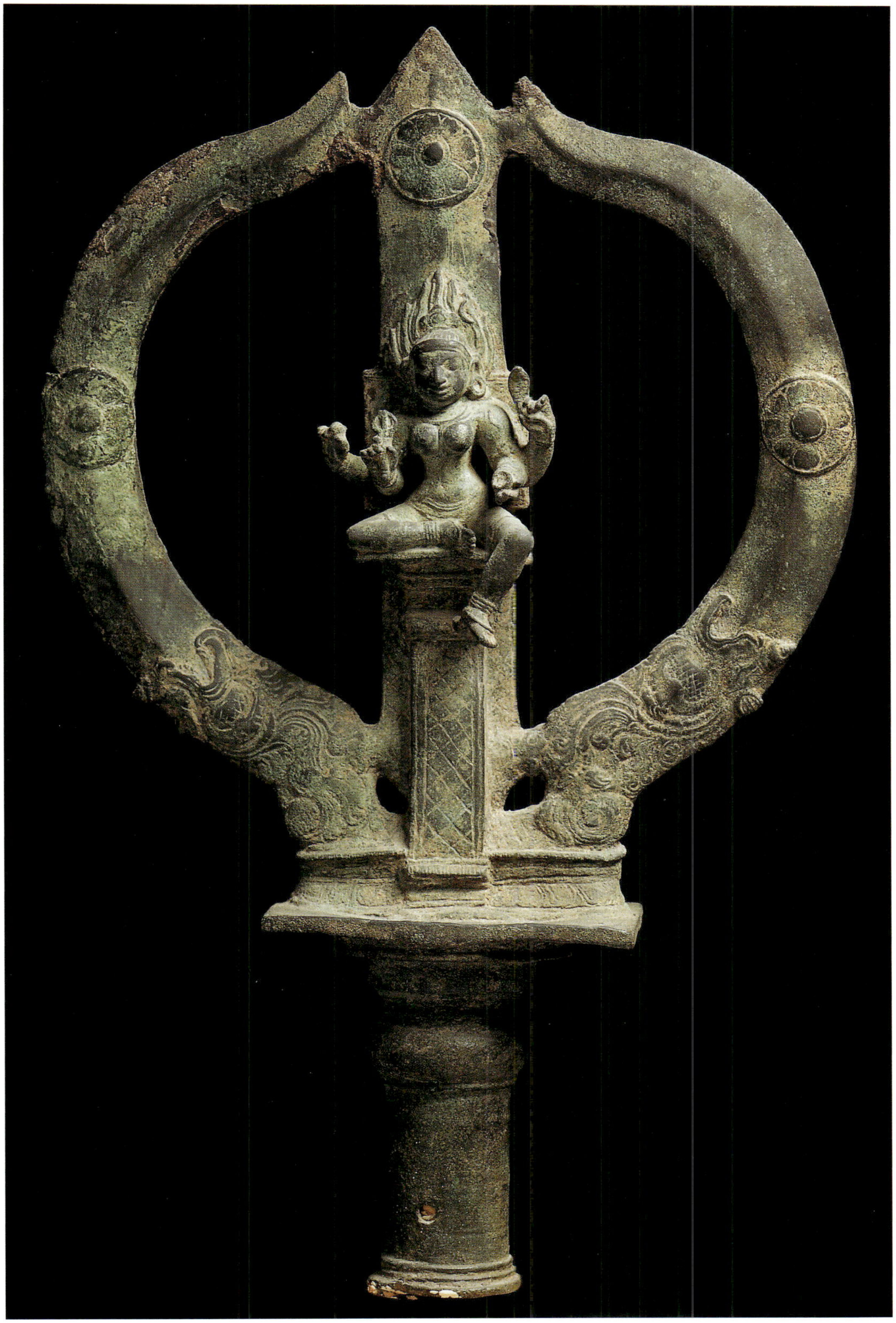

Époque cōḷa
Xe siècle
Inde du Sud. Tamil Nādu. Région de Tanjore

Bronze
H. 55 ; L. 36
Don de C. T. Loo (1928)
MG 17470

Chola period
10th century
South India. Tamil Nadu. Tanjore region

Bronze
H. 55; W. 36
Gift of C.T. Loo (1928)
MG 17470

le xe siècle, en pays tamoul, le trident – seul de toutes les armes traditionnellement assignées comme attributs à Śiva à faire l'objet d'un culte à part entière – pouvait être porté dans les processions religieuses en lieu et place de l'image divine. Ce « dieu-arme » (*astra-deva*), exempt de tout décor[3] ou encore orné, en sa branche médiane, de l'effigie de Śiva prenant appui sur sa monture, Nandin[4], voire de l'image de Māriyammai, couronne le plus souvent une hampe de bois. On notera, sur le trident du musée Guimet, les pointes latérales incurvées décorées d'une fleur de lotus et émanant de la gueule de deux *makara* divergents.

3 Voir vente Sotheby's, New York, 5.12.1992, lot 119.
4 Sivaramamurti, 1963, pl. 65a et 65b ; Kramrisch, 1981, p. 154, n° 128.

EXPOSITION
Kansas City, 1974, n° 15.

BIBLIOGRAPHIE
Hackin, 1928, p. 65, pl. XVIII, fig. 2 ; Hackin, 1931, pp. 11-12, pl. XXVI ; Auboyer et de Mallmann, 1950, pp. 210-211, fig. 3 ; Monod, 1966, p. 85, fig. 28 ; Deneck, 1970, p. 258, pl. 124 ; Régnier, 1996, p. 126.

carried in religious processions instead of an image of the deity. This "weapon-god" (*astra-deva*), either completely undecorated[3] or adorned, on its middle prong, with a figure of Shiva supported by his mount, the bull Nandi,[4] or even Mariyammai, usually sat atop a simple wooden shaft. The curved outer prongs of the Musée Guimet's trident are, however, decorated with a lotus flower motif and emerge from the open mouths of two addorsed *makaras*.

3 See Sotheby's Sale, New York, 5.12.92, lot 119.
4 Sivaramamurti, 1963, Pls. 65a and 65b; Kramrisch, 1981, p. 154, No. 128.

EXHIBITION
Kansas City, 1974, No. 15.

BIBLIOGRAPHY
Hackin, 1928, p. 65, Pl. XVIII, Fig. 2; Hackin, 1931, pp. 11-12, Pl. XXVI; Auboyer and de Mallmann, 1950, pp. 210-211, Fig. 3; Monod, 1966, p. 85, Fig. 28; Deneck, 1970, p. 258, Pl. 124; Régnier, 1996, p. 126.

77. Bhairava

1 Sur l'iconographie de Bhairava, voir notices n°s 62 et 72.
2 Sur le rôle apotropaïque des cloches, voir notice n° 62.

EXPOSITIONS
Paris, Petit Palais, 1960, n° 312 ; Kansas City, 1974, n° 16.

BIBLIOGRAPHIE
Dupont, 1936, p. 136, pl. XXIV (1) ; Thapar, 1961, pl. L, b ; Sivaramamurti, 1963, pl. 93b ; Monod, 1966, p. 85, fig. 29 ; Béguin, 1992, pp. 30 et 32.

Bhairava[1] est représenté debout, en stricte frontalité (*samapādasthānakamūrti*), nu à l'exception des parures habituelles, les hanches ceintes d'un serpent au capuchon dressé sur sa cuisse gauche. Sa chevelure aux mèches hérissées (*ūrdhvakeśa*), maintenue par un diadème fait de rosettes, s'orne du crâne, du croissant de lune et du serpent. Deux guirlandes barrent son torse : la première, apanage des divinités à caractère farouche et macabre, portée à la manière du cordon brahmanique, est constituée de crânes stylisés (*kapālayajñopavīta*) ; la seconde, plus longue et tombant sur la cuisse droite, est composée de clochettes ou de grelots[2] (*kiṅkiṇī*) – lesquels ornent également les chevilles du dieu.

Bhairava est doté de huit bras. Au nombre des attributs tenus dans ses mains se reconnaissent, à droite : le tambour (*ḍamaru*), le « sceptre magique » (*khatvāṅga*) et l'épée (*khaḍga*) ; à gauche : le serpent (*nāga*), le lacet (*pāśa*) et la calotte crânienne (*kapāla*). D'une de ses mains droites, le dieu esquisse le *kaṭaka hasta*, le pouce et l'index réunis en anneau.

Exemple achevé de la statuaire métallique de style cōḷa, cette saisissante effigie de Bhairava se distingue par sa puissance et son intense expressivité.

---

77. Bhairava

1 On Bhairava's iconography, see Nos. 62 and 72.
2 On the apotropaic role of the bells, see No. 62.

EXHIBITIONS
Paris, Petit Palais, 1960, No. 312; Kansas City, 1974, No. 16.

BIBLIOGRAPHY
Dupont, 1936, p. 136, Pl. XXIV (1); Thapar, 1961, Pl. L, b; Sivaramamurti, 1963, Pl. 93b; Monod, 1966, p. 85, Fig. 29; Béguin, 1992, pp. 30 and 32.

Bhairava[1] is represented standing in a rigid frontal pose (*samapadasthanakamurti*), naked apart from his usual jewellery, his hips girded by a serpent whose hooded head rears up over his left thigh. His heavy mass of hair (*urdhvakesha*) is held up by a diadem of rosettes and adorned with the skull, the crescent moon and the serpent. He wears two garlands across his chest, the first of which, made up of a series of stylized skulls, is worn like the sacred cord (*kapalayajnopavita*) and is the conventional accessory of fierce divinities. The longer second garland of tiny bells (*kinkinis*)[2] falls over his right thigh; the god also wears tiny bells on his anklets.

Bhairava has eight arms here; the attributes he holds in his hands include, on the right: the drum (*damaru*), the "magic sceptre" (*khatvanga*) and the sword (*khadga*); on the left: the serpent (*naga*), the noose (*pasha*) and the skullcap (*kapala*). With one of his right hands the god performs the *kataka hasta* gesture, his index finger and thumb forming a circle.

This striking portrait of Bhairava, an accomplished example of Chola metal statuary, is remarkable for its force and intense expressivity.

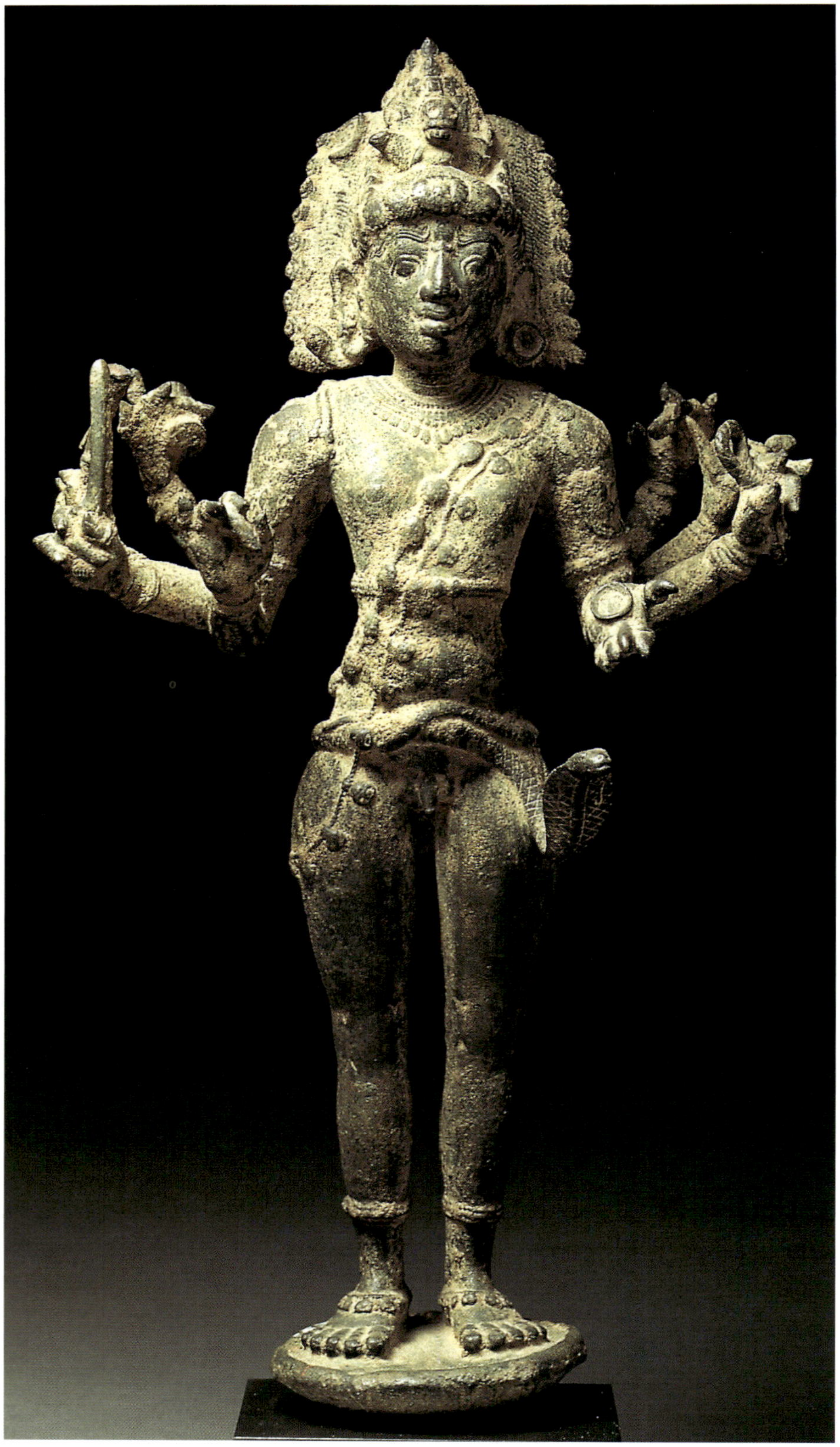

Époque cōḷa
X^{e}-XIe siècle
Inde du Sud. Tamil Nādu

Bronze
H. 41
Don de C. T. Loo (1935)
MG 18571

Chola period
10th-11th century
South India. Tamil Nadu

Bronze
H. 41
Gift of C.T. Loo (1935)
MG 18571

78. Śiva Vīṇādhara Dakṣiṇāmūrti

1 Rao, 1916, vol. II, part. I, pp. 113-114.
2 Voir notice n° 82.

EXPOSITIONS
Paris, Petit Palais, 1960, n° 313 ;
Dijon, 1996, n° 3.

BIBLIOGRAPHIE
Hackin, 1931, p. 11, pl. XXV ;
Sivaramamurti, 1963, p. 57, pl. 38a ;
Monod, 1966, p. 81, fig. 25 ; Deneck, 1970, p. 258, pl. 117-120 ; Béguin, 1992, pp. 30 et 32 ; Régnier, 1996, p. 53.

Śiva, lorsqu'il est figuré en tant que Maître de la Musique (*Vīṇādhara Dakṣiṇāmūrti*) est doté de quatre bras et représenté dans l'attitude du joueur de *vīṇā*, ou cithare indienne. Ses mains inférieures, en *kaṭaka hasta*, esquissent alors le geste de pincer les cordes de l'instrument disparu – il n'est cependant pas impossible qu'une *vīṇā*, fondue séparément, ait été placée dans les mains de la divinité en certaines occasions, la caisse de résonance de l'instrument reposant alors sur la cuisse droite de l'image. Les mains supérieures, en *kartarī hasta*, tiennent, à gauche, la gazelle noire (*kṛṣṇa mṛga*) et, à droite, la hache (*paraśu*) à présent brisée, deux attributs que le dieu s'appropria au terme d'une lutte contre des *ṛṣi* hérétiques évoquée dans le *Suprabhedāgama*[1].

Coiffé du chignon en tiare (*jaṭāmukuṭa*), duquel s'échappe quelques mèches visibles sur son dos et sur lequel se détache le croissant de lune, le dieu arbore diverses parures et porte le cordon brahmanique à trois brins. Son pagne, aux plis parallèles traités en léger relief, est maintenu par une ceinture dont la boucle est en forme de *kīrtimukha* (« masque de gloire »). Les oreilles, aux lobes évidés, étaient peut être à l'origine ornées de parures rapportées.

Prenant appui sur sa jambe droite, la jambe gauche légèrement fléchie, le corps fortement hanché (*ābhaṅga*), le dieu repose sur un double socle lotiforme percé de deux trous de préhension[2]. Son attitude, empreinte tout à la fois de grâce, d'équilibre et de majesté, témoigne de la virtuosité des bronziers cōḷa, dont les réalisations, épurées et harmonieuses, comptent parmi les chefs-d'œuvre de l'art dravidien.

On notera que les coulées de métal, subsistant à la place des conduits de cire entre les épaules et les attributs tenus dans les mains supérieures, n'ont pas été sectionnées.

---

78. Shiva Vinadhara Dakshinamurti

1 Rao, 1916, Vol. II, Part I, pp. 113-114.
2 See No. 82.

EXHIBITIONS
Paris, Petit Palais, 1960, No. 313;
Dijon, 1996, No. 3.

BIBLIOGRAPHY
Hackin, 1931, p. 11, Pl. XXV;
Sivaramamurti, 1963, p. 57, Pl. 38a;
Monod, 1966, p. 81, Fig. 25; Deneck, 1970, p. 258, Pls. 117-120; Béguin, 1992, pp. 30 and 32; Régnier, 1996, p. 53.

When Shiva is depicted as the Lord of Music (*Vinadhara Dakshinamurti*), he is shown with four arms in the pose of an Indian cithara (*vina*) player. His empty lower hands are held in the *kataka hasta* position and once plucked the strings of the missing instrument – an independently cast *vina* may even have been inserted between the deity's hands on certain occasions, the instrument's resonator being placed on the statue's right thigh. His upper hands perform the *kartari hasta* gesture and hold the black deer (*krishna mriga*), on the left, and the (now lost) axe (*parashu*), on the right, the two attributes the god appropriated after his victorious encounter with a group of heretical *rishis*, as related in the *Suprabhedagama*.[1]

Shiva wears a high crown (*jatamukuta*), from which a few strands of hair have escaped down his back, adorned with the crescent moon. He also wears various pieces of jewellery and a sacred cord consisting of three threads. His short dhoti, whose parallel folds are treated in low relief, is held up by a belt with a buckle in the form of a *kirtimukha* ("face of glory"). His hollow earlobes may originally have been adorned with independently cast jewellery.

The deity stands in a contrapuntal pose (*abhanga*), with his weight on his right leg and his left leg slightly bent, on a double-lotus base pierced by two holes used for moving the statue.[2] The graceful, well-balanced, majestic pose testifies to the virtuosity of Chola bronzesmiths, whose pure-lined, harmonious works numbered among the masterpieces of Dravidian art.

Notice how the two casting channels between the shoulders and the attributes in the upper hands have strangely not been filed off.

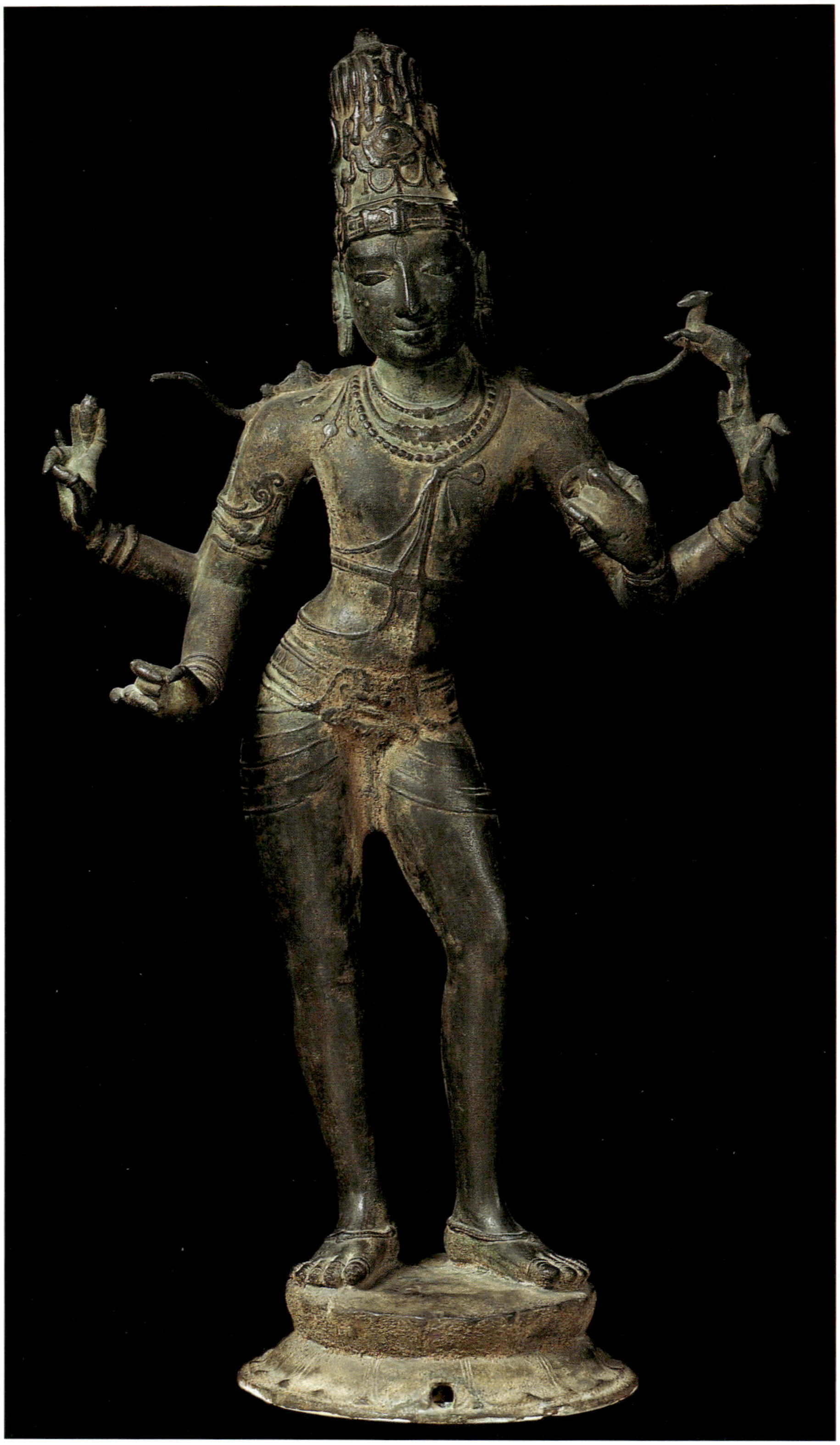

Époque cōḷa
XIe siècle
Inde du Sud. Tamil Nādu

Bronze
H. 69 ; L. 38
Don de G. Jouveau-Dubreuil et C. T. Loo (1927)
MG 17058

Chola period
11th century
South India. Tamil Nadu

Bronze
H. 69; W. 38
Gift of G. Jouveau-Dubreuil and C.T. Loo (1927)
MG 17058

79. Śiva Naṭarāja

BIBLIOGRAPHIE
Hackin, 1931, p. 11, pl. XXIV ; Sivaramamurti, 1963, pl. 70b ; Monod, 1966, pp. 80-81, fig. 26 ; Deneck, 1970, pl. 121-122 ; Sivaramamurti, 1974, fig. 94 ; Béguin, 1992, pp. 32-33 ; Régnier, 1996, p. 37.

Parmi les manifestations les plus exemplaires de la maîtrise technique des bronziers cōḷa figurent à l'évidence les images de Śiva Naṭarāja, le « Roi de la Danse », exécutant la danse cosmique qui, par la puissance de ses rythmes, tout à la fois détruit et recrée les mondes – images dont le prototype en bronze pourrait remonter à la fin du IXe siècle ou au début du Xe siècle. Septième des danses cosmiques de Śiva énumérées dans les *Āgama*, la danse dite *ānanda-tāṇḍava* résume les cinq activités fondamentales du dieu : création, conservation, destruction, illusion et grâce. Foulant de son pied droit l'Apasmārapuruṣa, démon incarnant l'ignorance et le mal, le dieu s'inscrit dans un cercle de flammes (*prabhāmaṇḍala*) évoquant le cosmos et brandit dans ses mains supérieures la flamme symbolisant la destruction et le tambour-sablier à boules fouettantes (*ḍamaru*), dont les battements rythment la création ininterrompue de l'univers. De sa main droite inférieure, tendue paume en avant, le dieu esquisse le geste de sauvegarde (*abhaya hasta*), tandis que, de sa main gauche pointée vers sa jambe levée – et prolongeant le mouvement du bras dans le geste dit « de la trompe d'éléphant » (*gaja hasta*) ou encore « du bâton » (*daṇḍa hasta*) –, il indique au dévot le moyen de s'affranchir du cycle immuable des renaissances (*saṃsāra*). On notera, sur l'une des mèches échappées du chignon d'ascète (*jaṭāmukuṭa*) de Śiva, dénoué au rythme de la danse *ānanda-tāṇḍava*, l'effigie discrète de la déesse Gaṅgā (le Gange), les mains en *añjali* - allusion au mythe célèbre de la « Descente du Gange », fleuve au cours jadis céleste, dont Śiva consentit à recevoir les flots tumultueux sur l'une des mèches de sa chevelure, afin d'éviter qu'ils ne se déversent sur la terre en cataracte.

Image de culte abritée dans le sanctuaire d'un temple consacré à Śiva, l'œuvre était, lors de grandes fêtes religieuses, portée en procession et offerte à la vue des fidèles, comme en témoignent les trous pratiqués dans le socle de la statue et permettant de la fixer sur le char cérémoniel (*ratha*).

---

79. Shiva Nataraja

BIBLIOGRAPHY
Hackin, 1931, p. 11, Pl. XXIV; Sivaramamurti, 1963, Pl. 70b; Monod, 1966, pp. 80-81, Fig. 26; Deneck, 1970, Pls. 121-122; Sivaramamurti, 1974, Fig. 94; Béguin, 1992, pp. 32-33; Régnier, 1996, p. 37.

Among the finest examples of Chola bronzesmiths' virtuosity are the images of Shiva Nataraja, the "Lord of the Dance", executing the cosmic dance, which, through its powerful rhythms, both destroys and recreates the universe. The bronze prototype of these images may possibly date back to the late 9th century or early 10th century. Listed in the *Agama*, Shiva's seventh cosmic dance, known as the *ananda-tandava*, epitomizes the god's five basic activities – creation, conservation, destruction, illusion and grace. With his right foot crushing Apasmarapurusha, the demonic incarnation of ignorance and evil, the deity is encircled by a ring of flames (*prabhamandala*) which represents the cosmos. His upper hands hold the hourglass-shaped drum (*damaru*), whose beating marks the rhythm of the never-ending creation of the universe (right), and the single flame of destruction (left). With his lower right hand and outstretched palm, the god performs the fear-allaying gesture (*abhaya hasta*), while his lower left hand points to his raised left leg – extending the arm movement in the gesture known as "the elephant's trunk" (*gaja hasta*) or "the stick" (*danda hasta*) – and thus promises the devotee release from the immutable cycle of rebirth (*samsara*). On one of the strands of hair that have escaped from his ascetic's headdress (*jatamukuta*) during his wild *ananda-tandava* dance, is the diminutive figure of the goddess Ganga (the River Ganges), whose palms are pressed togther in the *anjali* gesture – an allusion to the famous myth of the "Descent of the Ganges", when the heavenly river fell to Earth and Shiva received its tumultuous waters in his hair to prevent the world from being flooded.

An icon housed in the shrine of a temple devoted to Shiva, the work was carried through the streets in a procession on major religious holidays, as can be seen from the holes in the base with which it was attached to the ceremonial cart (*ratha*).

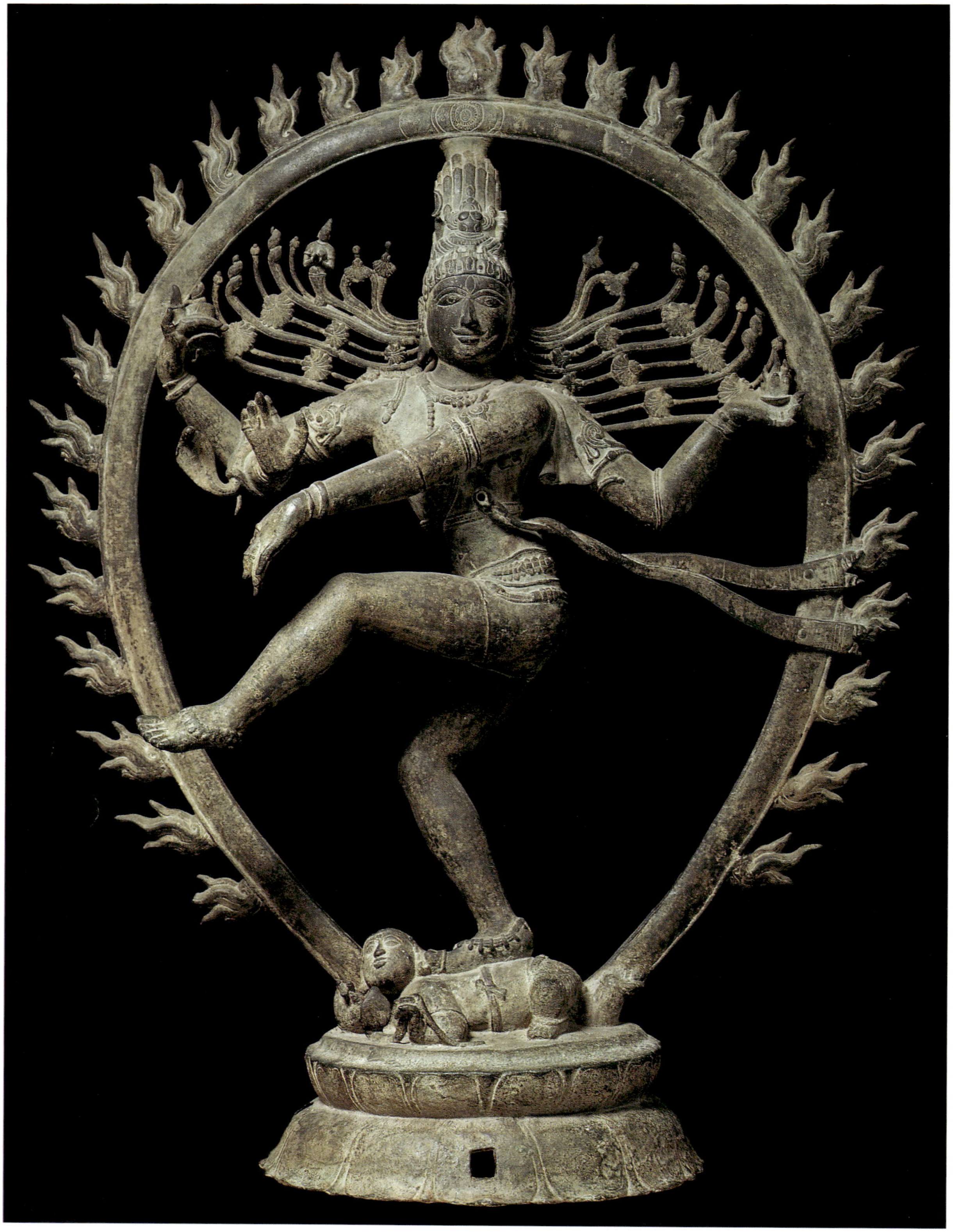

Époque cōḷa
XIe siècle
Inde du Sud. Tamil Nādu (Vellālagaram ?)

Bronze
H. 96 ; L. 80
Don de C. T. Loo (1928)
MG 17471

Chola period
11th century
South India. Tamil Nadu (Vellalagaram?)

Bronze
H. 96; W. 80
Gift of C.T. Loo (1928)
MG 17471

80. Śiva Somāskandamūrti

1 Sur Skanda, voir notice n° 67.
2 Kramrisch, 1981, p. 136, n° 110.

BIBLIOGRAPHIE
Sivaramamurti, 1963, pl. 93c ; Monod, 1966, p. 84, fig. 27.

Les représentations de Śiva Somāskandamūrti montrent le dieu figuré en compagnie de son épouse Umā (ou Pārvatī) et de leur fils Skanda, le dieu de la guerre et le chef des armées divines[1]. Ce dernier – dont les textes stipulent qu'il doit être ici figuré debout ou dansant, plus rarement assis, et dépeint sous les traits d'un enfant – se tenait à l'origine entre les deux divinités assises dans l'attitude de l'aisance (*sukhāsana*), une jambe repliée, l'autre pendante. Sur nombre de bronzes représentant Śiva Somāskandamūrti, l'effigie miniature de Skanda a disparu, une cavité aménagée à la surface du socle signalant alors l'emplacement où se trouvait initialement la divinité.

Coiffé du chignon en tiare (*jaṭāmukuṭa*), arborant les parures traditionnelles, Śiva, doté de quatre bras, tient dans ses mains supérieures disposées en *kartarī hasta*, la hache (*paraśu*), à droite, et la gazelle noire (*kṛṣṇa mṛga*), à gauche – deux attributs évoquant sa lutte contre des *ṛṣi* hérétiques, dont les imagiers de l'Inde méridionale gratifient fréquemment le dieu au détriment du trident et du serpent, généralement attestés dans la statuaire de l'Inde septentrionale. De sa main droite inférieure, Śiva esquisse le geste de sauvegarde (*abhaya hasta*) et, de sa main gauche, le geste d'invitation au don (*āhūya varada hasta*).

Pārvatī, coiffée d'une tiare conique (*karaṇḍamukuṭa*), est dotée de deux bras ; sa main gauche esquisse également l'*āhūya varada hasta*, sa main droite, en *kaṭaka hasta*, tenait peut-être le lotus bleu (*utpala*), fondu séparément et glissé entre les doigts réunis en anneau[2]. De la même façon, les oreilles des deux divinités, aux lobes distendus et largement évidés, s'ornaient peut-être de parures rapportées.

On notera, sur le haut socle mouluré, les quatre anneaux de préhension et les deux tenons destinés à maintenir l'arc semi-circulaire (*tiruvaśi*) disparu, qui abritait autrefois les divinités.

Dès le Xe siècle, les bronzes représentant Śiva Somāskandamūrti figureront en grand nombre dans le répertoire artistique des imagiers du pays tamoul.

80. Shiva Somaskandamurti

1 On Skanda, see No. 67.
2 Kramrisch, 1981, p. 136, No. 110.

BIBLIOGRAPHY
Sivaramamurti, 1963, Pl. 93c; Monod, 1966, p. 84, Fig. 27.

Representations of Shiva Somaskandamurti show the god accompanied by his consort Uma (Parvati) and their son Skanda, the god of war and head of the divine armies.[1] The latter – whom the texts stipulate must be depicted as a child standing, dancing, or on rare occasions, seated – was originally found between the two divinities, who are both seated in a relaxed pose (*sukhasana*), with one leg folded and the other hanging freely. On numerous images of Shiva Somaskandamurti, the miniature portrait of Skanda has been lost, the cavity in the surface of the base indicating where the deity was initially placed.

Wearing a high headdress (*jatamukuta*) and his usual jewellery, the four-armed Shiva performs the *kartari hasta* gesture with his upper hands, holding, on the right, the axe (*parashu*) and, on the left, the black deer (*krishna mriga*) – the two attributes which recall his battle with the heretical *rishis* and which South Indian craftsmen often used as attributes for the god instead of the trident and the snake more commonly found in North Indian statuary. His lower right hand performs the fear-allaying or protective gesture (*abhaya hasta*); his lower left hand performs the gift-bestowing gesture (*ahuya varada hasta*).

The two-armed Parvati wears a conical crown (*karandamukuta*); her left hand also performs the *ahuya varada hasta* gesture; her right hand, in the *kataka hasta* pose, may once have held a blue lotus (*utpala*), cast independently and slipped through her fingers joined in a circle.[2] Likewise, the elongated, hollow-lobed ears of both divinities may once have been adorned with independently cast earrings.

On the high, moulded base, notice the four rings (at the bottom) used for transporting the statue and the two tenons (at the top) which once held the missing semi-circular arch (*tiruvashi*) over the deities.

Bronzes of Shiva Somaskandamurti became very popular with Tamil craftsmen from the 10th century onwards.

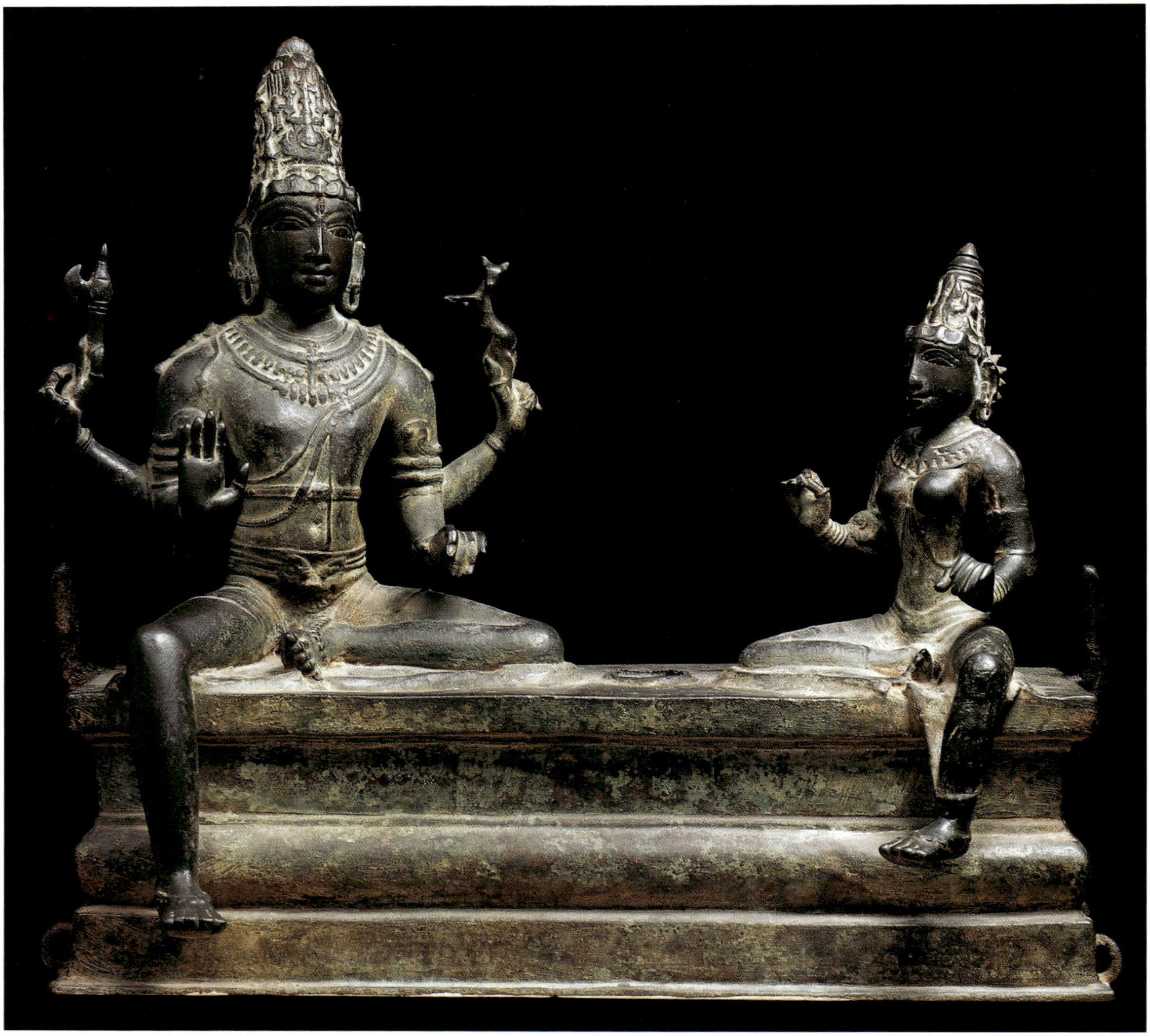

Époque cōḷa
XIe siècle
Inde du Sud. Tamil Nādu

Bronze
H. 58 ; L. 63
Achat (1958)
MA 2109

Chola period
11th century
South India. Tamil Nadu

Bronze
H. 58; W. 63
Purchase (1958)
MA 2109

81. Bālakṛṣṇa dansant

1 Sur Viṣṇu et ses *avatāra*, voir notice n° 71.
2 Sur Sambandar, voir notice n° 84.
3 Rao, 1914, vol. I, part. I, p. 206.

Kṛṣṇa est sans conteste l'*avatāra* majeur du dieu Viṣṇu, objet en Inde, de nos jours encore, d'une dévotion exceptionnelle[1]. Les artistes indiens ont souvent figuré l'enfant Kṛṣṇa – Bālakṛṣṇa –, petit garçon espiègle et malicieux dont le Livre X du *Bhāgavata-purāṇa* décrit abondamment les exploits prodigieux, mais aussi les innombrables facéties et les menus larcins. Ainsi Kṛṣṇa déroba-t-il un jour à sa mère, Yaśodā, une boule de beurre et, son larcin accompli, se mit à danser de joie. L'art indien a fréquemment illustré cette scène et la danse allègre de l'enfant-dieu (*Navanīta-nṛtta-mūrti*). Debout sur un socle lotiforme, le poids du corps reposant sur la jambe gauche, la jambe droite levée et fléchie, Kṛṣṇa esquisse un pas de danse ; son bras gauche est tendu dans un geste gracieux – dit *gaja hasta* –, attesté dans le répertoire de la danse indienne, et sa main droite esquisse le geste de sauvegarde (*abhaya hasta*) – qui seul permet de distinguer l'enfant Kṛṣṇa du saint śivaïte Tirujñāna Sambandar[2], auquel les imagiers du Sud de l'Inde prêtent traditionnellement une apparence également enfantine et qu'ils figurent nu et dansant à l'instar de Bālakṛṣṇa, avec, toutefois, l'index de la main droite dressé vers le ciel, séjour des dieux, par allusion à un épisode de la vie du dévot śivaïte. La boule de beurre dérobée est souvent représentée dans la main droite de Kṛṣṇa, ou bien encore ce dernier est figuré rampant à même le sol, la boule de beurre à la main. Selon T. A. Gopinatha Rao, les images montrant Bālakṛṣṇa dansant, la main droite levée en *abhaya hasta* au lieu de tenir la boule de beurre, illustrent l'allégresse de l'enfant à la pensée du vol qu'il s'apprête à commettre[3].

---

81. Balakrishna Dancing

1 On Vishnu and his *avataras*, see No. 71.
2 On Sambandar, see No. 84.
3 Rao, 1914, Vol. I, Part I, p. 206.

Krishna is undeniably the god Vishnu's most important *avatara* and, even today, the object of an exceptional cult.[1] Indian artists often depicted Krishna as a child – Balakrishna, – a mischievous, impish little boy whose prodigious exploits, countless tricks and petty thefts are described in Book X of the *Bhagavata-Purana*. One day Krishna stole a ball of butter from his mother and, the deed done, began to dance for joy. This scene and the divine child's light-hearted dance (*Navanita-nritta-murti*) are frequently illustrated in Indian art. Standing on a lotiform base, putting his weight on his left leg with his right leg bent and raised, Krishna performs a dance step; his left arm is extended in a graceful movement (known as *gaja hasta*), used in the Indian dance repertory, while his right hand makes the fear-allaying gesture (*abhaya hasta*) – which is the only feature that enables us to distinguish Krishna from icons of the Shaivite Saint Tirujnana Sambandar,[2] whom South Indian craftsmen traditionally portrayed as a naked dancing child like Balakrishna, but whose right index finger pointed to the sky, the home of the gods, alluding to an episode from the Shaivite holy man's life. The ball of stolen butter is often depicted in Krishna's right hand, or the latter is often shown crawing along the floor with the ball of butter in his hand. According to T.A. Gopinatha Rao, the icons showing Krishna dancing, with his right hand raised in *abhaya hasta* instead of holding the butter, illustrate the child's joyfulness at the thought of the act of theft he is about to commit.[3]

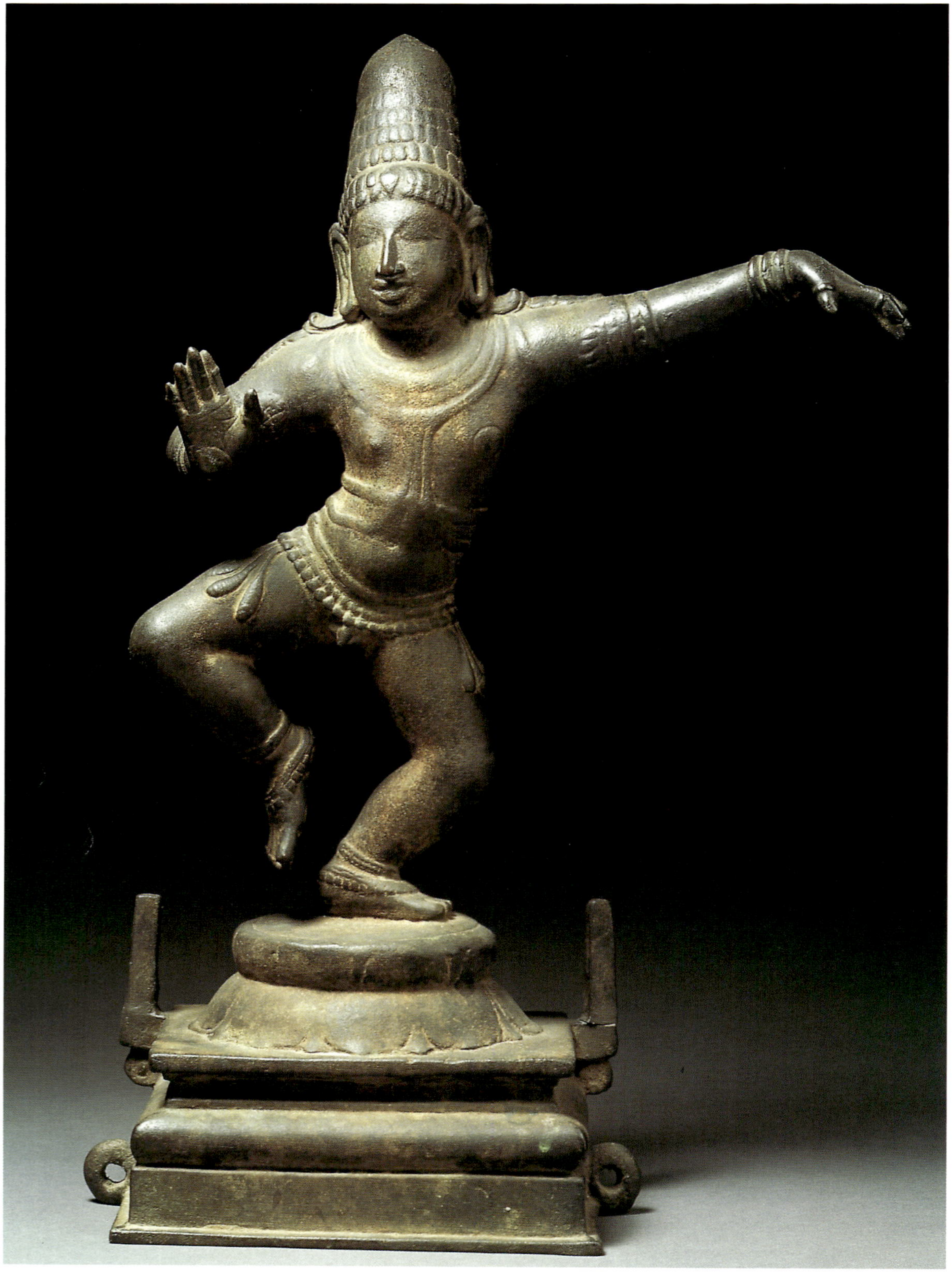

Époque cōḷa
XIe-XIIe siècle
Inde du Sud. Tamil Nādu

Bronze
H. 52
Achat (1990)
MA 5855

Chola period
11th-12th century
South India. Tamil Nadu

Bronze
H. 52
Purchase (1990)
MA 5855

82. Śiva Kevala-Candraśekharamūrti

1 Gravely et Ramachandran, 1932, pp. 100-101 ; et Srinivasan, 1963, p. 305.

Exposition
Dijon, 1996, n° 2.

Bibliographie
Hackin, 1931, p. 13, pl. XXIX ; Gravely et Ramachandran, 1932, pp. 100-101, pl. XII (1 et 2) ; Srinivasan, 1963, pp. 305-306, fig. 212-213 ; Sivaramamurti, 1963, pl. 49a ; Régnier, 1982, p. 23, n° 8.

Le dieu Śiva, figuré ici sous son aspect de Kevala Candraśekhara (« Celui qui porte la lune dans sa chevelure »), est représenté debout, en stricte frontalité (*samapādasthānakamūrti*), doté de quatre bras. Ses mains supérieures tiennent, en *kartarī hasta*, la hache (*paraśu*) et la gazelle noire (*kṛṣṇa mṛga*) – que le dieu s'appropria à l'issue d'une lutte contre les *ṛṣi* hérétiques de Dāruvana ; sa main inférieure droite esquisse le geste de sauvegarde (*abhaya hasta*), sa main gauche prend appui sur sa hanche en *kaṭyavalambita hasta*. Le dieu, richement paré, porte le cordon brahmanique (*yajñopavīta*) et son haut chignon en tiare (*jaṭāmukuṭa*) s'orne du croissant de lune.

Cette image de petites dimensions, destinée aux processions religieuses prescrites par la liturgie, porte une précieuse inscription de quatre lignes en caractères tamouls sur l'avant du socle : « Gloire ! Prospérité ! Le Seigneur de Hastiśālai [Étable à éléphants ?] qui est porté en procession dans le temple de Phalabharīśvara au village d'Arumoḻidevapura[1]. » S'il n'est pas possible d'identifier et de localiser de façon plus précise le temple et le village dont il est fait ici mention, l'épigraphie permet en revanche de dater le bronze du musée Guimet du XIIe-XIIIe siècle – datation que corroborent, du reste, le style et la facture de l'œuvre, au modelé relativement sec et non exempt d'une certaine raideur, ou encore le détail des parures (présence d'un unique anneau de cheville au mollet gauche).

---

82. Shiva Kevala-Chandrashekharamurti

1 Gravely and Ramachandran, 1932, pp. 100-101; and Srinivasan, 1963, p. 305.

Exhibition
Dijon, 1996, No. 2.

Bibliography
Hackin, 1931, p. 13, Pl. XXIX; Gravely and Ramachandran, 1932, pp. 100-101, Pl. XII (1and 2); Srinivasan, 1963, pp. 305-306, Figs. 212-213; Sivaramamurti, 1963, Pl. 49a; Régnier, 1982, p. 23, No. 8.

The god Shiva, depicted here as the four-armed Kevala-Chandrashekharamurti ("He who wears the moon in his hair") is shown standing in a rigid frontal pose (*samapadasthanakamurti*). His upper hands perform the *kartari hasta* gesture and hold the axe (*parashu*) and the black deer (*krishna mriga*) – which the deity took as his attributes after vanquishing the heretical *rishis* of Daruvana. His lower right hand performs the fear-allaying gesture (*abhaya hasta*), while his lower left hand is placed on his hip in *katyavalambita hasta*. The richly bedecked deity wears the sacred cord (*yajnopavita*) and his high headdress (*jatamukuta*) is adorned with a crescent moon.

This small icon, destined to be carried in religious processions in accordance with Hindu liturgy, bears a rare four-lined inscription in Tamil lettering on the front of the base: "Glory! Prosperity! The Lord of Hastishalai [the Elephant Stable?] who is carried in a procession to the temple of Phalabharishvara in the village of Arumolidevapura."[1] Although it is impossible to accurately identify and locate the temple and village mentioned here, the epigraphy enables us to date the Musée Guimet's bronze to the 12th-13th century – a dating which is corroborated by the style and treatment of the work, with its dryish modelling, its hint of stiffness and the attention paid to detail (the single bangle worn around the left calf).

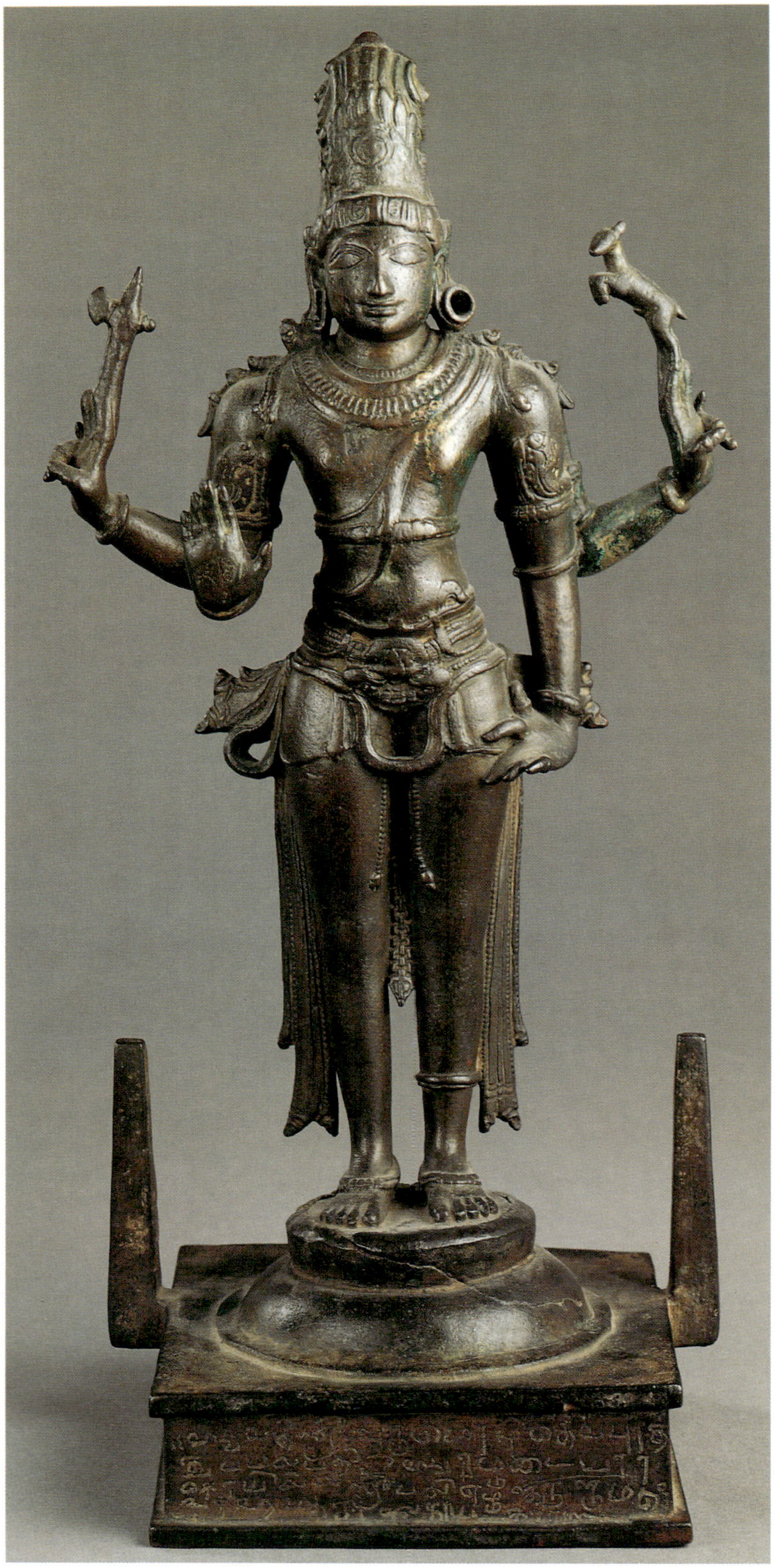

Époque cōḷa
Fin XIIe-XIIIe siècle
Inde du Sud. Tamil Nādu

Bronze
H. 34,5 ; L. 12
Don de G. Jouveau-Dubreuil (1929)
MG 17468

Chola period
Late 12th-13th century
South India. Tamil Nadu

Bronze
H. 34.5; W. 12
Gift of G. Jouveau-Dubreuil (1929)
MG 17468

83. Yoga Narasiṃha

1 Voir notice n° 71.
2 Sur l'*avatāra* de l'Homme-Lion et les différentes versions du mythe, voir Loth, 1981, pp. 144-148.
3 *Kevala* signifie « seul », « isolé ».

Bibliographie
Régnier, 1996, p. 103.

L'Homme-Lion (Narasiṃha) est le quatrième *avatāra*, ou manifestation, du dieu Viṣṇu[1]. Revêtant une forme terrible, mi-léonine, mi-humaine, le dieu terrassa le roi des démons (*asura*), Hiraṇyakaśipu, qui, ayant obtenu de Brahmā le don d'invulnérabilité, avait conquis les trois mondes et opprimait leurs habitants. Narasiṃha, cédant aux instances des dieux, mit alors à mort le démon, qu'il éventra et étripa de ses « griffes pareilles à la foudre[2] ».

Les artistes de l'Inde ont souvent figuré les différents épisodes du mythe de l'Homme-Lion, tels le combat du dieu et de l'*asura* ou encore la mise à mort de ce dernier. Mais ils ont également donné du terrible *avatāra* une image moins effroyable, où Narasiṃha apparaît sous une forme plus sereine ; il est alors représenté dans une attitude de méditation, les jambes pliées et maintenues par un lien (*yogapaṭṭa*) à la manière des *yogin*, les chevilles croisées. Cette posture, appelée *yogāsana* ou *utkuṭikāsana*, caractérise les images de Narasiṃha figuré sous un aspect bienveillant, que les textes désignent du nom de Yoga Narasiṃha ou Kevala-Narasiṃha[3]. Le dieu est alors doté de quatre bras, dont les mains supérieures tiennent, à droite, le disque (*cakra*) et, à gauche, la conque (*śaṅkha*), ses mains inférieures reposant sur les genoux en *lola hasta.* Vêtu d'un pagne retenu par une ceinture d'étoffe, il est coiffé de la tiare à éléments étagés (*karaṇḍamukuṭa*) que complète, à l'arrière de la tête, le *śiraścakra.*

---

83. Yoga Narasimha

1 See No. 71.
2 On the *avatara* of the Man-Lion and the different versions of the myth, see Loth, 1981, pp. 144-148.
3 *Kevala* means "alone", "isolated".

Bibliography
Régnier, 1996, p. 103.

The Man-Lion (Narasimha) is the fourth *avatara*, or manifestation, of the god Vishnu.[1] The deity appeared in a terrible half-human, half-leonine form and destroyed Hiranyakashipu, the king of the demons (*asuras*), who, having obtained the gift of invulnerability from Brahma himself, had conquered the three worlds and persecuted their inhabitants. Narasimha, yielding to divine entreaties, killed the demon, eviscerated him and tore him to shreds with his "lightning-like claws".[2]

Indian artists depicted several episodes from the Man-Lion myth, such as the fight between the god and the demon (*asura*) and the latter's death. But they also showed a more benign aspect of the fearsome *avatara*, in which Narasimha sits serenely in the pose of meditation, with his ankles crossed and his folded legs supported by a yogi's noose (*yogapatta*). This position, known as *yogasana* or *utkutikasana*, is characteristic of the images depicting Narasimha as benevolent, described in texts as Yoga Narasimha or Kevala-Narasimha.[3] The four-armed god holds the disc (*chakra*) in his upper right hand and the conch (*shankha*) in his upper left; his lower hands are placed on his knees in *lola hasta*. Clad in a short dhoti held up by a cloth belt, he wears the high tiered headdress (*karandamukuta*), adorned, at the back, by the *shirashchakra*.

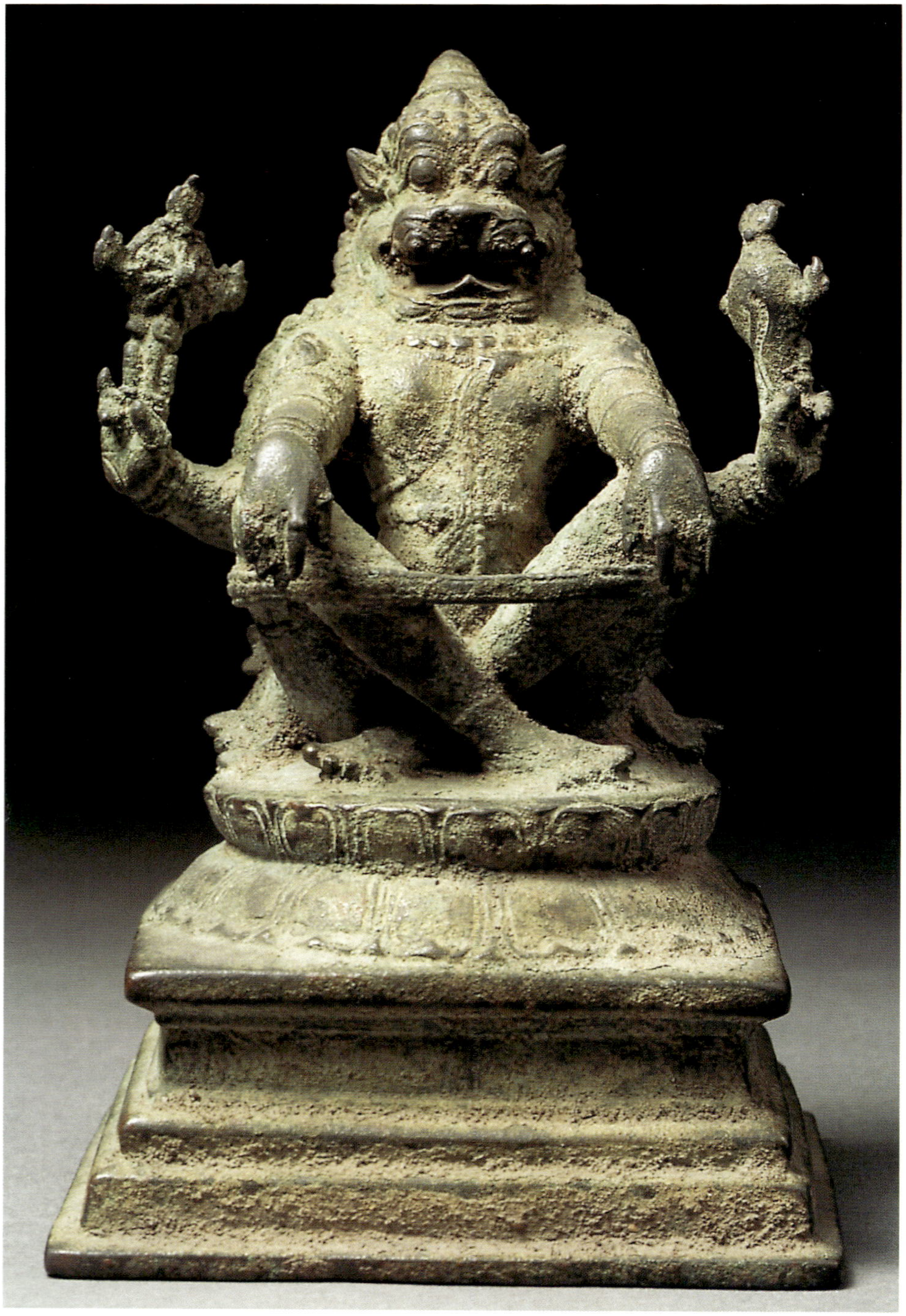

Époque cōḷa tardive
XIIe-XIIIe siècle
Inde du Sud. Tamil Nādu

Bronze
H. 15 ; L. 9,5
Achat (1951)
MA 1038

Late Chola period
12th-13th century
South India. Tamil Nadu

Bronze
H. 15; W. 9.5
Purchase (1951)
MA 1038

84. Sambandar

1 Sur la vie de Sambandar, voir Dehejia, 1988, pp. 42-50.

L'art de l'Inde méridionale a volontiers représenté les sages et les saints poètes viṣṇuites (Ālvār), au nombre de douze, ou śivaïtes (Nāyanār), au nombre de soixante-trois. Particulièrement révéré parmi les Nāyanār figure Sambandar, sectateur du dieu Śiva et de son épouse Pārvatī et infatigable pèlerin allant de lieu saint en sanctuaire et de ville en village pour chanter la grandeur de Śiva, qui vécut, semble-t-il, au VIIe siècle. La légende assure que le saint-poète, alors qu'il n'était encore qu'un petit enfant âgé de trois ans, fut oublié sur les marches du bassin sacré du temple où ses parents se livraient à leurs dévotions. Affamé, l'enfant se mit à pleurer sans que sa mère l'entende ; alors la déesse Pārvatī, prenant pitié de l'enfant, descendit des cieux et lui donna le sein. À peine Sambandar eut-il bu le lait divin (le « lait de la connaissance », ou *jñāna pal*), qu'il entonna aussitôt des chants dévotionnels à la gloire de Śiva et de Pārvatī, battant la mesure au moyen de cymbales en or miraculeusement apparues dans ses mains[1].

Enjolivée de nombreux miracles et largement légendaire, la biographie de Sambandar témoigne de l'extrême popularité du saint-poète, auteur de plusieurs milliers de vers et de chants dévotionnels exaltant la grandeur de Śiva et dénonçant avec virulence le « mensonge » professé par les religions bouddhique et jaïne.

L'iconographie de l'Inde dravidienne représente Sambandar sous les traits d'un enfant nu, au corps parfois replet, parfois plus élancé, mais toujours orné des parures traditionnellement allouées aux jeunes garçons. Les gestes qu'esquissent les mains du saint śivaïte précisent son identité : de la main gauche, l'enfant tient une coupe – allusion au lait divin de Pārvatī dont il fut abondamment nourri –, tandis que son index droit levé vers le ciel désigne le séjour de la déesse

---

84. Sambandar

1 On the life of Sambandar, see Dehejia, 1988, pp. 42-50.

South Indian art readily represented the twelve Vaishnava and sixty–three Shaivite saints and devotional writers, known respectively as Alvars and Nayanars. Sambandar was particularly revered among the Nayanars; a fervent devotee of Shiva and his consort, he was a tireless pilgrim who wandered from one holy site to another, from town to village, singing the praises of Shiva. He is thought to have lived in the 7th century. Legend claims that when the holy poet was just a three-year-old child, he was left on the steps of the sacred pool in the temple, where his parents had gone to worship. Suddenly hungry, he began to cry out, but his mother did not hear him. The goddess Parvati took pity on the child, descended from Heaven and nursed him at her breast. Hardly had he begun to drink the divine milk (the "milk of knowledge", or *jnana pal*) than he started to hum devotional songs glorifying Shiva and Parvati, beating out the rhythm with a pair of golden cymbals that had miraculously appeared in his hands.[1]

Embellished by numerous miracles, to a large extent legendary, Sambandar's biography bears witness to the enormous popularity of the holy poet, who wrote thousands of devotional verses and songs praising Shiva's greatness and vehemently denouncing the "lies" professed by the Buddhist and Jain religions.

Dravidian imagery represents Sambandar as a naked child, with either a chubby or a slender body, but always with the traditional accessories of young boys. The gestures performed by the Shaivite saint identify him: the cup in his left hand alludes to the divine milk he so abundantly drank from Parvati's breast, while the right index finger pointing to the sky indicates the home of the goddess who appeared so miraculously to him. The Musée Guimet's bronze

---

qui se manifesta miraculeusement à lui. Le bronze du musée Guimet montre précisément Sambandar figuré dans cette pose conventionnelle – certaines images montrent également le saint-poète dansant, dans une attitude quasi identique à celle de Kṛṣṇa dansant[2]. Cependant, la petite coupe reposant à l'origine dans la paume de Sambandar a disparu.

2 Voir notice n° 81.

---

shows Sambandar in this conventional pose – whereas some icons depict him dancing in an almost identical pose to the child Krishna.[2] But the small cup he initially held in the palm of his hand is now missing.

2 See No. 81.

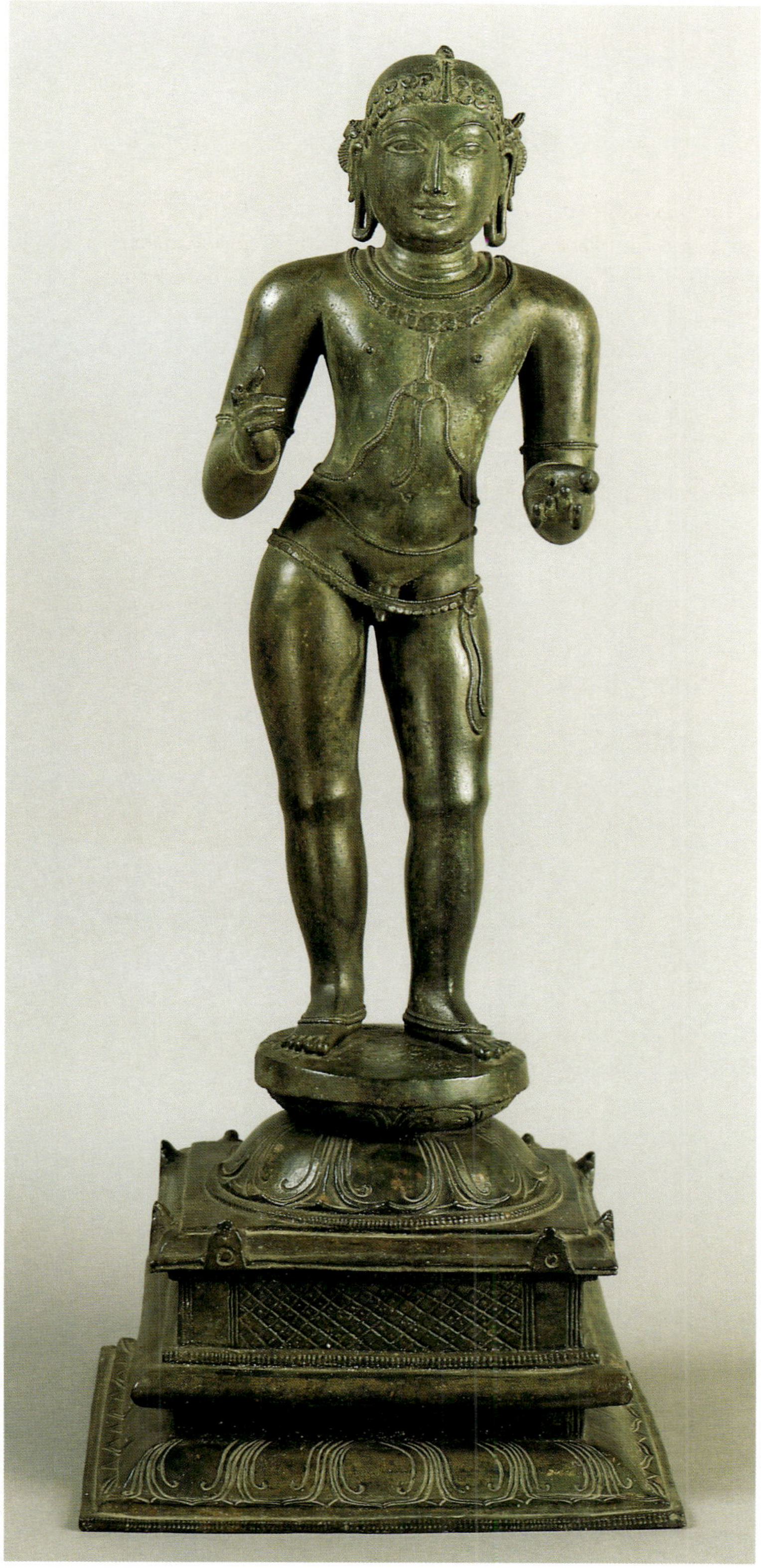

Époque cōḷa tardive
XIIe-XIIIe siècle
Inde du Sud. Tamil Nādu

Bronze
H. 70 ; L. 28
Provient de la collection d'Émile Guimet (1906)
EG 2144

Late Chola period
12th-13th century
South India. Tamil Nadu

Bronze
H. 70; W. 28
From the Émile Guimet collection (1906)
EG 2144

85. Śiva Umāsahitamūrti

L'image de Śiva Umāsahitamūrti figure le dieu Śiva assis aux côtés de son épouse Pārvatī (ou Umā), dans l'attitude d'aisance (*sukhāsana*). Śiva, qui tient la hache (*paraśu*) et la gazelle noire (*kṛṣṇa mṛga*) dans ses mains secondaires, esquisse de sa main droite principale le geste de sauvegarde (*abhaya hasta*), cependant que les doigts de sa main gauche sont repliés en *siṃhakarṇa hasta.* Assise à la gauche du dieu, Pārvatī est, quant à elle, dotée de deux bras. Sa main droite, dont les doigts esquissent également le *siṃhakarṇa hasta*, tenait selon toute vraisemblance une fleur de lotus (*utpala*), aujourd'hui disparue. Sa main droite, tendue vers le bas paume en avant, esquisse le geste de don (*varada hasta*).

Iconographiquement comparables aux images de Śiva Somāskandamūrti[1], les représentations de Śiva Umāsahitamūrti s'en distinguent néanmoins par l'absence du dieu Skanda, traditionnellement figuré debout entre Śiva et Pārvatī.

1 Voir notice n° 80.

Exposition
Lisbonne, 1998, n° 56.

---

85. Shiva Umasahitamurti

The image of Shiva Umasahitamurti depicts the god Shiva seated beside his consort Parvati (Uma), in a relaxed pose (*sukhasana*). Shiva, who holds the axe (*parashu*) and the black deer (*krishna mriga*) in his secondary hands, performs the fear-allaying gesture (*abhaya hasta*) with his main right hand, while the fingers of his left hand are curled over in *simhakarna hasta*. Sitting on the god's left is the two-armed Parvati. Her right hand, whose fingers are also poised in *simhakarna hasta*, very probably once held a lotus blossom (*utpala*), which has now been lost. Her downstretched, open-palmed left hand performs the gift-bestowing gesture (*varada hasta*).

Iconographically comparable to the images of Shiva Somaskandamurti,[1] the representations of Shiva Umasahitamurti are nevertheless distinguished by the absence of the god Skanda, traditionally depicted standing between Shiva and Parvati.

1 See No. 80.

Exhibition
Lisbon, 1998, No. 56.

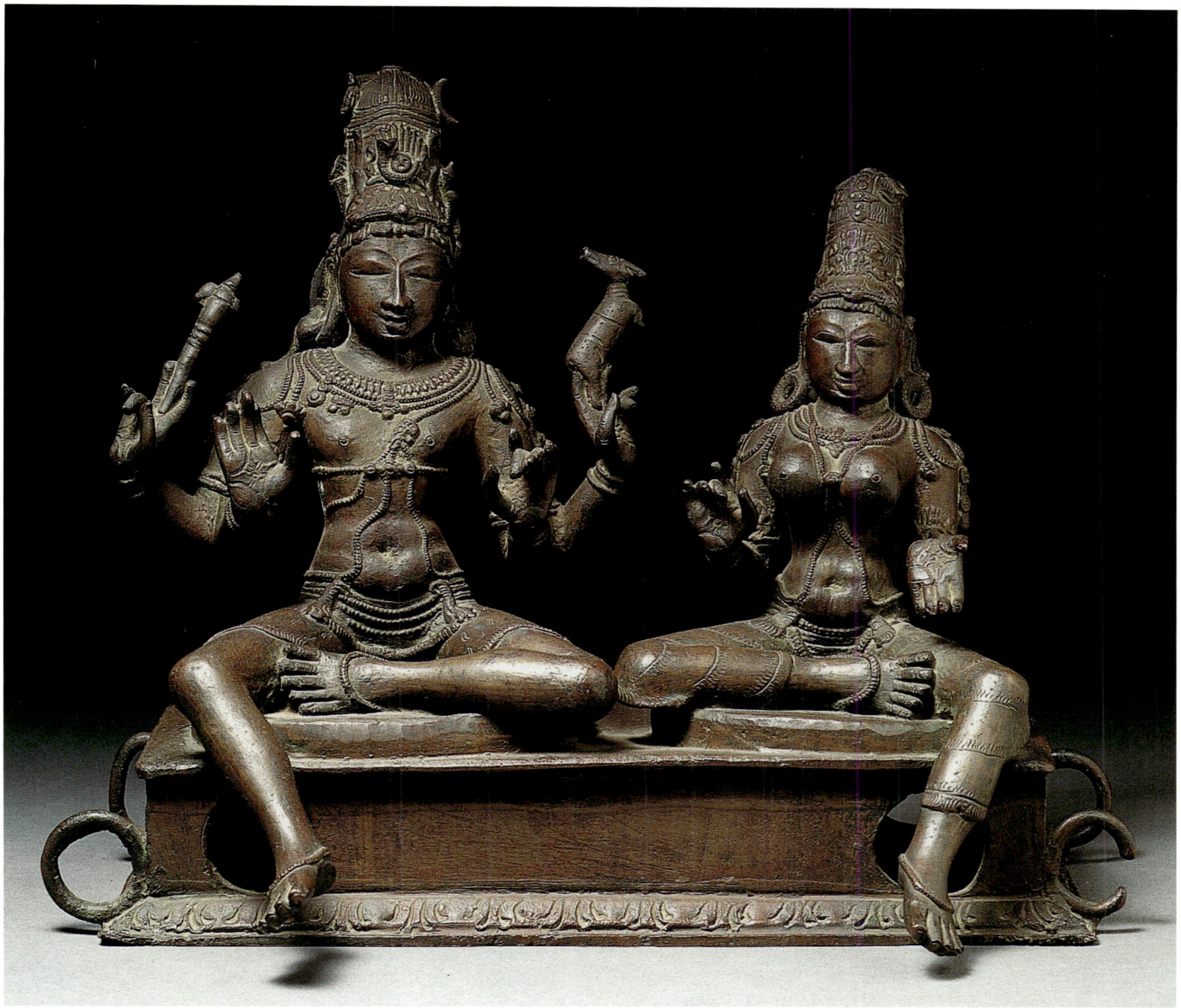

Art dravidien. XIVe-XVe siècle
Inde du Sud. Tamil Nādu

Bronze
H. 31 ; L. 39,5
Don de J.-P. Schotsmans en souvenir de son épouse
Janine Schotsmans-Wolfers (1993)
MA 6056

Dravidian art. 14th-15th century
South India. Tamil Nadu

Bronze
H. 31, W. 39.5
Gift of J.-P. Schotsmans in memory of his wife
Janine Schotsmans-Wolfers (1993)
MA 6056

86. Śiva Vyākhyāna Dakṣiṇāmūrti

Même iconographie que les n°s 65 et 69. Śiva, vénéré en tant que Maître de la Connaissance révélant les *śāstra* aux *ṛṣi* – les grands sages immémoriaux des temps mythiques –, est figuré assis en attitude héroïque (*vīrāsana*), foulant de son pied droit l'Apasmārapuruṣa, gnome personnifiant les ténèbres et l'ignorance et serrant dans sa main gauche un serpent. Les mains supérieures du dieu tiennent, à droite, le rosaire (*akṣamālā*) et, à gauche, le feu (*agni*) ; sa main inférieure droite esquisse le geste de l'enseignement (*vyākhyāna hasta*), sa main inférieure gauche, paume ouverte et pendante, est en *daṇḍa hasta* – ainsi que le prescrivent certains textes[1] (ou en *lola hasta* ?).

Le dieu, dont le front s'orne du troisième œil, porte, dans la masse de ses cheveux tressés (*jaṭābhāra*), le crâne (*kapāla*) et le croissant de lune. À ses oreilles, deux types distincts de boucles d'oreille : l'une en forme de *makara* (*makarakuṇḍala*), à droite ; l'autre de forme circulaire (*patrakuṇḍala*), à gauche – cette dernière évoquant la moitié féminine du dieu vénéré sous sa forme androgyne (Śiva Ardhanārīśvara).

1 Rao, 1916, vol. II, part. I, pp. 274-275.

EXPOSITIONS
Paris, Petit Palais, 1960, n° 269 ;
Kansas City, 1974, n° 17.

BIBLIOGRAPHIE
Sivaramamurti, 1963, pl. 93a ; Monod, 1966, p. 86, fig. 30 ; Béguin, 1992, pp. 35 et 39 ; Régnier, 1996, p. 84.

---

86. Shiva Vyakhyana Dakshinamurti

The iconography here is the same as in Nos. 65 and 69. Venerated as the Master of Knowledge, or Great Teacher, revealing the *shastras* (scriptures) to the *rishis* (the ancient seers of mythical times), Shiva is depicted seated in a heroic pose (*virasana*). Under his right foot he crushes Apasmarapurusha, the dwarf who personifies darkness and ignorance, and in his left hand he grasps a serpent. The god's upper right hand holds the rosary (*akshamala*); his upper left hand holds the flame (*agni*); his lower right hand performs the teaching gesture (*vyakhyana hasta*), while his drooping, open-palmed, lower left hand is held in *danda hasta* – in accordance with certain texts[1] (or possibly in *lola hasta*).

The deity, whose forehead is adorned with a third eye, wears the skull (*kapala*) and the crescent moon amid his shock of plaited hair (*jatabhara*). Two distinct types of earrings can be seen on his earlobes: a *makara*-shaped one (*makarakundala*) on the right and a circular one (*patrakundala*) on the left – the latter recalling the female half of the deity who is worshipped in his androgynous form (Shiva Ardhanarishvara).

1 Rao, 1916, Vol. II, Part I, pp. 274-275.

EXHIBITIONS
Paris, Petit Palais, 1960, No. 269;
Kansas City, 1974, No. 17.

BIBLIOGRAPHY
Sivaramamurti, 1963, Pl. 93a; Monod, 1966, p. 86, Fig. 30; Béguin, 1992, pp. 35 and 39; Régnier, 1996, p. 84.

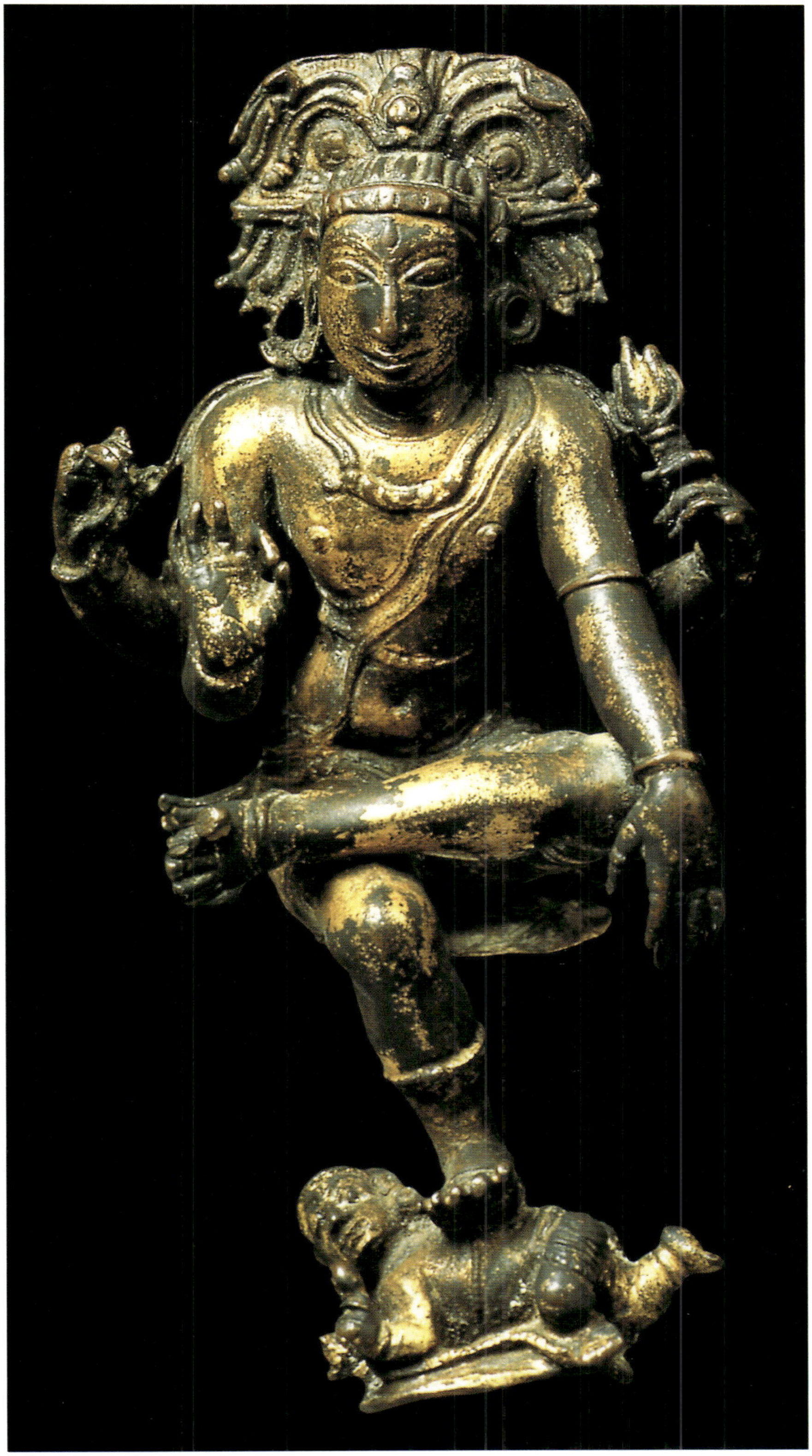

Époque de Vijayanagar
XVIe siècle
Inde du Sud

Bronze doré
H. 11 ; L. 6
Achat (1935)
MG 18519

Vijayanagar period
16th century
South India

Gilded bronze
H. 11; W. 6
Purchase (1935)
MG 18519

87. Ayyanār

Ce bronze représente vraisemblablement Ayyanār (également appelé Hariharaputra ou Śāsta), dieu villageois (*grāma devatā*) protecteur des chevaux, des terres et des champs qu'il préserve des voleurs, particulièrement vénéré dans l'Inde dravidienne, notamment en pays tamoul et au Kerala. Divinité indigène d'origine méridionale, Ayyanār fut rattaché à l'hindouisme en vertu d'une légende le donnant pour le fils de Śiva (Hara) et de Viṣṇu (Hari) – ce dernier ayant pris la forme de la nymphe Mohinī.

Le dieu est ici figuré assis dans l'attitude du délassement (*sukhāsana*), en compagnie de ses deux épouses Madanā et Varṇanī (également dénommées Puraṇā et Puṣkalā, selon les textes), tenant respectivement un lotus rose (*padma*) et un lotus bleu (*nīlotpala*). Reconnaissable à son ample chevelure tombant en mèches bouclées sur ses épaules, Ayyanār n'est doté que de deux bras – ainsi qu'il sied à cette divinité mineure du panthéon brahmanique – et richement paré. Sa main droite tenait, selon toute vraisemblance, son attribut distinctif, le *śeṇḍu* ou *vajra-daṇḍa*, long bâton à l'extrémité supérieure recourbée en forme de foudre (la partie supérieure du *śeṇḍu* est ici brisée) ; dans sa main gauche repose curieusement une conque flammée (?) – attribut rarement attesté dans l'iconographie habituelle d'Ayyanār.

On notera l'intense expressivité du visage d'Ayyanār, ainsi que la surcharge et l'exubérance décoratives caractéristiques de la sculpture métallique du Kerala.

---

87. Ayyanar

It is highly likely that this bronze represents Ayyanar (also called Hariharaputra and Shasta), a country god (*grama devata*), the protector of horses, land and fields, which he safeguards against thieves, worshipped in particular in Dravidian India, especially in Tamil Nadu and Kerala.
An indigenous divinity of southern origin, Ayyanar was incorporated into Hinduism because of a legend claiming he was the son of both Shiva (Hara) and Vishnu (Hari) – the latter having taken the form of the nymph Mohini.

The god is depicted here sitting in a relaxed pose (*sukhasana*), accompanied by his two consorts, Madana and Varnani (also called Purana and Pushkala in texts), who respectively hold a pink lotus (*padma*) and a blue lotus (*nilotpala*). Recognizable from his mass of thick hair with curly locks cascading over his shoulders, Ayyanar has only two arms – as befits this minor divinity in the Brahmanic pantheon – and is lavishly bejewelled. His right hand very probably once held his distinctive attribute, the *shendu* or *vajra-danda*, a long stick whose upper end is curved into the shape of a thunderbolt (the upper end of the *shendu* is broken here). In his left hand, he holds a curious flaming conch (?) – an attribute seldom found in Ayyanar's usual iconography.

Notice the intense expressivity of Ayyanar's face, together with the lively, overabundant decoration characteristic of metal sculptures from Kerala.

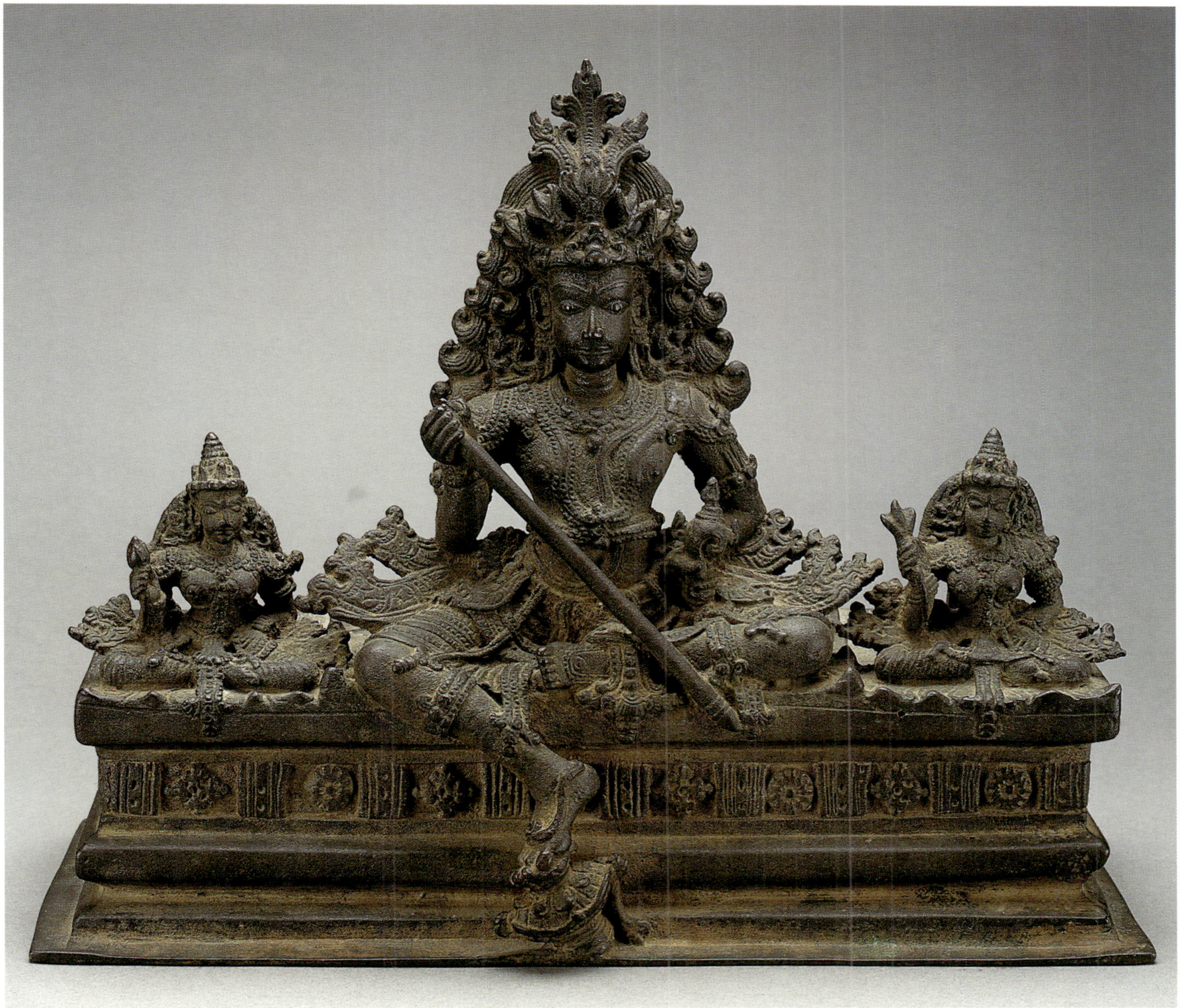

XIVe-XVe siècle
(ou plus tôt ?)
Inde du Sud. Kerala

Bronze
H. 23 ; L. 29
Don de K. Riboud (1998)
MA 6348

14th-15th century
(or earlier?)
South India. Kerala

Bronze
H. 23; W. 29
Gift of K. Riboud (1998)
MA 6348

Annexes / Appendices

Glossaire

établi par Vincent Lefèvre, conservateur au musée Cernuschi

ābhaṅga	Terme désignant, en peinture ou en sculpture, la position légèrement fléchie du personnage.
abhaya mudrā	Geste de main signifiant l'absence de crainte. La paume est tendue vers le spectateur (ou le dévot), les doigts tournés vers le ciel.
Āgama	Lit. « tradition », manuel de rituel hindou composé en sanskrit.
Agni	Divinité brahmanique du feu sacrificiel et régent du Sud-Est. Il transmet également aux dieux les prières des mortels.
akṣamālā	Rosaire fait des grains d'une plante (*Terminalia belerica*).
aṇḍa	Lit. « œuf ». Dans l'hindouisme, ce terme désigne l'œuf primordial, composé d'eau, qui, en se divisant en deux, aurait donné naissance à l'univers. Dans le bouddhisme, il désigne la partie hémisphérique du *stūpa*.
añjali	Attitude d'adoration des dévots, les deux mains étant jointes comme dans la prière chrétienne.
aṅkuśa	Croc à éléphant.
antaravāsaka	Tunique de dessous d'un moine bouddhiste.
anuvyañjana	Ensemble des quatre-vingt marques supplémentaires du Buddha.
apsarā	Nymphe céleste.
arhant	Sage et protecteur de la Loi bouddhique, ayant atteint le sixième degré de sainteté.
aśoka	Arbre à fleurs rouges (*Jonesia asoka*).
aṣṭamaṅgala	Série de huit emblèmes de bon augure.
asura	Démon.

Glossary

drawn up by Vincent Lefèvre, curator at the Musée Cernuschi

abhanga	Term used in painting and sculpture to denote a slightly bent position of the figure.
abhaya mudra	Hand gesture meaning "absence of fear". The palm is turned towards the spectator (or devotee), with upstretched fingers.
Agama	Lit. "tradition". A manual of Hindu rites written in Sanskrit.
Agni	Brahmanic god of sacrificial fire and the ruler of the South-East. He also transmits the prayers of mortals to the gods.
akshamala	Rosary made out of the seeds of a plant (*Terminalia belerica*).
anda	Lit. "egg". In Hinduism, this term denotes the primordial egg, composed of water, which, when split in two, is believed to have given birth to the universe. In Buddhism, it denotes the hemispherical part of the stupa.
anjali	An attitude of worship made by devotees, with the two hands joined together, similar to the Christian manner of praying.
ankusha	Elephant goad.
antaravasaka	Undergarment worn by a Buddhist monk.
anuvyanjana	Buddha's eighty additional marks of spiritual supremacy.
apsara	Heavenly nymph.
arhant	Seer and protector of Buddhist law, having attained the sixth degree of sainthood.
ashoka	Tree with red flowers (*Jonesia asoka*).
ashtamangala	Series of eight auspicious emblems.
asura	Demon.

Avadāna	Catégorie de textes bouddhiques regroupant des récits des miracles du Buddha ainsi que des considérations dogmatiques.
avatāra	Lit. « descente », incarnation terrestre de Viṣṇu pour sauver le monde menacé par des démons. Traditionnellement, les *avatāra* sont au nombre de dix. Les plus célèbres sont Rāma et Kṛṣṇa.
āyāgapaṭṭa	Plaque votive ornée de symboles bénéfiques.
āyakakhamba	Nom des cinq piliers figurant sur le soubassement des anciens *stūpa* du pays āndhra, dans le Sud-Est de l'Inde (Amarāvatī, Nāgārjunakoṇḍa).
āyudhapuruṣa	Personnification des armes d'un dieu.
bhakta	Dévot.
bhūmisparśa mudrā	Geste de la prise de la terre à témoin fait par le Buddha pour attester de sa fermeté face aux tentations de Māra. La main droite est posée sur la jambe, les doigts effleurant le sol.
Bodhi	Lit. « éveil », état d'illumination atteint par le Buddha. Le terme désigne aussi l'arbre sous lequel le Buddha parvint à l'Éveil à Bodh Gayā.
bodhisattva	Etre compatissant du bouddhisme du Grand Véhicule et Buddha en devenir, refusant de parvenir au *nirvāṇa* pour aider l'ensemble des créatures dans la voie de la Délivrance.
Buddhapāda	Empreinte de pied du Buddha.
cakra	Arme de jet en forme de disque, un des attributs de Viṣṇu.
Cakravartin	Souverain universel « mettant en mouvement la roue ».
cāmara	Chasse-mouches en crin de yak.

Avadana	Collection of Buddhist texts relating the miracles performed by the Buddha and reflections on Buddhist dogma.
avatara	Lit. "descent". The earthly incarnation of Vishnu who saved the world from demons. Traditionally, there are ten *avataras*. The most famous ones are Rama and Krishna.
ayagapatta	A votive plaque adorned with benefic symbols.
ayakakhamba	Name of the five pillars found on the base of the ancient stupas in the Andhra country, in South-East India (Amaravati, Nagarjunakonda).
Ayudhapurusha	Personification of a god's weapons.
bhakta	Devotee.
bhumisparsha mudra	The gesture of touching the Earth testifying to when the Buddha called on the Earth to witness his resistance to Mara's temptations. The right hand rests on one leg, while the fingertips brush the ground.
bodhi	Lit. "awakening". The state of Enlightenment attained by the Buddha. The term also denotes the tree under which the Buddha achieved Enlightenment at Bodh Gaya.
Bodhisattva	"Buddha-to-be", a being capable of Enlightenment, who in compassion for mankind delays his entry into *nirvana*, in order to help others striving towards deliverance.
Buddhapada	Buddha's footprint.
chakra	Discus weapon, one of Vishnu's attributes.
Chakravartin	Universal ruler who "sets the wheel in motion".
chamara	Yak-hair fly-whisk.

candraśālā	Lit. « chambre-lune », baie arrondie à l'extrémité d'une salle couverte en berceau. Il s'agit bien souvent d'un motif décoratif, avec un personnage figurant au centre de la baie.
chattra	Parasol symbolisant la puissance royale. En sculpture et en peinture, il distingue les personnages importants ; en architecture, il peut couvrir certains édifices comme le *stūpa.*
cintāmaṇi	Bijou sacré en forme de perle censé accomplir tous les souhaits ; il peut également adopter la forme d'une feuille de *pippāl.*
dāgoba	Terme pāli, provenant du sanskrit *dhātugarbha* désignant un *stūpa.*
ḍamaru	Petit tambour à deux faces.
devatā	Divinité, le terme ne désignant par un dieu en particulier.
Devī-purāṇa	Récit mythologique consacrée à Durgā.
Dharma	Dans le bouddhisme, ce terme désigne la Loi enseignée par le Buddha, plus généralement la doctrine religieuse ; dans l'hindouisme, il désigne plutôt l'ordre socio-cosmique.
Dharmacakra	Roue de la Loi, symbolisant l'enseignement du Buddha ainsi que le cycle des réincarnations.
dhotī	Étoffe enroulée autour de la taille et passant entre les jambes.
dhyāna mudrā	Geste de méditation et de concentration en vue d'atteindre l'Éveil. Les mains sont posées l'une sur l'autre, la paume tournée vers le haut.
dvārapāla	Gardien de porte à l'entrée d'un temple.
gadā	Massue, un des attributs de Viṣṇu.

---

chandrashala	Lit. "moon-chamber", rounded bay at the end of a barrel-vaulted room. Often used as a decorative motif with a figure depicted in the middle of the bay.
chattra	Umbrella symbolizing royal power. In sculpture and painting, it denotes important figures; in architecture, it may surmount structures such as the stupa.
chintamani	A sacred, pearl-shaped jewel believed to make the holder's wishes come true; it may also take the form of a *pippal* leaf.
dagoba	A Pali word from the Sanskrit *dhatugarbha* meaning a stupa.
damaru	Small, two-sided drum.
devata	Divinity, a term not denoting any specific god.
Devi-Purana	Myths devoted to Durga.
Dharma	In Buddhism, this term denotes the Law taught by the Buddha, and, in a more general sense, religious doctrine; in Hinduism, it denotes social custom and cosmic principles.
Dharmachakra	Wheel of the Law, symbolizing the Buddha's teaching and the cycle of reincarnation.
dhoti	Loincloth.
dhyana mudra	Gesture of meditation and concentration in view of attaining Enlightenment. The hands are placed one on top of the other, with upturned palms.
dvarapala	Door-keeper at the entrance to a temple.
gada	Mace, one of Vishnu's attributes.

gaṇa	Troupe de divinités inférieures ou de nains formant l'escorte de Śiva. Gaṇeśa est à leur tête.
gandharva	Musicien céleste.
gavākṣa	Œil-de-bœuf, fenêtre ronde surmonté d'une arcature. Il s'agit la plupart du temps d'un ornement décoratif.
ghaṇṭā	Cloche, gong.
Graha	Lit. « saisisseur », ensemble des neuf planètes de la cosmologie hindoue.
grāma devatā	Divinité de village.
haṃsa	Animal fabuleux, sorte d'oie ou de cygne et véhicule du dieu Brahmā.
iṣṭadevatā	Divinité d'élection, c'est-à-dire divinité à laquelle chaque homme adresse de préférence sa dévotion.
Jātaka	Récit en langue pāli relatant les vies antérieures du Buddha.
jaṭāmukuṭa	Coiffure d'ascète formée de tresses épaisses relevées sur la tête en un grand chignon.
jina	Titre sanskrit signifiant « vainqueur » et attribué au Buddha et aux régents des cinq directions cardinales. Le même terme désigne un saint du jaïnisme.
kāla	Motif géométrique en forme de tête de monstre dépourvue de mâchoire inférieure.
kalpa	Jour de Brahmā, c'est-à-dire la durée d'existence d'un monde.
kamaṇḍalu	Vase à eau de l'ascète.
kapāla	Bol à aumônes ou crâne tenu dans la main d'un certain nombre de divinités farouches.
karaṇḍamukuṭa	Type de coiffure conique, couvre-chignon.

---

gana	A troop of lesser divinities or dwarfs led by Ganesha and escorting Shiva.
Gandharva	Heavenly musician.
gavaksha	A bull's eye: a circular window topped by an arch. It is mostly used as a decorative motif.
ghanta	Bell, gong.
Graha	Lit "seizer", the group of nine planets in Hindu cosmology.
grama devata	Village divinity.
hamsa	Mythical animal, a sort of goose or swan, the god Brahma's vehicle.
ishtadevata	Elected divinity, in other words, the divinity to whom a person chooses to address his devotions.
Jataka	Text written in Pali about the Buddha's former lives.
jatamukuta	Ascetic's headdress made up of thick locks of hair piled up on top of the head in a tall chignon.
Jina	Sanskrit term meaning "victor" and attributed to Buddha and the rulers of the five points of the compass. The same term denotes a Jain saint.
kala	Geometrical motif shaped like the head of a monster without a bottom jaw.
kalpa	Brahma's day, in other words, the duration of the existence of a world.
kamandalu	Ascetic's water-flask.
kapala	Begging-bowl or skull held in the hand of a number of fierce divinities.
karandamukuta	A conical type of headdress, covering the chignon.

---

kartarī hasta	Geste consistant à joindre le pouce à l'annulaire, tandis que les autres doigts sont dirigés vers le haut.
kartrī	Couteau, attribut de certaines divinités.
karuṇā	Compassion, qualité constitutive de l'état de Buddha ou de bodhisattva.
kaṭaka hasta	Geste consistant à tenir délicatement un objet (par exemple une fleur) entre le pouce et l'index.
kaṭisūtra	Ceinture.
kaṭyavalambita hasta	Geste d'aisance consistant à poser la main sur la hanche.
kāyotsarga	Attitude statique des tīrthaṅkara plongés dans la méditation.
khatvāṅga	Massue, un des attributs de Śiva et de Durgā ; ce terme désigne également le bâton des *yogin*.
kirīṭamukuṭa	Coiffure en forme de tiare.
kīrtimukha	« Masque de gloire », motif décoratif en forme de gueule de lion.
kucabandha	Bandeau de poitrine.
kuṇḍikā	Pot ou cruche.
lakṣaṇa	« Marque, signe favorable », ensemble des 32 marques physiques distinguant le corps d'un Buddha ou d'un *Cakravartin*.
lalitāsana	Position d'aisance, une jambe repliée sur le siège, l'autre pendante.
Lalitāvistara	Texte sanskrit du Grand Véhicule, anonyme, retraçant la vie du Buddha. Il fut composé 1 400 ans après sa mort et reste l'un des ouvrages les plus populaires auprès des bouddhistes.
lāñchana	Signe, marque caractéristique.
liṅga	Représentation aniconique du dieu Śiva sous la forme d'un phallus stylisé.

kartari hasta	Gesture in which the thumb and the third finger are joined together while the other fingers remain upstretched.
kartri	Knife, the attribute of certain divinities.
karuna	Compassion, a fundamental quality of Buddhahood or of Bodhisattvas.
kataka hasta	Gesture in which an object (e.g. a flower) is held delicately between the thumb and the index finger.
katisutra	Belt.
katyavalambita hasta	Relaxed gesture where the hand is placed on the hip.
kayotsarga	The static pose of a Tirthankara deep in meditation.
khatvanga	Mace, one of Shiva and Durga's attributes; this term also denotes the yogi's stick.
kiritamukuta	Tiara-shaped hairstyle.
kirtimukha	"Face of glory", a lion-mask decorative motif.
kuchabandha	Breast band.
kundika	Pot or a jug.
lakshana	"Mark, favourable sign"; the 32 physical marks distinguishing the body of a Buddha or a *Chakravartin*.
lalitasana	Relaxed position, with one leg folded on the seat and the other hanging down towards the ground.
Lalitavistara	Anonymous Sanskrit text of the Great Vehicle, tracing the Buddha's life history. It was written 1,400 years after his death and remains one the most popular Buddhist works.
lanchana	Sign, distinguishing mark.
linga	A stylized phallic symbol, an aniconic representation of the god Shiva.

lola hasta	Geste consistant à relâcher de façon élégante le bras le long du corps.
Mahābhārata	Poème épique sanskrit d'environ 90 000 distiques, composé probablement entre le IVe siècle avant et le IVe siècle après J.-C. Il raconte l'affrontement entre deux clans rivaux et pourtant cousins, les Kaurava et les Pāṇḍava. Ces derniers ont pour allié Kṛṣṇa, incarnation de Viṣṇu, qui a pour fonction de rétablir le *Dharma*, au prix du sacrifice de tous les héros du poème, si cela est nécessaire.
mahāparinirvāṇa	Mort ou endormissement du Buddha lorsque celui-ci obtient la Délivrance et atteint donc l'état de *nirvāṇa*, c'est-à-dire l'extinction.
Mahāpuruṣa	Lit. « grand homme », un des noms de Viṣṇu.
Mahāvastu	Ensemble de légendes bouddhiques composées en sanskrit entre le Ier et le VIe siècles.
Mahiṣa	Nom d'un démon à tête de buffle vaincu par la déesse Durgā.
makara	Animal fabuleux, sorte de croisement entre un crocodile et un éléphant.
Mānasāra	Traité sanskrit attribué au sage Mana et consacré aux beaux-arts.
mānuṣi buddha	Série de sept Buddha mortels dont le dernier est Siddharta Gautama Śākyamuni, le Buddha historique.
Māra	Dans le bouddhisme, dieu de la mort, le Malin, principal adversaire du Buddha.
mātṛkā	Lit. « petite mère » ; dans la mythologie hindoue, série de sept démones-ascètes représentant différents aspects de la *śakti*.
māyā	Pouvoir divin d'égarer les hommes dans l'illusion.
mokṣa	Concept hindou désignant la délivrance du *saṃsāra*, ou cycle des réincarnations.
mṛga	Gazelle ou plus généralement tout type d'animal sauvage.

lola hasta	A gesture consisting of letting the arm fall elegantly down the side of the body.
Mahabharata	Sanskrit epic poem containing 90,000 verses, probably composed between the 4th century BC and the 4th century AD. It tells the story of the conflict between two rival clans, who are in fact cousins, the Kauravas and the Pandavas. The latter have an ally in Krishna, the incarnation of Vishnu, whose task is to re-establish *Dharma*, even if it involves sacrificing all the heroes of the poem.
mahaparinirvana	Death or sleep of the Buddha when he was liberated from worldly desires and attained the state of *nirvana*, or "extinction".
Mahapurusha	Lit. "great man". One of Vishnu's names.
Mahavastu	Anthology of Buddhist legends composed in Sanskrit between the 1st and 4th centuries.
Mahisha	Name of a buffalo-headed demon vanquished by the goddess Durga.
makara	Mythical animal, a sort of cross between a crocodile and an elephant.
Manasara	Sanskrit treatise on fine art attributed to the seer Mana.
manushi buddhas	Series of seven mortal Buddhas, the last of whom was Siddhartha Gautama Shakyamuni, the historical Buddha.
Mara	In Buddhism, the god of Death, the Evil One, the Buddha's main adversary.
matrika	Lit. "little mother". In Hindu mythology, a group of seven female ascetic-demons representing different aspects of *shakti*.
maya	Divine power of leading mankind astray into the world of illusion.
moksha	Hindu concept denoting deliverance from *samsara*, or the cycle of reincarnations.
mriga	Gazelle or, more generally, any kind of wild animal.

nāga	Etre semi-divin, serpent à visage humain ou parfois représenté de façon anthropomorphe, la tête entourée d'un capuchon de cobra.
nāgakkal	Terme tamoul désignant une pierre ornée de serpents en bas relief déposée au pied de certains arbres par les femmes désirant un enfant.
nāginī	Épouse d'un roi-serpent.
nīlotpala	Lotus bleu.
padma	Un des multiples mots pour désigner le lotus.
padmāsana	Le terme désigne tout d'abord un siège en forme de lotus, puis une position de méditation consistant à s'asseoir en tailleur, la plante des pieds tournée vers le haut.
paraśu	Hache, attribut de certaines divinités et notamment Śiva.
paridhāna	Vêtement drapé autour de la taille.
parivārā devatā	Assesseur, divinité secondaire assistant le dieu principal du temple.
pāśa	Lien ou lacet tenu dans la main de certaines divinités farouches.
pippāl	*Ficus religiosa*, figuier sacré sous lequel le Buddha a atteint l'Éveil à Bodh Gayā.
pīṭha	Socle d'une image ou d'un édifice.
prabhāmaṇḍala	Halo ou auréole.
pradakṣiṇā	Circumambulation rituelle, faite en donnant la droite, autour d'un arbre sacré, d'une statue, d'un monument, voire d'une personne.
prajñā	Sapience ou connaissance intuitive ; concept philosophique bouddhique compris comme l'appréhension totale de la nature de l'existence, des forces qui la régissent et des moyens de s'en soustraire.
pratihārī	Gardienne de porte.

naga	Semi-divine being, a serpent with a human face, or sometimes depicted anthropomorphically with a head encircled by a cobra hood.
nagakkal	Tamil term denoting a stone decorated with a bas-relief of snakes, left under certain trees by women wishing to conceive a child.
nagini	Wife of a Serpent King.
nilotpala	Blue lotus.
padma	One of the many words used to denote the lotus.
padmasana	Term used primarily to denote a lotus-shaped seat, and then a meditation position which consists of sitting cross-legged with the soles of the feet turned upwards.
parashu	Axe, the attribute of certain divinities, notably Shiva.
paridhana	Garment draped around the waist.
parivara devata	Assistant, a secondary divinity who aids the principal god of the temple.
pasha	Thong held by certain fierce divinities.
pippal	*Ficus religiosa*, the sacred fig tree under which the Buddha achieved Enlightenment at Bodh Gaya.
pitha	Base of a statue or a building.
prabhamandala	Halo or aureole.
pradakshina	Ritual circumambulation (clockwise) around a sacred tree, a statue, a monument, or even a person.
prajna	Wisdom or intuitive knowledge; Buddhist philosophical concept seen as complete understanding of the nature of existence, of the forces which govern it and the means of eluding them.
pratihari	Female door-keeper.

preta	Esprit d'un mort, revenant.
Purāṇa	Lit. « ancien », texte encyclopédique sanskrit regroupant de nombreuses légendes mythologiques hindoues. Les grands *Purāṇa* sont au nombre de dix-huit.
pūrṇa ghaṭa	« Vase d'abondance », ornement décoratif hindou et bouddhique symbolisant la terre et ses richesses.
pustaka	Livre, écritures saintes, il s'agit notamment des attributs de certaines déités bouddhiques comme Mañjuśrī ou Prajñāparamitā.
ratha	Char.
ratna	Joyau.
ṛṣabha	Taureau, principale monture du dieu Śiva, appelée Nandi.
ṛṣi	Sage, ermite.
rudrākṣa	Graine d'un fruit servant à faire un rosaire.
śakti	Puissance active d'un dieu personnifiée dans sa parèdre féminine (Pārvatī, Durgā ou Kālī pour Śiva, Lakṣmī pour Viṣṇu).
śālabhañjikā	Divinité à l'arbre, notamment l'arbre *śāl* (*Vatica robusta*). C'est un synonyme de *vṛkṣa devatā*.
samādhi	Méditation religieuse visant à l'union complète du sujet avec l'objet de sa pensée.
samapādasthānakamūrti	Attitude frontale, sans déhanchement ni flexion.
saṃsāra	Cycle des réincarnations.
saṅghāṭi	Vêtement monastique, étoffe drapée couvrant une ou deux épaules.
śaṅkha	Conque, un des attributs de Viṣṇu.
śāstra	Traité (de rituel, de philosophie, des beaux-arts, de métrique, etc.) composé en sanskrit.

preta	Spirit of a deceased person, a ghost.
Purana	Lit "ancient". Encyclopaedic Sanskrit text grouping together numerous Hindu legends and myths. There are eighteen major *Puranas*.
purna ghata	"Vase of plenty"; Hindu and Buddhist decorative motif symbolizing the Earth and its riches.
pushtaka	Book, Holy Scriptures, notably one of the attributes of certain Buddhist deities such as Manjushri or Prajnaparamita.
ratha	Cart.
ratna	Jewel.
rishabha	Bull, principal mount of the god Shiva, known as Nandi.
rishi	Seer, hermit.
rudraksha	Seed of a fruit used to make a rosary.
shakti	Active aspect of a god personified in his female consort (Parvati, Durga or Kali for Shiva; Lakshmi for Vishnu).
shalabhanjika	Tree divinity, notably of the *sal* tree (*Vatica robusta*); it is a synonym of *vriksha devata*.
samadhi	Religious meditation whose purpose is to unite the subject with the object of his thoughts.
samapadasthanakamurti	Rigid frontal pose, without contrapposto or bending of the limbs.
samsara	Cycle of reincarnations.
sanghati	Monastic garment, with cloth draped over a single or both shoulders.
shankha	Conch, one of Vishnu's attributes.
shastra	Treatise (on rites, philosophy, fine art, metric system) written in Sanskrit.

siṃha	Lion.
siṃhakarṇa hasta	Geste, également appelé *kaṭaka hasta*, consistant à tenir délicatement un objet (par exemple une fleur) entre le pouce et le majeur.
siṃhāsana	Lit. « siège du lion », trône, parfois supporté par des lions.
śruva	Cuiller rituelle servant à verser l'oblation dans le feu sacrificiel.
stambha	Poteau sacrificiel ou pilier d'un monument.
stūpa	Tumulus ou monument en brique ou en pierre recouvrant des reliques du Buddha ou de saints personnages du bouddhisme. Il se compose d'un dôme hémisphérique posé sur un soubassement plus ou moins élevé, surmonté d'une flèche ou de parasols et entouré d'une balustrade. Le terme désigne également des reliquaires ou ex-voto reproduisant le monument en réduction.
sūci	Traverse de *vedikā*.
sukhāsana	Position d'aisance, une jambe repliée sur le siège et l'autre pendante, généralement associée à une représentation royale ou majestueuse.
surasundarī	Nymphe céleste.
taṅka	Petite hache.
tilaka	Marque apposée sur le front pour indiquer son appartenance à une secte.
tīrthaṅkara	Lit. « passeur de gué », apôtre du jaïnisme.
tiruvaśi	Cercle de flammes cosmiques entourant les images d'Inde du Sud, notamment Śiva Naṭarāja.
toraṇa	Arc monumental ou porte décorée. Le *toraṇa* constitue le principal ornement de la balustrade du *stūpa* et donne accès au déambulatoire.

simha	Lion.
simhakarna hasta	Gesture, also known as *kataka hasta*, in which an object (e.g. a flower) is held delicately between the thumb and the middle finger.
simhasana	Lit. "lion's seat"; throne, occasionally supported by lions.
shruva	Ritual spoon used to pour the oblation into the sacrificial fire.
stambha	Sacrificial post or pillar of a monument.
stupa	Tumulus or monument in brick or stone housing the relics of the Buddha or other Buddhist holy men. It is composed of a semicircular dome resting on a base of varying height, surmounted by a spire or umbrellas and surrounded by a railing. The term also denotes shrines or votive offerings depicting the monument.
suchi	Horizontal post of a *vedika*.
sukhasana	Position of royal ease, with one leg folded up on the seat and the other hanging down, generally associated with the depiction of sovereigns or majestic figures.
surasundari	Heavenly nymph.
tanka	Hatchet.
tilaka	Mark worn on the forehead to show one's membership of a sect.
Tirthankara	Lit. "the one who leads to the other shore". A Jain apostle.
tiruvasi	Ring of cosmic flames encircling images from South India, especially of Shiva Nataraja.
torana	Monumental arch or decorated gateway. The *torana* is the principal ornament of the stupa railing and provides access to the ambulatory.

tribhaṅga	En peinture ou en sculpture, ce terme sert à désigner la position d'un personnage fortement déhanché.
tridaṇḍa	Triple bâton porté par certaines divinités.
Trimūrti	Triade hindoue, à savoir Brahmā, Viṣṇu et Śiva.
triratna	Les trois joyaux du bouddhisme, c'est-à-dire la communauté monastique (*saṅgha*), la Loi (*Dharma*) et le Buddha.
triśūla	Trident, un des attributs de Śiva.
Tuṣita	Paradis habité par des êtres célestes et séjour de Maitreya, le Buddha des temps futurs.
upanayana	Initiation religieuse de l'étudiant brahmanique.
ūrṇā	Un des 32 signes distinctifs du Buddha, prenant la forme d'une touffe de poils entre les deux yeux.
uṣṇīṣa	Chignon ou protubérance crânienne du Buddha ou des *jina*.
utpala	Lotus bleu, nymphéa.
uttarāsaṅga	Vêtement de dessus.
vāhana	Véhicule d'une divinité.
vajra	Lit. « foudre » ou « diamant », il s'agit d'une arme ornée de pointes à ses deux extrémités. Il est l'attribut de certaines divinités, notamment Indra ou le bodhisattva Vajrapāṇi.
vajraparyaṅkāsana	Position ésotérique, les jambes croisées, un pied sur la cuisse opposée, l'autre pied sous l'autre cuisse.
vanamālā	Guirlande de fleurs portée par Viṣṇu.
varada mudrā	Geste invitant au don, la main étant tendue en avant, la paume tournée vers le haut.

tribhanga	In painting and sculpture, this term denotes an exceedingly bent position of the figure.
tridanda	Triple-headed stick carried by some divinities.
Trimurti	The Hindu Triad: Brahma, Vishnu and Shiva.
triratna	The three jewels of Buddhism; in other words, the monastic community (*sangha*), the Law (*Dharma*) and the Buddha.
trishula	Trident, one of Shiva's attributes.
Tushita	Paradise inhabited by celestial beings and place of residence of Maitreya, the Buddha of the Future.
upanayana	Religious initiation of the Brahmanic student.
urna	One of the Buddha's 32 distinctive signs: the whorl of hair between his eyes.
ushnisha	Chignon or cranial protuberance on the Buddha or Jinas.
utpala	Blue lotus, waterlily.
uttarasanga	Outer garment.
vahana	Vehicle of a divinity.
vajra	Lit. "thunderbolt" or "diamond". It is a weapon adorned with spiked motifs at either end and the attribute of certain divinities, particularly Indra or the Bodhisattva Vajrapani.
vajraparyankasana	An esoteric position, in which the legs are crossed and one foot is placed on the opposite thigh, and the other foot under the other thigh.
vanamala	Garland of flowers worn by Vishnu.
varada mudra	Gesture inviting the bestowal of gifts, with outstretched hand and upturned palm.

Veda	Lit. « connaissance », ensemble de quatre recueils d'hymnes formant la base de la pensée védique, puis brahmanique. Ces textes, qui constituent la *śruti* ou révélation, auraient été composés entre 1800 et 800 av. J.-C.
vedikā	Balustrade entourant les arbres sacrés, puis des monuments tels que les *stūpa.*
vidyā	Savoir ou connaissance et en particulier la science suprême, à savoir le *Veda.*
vidyādhara	Catégorie d'êtres célestes doués de pouvoirs magiques.
vihāra	Monastère bouddhique.
vīṇā	Instrument de musique à cordes.
vīrakkal	« Pierre-de-héros », stèle érigée en mémoire d'un vaillant guerrier mort au combat.
vīrāsana	Position « héroïque » de méditation, une jambe dans la position du lotus, l'autre pendante.
Viṣṇudharmottara	Texte sanskrit écrit entre le VIIe et le Xe siècles décrivant les techniques de la peinture et de la sculpture, ainsi que l'iconographie de nombreuses divinités hindoues.
vṛkṣa devatā	Nymphe, dryade.
vyāla ou *vyālaka*	Lion cornu.
yajñopavīta	Cordon brahmanique porté par les « deux fois nés », c'est-à-dire ceux qui ont reçu l'initiation.
yakṣa	Génie agreste, assistant du dieu Kubera.
yakṣī	Divinité de la nature, contrepartie féminine du *yakṣa.*
yogapaṭṭa	Ruban d'étoffe servant à maintenir les genoux de l'ascète qui pratique le yoga.
yogāsana	Position d'ascèse, assis en tailleur, les avant-bras posés sur les genoux.
yogin	Ascète pratiquant le yoga.

Veda	Lit. "knowledge". The four compilations of hymns forming the basis of Vedic, subsequently Brahmanic, thought. These texts, which constitute the *shruti* or revelation, are thought to have been composed between 1800 BC and 800 BC.
vedika	Railing surrounding sacred trees and then monuments such as stupas.
vidya	Wisdom or knowledge, in particular the supreme knowledge, the *Vedas*.
Vidyadhara	Celestial being endowed with magic powers.
vihara	Buddhist monastery.
vina	Stringed musical instrument.
virakkal	"Hero's stone", stela erected in memory of a brave warrior who died in battle.
virasana	"Heroic" meditation position, with one leg in the lotus position and the other dangling.
Vishnudharmottara	Sanskrit text written between the 7th and 10th centuries describing the techniques of painting and sculpture, as well as the iconography of several Hindu divinities.
vriksha devata	Woodland nymph, dryad.
vyala or *vyalaka*	Horned lion.
yajnopavita	Brahmanic thread worn by the "twice-born"; in other words, those who have been initiated.
yaksha	Rustic-spirit, an assistant of the god Kubera.
yakshi	Nature-spirit, female counterpart of the *yaksha*.
yogapatta	Band of cloth used to hold the ascetic's legs together when practising yoga.
yogasana	Position of the ascetic, sitting cross-legged with his forearms resting on his knees.
yogi	Ascetic practising yoga.

Bibliographie / Bibliography

Ages et visages de l'Asie, Dijon, musée des Beaux-Arts, 1996.

ASI
Archaeological Survey of India, Annual Report, 1924-1925.

AUBOYER, J.
« Une statue indienne », *Bulletin des Musées de France*, XII, 1, 1947, pp. 20-22.

AUBOYER, J.
Le Trône et son symbolisme dans l'Inde ancienne, Paris, 1949.

AUBOYER, J.
« Une déesse fluviale de l'Inde », *Revue du Louvre*, 1968, n° 1, p. 51.

AUBOYER, J.
« Deux sculptures de l'Inde au musée Guimet », *La Revue du Louvre et des musées de France*, 4-1979, pp. 298-304.

AUBOYER, J.
« Un Buddha indien d'époque Gupta », *Revue du Louvre*, 1981, n° 1, pp. 40-45.

AUBOYER, J.
« Une tête de Buddha gupta au musée Guimet », *Arts asiatiques*, tome XLIII, 1988, pp. 157-159.

AUBOYER, J. et MALLMANN, M.-T. DE
« Śītalā-la-Froide, déesse indienne de la petite vérole », *Artibus Asiae*, vol. XIII, 1950, pp. 207-227.

ASHER, F. M.
The Art of Eastern India, 300-800, Minneapolis, University of Minnesota Press, 1980.

BANERJEA, J. N.
The Development of Hindu Iconography, Calcutta, 1956.

BARRETT, D.
« Two unpublished sculptures from the Andhradesa », *Arts asiatiques*, tome III, 1956, pp. 237-292.

BÉGUIN, G.
L'Inde et le monde indianisé, Paris, Réunion des musées nationaux, 1992.

BÉNISTI, M.
« Un relief inédit de l'Andhradesa », *Arts asiatiques*, tome IV, 1957, pp. 298-307.

BÉNISTI, M.
« Nāgārjunakoṇḍa, essai de "caractérologie" », *Arts asiatiques*, tome VI, 1959, pp. 217-226.

Buddha, The Spread of Buddhist Art in Asia, Tōkyō, 1998.

CASAL, J.-M.
Fouilles de Vīrampatnam-Arikamedu. Rapports de l'Inde et de l'Occident aux environs de l'ère chrétienne, Paris, 1949.

CHANDA, R.
Exploration in Orissa, MASI 44, Calcutta, 1930.

Cinq Années d'enrichissement du patrimoine national 1975-1980, Paris, Galeries nationales du Grand Palais, 1980.

COOMARASWAMY, A. K.
« Buddhist reliefs from Nagarjunakonda and Amaravati », *Rupam*, Calcutta, n°s 38-39, 1929, pp. 70-76.

COOMARASWAMY, A. K.
Yaksas, Washington, 1928-1931.

CUNNINGHAM, A.
The Stupa of Bharhut: A Buddhist Monument Ornamented with Numerous Sculptures Illustrative of Buddhist Legend and History in the Third Century B.C., Londres, 1879.

CZUMA, S. J.
Kushan Sculpture: Images from Early India, The Cleveland Museum of Art, 1985.

La Découverte de l'Asie, Hommage à René Grousset, Paris, musée Cernuschi, 1954.

DEHEJIA, Vidya
Slaves of the Lord, The Path of the Tamil Saints, New Delhi, 1988.

DENECK, M. M.
La Sculpture indienne, Paris, 1970.

DENECK, M. M.
« Un bronze cultuel jaina provenant de l'Inde du Sud », *Revue du Louvre*, 1980-4, pp. 222-225.

DONALDSON, T. E.
Hindu Temple Art of Orissa, Leiden, vol. I, 1985 ; vol. II, 1986 ; vol. III, 1987.

DUPONT, P.
« Statues bouddhiques de l'Orissa », *Bulletin des Musées de France*, décembre 1935, p. 156.

DUPONT, P.
« An exhibition of dravidian bronzes in Paris », *JISOA*, vol. IV, n° 2, décembre 1936, pp. 134-138.

FILLIOZAT, J.
« Les images de Çiva dans l'Inde du Sud (I). L'image de l'origine du lingam (lingodbhavamūrti) »,
Arts asiatiques, tome VIII, 1961, pp. 42-56.

FOUCHER, A.
« Lettre d'Ajanta »,
Journal asiatique, 1921, pp. 201-245.

GAIROLA, C. K.
« The Cult of Bhairava and an Image from Ladol in the Baroda Museum »,
Museum Bulletin, Baroda, vol. XIX, 1965, pp. 12-16.

GRAVELY, F. H. et RAMACHANDRAN, T. N.
Catalogue of the South Indian Hindu Metal Images in the Madras Government Museum, Madras, 1932.

HACKIN, J.
« Cakra et triçūla », *Revue des Arts asiatiques*, V, 1928, p. 65.

HACKIN, J.
La Sculpture indienne et tibétaine au musée Guimet, Paris, 1931.

HÄRTEL, H.
« Eine Mathurâ-Inschrift der Vor-Kusâna-Zeit »,
Beiträge zur Indienforschung, Berlin, 1977.

HÄRTEL, H.
Excavations at Sonkh: 2000 years of a town in Mathura District, Berlin, 1993.

HUNTINGTON, S. L.
The « Pala-Sena » Schools of Sculpture, Leiden, 1984.

HUNTINGTON, S. L.
The Art of Ancien India, New York et Tōkyō, 1985.

The Image of the Buddha, UNESCO, Serindia, 1978.

In the Image of Man, Londres, 1982.

IRWIN, J.
« Siva the Great Teacher »,
Victoria and Albert Museum Bulletin, vol. III, n° 2, avril 1967, pp. 55-57.

JOUVEAU-DUBREUIL, G.
Archéologie du Sud de l'Inde, Tome II - Iconographie, Paris, 1914.

KNOX, R.
Amaravati, Buddhist Sculptures from the Great Stupa, Londres, 1992.

KRAMRISCH, S.
Manifestations of Shiva, Philadelphia Museum of Art, 1981.

LERNER, M.
« Some Unpublished Sculptures from Harshagiri », *The Bulletin of the Cleveland Museum of Art*, décembre 1969, pp. 354-365.

LÉVI, S.
« Maitreya le consolateur »,
Études d'orientalisme publiées par le musée Guimet à la mémoire de Raymonde Linossier, tome II, Paris, 1932.

LONGHURST, A. H.
The Buddhist antiquities of Nagarjunakonda, MASI, n° 54, Delhi, 1938.

LOTH, A.-M.
« La vie publique et privée dans l'Inde ancienne »,
fascicule VII : *Les costumes*, Paris, 1979.

LOTH, A.-M.
Védisme et hindouisme, du divin et des dieux, Le Bas Père et Fils, 1981.

MALLMANN, M.-T. DE
Introduction à l'étude d'Avalokiteśvara, Paris, 1948.

MALLMANN, M.-T. DE
Les Enseignements iconographiques de l'Agni-Purana, Paris, 1963.

MILLOUÉ, L. DE
« Étude sur le mythe de Vrisabha », *Annales du musée Guimet*, tome X, 1887.

MITRA, D.
« Three Kushan Sculptures from Ahichchhatrâ »,
Journal of the Asiatic Society. Letters, vol. XXI, n° 1, 1955.

MOHAPATRA, R. P.
Jaina Monuments of Orissa, Delhi, 1984.

MONOD, O.
« Deux stèles indiennes »,
Revue du Louvre, n°s 4-5, 1961.

MONOD, O.
Guide du musée Guimet, I, Paris, Éditions des musées nationaux, Paris, 1966.

NAGARAJA, R.
« Une "pierre-de-héros" inscrite, conservée au musée Guimet de Paris », *Arts asiatiques*, tome XVIII, 1968, pp. 103-107.

O'Flaherty, W. D.
Hindu Myths, Harmondsworth, 1976.

Okada, A.
« Un *ekamukhaliṅga* du Bihār au musée Guimet »,
Arts asiatiques, tome XLV, 1990, pp. 145-147.

Pal, P.
Bronzes of Kashmir,
New York, 1975.

Pal, P.
The Sensuous Immortals, A Selection of Sculptures from the Pan-Asian Collection,
Los Angeles County Museum of Art, 1977.

Pal, P.
The Ideal Image: The Gupta Sculptural Tradition and its Influence, New York, 1978.

Pal, P.
Indian sculptures, A Catalogue of the Los Angeles County Museum of Art, Los Angeles, vol. I, 1986 ; vol. II, 1988.

Pal, P.
The Peaceful Liberators, Jain Art from India,
Los Angeles et New York, 1994.

Poster, A. G.
From Indian Earth, 4000 Years of Terracotta Art, The Brooklyn Museum, 1986.

Ramachandran, T. N.
« Buddhist Sculptures from Stupa near Goli Village, Guntur District »,
Bulletin of the Madras Government Museum, I, pt. I, Madras, 1929.

Ramachandran, T. N.
« The Nāgapaṭṭinam and other Buddhist Bronzes in the Madras Museum »,
Bulletin of the Madras Government Museum, vol. VII, n° 1, 1954.

Rao, T. A. Gopinatha
Elements of Hindu Iconography, Madras, vol. I, 1914 ; vol. II, 1916.

Rarities of the Musée Guimet, Kansas City, San Francisco, New York, 1974-1975.

Rea, A.
South Indian Buddhist Antiquities including the Stûpas of Bhattiprôlu, Gudivâda and Ghantasâlâ and other Ancient Sites, ASI, NI Series, vol. XV, Madras, 1894.

Regnier, R.
Dieux de l'Inde du Sud dans l'imagerie populaire, Paris, 1982.

Regnier, R.
Des dieux, le geste suspendu... L'art du bronze dans l'Inde dravidienne, Paris, 1996.

Sahni, D. R.
Catalogue of the Museum of Archaeology at Sarnath, Calcutta, 1914.

Shah, U. P.
« Some Mediaeval Sulptures from Gujarat and Rajasthan »,
Western Indian Art, JISOA, 1965-1966, pp. 52-87.

Sivaramamurti, C.
South Indian Bronzes, Delhi, 1963.

Sivaramamurti, C.
Nataraja in Art, Thought and Literature, New Delhi, 1974.

Srinivasan, P. R.
Bronzes of South India, Madras, 1963.

Stern, Ph. et Bénisti, M.
« Évolution du stūpa figuré dans les sculptures d'Amarāvatī »,
Bulletin de la Société des Études indochinoises, XXVII, 1, 1952, pp. 375-381.

Stern, Ph. et Bénisti, M.
Évolution du style indien d'Amarāvatī, Paris, 1961.

Sérinde, Terre de Buddha. Dix siècles d'art sur la Route de la Soie, Paris, Galeries nationales du Grand Palais, 1995.

Thapar, D. R.
Icons in Bronze, An Introduction to Indian Metal Images, Londres et Bombay, 1961.

Trésors d'art de l'Inde, Paris, Petit Palais, 1960.

Van Lohuizen-de Leeuw, J. E.
The « Scythian » Period, Leyde, 1949.

Van Lohuizen-de Leeuw, J. E.
« Mother Goddesses in Ancient India »,
Folia Indica, Naples, 1990, pp. 3-22.

Viennot, O.
« Nouvelles acquisitions »,
Revue du Louvre, 1963, n° 6, pp. 295-299.

Viennot, O.
Les divinités fluviales Ganga et Yamuna aux portes des sanctuaires de l'Inde,
Paris, 1964.

Vogel, J. Ph.
« La sculpture de Mathura »,
Ars Asiatica, vol. 15,
Paris et Bruxelles, 1930.

Vogel, J. Ph.
« The man in the well and other subjects illustrated at Nāgārjunakonda,
Arts asiatiques, XI, 3,
Paris, 1937.

Williams, J. G.
The Art of Gupta India: Empire and Province,
Princeton, 1982.

Table des matières

Contents

Crédits photographiques

Richard Lambert : pp. 91 et 119.

Hervé Lewandowski : couverture et pp. 9, 11, 13, 15, 17, 19, 25, 27, 29, 33, 35, 38, 41, 43, 46, 49, 51, 55, 57, 61, 63, 67, 69, 73, 75, 77, 79, 83, 88, 93, 95, 97, 99, 101, 103, 107, 109, 111, 113, 115, 117, 123, 125, 127, 129, 132, 134, 136, 139, 141, 143, 145, 151, 154, 157, 158, 159, 161, 163, 167, 173, 175, 179, 181, 183, 185, 187, 191, 193, 197, 199, 201, 204, 206, 208, 210, 212, 216, 221 et 223.

Thierry Ollivier : pp. 21, 147, 149, 169, 214, 219 et 225.

Réunion des musées nationaux : p. 85.

Publication du département
de l'Édition dirigé par
Béatrice Foulon

Coordination éditoriale
Bernadette Caille

Relecture des textes
Sarah Clément

Conception graphique
Jean-Yves Cousseau

Traduction
Pamela Hargreaves
(français/anglais)

Fabrication
Jacques Venelli

Achevé d'imprimer
sur les presses
de l'imprimerie Kapp et Lahure
en juillet 2000.

Photogravure :
IGS, Angoulême.

Dépôt légal : juillet 2000